Das Handwerkergesetz

vom 26. Juli 1897.

(Reichs-Gesetzblatt 1897, Nr. 37, S. 663.)

Mit Einleitung und Bemerkungen unter besonderer Berücksichtigung der Ausführungs-Anweisungen der größeren Bundesstaaten.

Von

Dr. jur. L. Wilhelmi,
Präsident des Kaiserlichen Statistischen Amts.

Berlin 1902.
J. Guttentag, Verlagsbuchhandlung,
G. m. b. H.

Vorwort.

Die Bestimmungen des Handwerkergesetzes sind von dem Verfasser der vorliegenden Arbeit bereits in der von ihm zur Zeit seiner bisherigen Thätigkeit als vortragender Rath im Reichsamt des Innern herausgegebenen 15. Auflage der Berger-Wilhelmi'schen Textausgabe der Gewerbeordnung (Berlin 1899, J. Guttentag's Verlag) erläutert worden. Die neue, in Folge der amtlichen Thätigkeit des Verfassers erst jetzt zum Abschlusse gelangte Bearbeitung hat sich die Aufgabe gestellt, diese Erläuterungen weiter auszubauen, zu vervollständigen und dabei insbesondere auch die inzwischen erlassenen Ausführungsbestimmungen, Musterstatuten, sowie auch die Regelung des Prüfungswesens im Handwerk eingehender zu berücksichtigen.

Dr. **Wilhelmi**.

Inhaltsverzeichniß.

Gewerbeordnung für das Deutsche Reich.

Titel VI.

Titel VII.

Abkürzungen.

B.G.B. = Bürgerliches Gesetzbuch.
C.B. = Centralblatt für das Deutsche Reich.
Einf.Ges. z. B.G.B. = Einführungsgesetz zum Bürgerlichen Gesetzbuch.
G.O. = Gewerbeordnung.
Kom.B. = Kommissionsbericht.
Min.Erl. = Erlaß der Ressortminister.
Mot. = Motive.
Min.Bl. = Ministerialbl. für die gesammte innere Verwaltung des Preußischen Staats.
Pr.Verw.Bl. = Preußisches Verwaltungsblatt.
O.V. = Preußisches Ober-Verwaltungsgericht.
R.B. = Regierungsblatt.
R.G. = Reichsgericht.
R.G.E. i. St. = Entscheidungen des Reichsgerichts in Strafsachen.
R.G.B. = Reichsgesetzblatt.
R.V.B. = Regierungs- und Verordnungsblatt.
St.G.B. = Strafgesetzbuch für das Deutsche Reich.

Berichtigung.

Im §. 94a Abs. 2 Satz 1 des Gesetzestextes wäre statt „§ 18 des Gewerbegerichtgesetzes" in Rücksicht auf Art. 3 Abs. 2 des Gesetzes vom 30. Juni 1901 R.G.B. 249 „§. 20 des Gewerbegerichtsgesetzes" zu setzen gewesen. Vgl. die Bem. zu §. 81a Ziff. 4, unten S. 5

Einleitung.

Das Gesetz, betreffend die Abänderung der Gewerbeordnung, vom 26. Juli 1897 enthält 9 Artikel. Von diesen sind die bedeutsamsten der Artikel 1 und der Artikel 2. Der erstere enthält diejenigen Vorschriften, welche nunmehr ihrem vollen Umfange nach an die Stelle des bisherigen Titel VI. der Gewerbeordnung (Innungen der Gewerbetreibenden) getreten sind, der die Ueberschrift „Innungen, Innungsausschüsse, Handwerkskammern, Innungsverbände" erhalten hat und die Organisation des Handwerks regelt (§§. 81—104n). Der Artikel 2 betrifft die neben der Organisation des Handwerks von dem Gesetze erstrebte anderweite Regelung des gewerblichen Lehrlingswesens, und zwar einmal für die gewerblichen Lehrlingsverhältnisse überhaupt (§§. 126—128) und sodann für die besonderen Verhältnisse des Handwerks (§§. 129—132a). Außerdem enthält der Artikel 2 unter dem Abschnitt IIIa die Vorschriften über die Wiedereinführung des Meistertitels im Handwerk (§. 133).

Die Artikel 3 bis 5 enthalten Strafvorschriften sowie einige ergänzende Bestimmungen, die Artikel 6 bis 9 Uebergangsbestimmungen.

Hiernach beziehen sich die hauptsächlichsten Vorschriften des neuen Gesetzes 1. auf die Organisation des Handwerks, 2. auf die Regelung des Lehrlingswesens, und 3. auf den Meistertitel.

Nach den Ausführungen der dem Gesetzentwurfe beigegebenen, unten auszugsweise abgedruckten Begründung — Reichstags-Drucksachen Nr. 713, 9. Leg.Per. IV. Session 1895/97 — sind die demselben zu Grunde gelegten gesetzgeberischen Erwägungen die folgenden gewesen:

1. Organisation des Handwerks.

„Das Gesetz von 1881 verfolgte bei diesen Erwägungen ausgesprochenermaßen den Zweck, die Innungen wieder zu Organen der gewerblichen Selbstverwaltung werden zu lassen, welche im Stande seien, einerseits durch die Förderung der gewerblichen Interessen ihrer Mitglieder und durch die Pflege des Gemeingeistes und des Standesbewußtseins eine wirthschaftliche und sittliche Hebung des Handwerkerstandes anzubahnen und andererseits dem Staate geeignete Organe für die Erfüllung wichtiger Aufgaben der Gewerbeverwaltung darzubieten. Zu dem Ende wurden die Aufgaben der Innungen so bemessen, daß ihnen ein ausgiebiges Feld der genossenschaftlichen Thätigkeit eröffnet und zugleich diejenigen Rechte eingeräumt wurden, deren sie zu bedürfen schienen, um die statutarischen Vorschriften den einzelnen Mitgliedern gegenüber zur Geltung zu bringen und für ihren Kreis im Wege der Selbstverwaltung gewisse gewerbegesetzliche Bestimmungen zu handhaben, deren Durchführung auf dem Gebiete des Kleingewerbes für die Organe des Staates auf Schwierigkeiten gestoßen war. In der Erkenntniß, daß manche den Innungen zugewiesene Aufgaben eine befriedigende Lösung nicht finden können, solange nur die einzelnen Innungen eine jede für ihren örtlichen und sachlich begrenzten Kreis sie zu erfüllen suche, wurden ferner die gesetzlichen Grundlagen für die Bildung weiterer gewerblicher Verbindungen, der Innungsausschüsse und der Innungsverbände geschaffen. Endlich wurde schon damals die Möglichkeit vorgesehen, solchen Innungen, welche in der Regelung des Lehrlingswesens befriedigende Erfolge erzielen würden, die Befugniß inzuräumen, die von ihnen auf diesem Gebiete geschaffenen Anordnungen auch denjenigen Handwerkern des gleichen Gewerbes gegenüber zur Geltung zu bringen, welche der Innung nicht beitreten würden. Eine Erweiterung erfuhr diese Maßnahme durch die Novelle zur Gewerbeordnung vom 18. Dezember 1884, die es ermöglichte, unter der Voraussetzung des Vorhandenseins einer auf dem Gebiete des Lehrlingswesens bewährt erfundenen Innung die

Befugniß zum Halten von Lehrlingen auf den Kreis der Mitglieder der Innung zu beschränken. Weitere Schritte auf der so betretenen Bahn geschahen durch die Novellen zur Gewerbeordnung vom 23. April 1886 und 6. Juli 1887, von denen die erstere den Innungsverbänden zur Verstärkung ihrer Wirksamkeit namentlich auf dem Gebiete des Hülfskassenwesens die Erlangung der Korporationsrechte zugänglich machte, und die letztere Bestimmungen traf, nach denen den Innungen unter gewissen Voraussetzungen die Befugniß eingeräumt werden kann, zur Bestreitung der Kosten einzelner von ihnen getroffenen Einrichtungen auch die ihnen nicht beigetretenen Gewerbetreibenden heranzuziehen.

Von den hiermit gebotenen Handhaben hat der Handwerkerstand vornehmlich in Nord- und Mittel-Deutschland zu seiner Wiedererstarkung und einer zweckentsprechenden Ordnung seiner Verhältnisse einen ziemlich ausgedehnten Gebrauch gemacht, wie denn z. B. gegenwärtig in Preußen rund 8000 Innungen bestehen, welche nach den Vorschriften der Novelle von 1881 eingerichtet sind. Hieraus ist zu erkennen, daß die alte Tradition der Zusammengehörigkeit der Berufsgenossen noch für weite Kreise des Handwerkerstandes von Bedeutung ist, und auch die Form, welche der Gesetzgeber für einen solchen Zusammenschluß dargeboten hat, als eine geeignete gelten muß. Ebenso ist anzuerkennen, daß die Innungen da, wo sie im Handwerkerstande festen Boden gefunden haben, theilweise zu recht erfreulichen Ergebnissen ihrer Thätigkeit, namentlich auf dem Gebiete des Lehrlingswesens, des gewerblichen Unterrichts und des Hülfskassenwesens gelangt sind. Es rechtfertigt die Annahme, daß man auf dem eingeschlagenen Wege wohl zu einer Gesundung der Verhältnisse des Handwerks hätte gelangen können, wenn die Vermuthung, es würde sich nach der Reform der Gesetzgebung der überwiegende Theil der Handwerker den fakultativen Innungen anschließen, richtig gewesen wäre. Diese Annahme hat sich jedoch als irrig erwiesen. Den Innungen ist es nicht gelungen, den größeren Theil der Handwerker in sich zu vereinen, und vielfach hat sich nur ein kleiner Bruchtheil zum Anschlusse an sie bereit finden lassen. — — —

Dieser Entwicklungsgang spricht dafür, die Organisation

des Handwerks von dem Boden der Freiwilligkeit loszulösen und sie nach dem Vorschlage der Königlich preußischen Regierung auf der Grundlage des Zwanges aufzubauen. Im Grundgedanken stimmt der vorliegende Entwurf mit jenem Vorschlage überein, nach gewissen Richtungen weicht er von demselben ab. — —

In großen Gebieten des Reichs ist der Gedanke der Zwangsinnung entschiedenem Widerspruch begegnet. Dies gilt namentlich von denjenigen Bezirken, wo der Gewerbestand, wie u. A. in manchen Gegenden Bayerns, in Württemberg, Baden, Hessen, Thüringen sowie auch in einigen preußischen Bezirken, vorzugsweise in den Gewerbevereinen, welche sich gleichfalls die Wahrnehmung der Interessen des Handwerks und insbesondere auch die Fürsorge für die sittliche und gewerbliche Erziehung und Ausbildung der Gesellen und Lehrlinge zur Aufgabe gestellt haben, eine für seine Bedürfnisse geeignete und durch eine lange Reihe von Jahren bewährte Einrichtung erblickt, wenngleich diese Vereine nicht nur Handwerker, sondern auch Vertreter der Industrie und selbst anderer Stände als Mitglieder aufgenommen haben. Während der Handwerkerstand in denjenigen Gegenden, in welchen, wie namentlich in Preußen, die Erinnerung an die alten Formen der korporativen Zusammenfassung des Handwerks vielfach lebendiger geblieben ist, der Organisation in Innungen den Vorzug giebt, hält er anderwärts die Zusammenfassung der Berufsgenossen in Gewerbevereine und sonstige freie Vereinigungen für ein geeigneteres Mittel zur Stärkung seiner Kräfte und sieht auch in der Betheiligung der Inhaber größerer Betriebe und selbst von Vertretern anderer Berufsstände an diesen Vereinigungen keine Schmälerung, sondern vielmehr eine Stärkung seiner Stellung. — — —

Schon diese Erwägungen lassen die Einführung eines allgemeinen unbedingten Innungszwanges nicht rathsam erscheinen. Mit vollem Recht ist in dieser Beziehung hervorgehoben worden, daß bei der Bildung von Zwangsinnungen der Umstand mit in Erwägung gezogen werden müsse, daß der Regel nach von einer gedeihlichen Thätigkeit der Innung nur da die Rede sein könne, wo mindestens die Mehrheit der ihr zugewiesenen Handwerker bereit sei, mit Energie und Nachhaltigkeit an die Erfüllung der Innungsaufgaben heranzugehen und die dadurch bedingten Mühewaltungen auf sich zu nehmen. Fehle es an dieser Voraussetzung und müsse nach der Entschiedenheit, mit welcher sich die Mehrzahl der betheiligten Handwerker gegen die Bildung der Innung oder gegen die Zutheilung zu einer Innung auflehne, erwartet werden, daß sie sich demnächst von der Innungsthätigkeit dauernd fern halten oder gar ihr hindernd in den Weg treten würden, so werde man besser daran thun, von der Errichtung einer Innung oder von der Zuweisung solcher Handwerker zu einer Innung Abstand zu nehmen.

Die nach der Veröffentlichung der preußischen Vorlage gemachten Beobachtungen können in dieser Auffassung nur bestärken; sie lassen es im Hinblick auf die Natur der den Innungen zuzuweisenden Aufgaben ausgeschlossen erscheinen, daß leistungsfähige Organisationen auch da zu Stande kommen würden, wo es an der Bereitwilligkeit der Betheiligten mangelt.

So groß daher auch der Werth ist, welcher auf eine zwangsweise Zusammenfassung des Handwerks in der Form von Innungen zu legen ist, so wird man doch darauf Bedacht nehmen müssen, daß solche Organisationen nur da gebildet werden, wo in der bereiten Mitwirkung der Handwerker eine Gewähr dafür geboten wird, daß die Zwangsinnungen leistungs- und lebensfähig sind. Nur auf diesem Wege wird man erwarten dürfen, einen für die Durchführung des Gedankens vielleicht verhängnißvollen Mißerfolg der Gesetzgebung zu vermeiden. Von dieser, in den Bestimmungen ihrer Vorlage und deren Begründung auch von der Königlich preußischen Regierung zum Ausdruck gebrachten Auffassung ausgehend, schlägt der Entwurf (§. 100 Absatz 1 Ziffer 1) vor, die Bildung von Zwangsinnungen nur da in Aussicht zu nehmen, wo die Mehrzahl der Betheiligten dem Innungszwange zustimmt. — — —

Bei der in dem Entwurf vorgesehenen, durch die örtlichen und fachgewerblichen Verhältnisse im Handwerk gebotenen Begrenzung des Innungszwanges können die bisherigen freien Innungen überall dort bestehen bleiben, wo nicht an ihrer Stelle eine Zwangsinnung tritt (§. 100b Absatz 4), während sie bei einer weiteren Ausdehnung des Innungszwanges in der ursprünglich in Aussicht genommenen Form in allen Fällen der

Schließung anheimgefallen wären, in denen sie sich nicht zur Umwandlung in Zwangsinnungen eignen. — — —

Die hienach von dem Entwurfe in Aussicht genommene Aufrechterhaltung der bestehenden freien Innungen sowie die weitere Zulassung der Bildung solcher Innungen erschien aus dem Grunde unbedenklich und auch rathsam, weil nicht nur die Zwangsinnungen, sondern auch die fakultativen Innungen in den Handwerkskammern künftighin eine kräftige Unterstützung bei der Erfüllung ihrer Aufgaben zu erwarten haben und dadurch in den Stand gesetzt werden, diesen mehr als bisher möglich war, gerecht zu werden. — — —

Die Gesetzgebung hat in der Zulassung der Bildung von Innungsausschüssen (§. 102 der Gewerbeordnung) bereits anerkannt, daß die Innungen zu einer wirksamen Verfolgung ihrer Aufgaben eine Vertretung ihrer gemeinsamen örtlichen Interessen nicht überall entbehren können. Bei dem weiteren Ausbau des Innungswesens macht sich das Bedürfniß nach einer solchen Vertretung in erhöhtem Maße geltend. Aus dieser Erwägung sind die bisherigen Vorschriften in dem Artikel 2 Abschnitt II des Entwurfs (§§. 101 und 102) in einigen Punkten ergänzt worden. Die gegenwärtige Bestimmung, wonach den Innungsausschüssen die Rechte und Pflichten der betheiligten Innungen nur insoweit übertragen werden können, als sie nicht vermögensrechtlicher Natur sind, ist entsprechend den aus den Kreisen des organisirten Handwerks wiederholt ausgesprochenen Wünschen beseitigt, und die Möglichkeit vorgesehen worden, jenen Organen die Fähigkeit beizulegen, unter ihrem Namen Rechte zu erwerben, Verbindlichkeiten einzugehen, vor Gericht zu klagen und verklagt zu werden.

Die Innungen und Innungsausschüsse sind in ihrer Thätigkeit ebenso wie die Gewerbevereine auf kleinere Bezirke und die in diesen vertretenen Handwerke beschränkt. Für das Handwerk bedarf es jedoch eines Vertretungs- und Selbstverwaltungskörpers für größere Bezirke, wie er für Handel und Industrie in den meisten deutschen Staaten und in einigen Bundesstaaten auch für die Landwirthschaft besteht. Bereits in der Begründung des dem Reichstage vorliegenden Gesetz-Entwurfs über die Errichtung von Handwerkskammern — Nr. 17 der

Drucksachen — ist darauf hingewiesen worden, daß die Regierung gegenwärtig bei den im Interesse des Handwerks zu treffenden Maßnahmen des Beiraths und der Mitwirkung des weitaus größten Theiles der Handwerker entbehre; je bedeutsamer aber die Fragen seien, welche bei der modernen Entwickelung der Verhältnisse im Handwerk an die Gesetzgebung und die Verwaltung herantreten, um so mehr müsse Werth darauf gelegt werden, daß diese Fragen einer Erörterung möglichst aller Kreise der Betheiligten unterzogen werden.

Das hiernach für die Vertretung und Selbstverwaltung des Handwerks nöthige Organ soll nach dem Vorschlage des Entwurfs die Handwerkskammer sein. — — —

Die wesentliche Bedeutung der in den Vorschlägen des Entwurfs für das Handwerk vorgesehenen neuen Organisation wird auch bei der für die Bildung von Zwangsinnungen aus unabweisbaren Gründen gebotenen Beschränkung darin zu erblicken sein, daß mit ihr nicht nur der Handwerkerstand eine geordnete Vertretung und, namentlich auf denjenigen Gebieten, wo die Reformen im Handwerk in erster Linie einzusetzen haben, ein erhebliches Maß von Selbstverwaltung, sondern auch das genossenschaftliche Leben einen frischen und kräftigen Antrieb erhält. Je mehr die Vereinzelung des Handwerkers durch den auf der bereitwilligen Mitwirkung beruhenden Zusammenschluß der Berufsgenossen beseitigt wird, um so mehr wird das Handwerk in den Stand gesetzt, sich auch unter den veränderten Verhältnissen der modernen Zeit — welche ihm zwar manche Arbeitsgebiete streitig machen und sogar mehr oder weniger verschlossen, andere hingegen auch neu geschaffen haben und voraussichtlich auch weiterhin noch erschließen werden — eine ausreichende Thätigkeit zu sichern und dauernd zu erhalten. Die mit dem Entwurfe verfolgte Absicht, die bisherige Gesetzgebung weiter auszubauen, bringt es mit sich, daß in erster Linie auf die Stärkung des Innungsgedankens Bedacht genommen worden ist."

2. Regelung des Lehrlingswesens.

„Wenn die mit dem Gesetze, betreffend die Abänderung der Gewerbeordnung, vom 18. Juli 1878 (Reichs-Gesetzbl. S. 199) angestrebte Besserung in der Erziehung und Ausbildung des gewerblichen Nachwuchses bisher nicht in dem erforderlichen Maße hat erreicht werden können, so beruht dies neben den bereits angedeuteten Gründen auch darauf, daß die gegenwärtigen Bestimmungen der §§. 126 ff. nicht ausreichend sind. Angesichts der geringen Sorgfalt, mit welcher zahlreiche Lehrherren ihre Aufgabe den ihnen anvertrauten Lehrlingen gegenüber erfüllen, ihrer häufig mangelnden technischen und sittlichen Qualifikation, und der sowohl aus den Kreisen des Großgewerbes als des Handwerks seit Jahren laut gewordenen Klagen erscheint es daher als ein dringendes Bedürfniß, sowohl die aus dem Lehrvertrage dem Lehrherrn erwachsende Verpflichtung und Verantwortlichkeit, namentlich hinsichtlich des Schutzes der Lehrlinge gegen Gefährdung ihres körperlichen Wohles sowie des Besuches der Fach- und Fortbildungsschule durch den Lehrling, schärfer zu bestimmen als auch durch den künftighin in allen Fällen schriftlich abzuschließenden Lehrvertrag mehr zum Bewußtsein zu bringen. Ferner wird Fürsorge dafür zu treffen sein, daß Personen, welche nicht die erforderliche Gewähr für eine ordnungsmäßige Erziehung und Ausbildung des gewerblichen Nachwuchses bieten, von dem Halten und Anleiten von Lehrlingen ausgeschlossen werden können. Endlich bedarf es einer gesetzlichen Bestimmung, um den, auch bei der erwähnten Erhebung über die Verhältnisse im Handwerk hervorgetretenen Fällen, wo Lehrlinge zum Nachtheil ihrer Ausbildung in übermäßiger Zahl gehalten werden, wirksam entgegen treten zu können. Die nach den bezeichneten Richtungen hin erforderlichen Vorschriften sind in dem Artikel 2 des Entwurfs vorgesehen (Artikel 2 §§ 126—128).

Soweit es sich um die Lehrlingsverhältnisse im Handwerk handelt, wird man sich indessen mit diesen Vorschriften nicht begnügen dürfen. Für die Erhaltung eines kräftigen Handwerkerstandes ist die möglichst sorgfältige Ausbildung der Lehrlinge von besonderer Bedeutung. Hier ist die individuelle Leistungsfähigkeit die unerläßliche Voraussetzung für das Bestehen zahlreicher Betriebe. In manchen Gewerben wird nur der technisch vollkommen ausgebildete Handwerker der Konkurrenz des Großbetriebes nicht unterliegen. Aus diesen Erwägungen schlägt der Entwurf ferner eine Reihe von Bestimmungen vor, welche nur für das Handwerk gelten sollten (Artikel 2 §§. 129 bis 132a).

Unter den hiernach für die Regelung des Lehrlingswesens im Handwerk vorgeschlagenen besonderen Bestimmungen ist neben der den Handwerkskammern einzuräumenden Befugniß, die Dauer der Lehrzeit festzusetzen, die wichtigste diejenige, wonach für die Folge im Handwerk nur solche Personen befugt sein sollen, Lehrlinge anzuleiten, welche das 24. Lebensjahr vollendet und entweder die vorgeschriebene Lehrzeit zurückgelegt und eine Gesellenprüfung bestanden haben oder fünf Jahre hindurch in dem Gewerbe, in welchem die Anleitung der Lehrlinge erfolgen soll, selbstständig oder als Werkmeister oder in ähnlicher Stellung thätig gewesen sind.

Gegenüber den bestehenden Zuständen wird es unzweifelhaft als ein Gewinn bezeichnet werden dürfen, wenn in Zukunft diejenigen, welche als Lehrherren thätig werden wollen, der Regel nach auch selbst die Lehrjahre mit ihrer erziehlichen Wirkung durchlebt haben. Wird daneben die Berechtigung, Lehrlinge anzuleiten, auch von der Ablegung der Gesellenprüfung abhängig gemacht, und steht demnach der Lehrling während seiner Lehrzeit unter dem Eindrucke des Bewußtseins, daß diese in der Gesellenprüfung ihren Abschluß findet, so ist zu erwarten, daß der Lehrling besser, als es bisher der Fall gewesen, seine Lehrzeit zur Aneignung der erforderlichen gewerblichen Ausbildung benutzen wird, und daß auch der Lehrherr, für dessen Ansehen unter den Berufsgenossen der Ausfall der Prüfung seiner Lehrlinge nicht gleichgültig sein kann, darin einen Antrieb zur gewissenhaften Erfüllung der ihm obliegenden Verpflichtungen finden wird."

3. Meistertitel.

„Die Bestimmung der Gewerbeordnung, wonach diejenigen, welche, ohne einer Innung anzugehören, sich als Innungsmeister bezeichnen, mit Strafe bedroht werden (§. 149 Ziffer 8), hat keine praktische Bedeutung erlangt, da die Handwerker, auch soweit sie einer Innung angehören, keine Neigung gezeigt haben, sich die Bezeichnung „Innungsmeister" beizulegen. Dagegen legen weite Kreise des Handwerkerstandes, namentlich diejenigen der Baugewerbe, großen Werth darauf, den alten Meistertitel dadurch wieder zu Ehren zu bringen, daß seine Führung nur solchen Handwerkern gestattet wird, welche nach Zurücklegung der Lehr- und Gesellenzeit eine förmliche Meisterprüfung bestanden haben. Diesem im Hinblick auf die Traditionen des Handwerks erklärlichen Wunsche kann eine gewisse Berechtigung nicht abgesprochen werden. Seine Erfüllung wird in Verbindung mit der in dem Entwurfe vorgeschlagenen Organisation dazu beitragen, das Standesbewußtsein zu kräftigen und einen soliden Geschäftsbetrieb zu befördern; sie liegt insofern auch im Interesse des Publikums, als dadurch ein Mittel gegeben wird, diejenigen Handwerker, welche ihre berufliche Ausbildung durch einen förmlichen Nachweis dargethan haben, auch äußerlich für jedermann kenntlich zu machen."

Die Bestimmungen der Artikel 3 bis 9 sind in der folgenden Bearbeitung an den betreffenden Stellen des Artikels 1 und 2 des Gesetzes im Einzelnen berücksichtigt und wörtlich wiedergegeben.

Gewerbeordnung für das Deutsche Reich.

Titel VI.

Innungen, Innungsausschüsse, Handwerkskammern, Innungsverbände.

Die Fassung des Titel VI der G.O. beruht nunmehr auf Art. 1 des Ges., betr. die Abänderung der G.O., v. 26. Juli 97 R.G.B. 663, in der Fassung der Bekanntmachung des Reichskanzlers, betr. die Redaktion der Gewerbeordnung für das Deutsche Reich, v. 26. Juli 1900 R.G.B. 871. Völlig neu gegenüber dem bisherigen Recht sind in diesem Titel der Abschnitt I „b. Zwangsinnungen" (§§. 100 bis 100 u) und der Abschnitt III „Handwerkskammern" (§§. 103 bis 103 q). Ein großer Theil der Vorschriften über die Innungen (§§. 81 bis 99), die Innungsausschüsse (§§. 101 u. 102) und die Innungsverbände (§§. 104 bis 104 n) entspricht in vielen Fällen wörtlich den Bestimmungen der Gewerbeordnungsnovellen v. 18. Juli 81 R.G.B. 233, und v. 23. April 86 R G.B. 125.

Die den Innungen bisher zugestandenen Vorrechte aus den früheren §§. 100 e u. 100 f der G.O., welche durch die Novellen vom 8. Dez. 84 R.G.B. 255 und vom 6. Juli 87 R G.B. 281 in das Gesetz eingefügt worden waren, sind durch Art 6 Abs. 1 der Novelle von 97 beseitigt worden. Dagegen hat das Gesetz für die mit solchen Vorrechten ausgestatteten Innungen innerhalb bestimmter Frist die Umwandlung in Zwangsinnungen erleichtert, vgl. unten S. 61.

Bezüglich des Zeitpunktes des Inkrafttretens des Handwerkergesetzes bestimmt der Art. 9 der Novelle von 97:

„Dieses Gesetz tritt, soweit es sich um die zu seiner Durchführung erforderlichen Maßnahmen handelt, sofort in Kraft.

Der Zeitpunkt, mit welchem das Gesetz im Uebrigen ganz oder theilweise in Kraft tritt, wird durch Kaiserliche Verordnung mit Zustimmung des Bundesraths bestimmt."

Auf Grund von Art. 9 Abs. 2 ist zunächst die Kaiserl. Verordnung v. 14. März 98 R.G.B. 37 ergangen, welche bestimmt:

„Die §§. 81 bis 102, 104 bis 104 u des Art. 1, die §§. 126 bis 128 des Art. 2 und die darauf bezüglichen Bestimmungen des Art. 3 bis 7 des Ges., betr. die Abänderung der G.O., v. 26. Juli 97 (R.G.B. 663) treten mit dem 1. April 1898 in Kraft."

Hiernach stehen die Bestimmungen des Gesetzes über die Innungen, Innungsausschüsse und Innungsverbände sowie die — auch für den Großbetrieb geltenden — allgemeinen Vorschriften über das Lehrlingswesen seit dem 1. April 1898 in Geltung. Bezüglich des Inkrafttretens der Vorschriften über die Handwerkskammern (§§. 103 bis 103 q), die Regelung des Lehrlingswesens im Handwerk (§§. 129 bis 132 a) und den Meistertitel (§. 133) bestimmt die Kaiserl. Verordnung v. 12. März 1900 R.G.B. 127 Folgendes:

Von den gegenwärtig noch nicht in Geltung stehenden Bestimmungen des Gesetzes, betreffend die Abänderung der Gewerbeordnung, vom 26. Juli 1897 (Reichs-Gesetzbl. S. 663) treten in Kraft:

die §§. 103 bis 103 q des Artikels 1 mit dem 1. April 1900,

die §§. 129 bis 132 a des Artikels 2 sowie die darauf bezüglichen Bestimmungen der Artikel 3 bis 5 und des Artikels 7 mit dem 1. April 1901,

der §. 133 des Artikels 2 sowie die übrigen Bestimmungen mit dem 1. Oktober 1901.

In Bezug auf die Veränderungen, welche die Titel VI und VII der G.O. durch die Novelle von 97 erfahren haben, ist im Art. 5 Abs. 1 der letzteren folgende Bestimmung getroffen:

Soweit in anderen Gesetzen auf Bestimmungen der bisherigen Titel VI und VII der Gewerbeordnung Bezug genommen wird, treten die entsprechenden Bestimmungen dieses Gesetzes an deren Stelle.

I. Innungen.

a. Allgemeine Vorschriften.

Die §§. 81 bis 99 enthalten die allgemeinen Vorschriften für die Innungen, sie gelten gemäß §. 100 c, soweit das Gesetz nicht ein anderes bestimmt, sowohl für die freien, als auch für die Zwangsinnungen. Die für die letzteren geltenden besonderen Bestimmungen sind in dem Abschnitt „b. Zwangsinnungen" (§§. 100 bis 100 u) enthalten.

§. 81. Diejenigen, welche ein Gewerbe selbständig betreiben, können zur Förderung der gemeinsamen gewerblichen Interessen zu einer Innung zusammentreten.

Der §. 81 entspricht wörtlich dem früheren §. 97 Abs. 1 der G.O., gilt aber nur für freie Innungen. Bez. der Zwangsinnungen vgl. §. 100.

Diejenigen: also ohne Unterschied von Klein- und Großbetrieb, nur müssen sie unter die Gewerbeordnung fallen. Auf Aerzte, Apotheker und Fischer finden daher die §§. 81 fg. keine Anwendung, vgl. §. 6 der G.O. und O.V. v. 6. Nov. 85 XII 348. Die gewerbsmäßigen Besorger fremder Rechtsangelegenheiten (Rechtskonsulenten u. dgl., §. 35 Abs. 3 der G.O.) können zu freien Innungen zusammentreten, O.V. v. 17. Mai 86 XIII 356, jedoch nicht zu Zwangsinnungen, da sie nicht Handwerker sind, und Zwangsinnungen nur von Handwerkern gebildet werden können, §. 100 Abs. 1. Das Gleiche gilt von Kaufleuten, Droguisten, Gastwirthen, Fuhrleuten und Köchen. Weiblichen Personen, welche ein Gewerbe selbständig betreiben, ist die Bildung von Innungen nicht untersagt, vgl. a. zu § 87 Abs. 1.

selbständig betreiben: daher nicht Gesellen (vgl. §. 95 bis 95 c) und Heimarbeiter, hingegen wohl die eigentlichen Hausgewerbetreibenden. Wegen der Aufnahmefähigkeit anderer Personen vgl. §. 87 Abs. 1 und 2, für die Zwangsinnungen §. 100f Abs. 1 und 2.

gewerbliche Interessen: darunter fallen auch wirthschaftliche Interessen, z. B. die Förderung des Genossenschaftswesens (Kom.B. von 97 S. 3), vgl. a. §. 100n Abs. 2.

Innung: über das Verhältniß der Innungen zu den Handwerkskammern vgl. §§. 103a u. 103f, wegen ihrer Mitwirkung bei der Abnahme der Gesellenprüfung §. 131 Abs 2, wegen der für alle Innungen, deren Mitglieder Gesellen beschäftigen, obligatorischen Einrichtung eines Gesellenausschusses §§. 95 bis 95c, §. 100c, bezüglich der Betheiligung der Innungen an der Zusammensetzung der Handwerkskammern §. 103a Abs. 3 Ziff. 1.

Die freien Innungen sind entweder Fachinnungen, oder Innungen für verwandte Gewerbe, oder gemischte Innungen. Zwangsinnungen können nur für gleiche oder verwandte Gewerbe, dagegen nicht als gemischte Innungen errichtet werden, §. 100 Abs. 1.

Für die Aenderung der Statuten der vor dem Erlasse des Handwerkergesetzes bereits errichteten Innungen bestimmt Art. 6 Ziff. 1 der Novelle v. 97 Folgendes:

„Auf bestehende Innungen finden die Vorschriften dieses Gesetzes Anwendung; sie haben innerhalb eines Jahres nach dem Inkrafttreten der in den §§. 81 bis 99 des Artikels 1 vorgesehenen Bestimmungen ihre Verfassung diesen Vorschriften entsprechend umzugestalten. Wird die Umgestaltung nicht bewirkt, so hat die höhere Verwaltungsbehörde die erforderliche Abänderung anzuordnen und, falls dieser Anordnung nicht Folge gegeben wird, entweder die Aenderung mit rechtsverbindlicher Kraft zu verfügen oder die Innung zu schließen."

Nach dem Preuß.Min.Erl. vom 1. März 98 soll die höhere Verwaltungsbehörde von der Befugniß, die erforderlichen Abänderungen der Statuten selbst vorzunehmen, nur ausnahmsweise, und nur dann Gebrauch machen, wenn ein öffentliches Interesse an dem Fortbestande der Innung besteht, oder das Nichtzustandekommen der Abänderungen nicht auf ein Verschulden der Innung zurückzuführen ist. Bezüglich der Abänderung der Statuten der bestehenden Innungs-Krankenkassen vgl. unten zu §. 90, am Schlusse. Zu einer selbständigen Vornahme der Abänderung der Statuten ist die Behörde bei den Krankenkassen nicht befugt. Wird die Abänderung des Statuts einer bestehenden Krankenkasse verabsäumt, so hat die Behörde, falls nicht die Innungs-Krankenkasse gemäß §. 100l Abs. 1 auf eine Zwangsinnung übergegangen ist, nur das Recht zur Schließung.

Um eine Anleitung zur Aufstellung von Innungsstatuten zu geben, hat der Reichskanzler in Ausführung eines Beschlusses des Bundesraths die Entwürfe des Statuts einer freien Innung und einer Zwangsinnung veröffentlicht (Bekanntm. v. 19. März 98, C.B. 155), deren Inhalt jedoch weder für die Aufstellung oder Umarbeitung des Innungsstatuts noch auch für die Genehmigung desselben verbindlich ist. Die Entwürfe sind im Anhang im Wortlaut mitgetheilt.

§. 81a. Aufgabe der Innungen ist:

1. die Pflege des Gemeingeistes sowie die Aufrechterhaltung und Stärkung der Standesehre unter den Innungsmitgliedern;
2. die Förderung eines gedeihlichen Verhältnisses zwischen Meistern und Gesellen (Gehülfen) sowie die Fürsorge für das Herbergswesen und den Arbeitsnachweis;
3. die nähere Regelung des Lehrlingswesens und die Fürsorge für die technische, gewerbliche und sittliche Ausbildung der Lehrlinge, vorbehaltlich der Bestimmungen der §§. 103e, 126 bis 132a;
4. die Entscheidung von Streitigkeiten der im §. 4 des Gewerbegerichtsgesetzes (Reichs-Gesetzbl. 1901 S. 353) und im §. 53a des Krankenversicherungsgesetzes (Reichs-Gesetzbl. 1892 S. 379) bezeichneten Art zwischen den Innungsmitgliedern und ihren Lehrlingen.

Die Bestimmungen des §. 81a geben im Wesentlichen das bisher bestandene Recht wieder und gelten auch für Zwangsinnungen (§. 100c).

Der §. 81a handelt von den obligatorischen, der §. 81b von den fakultativen Aufgaben der Innungen. Die Erfüllung der ersteren ist eine Pflicht, deren Vernachlässigung den Bestand der Innung gefährdet (§§. 97 Abs. 1 Ziff. 2, 100c). Die Aufgaben der Innung können durch das Statut (§. 83 Abs. 2 Ziff. 2, §. 100c) auf die im § 81a bezeichneten beschränkt werden, sie brauchen auch diese nicht unter allen Umständen sämmtlich zu umfassen. O.V. v. 17. Mai 86 XIII 356.

Zu Ziff. 2: die Fürsorge für das Herbergswesen und den Arbeitsnachweis liegt der Innung allgemein ob, mithin nicht nur in der Beschränkung auf die Gesellen, wie es nach dem früheren §. 97 Ziff. 2 der G.O. der Fall war Der Förderung eines gedeihlichen Verhältnisses zwischen Meistern und Gesellen dienen auch die Einigungsämter, vgl. zu §. 81b Ziff. 4.

Zu Ziff. 3: die nähere Regelung des Lehrlingswesens im Handwerk steht den Innungen fortan nur noch in soweit zu, als sie nicht durch die mit jener Regelung in erster Linie betraute Handwerkskammer erfolgt, vgl. §§. 103e Abs. 1 Ziff 2 und 103f. Hinsichtlich der subsidiären Befugniß der Innungen, für die Handwerksbetriebe Vorschriften über die zuläßige Zahl von Lehrlingen zu erlassen, vgl. §. 130, wegen der gleichfalls subsidiären Befugniß derselben zur Festsetzung der Dauer der Lehrzeit die §. 129 Abs. 1 und §. 130a Abs. 2 nebst Bemerk, wegen der vorgeschriebenen Zuziehung des Gesellenausschusses §§. 95 Abs. 2 100c, 100r. Die von der Zwangsinnung erlassenen Vorschriften zur Regelung des Lehrlingswesens (§. 93 Abs. 2 Ziff. 5) bedürfen der Genehmigung der höheren Verwaltungsbehörde, welche vorher die Handwerkskammer zu hören hat, §. 100p. Vgl. a. §. 127c Abs. 2 (Ausstellung von Lehrbriefen), §. 129b Abs. 2 (Abschluß des Lehrvertrags vor der Innung), §. 131c (Verpflichtung, den Lehrling zur Ablegung der Gesellenprüfung anzuhalten) und §. 92c (Ordnungsstrafrecht).

Zu Ziff. 4: durch die Zuständigkeit einer Innung oder eines Innungs-Schiedsgerichts (§. 81b Ziff. 4) wird die Zuständigkeit eines für den Innungsbezirk bestehenden oder später errichteten Gewerbegerichts sowie diejenige des Gemeindevorstehers zur vorläufigen Entscheidung ausgeschlossen, §. 84 Abs. 2 des Gewerbegerichtsgesetzes, vgl. jedoch die besondere Ausnahmebestimmung im §. 91 Abs. 6. Die Zuständigkeit der Innung ist, als auf öffentlichem Recht beruhend, ausschließlich, und daher von den Gewerbegerichten von Amtswegen zu berücksichtigen. Durch Vereinbarung der Parteien kann mithin die Zuständigkeit eines Gewerbegerichts für einen nach dem Gesetz der Zuständigkeit der Innung unterliegenden Streitfall nicht herbeigeführt werden. Ueber die Bildung des Organs und das Verfahren zur Entscheidung der Streitigkeiten muß das Statut Bestimmungen treffen, §. 83 Abs. 2 Ziff. 11, vgl. a. §§. 91b Abs. 2 Ziff. 7, 93a, 94, 94a, 94b, 100c.

Das Gesetz, betr. die Gewerbegerichte, vom 29. Juli 1890 R.G.B. 141 ist vom 1. Januar 1902 ab durch das Gewerbegerichtsgesetz vom 30. Juni 1901 R.G.B. 249 in der durch die Bekanntmachung des Reichskanzlers vom 29. September 1901 R.G.B. 353 veröffentlichten Fassung ersetzt worden. Soweit in anderen Gesetzen auf Vorschriften des Gesetzes vom 29. Juli 1890 verwiesen ist, treten gemäß Art. 3 Abs. 2 des Gesetzes vom 30. Juni 1901 die entsprechenden Vorschriften des vom Reichskanzler bekannt gemachten Textes an ihre Stelle. Im Texte des §. 81a Ziff. 4 ist daher der bisher dort angezogene §. 3 des Gesetzes vom 29. Juli 1890 durch den §. 4 des neuen Gesetzes ersetzt worden.

Der §. 4 des Gewerbegerichtsgesetzes lautet:

„Die Gewerbegerichte sind ohne Rücksicht auf den Werth des Streitgegenstandes zuständig für Streitigkeiten:

1. über den Antritt, die Fortsetzung oder die Auflösung des Arbeitsverhältnisses sowie über die Aushändigung oder den Inhalt des Arbeitsbuchs, Zeugnisses, Lohnbuchs, Arbeitszettels oder Lohnzahlungsbuchs,
2. über die Leistungen aus dem Arbeitsverhältnisse,
3. über die Rückgabe von Zeugnissen, Büchern, Legitimationspapieren, Urkunden, Geräthschaften, Kleidungsstücken, Kautionen und dergleichen, welche aus Anlaß des Arbeitsverhältnisses übergeben worden sind,
4. über Ansprüche auf Schadensersatz oder auf Zahlung einer Vertragsstrafe wegen Nichterfüllung oder nicht gehöriger Erfüllung der Verpflichtungen, welche die unter Nr. 1 bis 3 bezeichneten Gegenstände betreffen, sowie wegen gesetzwidriger oder unrichtiger Eintragungen in Arbeitsbücher, Zeugnisse, Lohnbücher, Arbeitszettel, Lohnzahlungsbücher, Krankenkassenbücher oder Quittungskarten der Invalidenversicherung,
5. über die Berechnung und Anrechnung der von den Arbeitern zu leistenden Krankenversicherungsbeiträge und Eintrittsgelder (§§. 53a, 65, 72, 73 des Krankenversicherungsgesetzes),

6. über die Ansprüche, welche auf Grund der Uebernahme einer gemeinsamen Arbeit von Arbeitern desselben Arbeitgebers gegen einander erhoben werden

Streitigkeiten über eine Konventionalstrafe, welche für den Fall bedungen ist, daß der Arbeiter nach Beendigung des Arbeitsverhältnisses ein solches bei anderen Arbeitgebern eingeht oder ein eigenes Geschäft errichtet, gehören nicht zur Zuständigkeit der Gewerbegerichte."

Der §. 53a des Krankenversicherungsgesetzes in seiner gegenwärtig geltenden Fassung (vgl. oben S. 5) lautet:

„Streitigkeiten zwischen dem Arbeitgeber und den von ihm beschäftigten Personen über die Berechnung und Anrechnung der von diesen zu leistenden Beiträge werden nach den Vorschriften des Gewerbegerichtsgesetzes (Reichs-Gesetzbl. 1901 S. 249) entschieden.

Die Vorschriften des letzteren Gesetzes finden auch auf Streitigkeiten zwischen den bezeichneten Personen über die Berechnung und Anrechnung des Eintrittsgeldes Anwendung. Zur Entscheidung dieser Streitigkeiten sind auch die auf Grund des §. 85 jenes Gesetzes fortbestehenden Gewerbegerichte zuständig."

Vgl. §§. 38 bis 40 des Musterstatuts für freie, und §§. 36 bis 38 des Musterstatuts für Zwangsinnungen, unten im Anhange.

§. 81 b. Die Innungen sind befugt, ihre Wirksamkeit auf andere, den Innungsmitgliedern gemeinsame gewerbliche Interessen als die im §. 81 a bezeichneten auszudehnen. Insbesondere steht ihnen zu:

1. Veranstaltungen zur Förderung der gewerblichen, technischen und sittlichen Ausbildung der Meister, Gesellen (Gehülfen) und Lehrlinge zu treffen, insbesondere Schulen zu unterstützen, zu errichten und zu leiten, sowie über die Benutzung und den Besuch der von ihnen errichteten Schulen Vorschriften zu erlassen;
2. Gesellen- und Meisterprüfungen zu veranstalten und über die Prüfungen Zeugnisse auszustellen;
3. zur Unterstützung ihrer Mitglieder und deren Angehörigen, ihrer Gesellen (Gehülfen), Lehrlinge und Arbeiter in Fällen der Krankheit, des Todes, der Arbeitsunfähigkeit oder sonstiger Bedürftigkeit Kassen zu errichten;
4. Schiedsgerichte zu errichten, welche berufen sind, Streitigkeiten der im §. 4 des Gewerbegerichtsgesetzes und im § 53 a des Krankenversicherungsgesetzes bezeichneten Art zwischen den Innungsmitgliedern und

ihren Gesellen (Gehülfen) und Arbeitern an Stelle der sonst zuständigen Behörden zu entscheiden;

5. zur Förderung des Gewerbebetriebs der Innungsmitglieder einen gemeinschaftlichen Geschäftsbetrieb einzurichten.

Im §. 81 b sind beispielsweise die bedeutsamsten fakultativen Aufgaben — im Gegensatz zu den im §. 81 a aufgeführten obligatorischen — bezeichnet, welche die Innungen „je nach den vorhandenen Bedürfnissen und Kräften in den Bereich ihrer Thätigkeit ziehen können.“ (Mot. v. 81 S. 18.) Einer gesetzlichen Beschränkung unterliegt der Kreis der fakultativen Aufgaben jedoch insofern, als diese sowohl das gemeinsame als auch das gewerbliche Interesse der Mitglieder berühren müssen. Mit Ausnahme einiger redaktionellen Aenderungen und einer zu Ziff. 4 vorgesehenen Ergänzung geben übrigens die Bestimmungen des §. 81 b das bisher geltende Recht wieder. Die Ziff. 1 bis 4 finden auch auf Zwangsinnungen Anwendung, §§. 100 c, 100 n Abs. 1 und 2. Bezüglich der Aufstellung von Minimaltarifen vgl. §§. 88 und 100 q.

Zu Ziff. 1: wegen der Innungs-Fachschulen vgl. §. 120 Abs. 3 der G.O. — wonach diejenigen, welche eine solche Schule besuchen, von der durch statutarische Bestimmung begründeten Verpflichtung zum Besuche einer Fortbildungsschule befreit sind, sofern der Unterricht dieser Schule von der höheren Verwaltungsbehörde als ein ausreichender Ersatz des allgemeinen Fortbildungsschulunterrichts anerkannt wird, — sowie außerdem die §§. 101 (Innungsausschüsse), 103 e Abs. 3 (Handwerkskammern), 104 Abs. 2 (Innungsverbände). Alle diese Organisationen sind befugt, Fachschulen zu errichten. Die Leitung solcher Schulen hat jedoch dabei die allgemeinen gesetzlichen Vorschriften zu befolgen. Die Beaufsichtigung steht den Organen der Unterrichtsverwaltung nach Maßgabe der bestehenden Unterrichtsgesetzgebung zu (Mot. v. 81 S. 20). Die Erhebung von Gebühren ist zulässig, §§. 88 Abs. 3, 100 o, unterliegt jedoch bei Zwangsinnungen der Genehmigung der Aufsichtsbehörde, §. 100 s Abs. 6.

Zu Ziff. 2: bezüglich der Gesellenprüfungen für die Erlangung der Befugniß zur Anleitung von Lehrlingen im Handwerk vgl. §. 129 Abs. 1 sowie §§. 131 bis 132 a, bezüglich der Meisterprüfung §. 133.

Infolge der neuen Bestimmungen der Novelle von 97 ist die Bedeutung der Ziff 2 in öffentlich-rechtlicher Hinsicht für das Handwerk wesentlich beschränkt. Als Gesellenprüfungen, deren Ablegung zur Anleitung von Lehrlingen (§. 129) oder zur Zulassung zur Meisterprüfung (§. 133) berechtigt, gelten nämlich nur solche, welche vor einem gemäß §. 131 Abs. 2 errichteten Prüfungsausschuß bestanden sind. Ferner ist die Berechtigung zur Führung des Meistertitels mit der Ablegung der Meisterprüfung vor einer Innung nicht verbunden und die Bezeichnung „Innungsmeister“ nicht mehr wie früher strafrechtlich geschützt, vgl. zu §. 133.

Zu Ziff. 3: entsprechend der Abänderung, welche die durch die Novelle von 81 geschaffene Rechtslage der Innungs-Krankenkassen durch § 73 Abs. 2 des Krankenversicherungsgesetzes erfahren hat, sind fortan nicht nur die Gesellen und Lehrlinge, sondern auch die übrigen Arbeiter der Innungsmeister Mitglieder der Innungs-Krankenkasse. (Mot. v. 97.)

Die Unterstützungskassen, zu deren Errichtung es eines Nebenstatuts bedarf (§. 83 Abs. 4), sind Einrichtungen der Innung und haben daher keine selbständige Rechtspersönlichkeit, vgl. jedoch §. 98 Abs. 3 Im Uebrigen vgl. §. 85 (Genehmigung der Statuten, getrennte Rechnungsführung, Absonderungsrecht), sowie für die Zwangsinnungen §§. 100l und 100m, und bezüglich der Innungs-Krankenkassen §§. 90 und 100c. Bei den Zwangsinnungen ist für Unterstützungskassen, auf welche der §. 73 des Krankenversicherungsgesetzes keine Anwendung findet, der Kassenzwang durch das Gesetz ausgeschlossen, §. 100n Abs. 1.

Zu Ziff. 4: die hier vorgesehene Erweiterung der Zuständigkeit der Innungs-Schiedsgerichte auf Streitigkeiten zwischen den Innungsmitgliedern und ihren ungelernten Arbeitern bezweckt eine bei der Anwendung des Gewerbegerichtsgesetzes vom 29. Juli 1890 hervorgetretene Lücke zu ergänzen. Nach § 13 Abs. 3 dieses Gesetzes war nämlich beabsichtigt, nicht nur die Gesellen, sondern auch die ungelernten Arbeiter dem Innungs-Schiedsgericht zu unterstellen. Hierzu hätte es indessen einer anderweiten Fassung des §. 79 des Gewerbegerichtsgesetzes bedurft. Den daraus sich ergebenden Unzuträglichkeiten sollte durch die von dem bisherigen Rechte abweichende Fassung der Ziff. 4 abgeholfen werden. Eine Erweiterung der Zuständigkeit des Innungs-Schiedsgerichts über den Rahmen der Ziff 4 durch das Statut ist nicht zulässig. Dagegen kann die Zuständigkeit durch Schiedsvertrag im Einzelfalle erweitert werden. Wegen der Anführung des §. 4 an Stelle des früheren §. 3 vgl. zu §. 81a Ziff. 4.

Bei den Verhandlungen der Reichstagskommission im Jahre 1901 über die Anträge Trimborn und Genossen und Albrecht und Genossen, betreffend die Abänderung des Gewerbegerichtsgesetzes vom 29. Juli 1890 wurde anerkannt, daß die Innungen im Hinblick auf den §. 81a Ziff. 2 auch befugt seien, Einigungsämter zu errichten, und diese Befugniß eingeschränkt würde, wenn der Vorsitzende eines als Einigungsamt in Thätigkeit tretenden Gewerbegerichts von der — durch §. 66 des Gewerbegerichtsgesetzes von 1901 (vgl. zu §. 81a Ziff. 4) eingeführten — Befugniß, an der Streitigkeit betheiligte Personen unter Androhung einer Geldstrafe bis zu 100 Mark vorzuladen, auch dann Gebrauch machen könne, wenn es sich ausschließlich um Streitigkeiten zwischen Innungsmitgliedern und ihren Arbeitern handelt, und für die Innung ein besonderes Einigungsamt errichtet ist. In Rücksicht hierauf schließt der §. 74 des Gewerbegerichtsgesetzes die Zuständigkeit des Gewerbegerichts als Einigungsamt aus, „wenn bei der Streitigkeit ausschließlich Innungsmitglieder betheiligt sind und für die Innung zur Erfüllung der im §. 81a Nr. 2 der Gewerbeordnung bezeichneten Aufgabe ein besonderes Einigungsamt besteht, dessen Zusammensetzung und Thätigkeit durch das Statut entsprechend den Bestimmungen der §§. 63 bis 73 dieses Gesetzes geregelt ist. Rufen beide Theile das Einigungsamt an, so ist dieses auch bei solchen Streitigkeiten zuständig.“ Auf eine Anfrage, ob damit auch verlangt werde, daß der Vorsitzende des Innungs-Einigungsamts weder

Arbeitgeber noch Arbeiter sein dürfe, wurde in der Kommission festgestellt, „daß die Bejahung dieser Frage die einstimmige Anschauung der Kommission sei“. Vgl. Drucks. d. R.T. Nr. 299, 10. Leg.Per. II. Session 1900/1901 S. 46, 68.

Bezüglich der Genehmigung der gemäß §. 83 Abs. 4 für die Errichtung von Innungs-Schiedsgerichten erforderlichen Nebenstatuten vgl. §. 85 Abs. 1, bezüglich der Zusammensetzung der Schiedsgerichte, des Verfahrens vor denselben und der sonstigen Vorschriften §§. 91, 91a, 91b, 93, 94, 94b, 100c. Vgl. a. zu §. 81a Ziff. 4.

Zu Ziff. 5: Zwangsinnungen dürfen gemeinsame Geschäftsbetriebe nicht selbst errichten, wohl aber anregen und durch Aufwendungen aus dem angesammelten Vermögen unterstützen, §. 100n Abs. 2. Für die freien Innungen bietet u. a. auch die Betheiligung an Submissionen eine Gelegenheit zum gemeinsamen Geschäftsbetrieb. Zu den Aufgaben der Innungsverbände gehört die Einrichtung gemeinsamer Geschäftsbetriebe gesetzlich gleichfalls nicht, §. 104 Abs. 2, dagegen sind die Innungsausschüsse, sofern sie ausschließlich aus freien Innungen bestehen, zur Herstellung solcher Einrichtungen befugt, § 101.

§. 82. Der Bezirk, für welchen eine Innung errichtet 1.
wird, soll in der Regel nicht über den Bezirk der höheren Verwaltungsbehörde, in welchem die Innung ihren Sitz nimmt, hinausgehen. Ausnahmen bedürfen der Genehmigung der Landes-Zentralbehörde.

Soll der Bezirk, für welchen eine Innung errichtet 2.
wird, über das Gebiet eines Bundesstaats hinaus erstreckt werden, so ist hierzu die Genehmigung der betheiligten Landes-Zentralbehörden erforderlich. Wird die Genehmigung ertheilt, so sind die den Behörden übertragenen Befugnisse, soweit nicht eine anderweite Vereinbarung getroffen wird, von den Behörden desjenigen Bundesstaats wahrzunehmen, in welchem die Innung ihren Sitz hat.

Bei der Errichtung ist der Innung ein Name zu geben, 3.
welcher von dem aller anderen, an demselben Orte oder in derselben Gemeinde befindlichen Innungen verschieden ist. Die landesüblichen Benennungen (Aemter, Gilden und dergleichen) können beibehalten werden.

Zu Abs. 1: die Vorschrift stimmt — ebenso wie Abs. 3 — wörtlich mit dem bisherigen, der Novelle zur G.O. von 81 entstammenden §. 98 Abs. 1 der G.O. überein. Nach der, auch für die Novelle von 97 geltenden Auffassung „entspricht eine weite räumliche Ausdehnung an sich nicht dem Wesen der Innung, da die wichtigsten und nächsten Aufgaben derselben, wie die Pflege des Gemeinsinns und des Standesbewußtseins, mit Erfolg nur von Vereinigungen gelöst werden können, deren Glieder sich auch örtlich nahestehen. Als Regel muß daher vorausgesetzt werden, daß eine Innung sich auf den Bezirk einer Gemeinde und ihre nächste Umgebung oder bei kleinen Gemeinden auf den Bezirk benachbarter Gemeinden beschränkt." (Mot. v. 81 S. 21.) Im Interesse der Organisation des Handwerks, namentlich einer wirksamen Durchführung der Vorschriften über das Lehrlingswesen und anderer Anordnungen der Handwerkskammern (§. 103 e Abs. 1 Ziff. 1 und 2, §. 103 f), ist es übrigens dringend erwünscht, daß die Bezirke der Handwerker-Innungen nicht über den Bezirk der Handwerkskammer hinausgehen.

Bezüglich der Zwangsinnungen vgl. §. 100 c und die, in Rücksicht auf den obligatorischen Charakter dieser Art von Innungen vorgesehene besondere Beschränkung im §. 100 Abs. 1 Ziff. 2. Bei den mit den Vorrechten aus den nunmehr aufgehobenen §§. 100 e und 100 f der G.O. privilegirt gewesenen Innungen (s. o. S. 1) konnte bis zum 1. Oktober 1898 von dieser Voraussetzung für die Errichtung einer Zwangsinnung abgesehen werden; vgl. die Bemerkungen zu §. 100 am Schlusse, S. 62.

Zu Abs. 2: die bisherigen Bestimmungen (§. 98 der G.O.) entbehrten eine Vorschrift, welche die Errichtung gemeinsamer Innungen für Bezirke mehrerer Bundesstaaten gestattet. Durch Abs. 2 soll diese Möglichkeit geboten werden.

Soll in Preußen der Bezirk über die Grenzen des Staatsgebietes oder über den Regierungsbezirk oder den Stadtkreis Berlin hinausgehen, so hat der Bezirksausschuß, in Berlin der Polizeipräsident, zunächst beim Handelsminister die Ertheilung der Genehmigung zu erwirken, Abschn. II Ziff. 6 der Ausf.Anw. v. 1. März 98. In Bayern und Württemberg hat die Kreisregierung, in Hessen das Kreisamt die Genehmigung des Ministeriums des Innern einzuholen.

Zu Abs. 3: die Bestimmung über den Namen der Innung ist im Statut zu treffen, vgl. §. 83 Abs. 1 Ziff. 1 und §. 84 Abs. 2.

Die Vorschrift gilt auch für Zwangsinnungen, §. 100 c.

1. **§. 83.** Die Aufgaben der Innung, die Einrichtung ihrer Verwaltung und die Rechtsverhältnisse ihrer Mitglieder sind, soweit das Gesetz nicht darüber bestimmt, durch das Statut zu regeln.

2. Dasselbe muß Bestimmung treffen über:

1. Namen, Sitz und Bezirk der Innung sowie die Gewerbszweige, für welche die Innung errichtet ist;
2. die Aufgaben der Innung sowie die dauernden Einrichtungen zur Erfüllung dieser Aufgaben, insbesondere hinsichtlich der Regelung des Lehrlingswesens;
3. Aufnahme, Austritt und Ausschließung der Mitglieder;
4. die Rechte und Pflichten der Mitglieder, insbesondere den Maßstab, nach welchem die Mitgliederbeiträge erhoben werden;

5. die Bildung des Vorstandes, den Umfang seiner Befugnisse und die Formen seiner Geschäftsführung;
6. die Zusammensetzung und Berufung der Innungsversammlung, das Stimmrecht in derselben, die Art der Beschlußfassung und, sofern die Innungsversammlung aus Vertretern besteht (§. 92 Abs. 3), die Zahl und die Wahl der Vertreter;
7. die Beurkundung der Beschlüsse der Innungsversammlung und des Vorstandes;
8. die Aufstellung und Prüfung der Jahresrechnung;
9. die Bildung und die Geschäftsführung des Gesellenausschusses;
10. die Ueberwachung der Beobachtung der für die Beschäftigung der Gesellen (Gehülfen), Lehrlinge und Arbeiter, den Besuch der Fortbildungs- oder Fachschule und die Regelung des Lehrlingswesens erlassenen Bestimmungen;
11. die Bildung des Organs und das Verfahren zur Entscheidung der im §. 81 a Ziffer 4 bezeichneten Streitigkeiten;
12. die Voraussetzungen und die Form der Verhängung von Ordnungsstrafen;
13. die Voraussetzungen und die Form einer Abänderung des Statuts und den Erlaß und die Abänderung der Nebenstatuten;
14. die Voraussetzungen und die Form der Auflösung der Innung;
15. die öffentlichen Blätter, in welchen die Bekanntmachungen der Innung zu erfolgen haben.

Das Statut darf keine Bestimmung enthalten, welche mit den in diesem Gesetze bezeichneten Aufgaben der Innung nicht in Verbindung steht oder gesetzlichen Vorschriften zuwiderläuft. 3.

Bestimmungen über Einrichtungen zur Erfüllung der im §. 81 b Ziffer 3, 4 und 5 bezeichneten Aufgaben dürfen nicht in das Innungsstatut aufgenommen werden. 4.

Die Vorschriften in Abs. 1, 3 und 4 entsprechen dem früheren §. 98 a Abs. 1, 3 und 4 der G.O., dagegen hat die Aufzählung der Angelegenheiten, welche nach §. 98 a Abs. 2 a. a. O. der statutarischen Regelung vorbehalten waren, im Abs. 2 einige Abänderungen und Zusätze (Ziff. 9 und 14) erfahren.

Zu Abs. 1: Die im §. 83 einzeln aufgeführten Angelegenheiten bilden einen nothwendigen Inhalt des Statuts, ihre Regelung darf mithin auch durch das letztere nicht dem Beschlusse des Vorstands oder der Innungsversammlung überlassen werden. O.V. v. 25. Novbr. 89. Bezüglich eines Entwurfs von Statuten vgl. die im Anhang abgedruckten Musterstatuten für freie und für Zwangsinnungen, Bekanntm. des Reichskanzlers v. 19. März 98 C.B. 155.

Zu Abs. 2 Ziff. 1: bezüglich der örtlichen Begrenzung des Innungsbezirks vgl. für die freien Innungen §. 82 Abs. 1 und 2, für die Zwangsinnungen §. 100 Abs. 1 Ziff. 2.

Zu Ziff. 2: vgl. §§. 81a, 81b, 100c, sowie a. unten Abs. 4, bezüglich der Regelung des Lehrlingswesens die Bemerkungen zu §. 81a Ziff. 3 und zu §. 93 Abs. 2 Ziff. 5. Vgl. a. für freie Innungen §§. 38—40, für Zwangsinnungen §§. 36—38 des Musterstatuts

Zu Ziff. 3: vgl. §§. 87, 87a, 100c, 100g Abs. 3. Eintrittsgelder sind bei freien Innungen gestattet, dagegen, ihrem obligatorischen Charakter entsprechend, nicht bei Zwangsinnungen, §. 100s Abs. 5.

Zu Ziff. 4: vgl. §§. 87a Abs. 3, 88 Abs. 1 und 2, 89, für die Zwangsinnungen, bei denen die Bemessung der Beiträge unter Berücksichtigung der Leistungsfähigkeit der Betriebe erfolgen muß, §. 100c, §. 100s.

Zu Ziff. 5: vgl. §§. 92 Abs. 1, 4 und 5, 92a, 92b, 92c, 94a, 94b, 98, 100c.

Zu Ziff. 6: vgl. bezüglich der Innungsversammlung §§. 92, 93, 93a, 95, 100c.

Zu Ziff. 7: das Gesetz enthält hierüber keine Vorschriften. Vgl. für die freien Innungen §. 26 Abs. 3, für die Zwangsinnungen §. 24 Abs. 3 des Musterstatuts.

Zu Ziff. 8: bezüglich der Jahresrechnung vgl. §§. 89a (getrennte Feststellung der Einnahmen und Ausgaben), 93 Abs. 2 Ziff. 2 (Prüfung und Abnahme durch die Innungsversammlung), 100c, für die Zwangsinnungen außerdem §. 100o Abs. 2 (Einreichung an die Aufsichtsbehörde). Wegen des Haushaltsplans vgl. §. 93 Abs. 2 Ziff. 1 (Feststellung durch die Innungsversammlung) und §. 100c, außerdem für Zwangsinnungen §. 100o Abs. 1 (Einreichung an die Aufsichtsbehörde, bei Widerspruch von einem Viertel der Innungsmitglieder Entscheidung durch diese Behörde), ferner für freie Innungen §§. 50—57, für Zwangsinnungen §§. 47—54 des Musterstatuts.

Zu Ziff. 9: in Rücksicht auf §§. 95, 95c und 100c kann das Statut künftighin besonderer Bestimmungen über die Bildung und Geschäftsführung des Gesellenausschusses nicht entbehren. Vgl. für freie Innungen §§. 43—47, für Zwangsinnungen §§. 41—45 des Musterstatuts.

Zu Ziff. 10: bisher bezog sich die Ueberwachungsbefugniß der Innungen nur auf den Schutz der Lehrlinge, nunmehr auch auf den der Gesellen und Arbeiter. In Betracht kommen namentlich §§. 41a, 105—106, 107—112, 115 fg., 120—120e, 121—125, 126—127a, 128—130a, 135 fg. und 154 und die auf Grund von §§. 120e und 154 Abs. 3 und 4 der G.O. erlassenen Anordnungen u. a. also auch die Bäckereiverordnung vom 4. März 1896, R.G.B. 55, sowie die auf

Grund der Kaiserl. Verordnung vom 9. Juli 1900 für die Werkstätten mit Motorbetrieb erlassene Bekanntmachung vom 13. Juli 1900, R.G.B. 566, über die Beschäftigung von jugendlichen Arbeitern und Arbeiterinnen; ferner auch die vom Bundesrath (§. 128), der Handwerkskammer (§§. 103e Abs. 1 Ziff. 1, 130, 130a Abs. 2), dem Innungsausschuß (§. 101), oder der Innungsversammlung (§. 93 Abs. 2 Ziff. 5) erlassenen Vorschriften. Bezüglich der Ueberwachung der Befolgung der gesetzlichen und statutarischen Vorschriften in den zur Innung gehörigen Betrieben durch besondere Beauftragte vgl. §§. 94c und 100c, sowie für freie Innungen §. 41, für Zwangsinnungen §. 39 des Musterstatuts.

Zu Ziff. 11: vgl. die Bemerkungen zu §. 81a Ziff. 4 und für freie Innungen §§. 38—40, für Zwangsinnungen §§. 36—38 des Musterstatuts.

Zu Ziff. 12: vgl. §§. 92c, 89 Abs. 3 und 100o, für freie Innungen §§. 35, 12—15, 24, 48e, 54, für Zwangsinnungen §§. 33, 10—13, 22 des Musterstatuts.

Zu Ziff. 13: vgl. §§. 84 Abs. 4, 93 Abs. 2 Ziff. 9, 96 Abs. 6, für Zwangsinnungen noch §§. 100c, 100d und 100e, bezüglich der Nebenstatuten §§. 85, 93 Abs. 2 Ziff 9, 95, 100c, 100l Abs. 3.

Zu Ziff. 14: vgl. §. 93 Abs. 2 Ziff. 10, und §. 96 Abs. 6, für Zwangsinnungen §. 100t, für freie Innungen §§. 58—60, für Zwangsinnungen §§. 56 und 57 des Musterstatuts.

Zu Ziff. 15: vgl. für freie Innungen §. 61, für Zwangsinnungen §. 58 des Musterstatuts.

Zu Abs. 3: vgl. §§. 84 Abs. 2 Ziff. 1, 97 Abs. 1 Ziff. 1 und für Zwangsinnungen §. 100d Abs. 3.

Zu Abs. 4: daß Innungs-Schiedsgerichte, Unterstützungskassen oder — bei freien Innungen — gemeinschaftliche Geschäftsbetriebe eingerichtet werden sollen, darf, wie regierungsseitig in der Kommission des Reichstages erklärt worden ist (Komm.Ber. v. 81 S. 10), im Statut erwähnt werden.

§. 84. Das Innungsstatut bedarf der Genehmigung 1. durch die höhere Verwaltungsbehörde desjenigen Bezirkes, in welchem die Innung ihren Sitz nimmt. Die Einreichung geschieht durch die Aufsichtsbehörde (§. 96).

Die Genehmigung ist zu versagen: 2.

1. wenn das Innungsstatut den gesetzlichen Anforderungen nicht entspricht;
2. wenn die durch das Innungsstatut vorgesehene Begrenzung des Innungsbezirkes die nach §. 82 Abs. 1 oder Abs. 2 erforderliche Genehmigung nicht erhalten hat.

Außerdem darf die Genehmigung nur versagt werden, 3. wenn in dem durch das Innungsstatut vorgesehenen Innungsbezirke für die gleichen Gewerbe eine Innung bereits besteht.

4. In dem die Genehmigung versagenden Bescheide sind die Gründe anzugeben; gegen denselben findet der Rekurs statt; wegen des Verfahrens und der Behörden gelten die Vorschriften der §§. 20 und 21, soweit nicht landesgesetzlich das Verfahren in streitigen Verwaltungssachen Platz greift.

5. Abänderungen des Innungsstatuts unterliegen den gleichen Vorschriften.

Für Zwangsinnungen vgl. §§. 100 c und 100 d. Die Absätze 1 und 2 gelten auch für diese Innungen, dagegen nicht Abs. 3. Bezüglich des Abs. 4 siehe unten.

Zu Abs. 1: die Bestimmungen entsprechen, ebenso wie die Absätze 3 bis 5, dem bisherigen Recht (§. 98 b der G.O.). Die rechtliche Gültigkeit des Innungsstatuts tritt erst mit der erfolgten Genehmigung desselben durch die höhere Verwaltungsbehörde ein

Die Statuten der freien und der Zwangsinnungen unterliegen keiner Stempelabgabe, vgl. §§ 99, 100 c.

höhere Verwaltungsbehörde: in Preußen der Bezirksausschuß, in Berlin der Polizeipräsident, Abschn. I Ziff. 2 der Ausf. Anw. v. 1. März 98, in Bayern die Kreisregierungen. Kammern des Innern, A. Verordn. v. 29. Okt. 97, G.V.B. 355, in Württemberg die Kreisregierungen, Min.V. v. 14. März 98 R.B. 56, in Baden die Bezirksämter bezw. der Bezirksrath. Vollz.Verordn. v. 4. April 98, G.V.B. 237, in Hessen die Kreisämter, V. v. 22. Sept. 1900, Rbl. Nr. 67.

Zu Abs. 2: der weitere Versagungsgrund in dem früheren §. 98 b Abs. 2 Ziff. 2 der G.O.: „wenn durch die in dem Innungsstatut vorgesehenen Einrichtungen die Mittel zur Erfüllung der den Innungen nach §. 81 a obliegenden Aufgaben nicht sichergestellt erscheinen", wurde von der Reichstagskommission gestrichen, um nicht „die Möglichkeit zu bieten, die Genehmigung in allen Fällen zu versagen, in denen sich im Statut Einrichtungen vorgesehen finden, welche der Behörde nicht zweckmäßig erscheinen." (Komm.B. v. 97 S. 6.) Die Genehmigung darf, falls keiner der Gründe aus Abs. 2 und 3 vorliegt, auch dann nicht versagt werden, wenn das Statut unzweckmäßig eingerichtet ist, oder sonstwie Bedenken gegen die Errichtung der Innung vorliegen, O.V. v. 17. Mai 86 XIII 355. Die Streichung der früheren Ziffer 2 im Abs. 2 wird die Genehmigungsbehörde zu einer um so sorgfaltigeren Prüfung der in Ziff. 1 bezeichneten „gesetzlichen Anforderungen" nöthigen.

Zu Abs. 3: die Versagung ist auch dann zuläsfig, wenn die bestehende Innung nicht den ganzen Bezirk der neuen, sondern nur einen Theil desselben umfaßt. Auch brauchen sich die Gewerbe, für welche die neue Innnng errichtet werden soll, nicht vollständig mit den Gewerben zu decken, für welche in dem Bezirk der ersteren bereits Innungen bestehen, es genügt vielmehr, daß in dem durch das neue Innungsstatut vorgesehenen Innungsbezirke für eines der Gewerbe, für welche die neue Innung errichtet werden soll, bereits eine Innung besteht. O.V. v. 6. Juni 89 XVIII 327. Vgl. auch O.V. v. 3. Okt. 87, 2. Jan. 90 und 11. Febr. 92.

In dem Bezirk einer Zwangsinnung dürfen für die gleichen Gewerbe freie Innungen nicht errichtet werden; nach Erlaß der die Zwangsinnung anordnenden Verfügung sind die für die gleichen Gewerbszweige bestehenden Innungen, deren Sitz sich im Bezirk der Zwangsinnung befindet, zu schließen, §. 100 b Abs. 4.

Zu Abs. 4: Bei Zwangsinnungen ist gegen die Versagung der Genehmigung des Statuts und seiner Abänderungen nicht der Rekurs, sondern binnen vier Wochen die Beschwerde an die Landes-Zentralbehörde zulässig. Wird die Genehmigung wiederholt versagt, so hat die höhere Verwaltungsbehörde das Statut selbst zu erlassen, §. 100 d Abs. 1, 2. Die Bestimmung, daß in dem die Genehmigung versagenden Bescheide die Gründe anzugeben sind, gilt auch für die Zwangsinnungen.

Rekurs: ebenso im Falle der Schließung einer freien Innung, vgl. §. 97 Abs. 3.

In Preußen ist gegen den versagenden Beschluß des Bezirksausschusses binnen 2 Wochen der Antrag auf mündliche Verhandlung im Verwaltungsstreitverfahren zulässig, gegen die Entscheidung des Bezirksausschusses binnen gleicher Frist die Revision beim Oberverwaltungsgericht (§. 124 des Zuständigkeitsgesetzes). Gegen den versagenden Beschluß des Polizeipräsidenten zu Berlin ist binnen 2 Wochen die Klage beim Bezirksausschuß (§. 161 a. a. O.) und gegen dessen Entscheidung binnen 2 Wochen die Revision beim Oberverwaltungsgericht zugelassen.

§. 85. Soll in der Innung eine Einrichtung der im §. 81 b Ziffer 3, 4 und 5 vorgesehenen Art getroffen werden, so sind die dafür erforderlichen Bestimmungen in Nebenstatuten zusammenzufassen. Dieselben bedürfen der Genehmigung der höheren Verwaltungsbehörde. Vor der Genehmigung ist die Gemeindebehörde des Ortes, an welchem die Innung ihren Sitz hat, sowie die Aufsichtsbehörde zu hören. Die Genehmigung kann nach Ermessen unter Angabe der Gründe versagt werden. Gegen die Verfügung der höheren Verwaltungsbehörde steht den Betheiligten binnen vier Wochen die Beschwerde an die Landes-Zentralbehörde zu. Abänderungen der Nebenstatuten unterliegen den gleichen Vorschriften. 1.

Ueber die Einnahmen und Ausgaben der im §. 81 b Ziffer 3 und 5 bezeichneten Einrichtungen ist getrennt Rechnung zu führen und das hierfür bestimmte Vermögen gesondert von dem übrigen Innungsvermögen zu verwalten. Verwendungen für andere Zwecke dürfen aus demselben nicht gemacht werden. Die Gläubiger haben das Recht auf gesonderte Befriedigung aus dem getrennt verwalteten Vermögen. 2.

Von einigen Aenderungen der Fassung abgesehen, giebt der Abs. 1 den früheren §. 98 c, der Abs. 2 den früheren §. 100 c Abs. 1 der G.O.

wieder, letzterer bezog sich indessen nicht auch auf die gemeinschaftlichen Geschäftsbetriebe. Bezüglich der Unterstützungskassen (§. 81 b Ziff. 3) und der Innungs-Schiedsgerichte (§. 81 b Ziff. 4) gelten die Bestimmungen auch für Zwangsinnungen, §. 100 c. Gemeinschaftliche Geschäftsbetriebe (§. 81 b Ziff. 5) dürfen nur von freien Innungen errichtet werden, §. 100 n Abs. 2.

Zu Abs. 1: die Einrichtungen können erst nach dem Zustandekommen der Innung, mithin nicht vor der Genehmigung des Innungsstatuts, getroffen werden. Ueber die Nebenstatuten hat die Innungsversammlung zu beschließen, §§. 93 Ziff. 9 und 100 c. Der das Versagungsrecht der Behörde beschränkende § 84 findet auf die Genehmigung der Nebenstatuten keine Anwendung, die Genehmigung kann vielmehr hier nach Ermessen versagt werden. Für die Unterstützungskassen und Schiedsgerichte kommt namentlich auch die Verhütung von Kollisionen mit ähnlichen bereits bestehenden Krankenkassen oder gewerblichen Schiedsgerichten in Frage. Es können jedoch auch sonst gegen Einrichtungen dieser Art Bedenken aus örtlichen Verhältnissen entstehen, welche einer näheren Erörterung bedürftig sind und dem Ermessen im einzelnen Falle überlassen werden müssen. (Vgl. Mot. v. 81 S. 22.) Ueber die Einrichtung von Krankenkassen und Schiedsgerichten ist sowohl bei den freien als auch bei den Zwangsinnungen der Gesellenausschuß zu hören, §. 95 Abs. 2. In Preußen haben die Gemeindevorstände, welche bei der Errichtung von Nebenstatuten zu hören sind, in den Fällen, wo es sich um die Errichtung von Krankenkassen und Schiedsgerichten handelt, zunächst die Aeußerung der Vorstände der betheiligten Orts-Krankenkassen und ein Gutachten des etwa bestehenden Gewerbegerichts einzuholen und ihrer gutachtlichen Aeußerung beizufügen.

Nach der neuen Fassung des vorletzten Satzes des Abs. 1 ist fortan nicht nur, wie nach früherem Recht, im Falle der Versagung, sondern auch in dem der bedingten oder unbedingten Genehmigung des Nebenstatuts das Beschwerderecht gegeben, und zwar jedem Betheiligten, mithin nicht nur der Innung, sondern auch dem einzelnen Innungsmitglied, bei Krankenkassen und Schiedsgerichten auch den Gesellen und Arbeitern, anderen Krankenkassen, dem Gewerbegericht, der Gemeinde u. s. w. Ist die vierwöchige Frist versäumt, so ist, wenigstens in Preußen, immer noch die allgemeine Beschwerde im Aufsichtswege zulässig. (§. 50 Abs. 3 des Landesverwaltungsgesetzes.)

Zu Abs. 2: außer dem dem Absonderungsrecht unterliegenden Vermögen haftet den Gläubigern auch das übrige Vermögen der Innung. Bei gemeinschaftlichen Geschäftsbetrieben haben die Gläubiger nur einen Anspruch auf die freie Innung, dagegen nicht auch an die einzelnen Mitglieder derselben.

§. 86. Die Innungen können unter ihrem Namen Rechte erwerben und Verbindlichkeiten eingehen, vor Gericht klagen und verklagt werden. Für ihre Verbindlichkeiten haftet den Gläubigern nur ihr Vermögen.

Gilt sowohl für die freien und die Zwangsinnungen, §. 100 c, als auch für die Handwerkskammern, §. 103 n Abs. 1. Die Innungsverbände besitzen die im §. 86 bezeichneten Rechte nur dann, wenn sie ihnen auf Grund des §. 104 g Abs. 1 durch Beschluß des Bundesraths ausdrücklich beigelegt worden sind. Den Innungsausschüssen können sie durch die Landes-Zentralbehörde beigelegt werden, §. 101 Abs. 3. Die Innungen können die Rechtsfähigkeit nur durch die Genehmigung der Statuten erlangen. Vgl. a. §. 22 B.G.B., Art. 32 des Einf.Ges. zum B.G.B.

§. 87. Als Innungsmitglieder können nur aufgenommen werden: 1.

1. diejenigen, welche ein Gewerbe, für welches die Innung errichtet ist, in dem Innungsbezirke selbständig betreiben;
2. diejenigen, welche in einem dem Gewerbe angehörenden Großbetrieb als Werkmeister oder in ähnlicher Stellung beschäftigt sind;
3. diejenigen, welche in dem Gewerbe als selbständige Gewerbetreibende oder als Werkmeister oder in ähnlicher Stellung thätig gewesen sind, diese Thätigkeit aber aufgegeben haben und eine andere gewerbliche Thätigkeit nicht ausüben;
4. die in landwirthschaftlichen oder gewerblichen Betrieben gegen Entgelt beschäftigten Handwerker.

Andere Personen können als Ehrenmitglieder aufgenommen werden. 2.

Von der Ablegung einer Prüfung kann die Aufnahme nur abhängig gemacht werden, wenn Art und Umfang derselben durch das Statut geregelt sind; die Prüfung darf nur den Nachweis der Befähigung zur selbständigen Ausführung der gewöhnlichen Arbeiten des Gewerbes bezwecken. 3.

Ist die Aufnahme von der Zurücklegung einer Lehrlings- oder Gesellenzeit oder von der Ablegung einer Prüfung abhängig gemacht, so ist eine Ausnahme von der Erfüllung dieser Anforderungen nur unter bestimmten, im Statute festgestellten Voraussetzungen zulässig. Von einem Aufnahmesuchenden, welcher bereits vor einer anderen Innung desselben Gewerbes eine Aufnahmeprüfung bestanden hat, kann eine solche nicht nochmals verlangt werden. 4.

Gewerbetreibenden, welche den gesetzlichen und statutarischen Anforderungen entsprechen, darf die Aufnahme in die Innung nicht versagt werden. 5.

6. Von der Erfüllung der gesetzlichen und statutarischen Bedingungen kann zu Gunsten Einzelner nicht abgesehen werden.

Im Abs. 1 sind die Bestimmungen unter Ziff. 3 und 4 durch die Novelle von 97 neu eingeführt worden, die übrigen Absätze sowie Abs. 1 Ziff. 1 und 2 entsprechen dem früheren §. 100 Abs. 1 bis 5 der G.O. Bezüglich der Zwangsinnungen, für welche die Verpflichtung zum Beitritt und die Befugniß zum freiwilligen Eintritt im Gesetze besonders geregelt sind, vgl. §. 100f sowie §§. 100c, 100g.

Zu Abs. 1: hiernach ist es, da das Gesetz nicht unterscheidet, den Innungen, sofern nicht das Statut ein anderes bestimmt (§. 83 Abs. 2 Ziff. 3), „unbenommen, auch Personen, welche das Gewerbe fabrikmäßig betreiben, aufzunehmen" (Mot. S. 56.) Bei den Zwangsinnungen können solche Personen indessen nur mit ausdrücklicher Zustimmung der Innungsversammlung aufgenommen werden, §. 100g Abs. 1 Ziff. 2. Werkmeister in Kleinbetrieben können nur aufgenommen werden, wenn sie diese Thätigkeit aufgegeben haben (§. 87 Ziff. 2 und 3, §. 100g Abs. 1 Ziff 1).

Weibliche Personen sind, falls das Statut nicht ein anderes bestimmt (§. 83 Abs. 2 Ziff. 3), bei den freien Innungen aufnahmefähig, bei den Zwangsinnungen sind sie unter den im §. 100g bezeichneten Voraussetzungen beitrittsberechtigt und, sofern sie das Handwerk, für welches die Innung errichtet ist, als stehendes Gewerbe selbständig betreiben, beitrittspflichtig, §. 100f, vgl. a. Kom.Ber. v. 97 S. 9 u. 10. Bezüglich der Wittwen und Minderjährigen vgl. §. 87a Abs. 3.

Der Besitz der bürgerlichen Ehrenrechte ist keine gesetzliche Voraussetzung für die Aufnahme, ebensowenig die Volljährigkeit (vgl. jedoch §. 93a), beide werden jedoch zweckmäßiger Weise durch das Statut vorgesehen, vgl. §. 4 des Musterstatuts für freie Innungen Bei den Zwangsinnungen konnte schon in Rücksicht auf die obligatorische Beitragspflicht auch durch das Statut die Mitgliedschaft nicht von dem Besitze der bürgerlichen Ehrenrechte oder der Volljährigkeit abhängig gemacht werden.

Der Erwerb der Mitgliedschaft vollzieht sich bei der freien Innung erst durch die zustimmende Willenserklärung der Innung oder ihrer berufenen Organe, nicht schon durch die Anmeldung. Die Aeußerung kann entweder freiwillig, oder, wenn sie ohne gesetzlichen Grund verweigert wird, durch die Aufsichtsbehörde, und schließlich durch die definitive Entscheidung der letzten Instanz erfolgen. O.V. v. 8. Jan. 85 XI 332. Bei der Zwangsinnung tritt die Mitgliedschaft, soweit es sich nicht um den freiwilligen Beitritt (§. 100g), handelt, kraft Gesetzes ohne Weiteres ein, sobald die gesetzlichen Voraussetzungen für dieselbe (§. 100f) vorliegen. Eintrittsgelder dürfen von Zwangsinnungen nicht erhoben werden, §. 100s Abs. 5. Die Regelung der Ausschließung von Mitgliedern ist bei den freien Innungen Sache des Statuts, §. 83 Abs. 2 Ziff. 3.

Die Innung bezweckt eine Vertretung der lokalen Interessen der Gewerbe, für die sie errichtet ist. (Vgl. zu §. 82 Abs. 1.) Naturgemäß können daher diese Interessen im Allgemeinen nur von solchen Personen mit Erfolg wahrgenommen werden, welche dem Bezirk der Innung angehören. Im §. 87 Abs. 1 ist dies für die in Ziff. 1 bezeichneten

Personen ausdrücklich ausgesprochen, es muß aber auch bezüglich der unter Ziff. 2 bis 4 bezeichneten Personen angenommen werden, vgl. a. §. 6 des Musterstatuts für die freien Innungen. Die spätere Verlegung des Wohnsitzes aus dem Innungsbezirk hat indessen mangels einer besonderen gesetzlichen Bestimmung hierüber bei den freien Innungen den Verlust der Mitgliedschaft nur dann zur Folge, wenn das Statut (§. 83 Abs. 2 Ziff. 3) dies bestimmt. Da der Zwangsinnung nur solche Handwerker kraft Gesetzes angehören, welche innerhalb des Innungsbezirks das gleiche oder verwandte Gewerbe angehören (§. 100 Abs. 1), so erlischt hier ihre Zugehörigkeit zur Innung mit ihrem Ausscheiden aus dem Bezirk. Für die zum freiwilligen Beitritt Berechtigten (§. 100g) würde sich ebenso wie bei den freien Innungen eine statutarische Regelung der Frage empfehlen.

Zu Abs. 2: bei der Zwangsinnung ist nicht, wie bei den freien Innungen, die Zulässigkeit der Ehrenmitgliedschaft im Gesetze ausdrücklich anerkannt, sie dürfte indessen nicht unzulässig sein (§. 100c), vgl. für freie Innungen §. 10, für Zwangsinnungen §. 9 des im Anhange abgedruckten Musterstatuts.

Zu Abs. 3 und 4: das Statut muß hiernach eine sich über die Gegenstände der Prüfung und die Anforderungen an den Kandidaten verbreitende Prüfungsordnung enthalten. Nur von einem Aufnahmesuchenden, welcher eine in solcher Weise geregelte Prüfung bestanden hat, kann im Falle des Abs. 4 eine weitere Prüfung nicht verlangt werden, vgl. O.V. v. 9. Juli 94 XXVII 323. Die Bedeutung des Abs. 4 Satz 2 liegt darin, daß die erfolgreiche Ablegung der Meisterprüfung vor einer Innung maßgebend für alle Innungen sein und bleiben soll, und zwar auch dann, wenn etwa auf die Prüfung nicht auch die Aufnahme in die Innung erfolgt sein sollte. Das Wort „Aufnahmeprüfung" ist nur in dem Sinne „zur Aufnahme befähigende Prüfung" gebraucht. Die Innungen sind hiernach auch nicht befugt, durch das Statut diejenigen von der Meisterprüfung auszuschließen, welche in ihrem Bezirk weder das Gewerbe erlernt, noch mit dessen selbständigem Betrieb begonnen haben, O.V. v. 9. Februar 98. Prüfungsgebühren sind zulässig, Sten.Ber. 81 S. 1138—1144. Bezüglich des Meisterstücks bei der Meisterprüfung im Handwerk vgl. zu §. 133 Abs. 3.

vor einer anderen Innung: Die neue Redaktion der G.O. sagt, offensichtlich in Folge eines Druckversehens, statt „vor" „von".

Zu Abs. 5: Streitigkeiten entscheidet die Aufsichtsbehörde, §. 96 Abs. 4.

Zu Abs. 6: weder im Statut noch durch den Vorstand, insbesondere auch nicht bezüglich der Zahlung von Eintrittsgeld, O.V. v. 31. Jan. 89, Pr. Verw Bl. X 346. Die Höhe des Eintrittsgeldes ist für alle Beitretenden gleichmäßig festzusetzen, von dem Einzelnen darf daher auch auf Grund eines Beschlusses der Innungsversammlung ein höheres oder geringeres Eintrittsgeld nicht verlangt werden.

§. 87 a. Der Austritt aus der Innung ist, wenn das 1.
Innungsstatut eine vorherige Anzeige darüber nicht verlangt, am Schlusse jedes Rechnungsjahrs gestattet. Eine

Anzeige über den Austritt kann frühestens sechs Monate vor dem Letzteren verlangt werden.

2. Ausscheidende Mitglieder verlieren alle Ansprüche an das Innungsvermögen und, soweit nicht statutarisch abweichende Bestimmungen getroffen sind, an die von der Innung errichteten Nebenkassen; sie bleiben zur Zahlung derjenigen Beiträge verpflichtet, deren Umlegung am Tage ihres Austritts bereits erfolgt war. Vertragsmäßige Verbindlichkeiten, welche sie der Innung gegenüber eingegangen sind, werden durch den Austritt nicht berührt.

3. Wird nach dem Tode eines Innungsmitglieds dessen Gewerbe für Rechnung der Wittwe oder minderjähriger Erben fortgesetzt, so gehen die Befugnisse und Obliegenheiten des Verstorbenen mit Ausnahme des Stimmrechts auf die Wittwe während des Wittwenstandes beziehungsweise auf die minderjährigen Erben für die Dauer der Minderjährigkeit über. Durch das Statut kann der Wittwe oder dem Stellvertreter das Stimmrecht eingeräumt werden.

Der Abs. 1 gilt nur für freie Innungen, für Zwangsinnungen ist jedoch bezüglich der zum freiwilligen Beitritt Berechtigten eine gleiche Bestimmung vorgesehen, §. 100g Abs. 3.

Der Abs. 2 gilt sowohl für freie wie für Zwangsinnungen, §. 100c. Unter den „ausscheidenden Mitgliedern" sind nicht nur die freiwillig austretenden, sondern auch die ausgeschlossenen Mitglieder zu verstehen. Bei der Errichtung einer Zwangsinnung scheiden diejenigen, welche derselben anzugehören haben, kraft Gesetzes aus der bisherigen freien Innung aus, §. 100b Abs. 4.

Der Abs. 3 gilt nur für freie Innungen, s. unten.

Die Absätze 1 und 2 geben im wesentlichen den früheren §. 100 Abs. 7 und 8 der G.O. wieder, indessen ist einmal der Austritt fortan nur am Schlusse jedes Rechnungsjahres gestattet, und sodann im letzten Satze des früheren Abs. 8 das Wort „besondere" durch „vertragsmäßige" Verbindlichkeiten ersetzt worden. Materiell wird durch letzteres nichts geändert, da die Vorschrift auch ohne Aufnahme in das Gesetz Rechtens wäre, vgl a. Kom.Ber. von 97 S. 9. Der frühere §. 100 Abs. 9 der G.O. ist durch §. 87a Abs. 3 in einigen Beziehungen geändert, namentlich durch die Aufnahme des Falles, wo das Gewerbe für Rechnung der minderjährigen Erben fortgesetzt wird. Bei Zwangsinnungen werden die Wittwe sowohl wie die Erben, wenn sie das Gewerbe fortsetzen, kraft Gesetzes ohne Weiteres Mitglieder der Innung, §. 100 Abs. 1. In der Novelle von 97 und ebenso in der Neuredaktion vom 26. Juli 1900, R.G.B. 871, steht im Abs. 3 Satz 1 Zeile 2 statt „der Wittwe" „deren Wittwe", offenbar ein Schreib- oder Druckfehler.

§. 88. Den Innungsmitgliedern darf die Verpflichtung 1.
zu Handlungen oder Unterlassungen, welche mit den Aufgaben der Innung in keiner Verbindung stehen, nicht auferlegt werden.

Zu anderen Zwecken als der Erfüllung der statutarisch 2.
oder durch das Gesetz bestimmten Aufgaben der Innung, sowie der Deckung der Kosten der Innungsverwaltung dürfen weder Beiträge von den Innungsmitgliedern oder von den Gesellen derselben erhoben werden, noch Verwendungen aus dem Vermögen der Innung erfolgen.

Die Innungen sind befugt, für die Benutzung der von 3.
ihnen getroffenen Einrichtungen Fachschulen, Herbergen, Arbeitsnachweis und dergleichen Gebühren zu erheben.

Die Abs. 1 und 2 stimmen mit dem früheren §. 100b Abs. 1 und 2 der G.O. wörtlich überein, der Abs. 3 ist neu. Der §. 88 gilt auch für die Zwangsinnungen, §. 100c, und für die Handwerkskammern, § 103n Abs. 1.

Zu Abs. 1: durch Abs. 1 sind die freien Innungen nicht gehindert, ihre Mitglieder in der Festsetzung der Preise ihrer Waaren oder Leistungen oder in der Annahme von Kunden zu beschränken, für die Zwangsinnungen verbietet dies jedoch der §. 100q ausdrücklich. Beschlüsse der freien Innungen auf diesem Gebiete sind aber nur insoweit verbindlich, als das allgemeine Recht derartige Vereinbarungen als gültig anerkennt. Streitigkeiten aus Abs. 1 entscheidet die Aufsichtsbehörde, §. 96 Abs. 4.

Zu Abs. 2: Zuwiderhandlungen machen den Vorstand ersatzpflichtig, §. 92b Abs. 3. Auch können gegen ihn Ordnungsstrafen verhängt werden, §. 96 Abs. 2. Ferner kann ev. die Schließung der Innung erfolgen, §. 97 Abs. 1 Ziff. 3.

Zu Abs. 3: die Befugniß zur Gebührenerhebung soll durch die neue Bestimmung „auf eine ausdrückliche rechtliche Grundlage gestellt werden", Mot. von 97 S. 57. Zwangsinnungen bedürfen gemäß §. 100s Abs. 6 für die Erhebung von Gebühren der Genehmigung der Aufsichtsbehörde. Die Gebühren für die Gesellenprüfungen im Sinne der §§. 131 fg. werden gemäß §. 131b Abs. 1 auch für die Innungen, — soweit ihre Prüfungsausschüsse gemäß §. 131 Abs. 2 zur Abnahme solcher Prüfungen berechtigt sind, — durch die von der höheren Verwaltungsbehörde im Einvernehmen mit der Handelskammer zu erlassende Prüfungsordnung geregelt; ihre Festsetzung ist daher hier sowohl bei den Zwangsinnungen wie bei den freien Innungen der Bestimmung durch die Innung entzogen. Bei den zur Führung des Meistertitels berechtigenden Meisterprüfungen setzt die Handwerkskammer in der von ihr mit Genehmigung der Landes-Zentralbehörde zu erlassenden Prüfungsordnung die Gebühren fest, §. 133 Abs. 4.

Bezüglich der Einziehung der Gebühren und der Entscheidung von Streitigkeiten vgl. §. 89 Abs. 3, 4 und §. 100c.

1. **§. 89.** Die aus der Errichtung und der Thätigkeit der Innung und ihres Gesellenausschusses (§. 95) erwachsenden Kosten sind, soweit sie aus den Erträgen des vorhandenen Vermögens oder aus sonstigen Einnahmen keine Deckung finden, von den Innungsmitgliedern aufzubringen.

2. Die Verpflichtung zur Zahlung von Beiträgen beginnt mit dem Anfange des auf den Eintritt folgenden Monats.

3. Die auf Grund des Statuts oder der Nebenstatuten umgelegten Beiträge sowie die für die Benutzung der Innungseinrichtungen zu entrichtenden Gebühren (§. 88 Abs. 3) werden auf Antrag des Innungsvorstandes auf dem für die Beitreibung der Gemeindeabgaben landesrechtlich vorgesehenen Wege zwangsweise eingezogen. Das Gleiche gilt für die Einziehung von Ordnungsstrafen (§. 92c).

4. Streitigkeiten wegen Entrichtung von Beiträgen und Gebühren entscheidet die Aufsichtsbehörde. Die Entscheidung kann binnen zwei Wochen durch Beschwerde bei der höheren Verwaltungsbehörde angefochten werden; diese entscheidet endgültig.

Der Abs. 3 entspricht im Wesentlichen dem bisherigen §. 100b Abs. 3 der G.O. Die übrigen Bestimmungen sind neu und gelten, soweit §. 100s nicht anderes bestimmt, auch für die Zwangsinnungen, §. 100c. Nach §. 103n Abs. 1 gelten die Abs. 3 und 4 auch für die Handwerkskammern.

Zu Abs. 1: die im Gesetz vorgeschriebene Aufbringung der Kosten durch die Innungsmitglieder schließt eine Heranziehung der Gesellen zu den Beiträgen aus. „Die Kosten, welche durch die Gesellenvertretung erwachsen, würden zwar nach allgemeinen Grundsätzen den Gesellen zur Last fallen, jedoch wird aus Zweckmäßigkeitsgründen von einer Heranziehung derselben abzusehen sein. Der Betrag dieser Kosten wird voraussichtlich nicht groß, und demnach der auf den einzelnen Gesellen entfallende Antheil nicht erheblich sein. Es mag dahingestellt bleiben, ob die Gesellen in ihrer Mehrzahl zur freiwilligen Leistung selbst dieser geringen Beiträge bereit sein würden, jedenfalls würde die in vielen Fällen erforderlich werdende zwangsweise Beitreibung Aufwendungen erfordern, welche in keinem Verhältnisse zu dem finanziellen Ergebnisse stehen dürften." (Mot.)

Von den Gesellen können hiernach bei den freien und bei den Zwangsinnungen lediglich Gebühren für die Benutzung der im §. 88

Abs. 3 bezeichneten Einrichtungen erhoben werden. Solche Gebühren fallen mit unter den Begriff der „Beiträge" im Sinne des §. 95 Abs. 2. Bei der Begründung und Verwaltung von Innungseinrichtungen, für welche die Gesellen solche Gebühren zu entrichten haben, ist daher der Gesellenausschuß zu betheiligen.

aus sonstigen Einnahmen: zu diesen gehören auch die Geldstrafen, die von dem Vorstande (§. 92 c) und von der Aufsichtsbehörde (§. 96 Abs. 2) verhängt werden.

Zu Abs. 3: bezüglich des landesrechtlich vorgesehenen Weges vgl. für Preußen Verordn. v. 7. Sept. 79, Ges.Samml. 591, Anw. v. 9. März 82, Min.B. 66, für Bayern Art. 4 bis 8 des Ges. v. 23. Febr. 79 und Verordn. v. 14. Juli 79, G.B.B. 703, für Sachsen Ges. v. 7. März 79, G.B.B. 84 und Ausf.Verordn. v. 2. Mai 79, für Württemberg Art. 10 fg. des Ges. v. 18. Aug. 79 und Min.Verf. v. 14. März 98, R.Bl. 56, für Baden Verordn. v. 14. Jan. 93 R.B.B. 11, für Hessen Ges. v. 30. September 93, Reg.Bl. 265. Für die Krankenkassen vgl. §§. 73, 55 des Krankenversicherungsgesetzes, Abs. 3 gilt für sie nicht.

Bezüglich der Rechtshülfe vgl. zu §. 104 i.

Zu Abs. 4: Streitigkeiten: hierunter fallen auch Streitigkeiten über die Höhe der Beiträge. Nach bisherigem Recht fand über die Verpflichtung zur Zahlung der Beiträge, unbeschadet der vorläufigen Einziehung, der Rechtsweg statt. Fortan sollen „entsprechend dem öffentlich rechtlichen Charakter der Innungen und der Beiträge sowie im Interesse der schleunigeren Erledigung und zur Vermeidung von Kosten" (Mot. v. 97) Streitigkeiten wegen Heranziehung zu Beiträgen und Gebühren unter Ausschluß des Rechtsweges durch die Aufsichtsbehörde im Verwaltungswege (§. 96) entschieden werden, und die Befugniß der vorläufigen Einziehung in Wegfall kommen. Die allgemeine Dienstbeschwerde ist auch nach der endgültigen Entscheidung der höheren Verwaltungsbehörde noch gestattet.

§. 89 a. Die Einnahmen und Ausgaben der Innung 1. sind von allen ihren Zwecken fremden Vereinnahmungen und Verausgabungen getrennt festzustellen; ihre Bestände sind gesondert zu verwahren.

Die Bestände müssen in der durch die §§. 1807 und 2. 1808 des Bürgerlichen Gesetzbuchs bezeichneten Weise angelegt werden. Sofern der Bezirk der Innung sich nicht über das Gebiet eines Bundesstaats hinaus erstreckt, kann die Anlegung auch in der nach Artikel 212 des Einführungsgesetzes zum Bürgerlichen Gesetzbuche zugelassenen Weise erfolgen.

Zeitweilig verfügbare Gelder dürfen mit Genehmigung 3. der Aufsichtsbehörde auch in anderer als der durch die

§§. 1807 und 1808 des Bürgerlichen Gesetzbuchs bezeichneten Weise vorübergehend angelegt werden.

4. Ueber die Aufbewahrung von Werthpapieren trifft die Aufsichtsbehörde Bestimmung.

Diese, den Versicherungsgesetzen, z. B. dem §. 40 Abs. 1 des Krankenversicherungsgesetzes, nachgebildeten Bestimmungen sind neu, sie gelten auch für die Zwangsinnungen, § 100 c, sowie nach §. 103 n Abs. 1 gleichfalls für die Handwerkskammern.

Die §§. 1807 und 1808 des Bürg. Gesetzb. lauten:

„§. 1807. Die im §. 1806 vorgeschriebene Anlegung von Mündelgeld soll nur erfolgen:

1. in Forderungen, für die eine sichere Hypothek an einem inländischen Grundstücke besteht, oder in sicheren Grundschulden oder Rentenschulden an inländischen Grundstücken;
2. in verbrieften Forderungen gegen das Reich oder einen Bundesstaat sowie in Forderungen, die in das Reichsschuldbuch oder in das Staatsschuldbuch eines Bundesstaats eingetragen sind;
3. in verbrieften Forderungen, deren Verzinsung von dem Reiche oder einem Bundesstaate gewährleistet ist;
4. in Werthpapieren, insbesondere Pfandbriefen, sowie in verbrieften Forderungen jeder Art gegen eine inländische kommunale Körperschaft oder die Kreditanstalt einer solchen Körperschaft, sofern die Werthpapiere oder die Forderungen von dem Bundesrathe zur Anlegung von Mündelgeld für geeignet erklärt sind;
5. bei einer inländischen öffentlichen Sparkasse, wenn sie von der zuständigen Behörde des Bundesstaats, in welchem sie ihren Sitz hat, zur Anlegung von Mündelgeld für geeignet erklärt ist.

Die Landesgesetze können für die innerhalb ihres Geltungsbereichs belegenen Grundstücke die Grundsätze bestimmen, nach denen die Sicherheit einer Hypothek, einer Grundschuld oder einer Rentenschuld festzustellen ist."

„§. 1808. Kann die Anlegung den Umständen nach nicht in der im §. 1807 bezeichneten Weise erfolgen, so ist das Geld bei der Reichsbank, bei einer Staatsbank oder bei einer anderen durch Landesgesetz dazu für geeignet erklärten inländischen Bank oder bei einer Hinterlegungsstelle anzulegen."

Der Art. 212 des Einführungsgesetzes zum Bürgerl. Gesetzb. lautet:

„In Kraft bleiben die landesgesetzlichen Vorschriften, nach welchen gewisse Werthpapiere zur Anlegung von Mündelgeld für geeignet erklärt sind."

Für die Innungs-Krankenkassen gilt nach §. 73 Abs. 1 des Krankenversicherungsgesetzes der §. 40 dieses Gesetzes, s. unten zu §. 9.

§. 89 b. Die Innung bedarf der Genehmigung der Aufsichtsbehörde bei:

1. dem Erwerbe, der Veräußerung oder der dinglichen Belastung von Grundeigenthum;
2. Anleihen, sofern ihr Betrag nicht nur zur vorübergehenden Aushülfe dient, und aus den Ueberschüssen der laufenden Einnahmen über die Ausgaben einer Voranschlagsperiode zurückerstattet werden kann;
3. der Veräußerung von Gegenständen, welche einen geschichtlichen, wissenschaftlichen oder Kunstwerth haben.

Diese Bestimmungen sind gleichfalls neu und gelten auch für die Zwangsinnungen, §. 100 c, und die Handwerkskammern, §. 103 n Abs. 1, dagegen, auch wenn sie mit Korporationsrechten ausgestattet sind, weder für die Innungsausschüsse (§. 101) noch für die Innungsverbände (§. 104 k).

Auch der §. 89 b folgt dem Vorgange der Gesetzgebung, indem er die Genehmigung der Aufsichtsbehörde für gewisse Rechtsgeschäfte verlangt, welche für die wirthschaftliche Lage der Innungen von besonderer Tragweite sind, oder bei denen besondere öffentliche Interessen in Frage kommen (Mot. von 97 S. 58.)

Nach Abschn. II Ziff. 11 der Preuß. Ausf.-Anw. v. 1. März 1898 führt die Aufsichtsbehörde (§. 96) ein Verzeichniß über die im Eigenthum der Innung stehenden Grundstücke und deren Belastung, sowie über die der Innung gehörenden Gegenstände, welche einen geschichtlichen, wissenschaftlichen oder Kunstwerth haben. Aehnliches bestimmen die übrigen Anweisungen.

§. 90. Auf Innungs-Krankenkassen finden außer den Vorschriften des §. 73 des Krankenversicherungsgesetzes auch die §§. 34 bis 38, 45 Abs. 5, §. 47 Abs. 3 bis 6 des letzteren entsprechende Anwendung. Jedoch kann die Kassenverwaltung ausschließlich den Gesellen (Gehülfen) und Arbeitern übertragen, und unter der Voraussetzung, daß die Innungsmitglieder die Hälfte der Kassenbeiträge aus eigenen Mitteln bestreiten, beschlossen werden, daß der Vorsitzende sowie die Hälfte der Mitglieder des Vorstandes und der Generalversammlung von der Innung zu bestellen sind.

Der §. 90 gilt auch für Zwangsinnungen, §. 100 c.

Die Innungs-Krankenkassen sind Einrichtungen der Innung besitzen keine selbständige Rechtspersönlichkeit, wenn auch gemäß §. 85 Abs. 2 eine gewisse Selbständigkeit, vgl. jedoch §. 98 Abs. 3. Für ihre Verbindlichkeiten haftet die Innung, welcher daher auch gemäß §. 65 Abs. 2 des Krankenversicherungsgesetzes die Zuschußpflicht obliegt.

Streitigkeiten zwischen den Innungsmitgliedern und den bei ihnen beschäftigten Personen über die Berechnung und Anrechnung der Beiträge und Eintrittsgelder sind von der Innung (§. 81a Ziff. 4), von dem Innungs-Schiedsgericht (§. 81b Ziff. 4) oder, wo ein solches nicht besteht, von dem Gewerbegericht (§. 84 des Gewerbegerichtsgesetzes) bezw. von dem ordentlichen Gericht zu entscheiden. Wegen der Nebenstatuten vgl. §. 83 Abs. 46, und §. 85, wegen der Betheiligung der Innungsversammlung an der Beschlußfassung §. 93 Ziff. 9, der Betheiligung des Gesellenausschusses §. 83 Abs. 2 Ziff. 9, §. 95 Abs. 2 und 3, §. 95 Abs. 4.

Der § 73 Abs. 1 des Krankenversicherungsgesetzes bestimmt: „Auf Krankenkassen, welche auf Grund der Vorschriften des Titels VI der G O. von Innungen für die Gesellen und Lehrlinge ihrer Mitglieder errichtet werden, finden die Vorschriften der §§. 19 Abs. 5, §§. 20 bis 22, 26 bis 33, 39 bis 42, 46, 46a, 46b, 48a Abs. 2, 49a Abs. 4, §§. 51 bis 53a, 54a bis 58, 65 Abs. 2 Anwendung." Zu diesen Vorschriften sind nunmehr die im §. 90 aufgeführten hinzugetreten. Hiernach wird der Vorstand von der Generalversammlung gewählt (§. 34), welcher gewisse Angelegenheiten vorbehalten bleiben müssen (§. 36). Hat die Kasse 500 oder mehr Mitglieder, so muß sie aus Vertretern bestehen (§ 37). Die Arbeitgeber haben nach dem Verhältniß der von ihnen aus eigenen Mitteln zu zahlenden Beiträge zu dem Gesammtbetrage der Beiträge Anspruch auf Vertretung im Vorstand und in der Generalversammlung, jedoch nicht mehr als ein Drittel der Stimmen (§. 38). Kommen Vorstand oder Generalversammlung nicht zu Stande, oder verweigern die Kassenorgane die Erfüllung ihrer Obliegenheiten, so kann die Aufsichtsbehörde der Innung selbst eintreten oder auf Kosten der Kasse einen Vertreter bestellen (§. 45 Abs. 5). Der §. 47 Abs. 3 bis 6 betrifft die Schließung und Auflösung. Die Voraussetzungen hat das Statut zu regeln. Bezüglich den Zwangsinnungen vgl. a. §§. 100l und 100m.

Der §. 90 enthält im Satz 1 eine Abweichung von dem im §. 95 Abs. 3 Ziff. 3 ausgesprochenen Grundsatz. In der Anwendung desselben auf die Innungs-Krankenkassen „liegt, solange die Gesellen nach dem auch für Innungs-Krankenkassen geltenden §. 51 des Krankenversicherungsgesetzes zwei Drittel der Kassenbeiträge zu leisten haben, eine Unbilligkeit, deren Beseitigung dadurch angestrebt werden soll, daß die §§. 37 und 38 des Krankenversicherungsgesetzes auf Innungs-Krankenkassen für anwendbar erklärt werden, und zugleich bestimmt wird, daß bei diesen die Regel des §. 95 Abs. 3 Ziff. 3 nur dann Platz greifen soll, wenn die Arbeitgeber die Hälfte der Kassenbeiträge aus eigenen Mitteln bestreiten. Allerdings bleibt auch dann der Meisterschaft in der Person des Vorsitzenden das Uebergewicht, doch erscheint dies mit Rücksicht darauf gerechtfertigt, daß den Arbeitgebern die im § 65 Abs. 2 des Krankenversicherungsgesetzes vorgesehene Zuschußverbindlichkeit des Betriebsunternehmers zur Last fällt." (Mot. S. 58.)

Der Satz 2 berücksichtigt eine bei einigen Innungen bereits vorhandene Einrichtung, welche „nach den gemachten Beobachtungen sehr wesentlich zur Annäherung der Gesellen an die Meisterschaft und zu einer Stärkung des Einvernehmens zwischen ihnen geführt hat. Es wird sich daher empfehlen, einer solchen Regelung auch für die Zukunft eine gesetzliche Unterlage zu gewähren." (Mot. a. a. O.)

Der offenbar versehentlich bei der Zusammenstellung der Kommissionsbeschlüsse übersehene Abs. 2 der Regierungsvorlage „Die Schließung oder Auflösung der Innung hat die Schließung solcher Kassen kraft Gesetzes zur Folge" ist entbehrlich, da er lediglich Selbstverständliches konstatirt hätte.

Bezüglich der Statuten der zur Zeit des Erlasses des Handwerkergesetzes bestehenden Innungs-Krankenkassen bestimmt Art. 6 Ziff. 3 der Novelle von 97:

„Die Innungs-Krankenkassen haben ihre Statuten gemäß den Vorschriften des §. 90 dieses Gesetzes zu ändern. Falls dies binnen einer von der Aufsichtsbehörde zu bestimmenden Frist nicht geschieht, so können sie, soweit nicht die Bestimmungen des §. 100l Anwendung finden, geschlossen werden."

Hiernach steht der Aufsichtsbehörde gegenüber solchen Innungs-Krankenkassen, welche die nothwendige Statutenänderung verabsäumen, nur das Recht der Schließung, dagegen nicht auch, wie den höheren Verwaltungsbehörden gemäß Art. 6 Ziff. 1 a. a. O. in den Fällen der Verabsäumung der erforderlichen Aenderung der Innungsstatuten, die Befugniß zur selbständigen Vornahme der Aenderungen zu, vgl. zu §. 81, oben S. 3.

§. 91. Die auf Grund des §. 81 b Ziffer 4 errichteten Innungsschiedsgerichte müssen mindestens aus einem Vorsitzenden und zwei Beisitzern bestehen. 1.

Die Beisitzer und deren Stellvertreter sind zur Hälfte aus den Innungsmitgliedern, zur Hälfte aus den bei ihnen beschäftigten Gesellen (Gehülfen) und Arbeitern zu entnehmen. Die Ersteren sind von der Innungsversammlung, die Letzteren von den Gesellen (Gehülfen) und Arbeitern zu wählen. Auf das Wahlrecht finden die Vorschriften der §§. 11, 14 Abs. 1, §. 16 Abs. 1 des Gewerbegerichtsgesetzes Anwendung. 2.

Der Vorsitzende wird von der Aufsichtsbehörde bestimmt; er braucht der Innung nicht anzugehören. 3.

Die Beisitzer erhalten für jede Sitzung, welcher sie beigewohnt haben, Vergütung der baaren Auslagen und eine Entschädigung für Zeitversäumniß; die Höhe der letzteren und der Betrag der dem Vorsitzenden zu gewährenden Vergütung sind im Nebenstatute festzusetzen. 4.

5. Sind Wahlen nicht zu Stande gekommen, oder verweigern die Gewählten die Dienstleistung, so hat die Aufsichtsbehörde die Beisitzer aus der Zahl der wählbaren Innungsmitglieder Gesellen (Gehülfen) und Arbeiter zu ernennen.

6. Die Anberaumung des ersten Termins soll innerhalb acht Tagen nach Eingang der Klage erfolgen und die Entscheidung nach Möglichkeit beschleunigt werden. Wird die achttägige Frist nicht innegehalten, so kann der Kläger verlangen, daß statt des Innungsschiedsgerichts an den Orten, wo Gewerbegerichte bestehen, diese und, wo solche nicht bestehen, die ordentlichen Gerichte entscheiden. Dies Verlangen ist dem darnach zuständigen Gewerbegericht oder ordentlichen Gericht und dem Innungsschiedsgerichte schriftlich mitzutheilen.

Die §§. 91 bis 91b betreffen die Innungs-Schiedsgerichte und gelten auch für Zwangsinnungen, §. 100c.

Die Innungs-Schiedsgerichte sind Einrichtungen der Innungen, ihre Kosten fallen daher diesen zur Last, §. 89 Abs 1, jedoch ist die Erhebung von Gebühren zulässig. Ein Antrag auf gesetzliche Gebührenfreiheit für die Verhandlungen wurde in der Reichstags-Kommission abgelehnt. (Kom.Ber. von 97 S. 12.) Die Errichtung erfolgt unter Beobachtung der §§. 91 bis 91b durch Nebenstatut, dessen Genehmigung nach Ermessen versagt werden kann, §§. 83 Abs 4 und 85 Abs. 1. Das Statut muß von der Innungsversammlung (§. 93 Abs. 2 Ziff. 9) unter Mitwirkung des Gesellenausschusses (§. 95 Abs. 2 und Abs. 3 Ziff. 2) beschlossen worden sein.

Zur Eidesabnahme sind die Innungs Schiedsgerichte nicht ermächtigt. Sie schließen die Zuständigkeit des Gewerbegerichts aus, §. 84 Abs. 2 des Gewerbegerichtsgesetzes, R.G.B. 1901 S. 353, vgl. jedoch Abs. 6. Mitglieder einer Innung, für welche ein Schiedsgericht in Gemäßheit der §§. 91 bis 91b errichtet worden ist, sind zum Gewerbegerichte weder wählbar noch wahlberechtigt, §. 14 Abs. 3 des Gewerbegerichtsgesetzes. Vgl. a. zu §. 81a Ziff. 4.

Zu Abs. 1: der Vorsitzende ist zur Annahme des Amtes nicht verpflichtet; Abs. 4 gilt nur für die Beisitzer, diese dürfen die Annahme der Wahl nur aus den im §. 20 des Gewerbegerichtsgesetzes bezeichneten — unten zu §. 94a Abs. 2 angeführten — Gründen verweigern.

Zu Abs. 2: die unmittelbare und geheime Wahl, wie sie für die Gewerbegerichte im §. 13 Abs. 2 des Gewerbegerichtsgesetzes eingeführt ist, ist für die Innungs-Schiedsgerichte gesetzlich nicht vorgeschrieben.

Die im §. 91 Abs. 1 angezogenen, auf das passive und aktive Wahlrecht bezüglichen Bestimmungen des Gewerbegerichtsgesetzes, welche in Folge der Bestimmung im Art. 3 Abs. 2 des Gesetzes vom 30. Juni 1901 (vgl. zu §. 81a Ziff. 4) an die Stelle der §§. 10, 13 Abs. 1, 14 Abs. 1 des Gewerbegerichtsgesetzes vom 29. Juli 1890, R.G.B. 141, getreten sind, lauten:

„§. 11. Zum Mitglied eines Gewerbegerichts soll nur berufen

werden, wer das dreißigste Lebensjahr vollendet und in dem der Wahl vorangegangenen Jahre für sich oder seine Familie Armenunterstützung aus öffentlichen Mitteln nicht empfangen oder die empfangene Armenunterstützung erstattet hat Als Beisitzer soll nur berufen werden, wer in dem Bezirke des Gerichts seit mindestens zwei Jahren wohnt oder beschäftigt ist.

Personen, welche zum Amt eines Schöffen unfähig sind (Gerichtsverfassungsgesetz §§. 31, 32), können nicht berufen werden.

§. 14 Abs. 1. Zur Theilnahme an den Wahlen (§. 13) ist nur berechtigt, wer das fünfundzwanzigste Lebensjahr vollendet und in dem Bezirke des Gewerbegerichts Wohnung oder Beschäftigung hat. Die im §. 11 Abs. 2 bezeichneten Personen sind nicht wahlberechtigt.

§. 16 Abs. 1. Als Arbeitgeber im Sinne der §§. 12 bis 14 gelten diejenigen selbständigen Gewerbetreibenden, welche mindestens einen Arbeiter (§. 3) regelmäßig das Jahr hindurch oder zu gewissen Zeiten des Jahres beschäftigen. Den Arbeitgebern stehen im Sinne der bezeichneten Vorschriften die mit der Leitung eines Gewerbebetriebs oder eines bestimmten Zweiges desselben betrauten Stellvertreter der selbständigen Gewerbetreibenden gleich, sofern sie nicht nach §. 3 Abs. 2 als Arbeiter gelten."

Bezüglich des Wortlauts der §§. 31 und 32 des Gerichtsverfassungsgesetzes vgl. unten S. 38.

Zu Abs. 3: die Vorschrift im §. 12 des Gewerbegerichtsgesetzes, wonach bei den Gewerbegerichten der Vorsitzende weder Arbeitgeber noch Arbeiter sein darf, ist für die Innungs-Schiedsgerichte im Gesetze nicht vorgesehen. Für das Einigungsamt vgl. jedoch zu §. 81 b Ziff. 4.

Zu Abs. 4: die Festsetzung der Vergütung und Entschädigung im Nebenstatut ist obligatorisch, die Zurückweisung der Vergütung dagegen nicht, wie nach §. 20 Abs. 2 Satz 2 des Gewerbegerichtsgesetzes bei den Gewerbegerichten, unstatthaft. Das Beisitzeramt ist kein Ehrenamt im Sinne des § 94 a Abs. 1.

Zu Abs. 5: wegen der Anhaltung säumiger Beisitzer durch Ordnungsstrafen vgl. §. 96 Abs. 2, sowie auch §. 92c.

Zu Abs. 6: die Bestimmungen sind in der 3. Lesung der Novelle von 97 vom Reichstage eingefügt worden, um die Erledigung der Streitfälle möglichst zu beschleunigen. Korrekt ist die Fassung nicht. Gemeint ist, daß der erste Termin innerhalb der ersten acht Tage nach dem Eingange der Klage soll gelegt werden müssen, anderenfalls würde die Bestimmung im Abs. 6 ihren Zweck verfehlen. Voraussetzung für die Anrufung des Gewerbegerichts ist selbstredend seine örtliche und sachliche Zuständigkeit. Mit „an dem Ort" hat gesagt werden sollen, „für den Ort". Die Zuständigkeit des Gewerbegerichts in dem hier vorgesehenen Falle ist eine besondere Ausnahme, vgl. zu § 81 Ziff. 4.

§. 91a. Erfolgt durch das Innungsschiedsgericht eine Verurtheilung auf Vornahme einer Handlung, so ist der Beklagte zugleich auf Antrag des Klägers für den Fall, daß die Handlung nicht binnen einer zu bestimmenden Frist vorgenommen wird, zur Zahlung einer nach dem Ermessen des

Gerichts festzusetzenden Entschädigung zu verurtheilen. In diesem Falle ist die Zwangsvollstreckung gemäß §§. 887 und 888 der Civilprozeßordnung ausgeschlossen.

Der §. 91a gilt auch für die Gerichte der Zwangsinnungen (§. 100c) und stimmt mit dem § 51 des Gewerbegerichtsgesetzes überein.

Nach §. 887 der Civilprozeßordnung kann der Gläubiger ermächtigt werden, die Handlung, sofern ihre Vornahme durch einen Dritten erfolgen kann, auf Kosten des Schuldners vornehmen zu lassen. Kann die Handlung durch einen Dritten nicht vorgenommen werden, so kann nach §. 888 der Schuldner zur Vornahme der Handlung durch Geldstrafen bis zum Gesammtbetrage von 1500 M. oder durch Haft angehalten werden, sofern die Handlung ausschließlich vom Willen des Schuldners abhängt. Die §§. 887 und 888 sind bei der Neuredaktion der Civilprozeßordnung in Folge des Gesetzes, betr. Abänderungen der Civilprozeßordnung, vom 17. Mai 98 an die Stelle der bisherigen, gleichlautenden §§. 773 und 774 getreten. Diese Aenderung ist bei der Neuredaktion der G.O. vom 26. Juli 1900, R.G.B. 871, im Text des §. 91a berücksichtigt worden.

1. **§. 91b.** Die Entscheidungen der Innung (§. 81a Ziffer 4) und der Innungsschiedsgerichte (§. 81b Ziffer 4) sind schriftlich abzufassen; sie gehen in Rechtskraft über, wenn nicht binnen einer Nothfrist von einem Monat eine Partei Klage bei dem ordentlichen Gericht erhebt. Die Frist beginnt gegen eine bei der Verkündigung nicht anwesende Partei mit der Behändigung der Entscheidung.

2. Aus Vergleichen, welche nach Erhebung der Klage vor der Innung oder dem Innungsschiedsgerichte geschlossen sind, findet die Zwangsvollstreckung statt.

3. Die Entscheidungen können von Amtswegen für vorläufig vollstreckbar erklärt werden, wenn sie die im §. 4 Ziffer 1 des Gewerbegerichtsgesetzes bezeichneten Streitigkeiten betreffen, oder der Gegenstand der Verurtheilung an Geld oder Geldeswerth die Summe von einhundert Mark nicht übersteigt.

4. Die vorläufige Vollstreckbarkeit ist nicht auszusprechen, wenn glaubhaft gemacht wird, daß die Vollstreckung dem Schuldner einen nicht zu ersetzenden Nachtheil bringen würde; auch kann sie von einer vorläufigen Sicherheitsleistung abhängig gemacht werden.

5. Die Vollstreckung erfolgt, sofern die Partei dies beantragt, auf Ersuchen der Innung oder des Innungsschieds-

gerichts durch die Polizeibehörde nach Maßgabe der Vorschriften über das Verwaltungszwangsverfahren; wo ein solches Verfahren nicht besteht, finden die Bestimmungen über die Zwangsvollstreckung in bürgerlichen Rechtsstreitigkeiten Anwendung. Ein unmittelbarer Zwang zur Vornahme einer Handlung ist nur im Falle des §. 127 d zulässig.

Ist rechtzeitige Klage erhoben, so findet der §. 707 der Civilprozeßordnung entsprechende Anwendung. 6.

Der §. 91 b gilt auch für die bezeichneten Entscheidungen der Zwangsinnungen und der von den letzteren errichteten Innungs-Schiedsgerichte, §. 100 c, und nicht nur für die Innungs-Schiedsgerichte, sondern auch für die Entscheidungen von Lehrlingsstreitigkeiten durch das im Statut der Innung hierzu berufene besondere Organ. Bezüglich des Verfahrens vgl. für freie Innungen §§. 39 und 40, für Zwangsinnungen §§. 37 und 38 des im Anhange abgedruckten Musterstatuts.

Zu Abs. 1: Das zur Entscheidung von Lehrlingsstreitigkeiten (§. 81 a Ziff. 4) berufene Organ der Innung ist gemäß §. 83 Abs. 1 Ziff. 11 im Statut zu bestimmen.

Zu Abs. 3: wegen des Wortlauts des §. 4 Ziff. 1 des Gewerbegerichtsgesetzes, der im Texte an die Stelle des in der ursprünglichen Fassung des Gesetzes angezogenen §. 3 getreten ist, vgl. oben zu §. 81 a Ziff. 4.

Zu Abs. 5: vgl. zu §. 89 Abs. 3. Der Fall des §. 127 d der G.O. betrifft die zwangsweise Zurückführung eines kontraktbrüchigen Lehrlings, welche, sofern der Lehrvertrag schriftlich geschlossen ist, von dem Lehrherrn binnen einer Woche nach dem Austritte des Lehrlings im Falle der unbegründeten Weigerung der Rückkehr verlangt werden kann.

Zu Abs. 6: der §. 707 der Civilprozeßordnung, — welcher bei der Abänderung der Civilprozeßordnung durch das Gesetz vom 17. Mai 98 (vgl. oben zu §. 91 a) an die Stelle des in der bisherigen Fassung des Abs. 6 angeführten §. 617 getreten ist, und bei der Neuredaktion der G.O. den bisherigen §. 617 ersetzt hat, betrifft die vorläufige Einstellung der Zwangsvollstreckung und lautet:

„Wird die Wiedereinsetzung in den vorigen Stand oder eine Wiederaufnahme des Verfahrens beantragt, so kann das Gericht auf Antrag anordnen, daß die Zwangsvollstreckung gegen oder ohne Sicherheitsleistung einstweilen eingestellt werde oder nur gegen Sicherheitsleistung stattfinde, und daß die erfolgten Vollstreckungsmaßregeln gegen Sicherheitsleistung aufzuheben seien. Die Einstellung der Zwangsvollstreckung ohne Sicherheitsleistung ist nur zulässig, wenn glaubhaft gemacht wird, daß die Vollstreckung einen nicht zu ersetzenden Nachtheil bringen würde.

Die Entscheidung kann ohne vorgängige mündliche Verhandlung erfolgen. Eine Anfechtung des Beschlusses findet nicht statt."

1. **§. 92.** Die Angelegenheiten der Innung werden von der Innungsversammlung und dem Vorstande wahrgenommen.

2. Zur Wahrnehmung einzelner Angelegenheiten können Ausschüsse gebildet werden.

3. Die Innungsversammlung besteht nach Bestimmung des Statuts entweder aus allen Innungsmitgliedern oder aus Vertretern, welche von jenen aus ihrer Mitte gewählt werden.

4. Der Vorstand wird von der Innungsversammlung auf bestimmte Zeit mittelst geheimer Wahl gewählt. Die Wahl durch Zuruf ist zulässig, wenn Niemand widerspricht.

5. Die Wahlen der Vertreter und des Innungsvorstandes finden unter Leitung des Innungsvorstandes statt. Die erste Wahl nach Errichtung der Innung, sowie spätere Wahlen, bei denen ein Vorstand nicht vorhanden ist, werden von einem Beauftragten der Aufsichtsbehörde geleitet. Ueber die Wahlhandlung ist ein Protokoll aufzunehmen.

Gilt auch für Zwangsinnungen, §. 100c. Bezüglich der Handwerkskammern vgl. §. 103g.

Die §§. 92 bis 93 enthalten eine Ergänzung des früheren Rechts, welches die Bestimmung der Befugnisse des Vorstandes, insbesondere ihre Abgrenzung gegenüber den von der Innungsversammlung wahrzunehmenden Angelegenheiten, in der Hauptsache dem Statut überließ und sich bezüglich des Vorstandes in dem bisherigen § 101 der G.O. auf wenige Vorschriften über seine Wahl, Vertretungsbefugniß und Legitimation beschränkte. Die neuen Vorschriften waren übrigens theils bereits in dem frühern, für die Innungen aufgestellten Normalstatut enthalten und hatten in Folge dessen in den Statuten der meisten Innungen Aufnahme gefunden, theils sind sie solche, die von der neueren Gesetzgebung allgemein für Körperschaften von öffentlich rechtlichem Charakter, zu denen die Innungen gehören, erforderlich erachtet werden.

Die frühere Bestimmung im §. 101 Satz 1 der G.O., wonach der Vorstand aus einer oder mehreren Personen bestehen soll, ist als entbehrlich nicht wieder aufgenommen worden, dagegen wird im Interesse der Stärkung des Vertrauens und der Stellung des Vorstandes eine Wahl auf Lebenszeit durch die Bestimmung im Abs. 4 Satz 1 ausdrücklich ausgeschlossen.

Wegen der Wahlberechtigung und Wählbarkeit vgl. §. 93a, bei Zwangsinnungen §. 100r Abs. 1. Nach dem bisherigen Recht war die geheime Wahl des Vorstandes (Abs. 4) nicht vorgeschrieben. Für die Vertreter desselben (Abs. 3) ist sie auch jetzt nicht obligatorisch

(Kom.B. S. 12). Beschwerden bezüglich der Rechtsgültigkeit der Wahlen entscheidet die Aufsichtsbehörde endgültig, §. 94, sonstige Streitigkeiten über die Wahlen werden von der Aufsichtsbehörde gemäß §. 96 Abs. 4 und 7 entschieden.

Der Abs. 5 steht im Einklang mit dem bisherigen §. 101 Abs. 1 der G.O., hat jedoch den Zusatz erhalten, daß in denjenigen Fällen, wo die Innungsversammlung nach der Vorschrift des Statuts (§. 83 Abs. 2 Ziff. 6) nicht aus sämmtlichen Innungsmitgliedern, sondern, was sich namentlich bei großen Innungen empfiehlt, aus Vertretern besteht, auch die Wahl der letzteren unter der Leitung des Vorstandes stattfinden soll. (Mot.)

Von der Verpflichtung des Vorstandes zur Einreichung des Wahlprotokolls, die übrigens von der Aufsichtsbehörde bei Beschwerden über die Rechtsgültigkeit der Wahl wird verlangt werden können, sieht das Gesetz aus praktischen Gründen ab (Mot.).

§. 92a. Der Vorstand hat nach näherer Bestimmung 1.
des Statuts die laufende Verwaltung zu führen.

Er hat über jede Aenderung in seiner Zusammensetzung 2.
und über das Ergebniß jeder Wahl der Aufsichtsbehörde binnen einer Woche Anzeige zu erstatten. Ist die Anzeige nicht erfolgt, so kann die Aenderung dritten Personen nur dann entgegengehalten werden, wenn bewiesen wird, daß sie letzteren bekannt war.

Der §. 92a, der mit unerheblichen Abänderungen dem früheren §. 101 Abs. 1 der G.O. entspricht, gilt auch für die Zwangsinnungen, §. 100c, der Abs. 2 auch für den Vorstand der Handwerkskammern, §. 103g Abs. 2.

Zu Abs. 1: für Geschäfte, welche über die laufende Verwaltung hinausgehen, bedarf es der Theilnahme der Innungsversammlung, vgl. a. §. 93 Abs. 2. Bei der Berathung und Beschlußfassung des Innungsvorstandes über die im §. 95 Abs. 2 bezeichneten Angelegenheiten ist mindestens ein Mitglied des Gesellenausschusses mit vollem Stimmrecht zuzulassen, a. a. O. Abs. 3 Ziff. 1.

Zu Abs. 2: die Erstattung der Anzeige kann von der Aufsichtsbehörde auf Grund von §. 96 Abs. 2 nur durch Ordnungsstrafe erzwungen werden, die frühere Strafvorschrift im §. 149 Abs. 2 der G.O., wonach die Unterlassung einer durch das Gesetz oder durch Statuten vorgeschriebenen Anzeige über Innungsverhältnisse an Behörden mit Geldstrafe bis zu dreißig Mark und im Unvermögensfalle mit Haft bis zu acht Tagen bedroht war, ist durch Art. 4 Ziff. 3 der Novelle von 97 in Rücksicht auf das der Aufsichtsbehörde gemäß §. 96 Abs. 2 zustehende Ordnungsstrafrecht beseitigt worden, vgl. a. zu §. 94c Abs. 3.

Die Ausführungsanweisungen (Preußen, Bayern, Württemberg, Baden, Hessen u. a.) bestimmen meist, daß die Aufsichtsbehörde ein Verzeichniß der Innungsvorstände zu führen und Jedermann die Einsicht desselben zu gestatten hat.

1. **§. 92b.** Die Innungen werden durch ihren Vorstand gerichtlich und außergerichtlich vertreten. Die Vertretung erstreckt sich auch auf diejenigen Geschäfte und Rechtshandlungen, für welche nach den Gesetzen eine Spezialvollmacht erforderlich ist. Durch das Statut kann einem Mitglied oder mehreren Mitgliedern des Vorstandes die Vertretung nach außen übertragen werden.

2. Zur Legitimation des Vorstandes genügt bei allen Rechtsgeschäften die Bescheinigung der Aufsichtsbehörde, daß die darin bezeichneten Personen zur Zeit den Vorstand bilden.

3. Die Mitglieder des Vorstandes haften für pflichtmäßige Verwaltung wie Vormünder ihren Mündeln.

Der §. 92b, welcher die Vertretung der Innung nach Außen regelt, gilt auch für die Zwangsinnungen, §. 100c, und die Handwerkskammern, §. 103g Abs. 2. Nur der Abs. 3 ist neu.

Zu Abs. 1: die Formen der Willenserklärungen sind im Statut zu regeln, §. 83 Abs. 2 Ziff. 5. Vgl. für freie Innungen §. 33, für Zwangsinnungen §. 31 des im Anhang abgedruckten Musterstatuts.

Zu Abs. 2: die Bescheinigungen sind nach §. 99 kosten- und stempelfrei, sie müssen sich auf die Zeit beziehen, zu der das Rechtsgeschäft abgeschlossen wird. Die Legitimation des Vorstandes kann nach Abs. 2 auch auf andere Weise als die daselbst bezeichnete Bescheinigung erbracht werden, allein diese Bescheinigung soll nach der Bestimmung des Gesetzes in allen Fällen für ausreichend erachtet werden müssen.

Zu Abs. 3: vgl. §. 93 Ziff. 4 und §. 96 Abs. 4, außerdem Bürgerl. Gesetzb. §. 1833, wonach der Vorstand für allen der Innung durch eine Pflichtverletzung entstandenen Schaden haftet, sofern ihm ein Verschulden zur Last fällt, sowie bezüglich des Vorstandes der Innungs-Krankenkassen §§. 73 und 42 des Krankenversicherungsgesetzes; vgl. a. oben zu §. 90.

§. 92c. Der Vorstand ist berechtigt, über Innungsmitglieder bei Verstößen gegen statutarische Vorschriften Ordnungsstrafen, insbesondere Geldstrafen bis zum Betrage von zwanzig Mark zu verhängen. Ueber Beschwerden entscheidet die Aufsichtsbehörde. Der Betrag der Geldstrafen fließt in die Innungskasse.

Die Bestimmung über das Ordnungsstrafrecht der Innungen

ist neu und gilt nach §. 100c auch für die Zwangsinnungen. Bezüglich der Handwerkskammern vgl. §. 103n Abs. 2.

Nach §. 83 Abs. 2 Ziff. 12 hat das Statut Bestimmungen über die Voraussetzungen und die Form der Ordnungsstrafen zu treffen, vgl. die Musterstatuten an den in der Bemerkung zu Ziff. 12 a. a. O. bezeichneten Stellen. Die Geldstrafen — die weder durch statutarische Bestimmung, noch auch durch Beschluß der Innungsversammlung, selbst wenn er einstimmig gefaßt worden wäre, über die gesetzliche Grenze von zwanzig Mark hinaus erhöht werden dürfen — werden auf dem für die Beitreibung der Gemeindeabgaben landesrechtlich vorgesehenen Wege zwangsweise eingezogen, §§. 89 Abs. 3, 100c.

Aufsichtsbehörde: vgl. §. 96.

Beschwerden: eine Frist für Beschwerden gegen Ordnungsstrafen ist im Gesetz nicht vorgesehen. Bezüglich der für die Beschwerde gegen die Entscheidung der Aufsichtsbehörde zuständigen Behörde vgl. zu §. 96 Abs. 7. Die Behörde hat nicht nur zu prüfen, ob die Ordnungsstrafe formell zulässig, sondern auch ob sie unter den obwaltenden Verhältnissen nach billigem Ermessen gerechtfertigt und angemessen war.

§. 93. Die Innungsversammlung beschließt über alle Angelegenheiten der Innung, deren Wahrnehmung nicht nach Vorschrift des Gesetzes oder des Statuts dem Vorstand obliegt. 1.

Der Innungsversammlung muß vorbehalten bleiben: 2.

1. die Feststellung des Haushaltsplans;
2. die Prüfung und Abnahme der Jahresrechnung;
3. die Bewilligung von Ausgaben, welche im Haushaltsplane nicht vorgesehen sind;
4. die Verfolgung von Ansprüchen, welche der Innung gegen Vorstandsmitglieder aus deren Amtsführung erwachsen, durch Beauftragte;
5. der Erlaß von Vorschriften zur näheren Regelung des Lehrlingswesens;
6. die Beschlußfassung über:
   a) den Erwerb, die Veräußerung oder die dingliche Belastung von Grundeigenthum;
   b) die Veräußerung von Gegenständen, welche einen geschichtlichen, wissenschaftlichen oder Kunstwerth haben;
   c) die Aufnahme von Anleihen;
7. die Wahl der Mitglieder der Organe zur Entscheidung der im §. 81a Ziffer 4 und §. 81b Ziffer 4 be-

zeichneten Streitigkeiten, soweit sie aus der Zahl der Innungsmitglieder zu entnehmen sind;

8. die Wahl der Mitglieder der Prüfungsausschüsse, soweit sie aus der Zahl der Innungsmitglieder zu entnehmen sind (§. 131a);
9. die Beschlußfassung über Abänderung des Statuts sowie über Errichtung und Abänderung von Nebenstatuten;
10. die Beschlußfassung über die Auflösung der Innung.

Gilt auch für Zwangsinnungen, §. 100c, bei denen außerdem der Beitritt von Personen, welche das Gewerbe fabrikmäßig betreiben, der Zustimmung der Innungsversammlung vorbehalten ist, §. 100g Abs. 1 Ziff. 2. Für die Handwerkskammern vgl. §. 103g Abs. 3.

Zu Abs. 1: bezüglich des Stimmrechts in der Innungsversammlung vgl. §. 93a, bezüglich der Form der Einladungen und der Beschlußfassung §. 83 Abs. 2 Ziff. 6, und bezüglich der Zuziehung des Gesellenausschusses §. 95. Vgl. ferner für freie Innungen §§. 19 bis 28, für Zwangsinnungen §§. 17 bis 26 des Musterstatuts. Wegen der Befugnisse und Obliegenheiten des Vorstandes vgl. §§. 92 bis 92c.

Zu Abs. 2 Ziff. 1, 2 und 3: wird bei Zwangsinnungen dem Haushaltsplan oder den Beschlüssen unter Ziff. 3 von einem Viertel der Innungsmitglieder widersprochen, so ist die Entscheidung der Aufsichtsbehörde einzuholen. Die Jahresrechnungen der Zwangsinnungen sind der Aufsichtsbehörde einzureichen (§. 100o Abs. 1 und 2).

Zu Ziff. 4: vgl. §§. 92b Abs. 3 und 96 Abs. 3 bis 5.

Zu Ziff. 5: die Bestimmungen über „dauernde Einrichtungen" zur Regelung des Lehrlingswesens müssen im Statut getroffen werden, § 83 Abs. 2 Ziff. 2. Mit der Bekanntmachung des Reichskanzlers v. 18. März 98 C.B. 155 (vgl. zu §. 81) ist gleichzeitig der Entwurf eines Beschlusses der Innungsversammlung zur Regelung des Lehrlingswesens veröffentlicht worden, welcher unten im Anhange zum Abdruck gebracht ist. Wegen der Zuziehung des Gesellenausschusses vgl §. 95. Bei den Zwangsinnungen bedürfen die Vorschriften der Genehmigung der höheren Verwaltungsbehörde, §. 100p.

Nach der Einrichtung der Handwerkskammern (§§. 103 bis 103p) und der Ausführung des §. 103q (Handels- und Gewerbekammern) (s. u. S. 95) bildet die Regelung des Lehrlingswesens im Handwerk eine der wesentlichsten Aufgaben dieser Organisationen (§§. 103e Abs. 1 Ziff. 1 und 100q). Die Aufgabe der Innungen — soweit sie dem Handwerk angehören — auf diesem Gebiete ist nur noch subsidiär und ergänzend, vgl. a. §. 103f Abs. 2.

Zu Ziff. 6: vgl. §. 89b und §. 100c.

Zu Ziff. 7: wegen der Wahlberechtigung und Wählbarkeit vgl. §§. 91 Abs. 2, 93a Abs. 2, wegen der Rechte und Pflichten der Inhaber dieser Aemter §. 91a Abs. 4, §§. 94a, 94b.

Zu Ziff. 8: die Vorschrift bezieht sich nur auf die gemäß §. 129 Abs. 1 die Voraussetzung für die Befugniß zur Anleitung von Lehrlingen im Handwerk bildende Gesellenprüfung (§. 131a), bei der die eine Hälfte der Beisitzer durch die Innung, die andere durch den Gesellenausschuß bestellt wird. Bei den gemäß §. 131a Abs. 2 von der Handwerkskammer errichteten Prüfungsausschüssen für die Gesellenprüfung werden sämmtliche Beisitzer von dieser bestellt. Die Bildung der Prüfungsausschüsse liegt der Handwerkskammer ob, §. 103e Abs. 1 Ziff. 5, sie hat daher auch für genügendes Vorhandensein solcher Ausschüsse zu sorgen, die übrigens bei den Zwangsinnungen stets errichtet werden müssen, bei den freien Handwerkerinnungen dagegen nach §. 131 Abs. 2 Satz 2 nur dann gebildet werden, wenn ihnen die Ermächtigung zur Abnahme der gesetzlichen Gesellenprüfungen von der Handwerkskammer ertheilt worden ist.

Zu Ziff. 9: vgl. §. 83 Abs. 2 Ziff. 13 und §. 96 Abs. 6 sowie, wegen der Nebenstatuten, §. 83 Abs. 4 und §. 85.

Zu Ziff. 10: vgl. §. 83 Abs. 2 Ziff. 14, §. 96 Abs. 6 und bezüglich der Aufhebung der Zwangsinnung §. 100t.

Die Erledigung der in Ziff. 1 bis 10 aufgeführten Angelegenheiten durch den Vorstand, den Vorsitzenden oder einen Ausschuß der Innung verstößt gegen das Gesetz, macht ev. die betreffende Vorschrift oder Rechtshandlung ungültig und giebt der Aufsichtsbehörde Anlaß zu einem Einschreiten auf Grund des §. 96 Abs. 2.

§. 93a. Berechtigt zur Wahl der Vertreter zur Innungsversammlung und stimmberechtigt in der Innungsversammlung sind nur die volljährigen Innungsmitglieder mit Ausnahme derjenigen, welche sich nicht im Besitze der bürgerlichen Ehrenrechte befinden oder durch gerichtliche Anordnung in der Verfügung über ihr Vermögen beschränkt sind. 1.

Wählbar zu Mitgliedern des Vorstandes und der Ausschüsse sowie zu Mitgliedern des im §. 83 Abs. 2 Ziffer 11 bezeichneten Organs sind nur solche wahlberechtigte Innungsmitglieder, welche zum Amte eines Schöffen fähig sind (§§. 31, 32 des Gerichtsverfassungsgesetzes). 2.

Durch das Statut kann bestimmt werden, daß Innungsmitglieder, welche mit der Zahlung der Beiträge wiederholt im Rückstande geblieben sind, weder wahlberechtigt noch wählbar und von der Theilnahme an den Geschäften der Innung für gewisse Zeit ausgeschlossen sind. 3.

In gleicher Weise kann bestimmt werden, daß Innungsmitglieder, welche sich nicht im Besitze der bürgerlichen Ehrenrechte befinden, oder durch gerichtliche Anordnung in der 4.

Verfügung über ihr Vermögen beschränkt sind, von der Theilnahme an den Geschäften der Innung ausgeschlossen sind.

Die Bestimmungen gelten auch für Zwangsinnungen, §. 100c Abs. 2, jedoch mit der weiteren Beschränkung der Wählbarkeit im §. 100r Abs. 1, wonach bei diesen Innungen von den Mitgliedern des Vorstandes und der Ausschüsse mindestens zwei Drittel das Recht zur Anleitung von Lehrlingen (§. 129) besitzen und der Regel nach Gesellen oder Lehrlinge beschäftigen müssen. Die Mitglieder derjenigen Ausschüsse, welchen die Fürsorge für die Durchführung der auf die Regelung des Lehrlingswesens bezüglichen Bestimmungen obliegt, müssen bei den Zwangsinnungen sämmtlich diesen Anforderungen genügen. Aehnliche Bestimmungen können bei den freien Innungen durch das Statut (§. 83) getroffen werden.

Zu Abs. 1: gemäß §§. 2, 3 des Bürgerl. Gesetzb. sind diejenigen Personen volljährig, welche entweder das 21. Lebensjahr vollendet haben oder nach vollendetem 18. Lebensjahr für volljährig erklärt worden sind.

Zu Abs. 2: die §§. 31 und 32 des Gerichtsverfassungsgesetzes lauten:

„§. 31. Das Amt eines Schöffen ist ein Ehrenamt. Dasselbe kann nur von einem Deutschen versehen werden.

§. 32. Unfähig zu dem Amte eines Schöffen sind:

1. Personen, welche die Befähigung in Folge strafgerichtlicher Verurtheilung verloren haben;
2. Personen, gegen welche das Hauptverfahren wegen eines Verbrechens oder Vergehens eröffnet ist, das die Aberkennung der bürgerlichen Ehrenrechte oder der Fähigkeit zur Bekleidung öffentlicher Aemter zur Folge haben kann;
3. Personen, welche in Folge gerichtlicher Anordnung in der Verfügung über ihr Vermögen beschränkt sind.“

§. 94. Beschwerden gegen die Rechtsgültigkeit der Wahlen sind nur binnen vier Wochen nach der Wahl zulässig. Sie werden durch die Aufsichtsbehörde endgültig entschieden. Dieselbe hat auf erhobene Beschwerde Wahlen, welche gegen das Gesetz oder auf Grund des Gesetzes erlassene Wahlvorschriften verstoßen, für ungültig zu erklären.

Der §. 94, der dem §. 15 des Gewerbegerichtsgesetzes nachgebildet ist, gilt auch für die Zwangsinnungen, §. 100c, sowie nach §. 103c Abs. 2 auch für die Handwerkskammern.

Durch §. 94 wird die Befugniß der Aufsichtsbehörde zur Ueberwachung der gesetzlichen und statutarischen Vorschriften (§. 96) nicht beschränkt, und nur der Fall getroffen, wo die Wahl unter der Behauptung der Rechtsungültigkeit angefochten wird.

endgültig entschieden: eine Beschwerde gegen die Entscheidung der Aufsichtsbehörde findet nicht statt, der §. 96 Abs. 7 findet für den besonderen Fall des §. 94 keine Anwendung. Die allgemeine Beschwerde bei der vorgesetzten Behörde wird jedoch durch das Gesetz nicht abgeschnitten, wenn auch die Entscheidung selbst endgültig ist.

Der §. 94 gilt für die Wahlen zu sämmtlichen Innungsämtern, auch für die Innungs-Krankenkassen. Vgl. a. §. 94 b.

§. 94a. Die Mitglieder der Innungsvorstände, Prüfungsausschüsse und Gesellenausschüsse sowie der Organe zur Entscheidung der im §. 81a Ziffer 4 bezeichneten Streitigkeiten verwalten ihr Amt als Ehrenamt unentgeltlich, doch kann ihnen nach näherer Bestimmung des Statuts Ersatz baarer Auslagen und eine Entschädigung für Zeitversäumniß gewährt werden. 1.

Die Annahme der Wahl kann nur aus Gründen verweigert werden, aus denen die Wahl zum Beisitzer eines Gewerbegerichts (§. 18 des Gewerbegerichtsgesetzes) abgelehnt werden kann. Ablehnungsgründe des Gewählten sind nur zu berücksichtigen, wenn sie binnen zwei Wochen, nachdem der Gewählte von seiner Wahl in Kenntniß gesetzt ist, schriftlich geltend gemacht werden. Ueber den Ablehnungsantrag entscheidet die Aufsichtsbehörde endgültig. Diese Bestimmungen finden auf die Mitglieder der Innungsschiedsgerichte entsprechende Anwendung. 2.

Die Bestimmungen sind dem §. 18 des Gewerbegerichtsgesetzes nachgebildet, sie gelten auch für die Zwangsinnungen, §. 100c, und nach §. 103c Abs. 2 gleichfalls für die Handwerkskammern.

Auf die Mitglieder anderer Ausschüsse als der Prüfungsausschüsse und Gesellenausschüsse, sowie auf die Vertreter zur Innungsversammlung (§. 92 Abs. 3) bezieht sich §. 94a nicht, kann aber durch das Statut darauf erstreckt werden, vgl. für die freien Innungen §. 13, für die Zwangsinnungen §. 11 des im Anhang abgedruckten Musterstatuts, sowie bezüglich der Prüfungsausschüsse für die Abnahme der Gesellenprüfung unten zu §. 131a.

Für die Beisitzer der Innungs-Schiedsgerichte (§§. 91 bis 91b) gilt nur der Abs. 2; wegen der denselben kraft Gesetzes für jede Sitzung, der sie beigewohnt haben, zustehenden Vergütung vgl. §. 91 Abs. 4. Vgl. ferner für freie Innungen §§. 42 und 44, für Zwangsinnungen §§. 40 und 42 des Musterstatuts. Bezüglich der Vorstände der Krankenkassen vgl. §. 90 Satz 1 und §. 34a des Krankenversicherungsgesetzes; letzteres enthält ähnliche Bestimmungen.

Der §. 18 des Gewerbegerichtsgesetzes, soweit er hier in

Betracht kommt (Abs. 1 Satz 1 bis 4), lautet: „Das Amt der Beisitzer ist ein Ehrenamt. Die Uebernahme kann nur aus den Gründen verweigert werden, welche zur Ablehnung eines unbesoldeten Gemeindebeamts berechtigen. Wo landesgesetzliche Bestimmungen über die zur Ablehnung von Gemeindeämtern berechtigenden Gründe nicht bestehen, darf die Uebernahme nur aus denselben Gründen verweigert werden, aus welchen das Amt eines Vormundes abgelehnt werden kann. Wer das Amt eines Beisitzers sechs Jahre versehen hat, kann während der nächsten sechs Jahre die Uebernahme des Amts ablehnen." Für die Ablehnung des Amtes eines Vormundes vgl. §. 1786 des Bürgerl. Gesetzbuchs.

Nach angenommener Wahl kann auf die ordnungsmäßige Ausübung des Amtes gemäß §§. 92c und 96 Abs. 2 hingewirkt werden.

Liegen keine gesetzlichen Ablehnungsgründe vor, so kann die Annahme der Wahl von der Aufsichtsbehörde gemäß §. 96 Abs. 2 durch Ordnungsstrafen erzwungen werden.

Bezüglich der Endgültigkeit der Entscheidung der Aufsichtsbehörde vgl. zu §. 94 Satz 2.

§. 94b. Mitglieder der Innungsvorstände, der Ausschüsse der Innungen, der Gesellenausschüsse sowie der Organe zur Entscheidung der in §. 81a Ziffer 4 und §. 81b Ziffer 4 bezeichneten Streitigkeiten, hinsichtlich deren Umstände eintreten oder bekannt werden, welche die Wählbarkeit ausschließen, haben aus dem Amte auszuscheiden. Im Falle der Weigerung erfolgt die Enthebung des Betheiligten vom Amte durch die Aufsichtsbehörde nach Anhörung des Betheiligten und der Körperschaft, welcher er angehört. Gegen die Verfügung der Aufsichtsbehörde ist binnen vier Wochen die Beschwerde zulässig. Die Entscheidung über die Beschwerde ist endgültig.

Der §. 94b, der dem §. 19 des Gew.Ger.Ges. nachgebildet ist, gilt nach §. 100c auch für die Zwangsinnungen, und nach §. 103c Abs. 2 gleichfalls für die Handwerkskammern.

Wegen der Innungsvorstände vgl. §§. 92 fg., der Ausschüsse §. 92 Abs. 2, und der Gesellenausschüsse §§. 95 bis 95c. Für Innungs-Krankenkassen gilt §. 96 Abs. 2.

eintreten oder bekannt werden: hieraus ergiebt sich, daß auch die vor der Wahl vorhandenen, die Wählbarkeit ausschließenden Thatsachen unter §. 94b fallen.

Aufsichtsbehörde: vgl. §. 96. Die Behörde hat das Ausscheiden von Amtswegen zu veranlassen.

1. **§. 94c.** Die Innungen sind befugt, durch Beauftragte die Befolgung der gesetzlichen und statutarischen Vorschriften in den zur Innung gehörigen Betrieben zu überwachen und

von der Einrichtung der Betriebsräume und der für die Unterkunft der Lehrlinge bestimmten Räume Kenntniß zu nehmen.

Die Verpflichteten haben den als solchen legitimirten Beauftragten der betheiligten Innungen auf Erfordern während der Betriebszeit den Zutritt zu den Werkstätten und Unterkunftsräumen, sowie zu den sonst in Betracht kommenden Räumlichkeiten zu gestatten und ihnen Auskunft über alle Gegenstände zu geben, welche für die Erfüllung ihres Auftrags von Bedeutung sind; sie können hierzu auf Antrag der Beauftragten von der Ortspolizeibehörde angehalten werden. 2.

Namen und Wohnsitz der Beauftragten sind von der Innung der Aufsichtsbehörde anzuzeigen. 3.

Die Beauftragten sind verpflichtet, den im §. 139b bezeichneten Beamten auf Erfordern über ihre Ueberwachungsthätigkeit und deren Ergebnisse Mittheilung zu machen. 4.

Befürchtet der Betriebsunternehmer von der Besichtigung des Betriebs durch den Bauftragten der Innung eine Schädigung seiner Geschäftsinteressen, so kann er die Besichtigung durch einen anderen Sachverständigen beanspruchen. In diesem Falle hat er dem Vorstande der Innung, sobald er den Namen des Beauftragten erfährt, eine entsprechende Mittheilung zu machen und einige geeignete Personen zu bezeichnen, welche auf seine Kosten die erforderlichen Besichtigungen vorzunehmen und dem Vorstande die erforderliche Auskunft über die vorgefundenen Verhältnisse zu geben bereit sind. In Ermangelung einer Verständigung zwischen dem Betriebsunternehmer und dem Vorstand entscheidet auf Ansuchen des letzteren die Aufsichtsbehörde. 5.

Auf Räume, welche Bestandtheile landwirthschaftlicher oder fabrikmäßiger Betriebe sind, finden die vorstehenden Bestimmungen keine Anwendung. 6.

Die durch die Novelle von 97 eingefügten, das Institut der Beauftragten betreffenden Bestimmungen des §. 94c, welche den §§. 82 und 83 des Unfallversicherungsgesetzes v. 6. Juli 84 nachgebildet sind, gelten auch für die Zwangsinnungen, §. 100c, und gemäß §. 103n Abs. 1 gleichfalls für die Handwerkskammern.

Um den Innungen die Erfüllung ihrer Aufgaben, insbesondere eine wirksame Aufsicht über das Lehrlingswesen, zu ermöglichen, wird ihnen im §. 94c das Recht zur Bestellung von Beauftragten ausdrücklich eingeräumt. Diesen soll insbesondere obliegen, „in den der Einwirkung der Innung unterstehenden Betrieben die Befolgung der gesetzlichen und statutarischen Vorschriften zu überwachen und von der Einrichtung der Betriebsräume und der für die Unterkunft der Lehrlinge bestimmten Räume Kenntniß zu nehmen. Der Entwurf geht hierbei davon aus, daß in der Bestellung solcher Beauftragten eine werthvolle Unterstützung der Gewerbeaufsichtsbeamten (§. 139b der GO.) zu erblicken ist, zumal die Thätigkeit dieser Beamten, selbst bei einer erheblichen Vermehrung ihrer Zahl, im Hinblick auf ihre sonstigen Aufgaben eine solche Ergänzung immer noch wünschenswerth erscheinen lassen würde" (Mot.).

Zu Abs. 1: daß der Vorstand der Innung berechtigt ist, durch Beauftragte sich auch von dem Zustande der von der Innung eingerichteten Herbergen und Arbeitsnachweise Kenntniß zu verschaffen, erscheint selbstverständlich. Hierüber bedarf es daher einer besonderen Bestimmung im Gesetze nicht. (Mot)

gesetzlichen und statutarischen Vorschriften: hierzu gehören auch die von der Handwerkskammer erlassenen Vorschriften, zu deren Durchführung die Innungen für die ihnen angehörigen Betriebe die gegebenen Organe sind, vgl. §. 103f. Im Uebrigen vgl. oben zu §. 83 Abs. 2 Ziff. 10.

zur Innung gehörigen Betrieben: nicht sämmtliche Betriebe der Innungsmitglieder gehören im Sinne des § 94c zur Innung, es ist vielmehr sehr wohl möglich, daß ein Gewerbetreibender Mitglied einer Innung ist, während sein Betrieb der Überwachung der Innung und ihrer Beauftragten nicht untersteht, vgl. § 94c Abs. 6 sowie §. 100g. Die im Reichstage zum Ausdruck gelangte Auffassung (Sten.B. 6187) ist nicht völlig korrekt Ein Antrag, bei den Revisionen den Gesellenausschuß zuziehen zu müssen, wurde abgelehnt. Vgl. a. für freie Innungen §. 41, für Zwangsinnungen §. 39 des im Anhang abgedruckten Musterstatuts.

Beauftragte: die Bestellung von Beauftragten ist für die Innungen zwar nicht obligatorisch, jedoch zur Aufrechterhaltung und Herbeiführung ordnungsgemäßer Zustände, insbesondere auf dem Gebiete des Arbeiterschutzes, dringend erwünscht. Bezüglich der an die Person des Beauftragten zu stellenden Anforderungen können im Statut der Innungen nähere Vorschriften erlassen werden (§. 83 Abs. 3 Ziff. 10), das Gesetz selbst enthält keine Beschränkungen, insbesondere gelten die Bestimmungen des §. 93a über die Wählbarkeit für sie nicht. Eine Beeidigung ist nicht vorgeschrieben. Eine Verpflichtung zur Annahme des Amtes besteht nicht. Bestimmungen wie für die technischen Aufsichtsbeamten der Berufsgenossenschaften in den §§ 121, 150 des Gewerbe-Unfallvers.Gesetzes (R.G.B. 1900 S. 585) (Verpflichtung zur Geheimhaltung) sind für sie nicht vorgesehen.

Zu Abs. 2: die Ausfertigung der für die Beauftragten der Innungen und der Handwerkskammern auszustellenden Vollmachten ist kosten- und stempelfrei, §§. 99, 100c, 103n Abs. 1.

Zu Abs. 3: die Unterlassung der Anzeige kann von der Aufsichtsbehörde mit Ordnungsstrafe geahndet werden, §. 96 Abs. 2. Die frühere Strafbestimmung im §. 149 Abs. 2 der GO. ist durch Art. 4 Ziff. 3 der Novelle von 97 beseitigt worden (vgl. zu § 92a Abs. 2).

Zu Abs. 5: hegt der Betriebsunternehmer die bezeichnete Befürchtung, so kann er die Revision durch eine andere geeignete Person verlangen, muß aber auch die Kosten übernehmen.

Zu Abs. 6: vgl. zu §. 100. Arbeitet ein Handwerker in seiner eigenen Werkstätte für landwirthschaftliche oder fabrikmäßige Betriebe, so sind seine Betriebsräume nicht Bestandtheile solcher Anlagen, vgl. a. Sten.Ber. 6187.

§. 95. Die bei den Innungsmitgliedern beschäftigten Gesellen (Gehülfen) nehmen an der Erfüllung der Aufgaben der Innung und an ihrer Verwaltung Theil, soweit dies durch Gesetz oder Statut bestimmt ist. Sie wählen zu diesem Zwecke den Gesellenausschuß. 1.

Der Gesellenausschuß ist bei der Regelung des Lehrlingswesens und bei der Gesellenprüfung sowie bei der Begründung und Verwaltung aller Einrichtungen zu betheiligen, für welche die Gesellen (Gehülfen) Beiträge entrichten oder eine besondere Mühewaltung übernehmen, oder welche zu ihrer Unterstützung bestimmt sind. 2.

Die nähere Regelung dieser Betheiligung hat durch das Statut mit der Maßgabe zu erfolgen, daß 3.

1. bei der Berathung und Beschlußfassung des Innungsvorstandes mindestens ein Mitglied des Gesellenausschusses mit vollem Stimmrechte zuzulassen ist;
2. bei der Berathung und Beschlußfassung der Innungsversammlung seine sämmtlichen Mitglieder mit vollem Stimmrechte zuzulassen sind;
3. bei der Verwaltung von Einrichtungen, für welche die Gesellen (Gehülfen) Aufwendungen zu machen haben, abgesehen von der Person des Vorsitzenden, Gesellen, welche vom Gesellenausschusse gewählt werden, in gleicher Zahl zu betheiligen sind wie die Innungsmitglieder.

Die Ausführung von Beschlüssen der Innungsversammlung in den im Abs. 2 bezeichneten Angelegenheiten darf nur mit Zustimmung des Gesellenausschusses erfolgen. Wird 4.

die Zustimmung versagt, so kann sie durch die Aufsichtsbehörde ergänzt werden.

Der §. 95, welcher, ebenso wie die §§. 95a bis 95c, der Preußischen Vorlage des Handwerkergesetzes entstammt, gilt auch für die Zwangsinnungen, §. 100c. Für die Handwerkskammern, bei denen gleichfalls die Bildung eines Gesellenausschusses obligatorisch ist, vgl. §§. 103i und 100k, für die an deren Stelle tretenden Handels- und Gewerbekammern §. 103q.

So weit die Innungsmitglieder Gesellen oder Gehülfen beschäftigen, sind alle Innungen gehalten, einen Gesellenausschuß einzurichten. Der §. 50 des auf Grund der Gewerbeordnungsnovelle v. 18. Juli 81 ausgearbeiteten Normalstatuts, wonach für die bei den Innungsmitgliedern beschäftigten Gesellen ein von denselben zu wählender Gesellenausschuß errichtet werden soll, ist daher jetzt zur gesetzlichen Vorschrift gemacht. „Von dieser Vorschrift wird vor Allem ein günstiger Einfluß auf die Stärkung des guten Einvernehmens zwischen den Innungsmitgliedern und den von ihnen beschäftigten Gesellen erhofft werden dürfen. Sie empfiehlt sich um so mehr, als bereits nach §. 100a Abs. 1 der Gewerbeordnung den Gesellen eine Theilnahme an der Verwaltung der Innung eingeräumt worden ist, diese Bestimmungen indessen nicht ausreichend erscheinen, um den Gesellen die Möglichkeit zur Wahrung ihrer Interessen in dem erwünschten Umfange zu gewähren." (Mot. v. 97).

Zu Abs. 1: Gesellen (Gehülfen): also weder Handlungsgehülfen, noch Lehrlinge, noch ungelernte Arbeiter. Wegen der Anfechtung der Wahl vgl. §. 94, wegen der Verpflichtung zur Annahme §. 94a, wegen des Ausscheidens und der Enthebung vom Amte §§. 94b, 95b, 95c, bezüglich der Wahlberechtigung und Wählbarkeit §. 95a und — für Zwangsinnungen — §. 100r Abs. 2, über die Beaufsichtigung §. 96.

Zu Abs 2: Abs. 2 bis 4 haben zur Voraussetzung, daß eine Wahl überhaupt zu Stande kommt; ein Zwang auf die Gesellen zur Vornahme der Wahl ist im Gesetz nicht vorgesehen. Gewählte Mitglieder des Gesellenausschusses können dagegen durch Ordnungsstrafen von der Aufsichtsbehörde zur Annahme der Wahl (§. 94a) sowie zur Befolgung der mit ihrer Stellung verbundenen gesetzlichen und statutarischen Vorschriften angehalten werden, §. 96 Abs. 2.

Regelung des Lehrlingswesens: vgl. zu §. 93 Abs. 2 Ziff. 5 und §. 95 Abs. 3 Ziff. 2. Für die Zwangsinnungen vgl. außerdem §. 100r Abs. 2. Eine Betheiligung der Gesellen bei dieser Regelung war gleichfalls bereits in dem obenerwähnten Normalstatut von 1881 empfohlen worden.

Gesellenprüfung: vgl. §§. 131, 131a.

Einrichtungen u. s. w.: hierher gehören Schiedsgerichte, Herbergen, Unterstützungskassen, Arbeitsnachweis u. dgl. Unter den Begriff „Beiträge" fallen auch die von den Gesellen für die Benutzung der betreffenden Einrichtungen zu zahlenden Gebühren, vgl. zu §. 89 Abs. 1.

Zu Abs. 3: vgl. für freie Innungen §§. 43 bis 47, für Zwangsinnungen §§. 41 bis 45 des dem Anhange beigefügten Musterstatuts. Für Innungs-Krankenkassen gelten §. 90 und §. 73 des Krankenversicherungsgesetzes, vgl. zu § 90.

Zu Abs. 4: vgl. für freie Innungen §§. 21, 34, für Zwangsinnungen §§. 19, 32 des Musterstatuts. Gegen die Entscheidung der Aufsichtsbehörde ist die Beschwerde gemäß §. 96 Abs. 7 zulässig. Die Aufsichtsbehörde wird auch dann zu entscheiden haben, wenn ein Gesellenausschuß nicht zu Stande gekommen ist oder seine Theilnahme verweigert.

§. 95a. Zur Theilnahme an der Wahl des Gesellen- 1.
ausschusses sind die bei einem Innungsmitgliede beschäftigten volljährigen Gesellen (Gehülfen) berechtigt, welche sich im Besitze der bürgerlichen Ehrenrechte befinden.

Wählbar ist jeder wahlberechtigte Geselle, welcher zum 2.
Amte eines Schöffen fähig ist (§§. 31, 32 des Gerichtsverfassungsgesetzes).

Die Wahl zum Gesellenausschusse leitet ein Mitglied 3.
des Innungsvorstandes, wenn ein solches nicht vorhanden ist, ein Vertreter der Aufsichtsbehörde.

Die Bestimmungen gelten nach §. 100c auch für die Zwangsinnungen — bei diesen jedoch nicht für die bei den nur beitrittsberechtigten Mitgliedern (§. 100g) beschäftigten Gesellen oder Gehülfen — Abs. 1 und 2 auch für die Handwerkskammern, §. 103i Abs. 6. Für die Zwangsinnungen vgl. außerdem die weitere Beschränkung der Wählbarkeit für den Gesellenausschuß auf solche Gesellen (Gehülfen), welche den Anforderungen des §. 129 entsprechen, §. 100r Abs. 2.

Zu Abs. 1: das Wahlverfahren ist im Statut zu regeln, §. 83 Abs. 2 Ziff. 9 und §. 100c, vgl. für freie Innungen §§. 43 fg., für Zwangsinnungen §. 41 des Musterstatuts, im Uebrigen vgl. zu §. 95 Abs. 1.

Zu Abs. 2: bezüglich des Wortlauts der §§. 31 und 32 des Gerichtsverfassungsgesetzes vgl. oben zu §. 93a Abs. 2, S 38.

§. 95b. Für die Mitglieder des Gesellenausschusses sind Ersatzmänner zu wählen, welche für dieselben in Behinderungsfällen oder im Falle des Ausscheidens für den Rest der Wahlperiode in der Reihenfolge der Wahl einzutreten haben. Wird dessenungeachtet der Gesellenausschuß nicht vollzählig, so hat er sich für den Rest der Wahlzeit durch Zuwahl zu ergänzen.

Der §. 95b gilt nach §. 100c auch für Zwangsinnungen. Satz 1 ist für die Handwerkskammern im §. 103i Abs. 3 wörtlich wiederholt.

Um die Vornahme von Wahlen auf ein möglichst geringes Maß zu beschränken, ist nach dem Vorgange auf anderen Gebieten der Gesetzgebung vorgesehen, daß für die Mitglieder des Gesellenausschusses von vornherein auch Ersatzmänner zu wählen sind, und der Gesellenausschuß, wenn er dessenungeachtet nicht vollzählig bleibt, sich für den Rest der Wahlzeit durch Zuwahl zu ergänzen hat. (Mot. v. 97). Vgl. a. die zu §. 95a Abs. 1 angeführten Bestimmungen der Musterstatuten.

Zuwahl: auf dieselbe finden die Bestimmungen für die Wahl entsprechende Anwendung, vgl. zu §. 95 Abs. 1. Für Zwangsinnungen ist §. 100r Abs. 2 zu beachten.

§. 95c. Mitglieder des Gesellenausschusses behalten, auch wenn sie nicht mehr bei Innungsmitgliedern beschäftigt sind, solange sie im Bezirke der Innung verbleiben, die Mitgliedschaft noch während dreier Monate seit dem Austritt aus der Beschäftigung bei Innungsmitgliedern.

Der §. 95c gilt nach §. 100c auch für die Gesellenausschüsse der Zwangsinnungen sowie nach §. 103i Abs. 6 gleichfalls für die Mitglieder der bei den Handwerkskammern bestehenden Gesellenausschüsse.

Zur Vermeidung allzu häufiger Wahlen „und zugleich mit Rücksicht auf den vielfachen Wechsel der Beschäftigung, welcher die Gesellen oft nur vorübergehend außer Arbeit bringt oder sie veranlaßt, die Beschäftigung bei einem Innungsmitgliede zeitweise zu verlassen, um bei einem Nichtinnungsmitgliede Beschäftigung zu nehmen, soll ein Mitglied des Gesellenausschusses, welches aus der Beschäftigung bei einem Innungsmitgliede ausscheidet, so lange es im Bezirk der Innung verbleibt, die Mitgliedschaft noch während drei Monate seit dem Austritt aus jener Beschäftigung behalten." (Mot. v. 97).

Die Vorschrift im §. 94b, wonach Mitglieder der Gesellenausschüsse, hinsichtlich deren Umstände eintreten oder bekannt werden, welche die Wählbarkeit ausschließen, aus dem Amte auszuscheiden haben und im Falle der Weigerung aus demselben zu entheben sind, wird im Uebrigen durch den §. 95c nicht berührt.

Nach dem Wortlaute dieser, aus der Preuß. Vorlage übernommenen Vorschrift würde ein Mitglied des Gesellenausschusses auch dann noch drei Monate dem Gesellenausschuß angehören, wenn es selbständiger Meister wird. Das ist nach der oben mitgetheilten Ausführung der Motive nicht die Absicht des Gesetzes. Nach §. 94b in Verbindung mit §. 95a würde ein solches Mitglied vielmehr auszuscheiden haben und eventuell aus seinem Amte zu entheben sein.

1. **§. 96.** Die Innungen unterliegen der Aufsicht der unteren Verwaltungsbehörde, in deren Bezirke sie ihren Sitz haben.

2. Die Aufsichtsbehörde überwacht insbesondere die Befolgung der gesetzlichen und statutarischen Vorschriften und

kann sie durch Androhung, Festsetzung und Vollstreckung von Ordnungsstrafen gegen die Inhaber der Innungsämter, gegen die Innungsmitglieder und gegen deren Gesellen, soweit diese an den Geschäften der Innung Theil nehmen, erzwingen. Die Geldstrafen fließen in die Innungskasse.

Die Aufsichtsbehörde ist befugt, der Innung, wenn sie 3.
es unterläßt, ihr zustehende Ansprüche geltend zu machen, einen Vertreter zur gerichtlichen Verfolgung der Angelegenheit zu bestellen.

Sie entscheidet Streitigkeiten über die Aufnahme und 4.
Ausschließung der Mitglieder, über die Wahlen zu den Innungsämtern, sowie unbeschadet der Rechte Dritter über die Rechte und Pflichten der Inhaber dieser Aemter.

Sie hat das Recht, einen Vertreter zu den Prüfungen 5.
zu entsenden. Sie beruft und leitet die Innungsversammlung, wenn der Innungsvorstand dieselbe zu berufen sich weigert.

Ueber Abänderungen des Innungsstatuts oder der Neben- 6.
statuten und über die Auflösung der Innung kann von der Innungsversammlung nur im Beisein eines Vertreters der Aufsichtsbehörde beschlossen werden.

Gegen die Anordnungen und Entscheidungen der Auf- 7.
sichtsbehörde ist binnen vier Wochen die Beschwerde zulässig. Die Entscheidung über die Beschwerde ist endgültig.

Der die behördlichen Aufsichtsbefugnisse für das Innungswesen regelnde §. 96, welcher im Wesentlichen dem früheren §. 104 der G.O. entspricht, gilt nach §. 100 c auch für die Zwangsinnungen und nach §. 101 Abs. 4 gleichfalls für die Innungsausschüsse. Die Innungsverbände unterliegen — ebenso wie die Handwerkskammern, §. 103 o Abs. 1 — der Aufsicht der höheren Verwaltungsbehörde, § 104 k Abs. 1.

Zu Abs. 1: abweichend von dem bisherigen Recht unterstehen die Innungen fortan nicht mehr, wie es nach dem früheren §. 104 Abs. 1 der G.O. der Fall war, der Aufsicht der Gemeindebehörde, sondern derjenigen der unteren Verwaltungsbehörde. „Diese Bestimmung wird es ermöglichen, dort, wo es sich empfiehlt, den traditionellen und natürlichen Zusammenhang der Gemeindeverwaltung mit dem städtischen Gewerbe aufrecht zu erhalten, es bei dem gegenwärtigen Zustande zu belassen, während andererseits für die Zentralbehörden die Möglichkeit geschaffen wird (§. 155 Abs. 2 der G.O.), auch andere Behörden als die Gemeindebehörden mit der Aufsicht über die Innungen zu betrauen. (Mot. v. 97).

untere Verwaltungsbehörde: vgl. unten, S. 61.

Zu Abs. 2: durch die Einfügung des Wortes „insbesondere“ in den Eingang des Abs. 2 soll „unzweideutig zum Ausdruck gebracht werden, daß das Aufsichtsrecht ungeachtet des Hervorhebens einzelner seiner Bestandtheile doch in vollem Umfange bestehen soll“ (Mot. v. 97). Bezüglich der Obliegenheiten und Befugnisse der Aufsichtsbehörde vgl. außerdem §§. 89 Abs. 4, 89 a Abs. 3, 89 b, 92 c, 94 a Abs. 2, 94 b, 100 c, 100 s Abs. 6.

Der letzte Satz des Abs. 2 ist neu.

Zu Abs. 3: diese Bestimmung ist gleichfalls neu, sie „rechtfertigt sich durch die Erfahrung, daß Innungen, welche über ihr Vermögen zu Gunsten ihrer Mitglieder verfügt hatten, sich hinterher weigerten, wegen Rückgewähr einer solchen gesetzwidrigen Bereicherung klagbar zu werden, und die Gerichte die Beauftragten der Aufsichtsbehörde, welche zur Vertretung der Innung bei der gerichtlichen Verfolgung dieser Ansprüche bestellt waren, als nicht legitimirt erachteten.“ (Mot. v. 97). Auch im Falle des §. 93 Abs. 2 Ziff. 4 trifft die Bestimmung zu, wenn die Innung die ihr zustehenden Ersatzansprüche gegen die Mitglieder des Vorstandes geltend zu machen unterläßt.

über die Wahlen zu den Innungsämtern: vgl. jedoch §. 94, dessen Bestimmungen als maßgebend anzusehen sind. Die Worte wären aus dem bisherigen §. 104 der GO. besser nicht mit aufgenommen worden.

Zu Abs. 7: Beschwerde: Instanz und Verfahren richtet sich innerhalb der durch Satz 2 gezogenen Grenze nach Landesrecht. In Preußen ist bei den im Abs. 4 bezeichneten Streitigkeiten binnen vier Wochen die Klage beim Bezirksausschuß statthaft (vgl. jedoch §. 94), welcher endgültig entscheidet, im Uebrigen die Beschwerde im Aufsichtswege, § 125 Abs. 2 des Zuständigkeitsgesetzes v. 1. Aug. 83. Beschwerdeinstanz ist der Regierungspräsident, in Berlin der Oberpräsident. In Bayern entscheiden die Kreisregierungen, Kammern des Innern, in zweiter und letzter Instanz.

Entscheidungen: es sind dies solche Erlasse, zu denen die Aufsichtsbehörde durch Abs. 4 und sonstige gesetzliche Bestimmungen zur Entscheidung gewisser Streitigkeiten berufen ist, bei denen sie also im Wesentlichen eine richterliche Stellung einnimmt. Verschieden hiervon sind die Anordnungen, welche von ihr in Ausübung ihres Aufsichtsrechts getroffen werden, vgl. a. O.V. v. 5. Januar 82 VIII 260 und v. 3. Juni 89 XVIII 320. Vgl. a die abweichende Regelung im §. 89 Abs. 4 und §. 94 a Abs. 2.

1. **§. 97.** Die Schließung einer Innung kann erfolgen:
1. wenn sich ergiebt, daß nach §. 84 die Genehmigung hätte versagt werden müssen und die erforderliche

Aenderung des Statuts innerhalb einer zu setzenden Frist nicht bewirkt wird;

2. wenn die Innung wiederholter Aufforderung der Aufsichtsbehörde ungeachtet die Erfüllung der ihr durch §. 81a gesetzten Aufgaben vernachlässigt;
3. wenn die Innung sich gesetzwidriger Handlungen oder Unterlassungen schuldig macht, durch welche das Gemeinwohl gefährdet wird, oder wenn sie andere als die gesetzlich zulässigen Zwecke verfolgt;
4. wenn die Zahl ihrer Mitglieder so weit zurückgeht, daß die Erfüllung ihrer gesetzlichen Aufgaben dauernd gefährdet erscheint.

Die Schließung wird durch die höhere Verwaltungs- 2.
behörde ausgesprochen.

Gegen die die Schließung aussprechende Verfügung findet 3.
der Rekurs statt; wegen des Verfahrens und der Behörden gelten die Vorschriften der §§. 20 und 21, soweit nicht landesgesetzlich das Verfahren in streitigen Verwaltungssachen Platz greift.

Die Eröffnung des Konkursverfahrens über das Ver- 4.
mögen einer Innung hat die Schließung kraft Gesetzes zur Folge.

Für die Zwangsinnungen, für welche Abs. 1 Ziff. 1 nicht gilt, vgl. bezüglich der Schließung §§. 100c, 100t, wegen der Innungsausschüsse §. 102 Abs. 3, bezüglich der Innungsverbände §. 104f. Der Inhalt des §. 97 ist zum wesentlichen Theile wörtlich aus dem früheren §. 103 der G.O. entnommen. Die Bestimmung in Abs. 1 Ziff. 4 ist neu. Weitere Fälle der Schließung vgl. in §. 100b Abs. 4 (Schließung der für die gleichen Gewerbszweige bestehenden freien Innungen in Folge der Errichtung einer Zwangsinnung), sowie in Art. 6 Ziff. 1 der Novelle von 97 (Schließung bestehender freien Innungen, welche die Umgestaltung ihrer Verfassung innerhalb der gesetzlichen Frist nicht bewirkt haben, s. zu §. 81, oben, S. 3).

Zu Abs. 1: im §. 97 handelt es sich nur um den Fall der Schließung, d. h. um die Aufhebung der Korporation durch behördliche Anordnung. Verschieden davon ist der Fall der Auflösung, welche die freiwillige Entschließung der Mitglieder zur Voraussetzung hat, vgl. §. 83 Abs. 2 Ziff. 14 und §. 93 Abs. 2 Ziff. 10. Wegen der Folgen der Auflösung und Schließung vgl. §§. 98 und 98a.

Zu Ziff. 1: diese Bestimmung gilt nicht für Zwangsinnungen; bei diesen hat eventuell die Aufsichtsbehörde die erforderlichen Abänderungen des Statuts von Amtswegen mit rechtsverbindlicher Wirkung zu vollziehen, §. 100d Abs. 3.

Zu Ziff. 2: mit der zweiten Aufforderung ist nach Ziff. 14 Abschn. II. A der Preuß. Ausf.Anw. v. 1. März 98 die Androhung der Schließung zu verbinden. Ist dies ohne Erfolg, so hat die Aufsichtsbehörde die Klage auf Schließung der Innung (vgl. zu Abs. 2 und 3) zu erheben. Dasselbe gilt für die Falle der Ziff. 1.

Zu Ziff. 3: vgl. §§. 81 bis 81b, §. 88 Abs. 1 und 2. Ebenso wie im Falle der Schließung gewährt das Gesetz bei freien Innungen auch im Falle der Versagung der Genehmigung des Innungsstatuts den Rekurs, vgl. §. 84 Abs. 4 nebst Bem.

Ob andere als die gesetzlich zulässigen Zwecke von einer Innung verfolgt werden, ist nach deren gesammtem Verhalten unter Berücksichtigung ihres Statuts zu beurtheilen. Von diesem Gesichtspunkt ist deßwegen allein, weil seit einigen Jahren Ueberschüsse, für die sich keine andere Verwendung bot, offenbar mehr aus Irrthum über die Unzulässigkeit eines solchen Verfahrens als im bewußten Zuwiderhandeln gegen das Gesetz und Statut, vertheilt worden sind, noch nicht anzunehmen, daß die Innung andere als die gesetzlich zulässigen Zwecke verfolgt. O.V. v. 17. Mai 98, Reger Bd. XIX S. 185.

Zu Ziff. 4: eine Bestimmung im Statut, wonach bei dem Herabgehen der Mitgliederzahl unter eine festgesetzte Zahl ohne Weiteres die Auflösung der Innung eintritt, ist rechtsgültig. Ist voraussichtlich in nicht zu ferner Zeit wieder ein nach den Verhältnissen nicht unerheblicher Mitgliederzuwachs zu erwarten, so ist die Schließung nicht auszusprechen, da das Gesetz sie in §. 97 Abs. 1 Ziff. 4 nur unter der Voraussetzung zuläßt, daß die Erfüllung der gesetzlichen Aufgaben der Innung dauernd gefährdet erscheint. Die Bestimmung in Ziff. 4 beruht auf der Erwägung, daß es nach der Absicht des Gesetzes darauf ankommt, möglichst leistungsfähige Innungen zu bilden, die nach der Zahl ihrer Mitglieder auch die Gewähr für die ordnungsmäßige Erfüllung ihre gesetzlichen Aufgaben bieten, während erfahrungsgemäß Innungen mit nur wenigen Mitgliedern auf dem Gebiete des Lehrlingswesens oder zur Förderung des Gewerbes im Allgemeinen wenig zu leisten im Stande sind.

Zu Abs. 2 und 3: höhere Verwaltungsbehörde ist in Preußen der Bezirksausschuß, welcher auf Klage der Aufsichtsbehörde (§. 96) die Schließung ausspricht. Der Bezirksausschuß kann vor Erlaß des Endurtheils nach Anhörung des Innungsvorstandes die vorläufige Schließung der Innung anordnen, welche alsdann bis zum Erlaß des Endurtheils fortdauert. Zuständigkeitsges. v. 1. Aug. 83 §. 126. Gegen das Endurtheil des Bezirksausschusses Berufung an das Oberverwaltungsgericht.

Zu Abs. 4: vgl. Reichskonkursordnung §§. 207, 208, 213. Mit dem Eintritt der Rechtskraft des Eröffnungsbeschlusses tritt die Schließung der Innung ein. Der Antrag auf Konkurseröffnung kann sowohl von den Gläubigern als auch von jedem Mitglied des Vorstandes gestellt werden. Voraussetzung ist die Zahlungsunfähigkeit der Innung. Vgl.

jedoch Bürgerl. Gesetzb. §. 42. Die dem Gemeinschuldner zustehenden Rechte werden vom Vorstande ausgeübt, vgl. a. §. 104 l. Zwangsvergleich ist zulässig.

Wegen des Rechts auf abgesonderte Befriedigung vgl. §. 85 Abs. 2.

§. 98. Bei der Auflösung einer Innung wird die Abwickelung der Geschäfte, sofern die Innungsversammlung nicht anderweitig beschließt, durch den Vorstand unter Aufsicht der Aufsichtsbehörde vollzogen. Genügt der Vorstand seiner Verpflichtung nicht, oder tritt die Schließung der Innung ein, so erfolgt die Abwickelung der Geschäfte durch die Aufsichtsbehörde oder Beauftragte derselben. 1.

Von dem Zeitpunkte der Auflösung oder Schließung ab bleiben die Innungsmitglieder noch für diejenigen Zahlungen verhaftet, zu welchen sie für den Fall eigenen Ausscheidens aus den Innungsverhältnissen verpflichtet sind. 2.

Die höhere Verwaltungsbehörde ist befugt, den bisher mit der Innung verbunden gewesenen, nicht unter §. 73 des Krankenversicherungsgesetzes fallenden Unterstützungskassen nach der Auflösung oder Schließung der Innung Korporationsrechte zu verleihen; in diesem Falle verbleiben den Kassen ihre bisherigen Bestände. 3.

Der §. 98, welcher den früheren §§. 103a Abs. 1, 2 und §. 94 Abs. 5 der G.O. entstammt, und den Fall der Schließung sowie den der Auflösung der Innung (vgl. zu §. 97 Abs. 1) unterscheidet, gilt, soweit es sich um die Schließung handelt, mit gewissen im Gesetze bezeichneten Maßgaben auch für Zwangsinnungen, §. 100t Abs. 4. Eine Auflösung, d. h. die Aufhebung der Innung lediglich durch freiwilligen Beschluß der Mitglieder, kennt das Gesetz bei Innungen der letzteren Art nicht. Diese können vielmehr nur durch Schließung, d. h. durch behördliche Anordnung, oder kraft Gesetzes (bei Eröffnung des Konkursverfahrens) aufgehoben werden, vgl. zu §. 100t. Für die Fälle, wo gemäß §. 100b Abs. 4 in Folge der Errichtung einer Zwangsinnung eine im Bezirk der letzteren bisher bestandene freie Innung geschlossen wird, treffen die §§. 100k und 100l besondere Fürsorge.

Zu Abs. 1: bei der Auflösung hat der Vorstand — in den Fällen der Schließung die Aufsichtsbehörde (§. 96), selbst oder durch Beauftragte — die Abwickelung der Geschäfte zu besorgen. Die Bestimmung gilt entsprechend auch für die Innungsausschüsse, §. 102 Abs. 6.

Zu Abs. 2: vgl. insbesondere §. 87a Abs. 2.

Zu Abs. 3: für Innungs-Krankenkassen vgl. oben §. 90 und §. 47 Abs. 3 bis 6 des Krankenversicherungsgesetzes sowie §. 85. Im Falle eine freie Innung in Folge der Errichtung einer Zwangsinnung geschlossen wird (§. 100b Abs. 4), so geht die mit der ersteren verbundene Innungs-Krankenkasse (§. 73 des Krankenversicherungsgesetzes) gemäß §. 100l Abs. 1 mit ihren Rechten und Verbindlichkeiten auf die Zwangsinnung über, sie kann jedoch in den im Abs. 2 a. a. O. bezeichneten Fällen von der höheren Verwaltungsbehörde geschlossen werden. Die nicht unter §. 73 des Krankenversicherungsgesetzes fallenden Unterstützungskassen der in Folge der Errichtung einer Zwangsinnung geschlossenen freien Innungen können, sofern nicht statutarische oder landesgesetzliche Vorschriften entgegenstehen, mit Zustimmung der Kassenvertretung von der Zwangsinnung übernommen werden. Im Uebrigen vgl. §. 100l Abs. 3.

Gemeinsame Geschäftsbetriebe (§. 81b Ziff. 5) sind Einrichtungen der Innung (§. 85), und als solche Theile des Innungsvermögens, ihre Liquidation findet also nach den Grundsätzen des §. 98 statt. Bilden sich an Stelle der freien Innung Genossenschaften nach dem Gesetze v. 1. Mai 89 R.G.B. 55, so treten diese nur dann in den Besitz des für den gemeinsamen Geschäftsbetrieb vorhandenen gesonderten Innungsvermögens (§. 85 Abs. 2), wenn dies in den Statuten ausdrücklich bestimmt ist. Ist dies nicht der Fall, so wird über das Vermögen nach §. 98a verfügt. Nur wenn bei der Errichtung einer Zwangsinnung gemeinschaftliche Geschäftsbetriebe einer nach §. 100b Abs. 4 geschlossenen freien Innung binnen sechs Monaten nach der Veröffentlichung der im §. 100 Abs. 1 bezeichneten, die Errichtung der Zwangsinnung aussprechenden behördlichen Anordnung in Genossenschaften umgewandelt werden, geht der für sie ausgesonderte Theil des Innungsvermögens ohne Weiteres auf die neuen Genossenschaften über, vgl. §. 100n Abs. 3.

Nach dem früheren Recht (§. 94 Abs. 5 der G.O.) konnten nach der Auflösung der Innung sowie im Falle des Erlöschens einer Innung durch Aussterben ihrer Mitglieder außer den Hilfskassen auch „den bisher mit der Innung verbunden gewesenen Unterrichtsanstalten und andern Instituten zu öffentlichen Zwecken" die im Abs. 3 bezeichneten Rechte verliehen werden.

1\. **§. 98a.** Das bei der Auflösung oder Schließung vorhandene Vermögen ist zunächst zur Berichtigung der vorhandenen Schulden und zur Erfüllung der sonstigen Verpflichtungen der Innung zu verwenden.

2\. Eine Vertheilung des hiernach verbleibenden Reinvermögens unter die Mitglieder kann die Innung nur soweit beschließen, als dasselbe aus Beiträgen dieser Mitglieder entstanden ist. Keinem Anspruchsberechtigten darf mehr als der Gesammtbetrag der von ihm geleisteten Beiträge ausgezahlt werden.

3\. Der Rest des Vermögens wird, sofern in dem Statut

oder in den Landesgesetzen nicht ein Anderes ausdrücklich bestimmt ist, der Gemeinde, in welcher die Innung ihren Sitz hatte, zur Benutzung für gewerbliche Zwecke überwiesen.

Streitigkeiten zwischen der Gemeinde und der Innung, welche bei der Ausführung der vorstehenden Bestimmungen entstehen, entscheidet die höhere Verwaltungsbehörde. 4.

Der §. 98a, welcher aus den bisherigen §§. 94 und 103a Abs. 3 der G.O. entstanden ist, gilt auch für Innungsausschüsse, §. 102 Abs. 6. Für die Zwangsinnungen vgl. §. 100t Abs. 4 und 5, und für den Fall, daß in Folge der Errichtung einer Zwangsinnung eine freie Innung geschlossen wird (§. 100b Abs. 4), die besonderen Vorschriften im §. 100k Abs. 1.

Zu Abs. 1: diese Bestimmung gilt auch für Zwangsinnungen, §§. 100c, 100t Abs. 4. Die Verwendung hat bei freien Innungen im Falle der Auflösung der Innung der Vorstand, im Falle ihrer Schließung die Aufsichtsbehörde zu bewirken, bei Zwangsinnungen stets die Aufsichtsbehörde, vgl. zu §. 97.

Zu Abs. 2: im Gegensatz zu den freien Innungen ist bei Zwangsinnungen eine Vertheilung von Reinvermögen unter die bisherigen Mitglieder unstatthaft. Der nach Berichtigung der Schulden ꝛc. verbleibende Vermögensrest wird hier nach Bestimmung der Aufsichtsbehörde entweder den bei der Innung bisher vorhandenen Unterstützungskassen, oder einer freien Innung, welche für die an der bisherigen Zwangsinnung betheiligten Gewerbszweige errichtet wird, oder der Handwerkskammer (§§. 103 fg.) überwiesen, §. 100t Abs. 4.

Zu Abs. 3: eine Bestimmung über die Verwendung des Restes des Vermögens gehört nicht zum nothwendigen Inhalt des Statuts, vgl. §§. 83, 100c. Die Ueberweisung hat durch die Aufsichtsbehörde (§. 96) zu erfolgen, im Falle der Auflösung einer freien Innung durch den bisherigen Vorstand.

Zu Abs. 4: aus §. 98a ergiebt sich, daß die Innung während der ganzen Dauer des Liquidationsverfahrens als fortbestehend gedacht wird.

höhere Verwaltungsbehörde: in Preußen — auch für den Stadtkreis Berlin — der Bezirksausschuß, Abschn. I Ziff. 2 unter a 3 der Ausf.Anw. v. 1. März 89. Binnen 2 Wochen Berufung an das Oberverwaltungsgericht, §§. 83 und 85 des Landesverwaltungsgesetzes. Vgl. a. O.V. v. 5. Januar 82 VIII 260. In Bayern entscheiden die Kreisregierungen, Kammern des Innern, A.Verordn. v. 29. Oktober 97 G.V.B. 355, in Sachsen, vorbehaltlich anderweiter Bestimmung, die Kreishauptmannschaften, Verordn. v. 28. März 92, §. 1, in Württemberg die Kreisregierungen, Verf. v. 14. März 98 R.B. 56, in Baden der Bezirksrath, §. 2 der Min.Verordn. v. 4 April 98 G.V.B. 237, in Hessen der Kreisausschuß, Verordn. v. 22. Sept. 1900, Rbl. Nr. 67, § 94.

§. 99. Die Statuten und Nebenstatuten der Innungen, die Bescheinigung über die Legitimation der Vorstände, sowie die Ausfertigung der Vollmachten der Beauftragten sind kosten- und stempelfrei.

Gilt nach §. 100c auch für die Zwangsinnungen sowie nach §. 103 Abs. 1 gleichfalls für die Handwerkskammern. Bezüglich der Innungsausschüsse ist eine entsprechende Bestimmung im Gesetze nicht enthalten, indessen dürften auch die Statuten dieser, ebenso wie die der Innungsverbände, als „Statuten der Innungen" im Sinne des § 99 angesehen werden können.

„Die stärkere Hervorhebung des öffentlichrechtlichen Charakters der Innung rechtfertigt die Kosten- und Stempelfreiheit für die Statuten u. s. w." (Mot. v. 97.)

Vgl. a. §§. 84, 85, 92b Abs. 2, 94c, 98, sowie zu §. 100k Abs. 1.

b. Zwangsinnungen.

Die §§. 100 bis 100u, wodurch für das Handwerk die Errichtung von sog. fakultativen Zwangsinnungen in die G.O. eingeführt worden ist, sind auf Grund der Kaiserlichen Verordnung vom 14. März 98 R.G.B. 37 am 1. April 98 in Kraft getreten, vgl. oben S. 1. Die neuen Organisationen sollen nur da gebildet werden, „wo in der bereiten Mitwirkung der Handwerker eine Gewähr dafür geboten wird, daß die Zwangsinnungen lebens- und leistungsfähig sind." (Mot. S. 43.) Ihre Aufgaben sind im Wesentlichen dieselben wie die der freien Innungen (§§. 81a, 81b, 100c), ebenso wie diese sind auch sie fortan die gegebenen Organe der Handwerkskammern (vgl. zu §. 103f) und künftighin wie die freien Innungen zum Erlaß von Vorschriften zur Regelung des Lehrlingswesens nur noch subsidiär, nämlich nur insoweit berechtigt und verpflichtet, als die hierüber erlassenen gesetzlichen Vorschriften (§§. 126 bis 132a) und die auf Grund dieser Vorschriften von der Handwerkskammer getroffenen Bestimmungen (§. 103e) dafür noch Raum und Bedürfniß übrig lassen. Ihre Eigenschaft als Zwangsorganisationen und der bei ihnen in höherem Maße als bei den freien Innungen hervortretende öffentlichrechtliche Charakter haben mit Nothwendigkeit eine Reihe von Bestimmungen zur Folge, durch welche sie sich von diesen wesentlich unterscheiden. So sind u. a. ihre Unterstützungskassen, soweit sie nicht den Vorschriften des §. 73 des Krankenversicherungsgesetzes unterliegen, keine Zwangskassen, §. 100n Abs. 1; gemeinsame Geschäftsbetriebe dürfen sie nicht errichten, §. 100n Abs. 2; in der Festsetzung der Preise und in der Annahme von Kundschaft können sie die Mitglieder nicht beschränken, §. 100p. Bei den freien Innungen sind Personen, welche sich nicht im Besitze der bürgerlichen Ehrenrechte befinden, zwar nicht kraft Gesetzes von der Mitgliedschaft ausgeschlossen, können aber doch durch das Statut ferngehalten werden, während bei den Zwangsinnungen solche Personen ebenso beitrittspflichtig sind wie ihre makellosen Genossen, und nur gemäß §. 93 a Abs. 4 und § 100c durch das Statut von der Theilnahme an den Geschäften der Innung ausgeschlossen werden können. Eintrittsgelder dürfen überhaupt nicht, Gebühren nur mit Genehmigung der Behörde erhoben werden, §. 100s Abs. 5 und 6; Haushaltsplan und Jahresrechnung sind der Aufsichtsbehörde zur Prüfung einzureichen, ersterer bedarf unter Umständen der Genehmigung, §. 100o; die Beitragsbemessung, deren statutarische Regelung bei den freien Innungen dem Belieben der Mitglieder unterliegt und daher für sämmtliche Mitglieder in gleicher Höhe festgesetzt werden kann, hat bei den Zwangsinnungen stets unter Berücksichtigung der Leistungsfähigkeit der Mitglieder zu erfolgen, §. 100s Abs. 1 bis 3; die Kosten der Errichtung einer Zwangsinnung sind auf Antrag vom Staate vorzuschießen, §. 100i.

Bezüglich des vom Reichskanzler mit der Bekanntm. v. 19. März 98 C.B. 155 veröffentlichten, im Anhange abgedruckten Musterstatuts für die Zwangsinnungen, vgl. oben S. 4.

§. 100. Zur Wahrung der gemeinsamen gewerblichen Interessen der Handwerke gleicher oder verwandter Art ist durch die höhere Verwaltungsbehörde auf Antrag Betheiligter (§. 100f Abs. 1) anzuordnen, daß innerhalb eines bestimmten Bezirkes sämmtliche Gewerbetreibende, welche das gleiche Handwerk oder verwandte Handwerke ausüben, einer neu zu errichtenden Innung (Zwangsinnung) als Mitglieder anzugehören haben, wenn 1.

1. die Mehrheit der betheiligten Gewerbetreibenden der Einführung des Beitrittszwanges zustimmt,
2. der Bezirk der Innung so abgegrenzt ist, daß kein Mitglied durch die Entfernung seines Wohnorts vom Sitze der Innung behindert wird, am Genossenschaftsleben Theil zu nehmen und die Innungseinrichtungen zu benutzen, und
3. die Zahl der im Bezirke vorhandenen betheiligten Handwerker zur Bildung einer leistungsfähigen Innung ausreicht.

Der Antrag kann auch darauf gerichtet werden, die im Abs. 1 bezeichnete Anordnung nur für diejenigen daselbst bezeichneten Gewerbetreibenden zu erlassen, welche der Regel nach Gesellen oder Lehrlinge halten. 2.

Der Antrag kann von einer für das betreffende Handwerk bestehenden Innung oder von Handwerkern gestellt werden, welche zu einer neuen Innung zusammentreten wollen. 3.

4. Ohne Herbeiführung einer Abstimmung (§. 100a) kann der Antrag abgelehnt werden, wenn die Antragsteller einen verhältnißmäßig nur kleinen Bruchtheil der betheiligten Handwerker bilden, oder ein gleicher Antrag bei einer innerhalb der letzten drei Jahre stattgefundenen Abstimmung von der Mehrheit der Betheiligten abgelehnt worden ist, oder durch andere Einrichtungen als diejenige einer Innung für die Wahrnehmung der gemeinsamen gewerblichen Interessen der betheiligten Handwerke ausreichende Fürsorge getroffen ist.

Bezüglich der Aufgaben der Zwangsinnung vgl. zur Ueberschrift von Abschnitt b, oben S. 51.

Zu Abs. 1: die Errichtung von Zwangsinnungen ist hiernach auf Fachinnungen und Innungen für verwandte Gewerbe beschränkt, kann also nicht in der Form der gemischten Innungen erfolgen. Sie ist ferner auf Handwerker beschränkt, und daher nicht nur für solche Gewerbetreibende ausgeschlossen, auf welche der Tit. VI der G.O. keine Anwendung findet (vgl. zu § 81), sondern auch für diejenigen, welche zwar rechtlich nicht gehindert sind, sich in Innungen zu vereinigen, deren Betrieb aber entweder einem Gewerbe angehört, welches nicht zum Handwerk zu rechnen ist, oder zwar zu einem solchen Gewerbe gehört, aber nicht handwerksmäßig, sondern fabrikmäßig (vgl. hierüber unten, S. 68, 69) betrieben wird.

Handwerk: von einer Feststellung derjenigen Gewerbe, welche zum „Handwerk" zu rechnen sind, sieht das Gesetz ebenso wie von einer Bestimmung des Fabrikbegriffs ab, „weil eine erschöpfende Aufzählung angesichts der Vielgestaltigkeit der gewerblichen Verhältnisse nicht möglich ist." (Mot.) Ebensowenig enthält es eine Bestimmung für den Begriff „Handwerker". Einen Anhalt dafür, welche einzelnen Gewerbe zum Handwerk gerechnet werden können, giebt im Allgemeinen die in der Preußischen Vorlage (§. 82) enthaltene Aufzählung der nach den Vorschlägen jenes Entwurfs innungspflichtigen Handwerke. Hiernach sollten — unter den in dem Entwurf näher aufgestellten Voraussetzungen — Zwangsinnungen errichtet werden für: Barbiere, Bäcker, Bandagisten, Böttcher, Brauer, Brunnenmacher, Buchbinder, Buchdrucker, Bürsten- und Pinselmacher, Conditoren, Dachdecker, Drahtzieher, Drechsler, Farben-, Stein-, Zink-, Kupfer-, Stahldrucker, Färber, Feilenhauer, Friseure und Perrückenmacher, Gas- und Wasserleitungs-Installateure, Gelb- und Rothgießer, Gerber, Zinn-, Zink-, Metallgießer, Glaser, Glockengießer, Gold- und Silberarbeiter, Graveure, Handschuhmacher, Hutmacher, Kammmacher, Klempner, Korbmacher, Kürschner, Kupferschmiede, Maler, Lackirer, Maurer, Metzger (Fleischer), Müller, Mühlenbauer, Musikinstrumentenmacher, Nadler, Nagelschmiede, Posamentirer, Sattler, Riemer, Täschner, Schiffbauer, Schleifer, Schlosser, Schmiede, Schneider, Schornsteinfeger, Schreiner (Tischler), Schuhmacher, Seifensieder, Seiler, Siebmacher, Sporer, Büchsen- und Windenmacher, Sonnen- und Regenschirmmacher,

Spielwaarenverfertiger, Steinmetze, Steinsetzer, Stricker, Wirker, Stuckateure, Tapezirer, Töpfer, Tuchmacher, Uhrmacher, Vergolder, Verfertiger grober Holzwaaren, Wagner (Rad- und Stellmacher), Weber, Zimmerer. In Rücksicht auf die örtlichen Verschiedenheiten sollte übrigens dieses — im Einzelnen wohl nicht überall einwandsfreie — Verzeichniß durch den Bundesrath und die Landes-Zentralbehörde abgeändert werden können. Umfangreicher ist das Verzeichniß der handwerksmäßigen Gewerbe, welches der 1895 durch den Reichskanzler veranstalteten und im Kais. Statistischen Amte zusammengestellten „Erhebung über Verhältnisse im Handwerk" zu Grunde gelegt ist. Manche dieser Gewerbe kommen indessen für die Errichtung von Zwangsinnungen nicht in Betracht, weil sie für die Anwendung des §. 100 zu spärlich vertreten sind. Dagegen ist die Eigenschaft dieser Gewerbetreibenden als Handwerker u. a. für ihre Wahlberechtigung und Wählbarkeit zur Handwerkskammer (§§. 103a und 103b), die von dieser erlassenen Vorschriften über das Lehrlingswesen, sowie für die Geltung der besonderen, nur für Handwerker geltenden Bestimmungen über das Lehrlingswesen (§§. 129 bis 132a) und für das Recht zur Führung des Meistertitels (§. 133) von wesentlicher Bedeutung.

Fuhrleute, Kutscher, Dienstmänner, Rechtskonsulenten, Gast- und Schankwirthe, Köche, Musikanten und Schausteller gehören nicht zum Handwerk. Dagegen zählt zu demselben wohl das Kunsthandwerk. Ueberwiegt aber die höhere künstlerische Thätigkeit, so tritt die Innungspflicht nicht ein, da die Bestimmungen der G.O. auf solche Beschäftigungen keine Anwendung finden. Im Uebrigen sind für den Begriff des Handwerks der Sprachgebrauch und die Auffassung des heutigen Erwerbs- und Verkehrslebens entscheidend, dagegen nicht schon die Bezeichnung als Handwerker, welche der einzelne Gewerbetreibende sich beilegt.

Handwerker, welche ihr Gewerbe im Umherziehen betreiben, unterliegen weder dem Innungszwang, noch können sie überhaupt einer Zwangsinnung — jedoch wohl, sofern das Statut nicht ein anderes bestimmt, einer freien Innung — angehören (§. 100f). Vgl a. S. 68.

auf Antrag Betheiligter: als „betheiligt" an dem Antrage auf Errichtung einer Zwangsinnung sind nur diejenigen Gewerbetreibenden anzusehen, welche im Falle der Errichtung der Innung gemäß §. 100f Abs. 1 der Beitrittspflicht unterliegen würden. Personen, welche das Gewerbe fabrikmäßig betreiben, gehören hierzu nicht (§. 100f). Soll die Innung nur für die personalbeschäftigenden Meister errichtet werden (Abs. 2), so gelten die allein arbeitenden Gewerbetreibenden gleichfalls nicht als „Betheiligte" im Sinne des §. 100. Dasselbe gilt von denjenigen, welche nach §. 100g die Befugniß haben würden, der Innung freiwillig beizutreten.

das Handwerk .... ausüben: entscheidend für den Zwangsbeitritt ist mithin schon das thatsächliche „Ausüben" des betreffenden Handwerks. Ob dasselbe von dem Gewerbetreibenden ordnungsmäßig erlernt ist oder nicht, kommt für die Innungspflicht nicht in Betracht. Der nur kaufmännisch vorgebildete Inhaber eines Herrengarderobengeschäfts, welcher Kleider „nach Maaß", wenn auch nur im geringen

Umfange, herstellen läßt, gehört daher, da er dadurch thatsächlich das Schneiderhandwerk ausübt, zur Zwangsinnung. Dasselbe gilt im Falle der Herstellung ausschließlich fertiger Kleider, sofern die Herstellung nicht „fabrikmäßig" erfolgt. Auch macht es unter diesem Vorbehalt keinen Unterschied, ob er in oder außer dem Hause arbeiten läßt. Ein Fabrikant, welcher gleichzeitig ein Handwerk betreibt, ist für seinen Handwerksbetrieb, soweit dieser nicht etwa ein nothwendiger Bestandtheil des Fabrikbetriebes ist, innungspflichtig, ebenso ein Voll- oder Minder-Kaufmann, und zwar auch dann, wenn das Handwerk nur in geringem Umfange betrieben wird, vgl. hierüber zu §. 100s Abs. 3.

Handwerke . . . verwandter Art: dieser Begriff ist kein bestimmt begrenzter und bietet an sich den verschiedensten Auslegungen Raum, da eine Reihe von Gesichtspunkten angeführt werden können, — wie es unter der Zunftverfassung zum Zwecke der Erweiterung des Umfanges der einzelnen Gewerberechte vielfach geschehen ist — aus denen man in übertragenem Sinne eine gewisse „Verwandtschaft" einzelner Handwerke mit einander herleiten kann, z. B. die Gleichartigkeit oder Aehnlichkeit des zur Verwendung gelangenden Materials, oder der Werkzeuge, oder des Zweckes, dem die betreffenden Handwerke dienen, oder der Umstand, daß ein Handwerk für das andere die nothwendigen Arbeitsstoffe oder Werkzeuge liefert, oder endlich die Gleichartigkeit oder Aehnlichkeit der Arbeitsmethoden. Die meisten dieser Gesichtspunkte reichen indessen nicht aus, um eine Verwandtschaft von Handwerken im Sinne des Abs. 1 zu begründen. Nach der Absicht des Gesetzes sollen vielmehr nur diejenigen Handwerke als „verwandte" gelten, welche „nach örtlichem Brauche vielfach gemeinsam betrieben werden und in ihrer Technik einander so nahe stehen, daß der Betrieb des einen zugleich ein ausreichendes Verständniß für die technischen Fertigkeiten, den geschäftlichen Betrieb und die wichtigsten Interessen des anderen gewährleistet." (Mot. S. 46, 47). Hiernach sind unter „verwandten Gewerben" im Sinne des Abs 1 der Regel nach nur solche Gewerbe zu verstehen, welche ihrer technischen Natur nach verwandt sind. Unter den in der Begründung angegebenen Voraussetzungen wird der Begriff der „verwandten Gewerbe" jedoch etwas weiter, und zwar so zu ziehen sein, daß er auch einen Theil der sogenannten „kombinirten Gewerbe" (vgl. zu §. 129a Absatz 1) umfaßt. Die Ausführung in der Begründung bezieht sich übrigens nur auf §. 100 Abs. 1, dagegen nicht auch auf §. 129a Abs. 3. Welche Gewerbe im Sinne dieser letzteren Bestimmung als verwandte anzusehen sind, bestimmt die Handwerkskammer. Die örtliche Gewohnheit des gemeinsamen Betriebes allein genügt nicht. Vgl. a. Ziff. 7 der sächsischen, sowie auch §. 10 Abs. 2 der hessischen Anweisung v. 10. Dez. 1900.

neu zu errichtenden: die Zwangsinnung ist hiernach stets eine neu errichtete Innung, und zwar auch dann, wenn der Antrag von einer bereits bestehenden freien Innung gestellt wird, vgl. a. §. 100b Abs. 4. Eine „Umwandlung" im eigentlichen Sinne findet daher hier nicht statt. Wegen der eintretenden Folgen im Falle einem solchen Antrage stattgegeben wird, vgl. §§. 100k bis 100m und §. 100n Abs. 3.

auf Antrag ... anzuordnen: „Wenn der Entwurf die Anordnung von dem Antrage einer für das betreffende Handwerk bestehenden Innung oder solcher Handwerker abhängig macht, welche zu einer neuen Innung zusammentreten wollen, so wird dadurch die Behörde nicht behindert werden, ihrerseits durch geeignete Anregungen auf die Errichtung von Zwangsinnungen hinzuwirken." (Mot.) Ueber Inhalt, Veröffentlichung, Anfechtung und Folgen der Anordnung vgl. §. 100b. Sie ist zurückzunehmen, wenn die Innungsversammlung es unter Beobachtung der gesetzlichen Fristen und Formen beantragt, §. 100t Abs. 1 bis 5, und tritt außer Kraft, wenn die Innung aus einem der im §. 97 bezeichneten Gründe geschlossen wird, §. 100t Abs. 6.

Zu Ziff. 1 bis 3: sind die im Abs. 1 bezeichneten Voraussetzungen gegeben, so kann der Antrag nur dann abgelehnt werden, wenn aus Abs. 4 eine Begründung hierzu vorliegt, andererseits darf aber — vorbehaltlich der für die früheren privilegirten Innungen (vgl. unten zu Abs. 4 am Schlusse) getroffenen Bestimmungen — dem Antrage nicht stattgegeben werden, wenn auch nur eine jener Voraussetzungen fehlt. Daraus folgt indessen nicht, daß der Antrag nur so, wie er gestellt ist, von der Behörde angenommen werden dürfte; die Behörde wird vielmehr auch zu prüfen haben, in wieweit er sich zur Annahme eignen würde, und wird sich alsdann hierüber mit den Betheiligten in Benehmen zu setzen haben.

Im Einzelnen ist zu bemerken:

a) zu Ziff. 1: auf Antrag: hierdurch wird der Grundsatz der sog. „fakultativen Zwangsinnung" zum Ausdruck gebracht. Von Amtswegen können Zwangsinnungen nicht errichtet werden. Auch nach der preußischen Vorlage (§. 83a Abs. 3) sollte die Bildung der Zwangsinnung unterbleiben, wenn die Mehrzahl der Betheiligten widersprach. Wegen des zur Feststellung der Mehrheit der Betheiligten (vgl. zu Abs. 1) einzuleitenden Verfahrens vgl. §. 100a.

b) zu Ziff. 2: die Bestimmung enthält eine aus dem Zwangscharakter der Innung sich ergebende Einschränkung des §. 82. Mehr noch wie bei der freien Innung ist bei der Zwangsinnung darauf zu halten, daß ihre Mitglieder sich auch örtlich nahestehen: „Eine kräftige Wirksamkeit der Innung ist um so weniger zu erwarten, je mehr den einzelnen Mitgliedern durch die räumliche Entfernung vom Sitze der Innung die Theilnahme an dem genossenschaftlichen Leben und die Benutzung der von der Innung getroffenen Einrichtungen erschwert wird." (Mot. S. 45.) Die Abgrenzung des Bezirks der Zwangsinnung konnte daher dem Belieben der Betheiligten nicht überlassen werden. Mit Rücksicht auf die Verbindung, in der die Zwangsinnungen mit der Handwerkskammer stehen, empfiehlt es sich dringend, daß der Bezirk der Innung nicht über den Bezirk der Handwerkskammer hinausgeht, vgl. a. zu §. 82 Abs. 1. Die höhere Verwaltungsbehörde ist übrigens bei dem Erlasse der Anordnung an die von den Betheiligten vorgeschlagene Abgrenzung des Bezirks nicht gebunden.

c) zu Ziff. 3: hierdurch soll Vorsorge getroffen werden gegen „die Entstehung zu kleiner Organisationen, welche von vornherein nicht fähig sind, die ihnen zuzuweisenden Aufgaben mit Aussicht auf Erfolg zu übernehmen". Eine Minimalzahl ist nicht vorgeschrieben. Ein Antrag, hinzuzufügen: „Diese Voraussetzung ist jedenfalls dann gegeben, wenn 20 Handwerker beitragspflichtig sind," wurde namentlich mit dem Hinweise darauf bekämpft, daß es nicht nur auf die Zahl, sondern auch auf die Leistungsfähigkeit der Mitglieder ankomme. Der Antrag wurde in der Reichstags-Kommission angenommen, in der zweiten Lesung aber wieder beseitigt. Kom.B. S. 18, Sten.B. S. 6189.

höhere Verwaltungsbehörde: in Preußen der Regierungspräsident, für Berlin der Oberpräsident; in Bayern die Kreisregierung, Kammern des Innern; in Sachsen die Kreishauptmannschaft; in Württemberg die Kreisregierung; in Baden das Bezirksamt; in Hessen das Kreisamt. Vgl. die zu Abs. 4 angeführten Ausf.Anweisungen, für Bayern die Allerh Verordn. v. 29. Oktober 97 G.V.B. 355.

Zu Abs. 2: hiernach erstreckt sich der Beitrittszwang entweder auf sämmtliche Handwerker, welche das in der Innung vertretene Gewerbe betreiben (§. 100f), oder nur auf diejenigen, welche der Regel nach Gesellen oder Lehrlinge halten; die allein arbeitenden selbstständigen Handwerker sind aber im letzteren Falle kraft Gesetzes beitrittsberechtigt, §. 100f Abs. 1 Ziff. 2 und §. 100g Abs. 1 Ziff. 3. Dementsprechend kann auch der Antrag verschieden gestellt werden. Unter die „Gesellen" im Sinne der Bestimmung fallen nicht etwa nur solche Hülfskräfte, welche eine regelrechte Lehrzeit hinter sich und die Gesellenprüfung abgelegt haben, sondern alle überhaupt als gelernte Arbeiter anzusehenden Gewerbegehülfen, auch wenn sie zu Hause arbeiten. Der Begriff ist hier möglichst weit auszulegen, da nach der Entstehungsgeschichte die Absicht des Gesetzes dahin geht, die Möglichkeit zu schaffen, die Zwangsinnung auf die personalbeschäftigenden Handwerker zu beschränken und die allein arbeitenden Meister, die an den Aufgaben der Innung, namentlich bezüglich des Lehrlingswesens, kein genügendes Interesse haben, von dem Beitrittszwang und der Beitragspflicht freizulassen.

Zu Abs. 4: durch den ersten Theil dieser Bestimmungen soll verhütet werden, daß die Behörde genöthigt wird, in eine Prüfung der Voraussetzungen unter Ziff. 1 bis 3 einzutreten und das amtliche Verfahren des §. 100a einzuleiten, ungeachtet mit Gewißheit anzunehmen ist, daß sich für den Beitrittszwang nur eine Minderheit aussprechen würde. Ohne Herbeiführung einer Abstimmung wird aber der Antrag außerdem abzulehnen sein, wenn der Bezirk den gesetzlichen Anforderungen (Abs. 1 Ziff. 3) nicht entspricht, oder die Zahl der im Bezirk vorhandenen Handwerker für eine leistungsfähige Innung nicht ausreicht (Abs. 1 Ziff. 3), oder die Zwangsinnung für andere als gleiche oder verwandte Handwerke, oder weder von einer Innung noch von betheiligten Handwerkern (Abs. 1 und 3) beantragt wird.

oder durch andere Einrichtungen .. ausreichende Fürsorge getroffen ist: „In erster Linie kommen dabei die in manchen Bezirken für das Lehrlingswesen getroffenen Einrichtungen, Fortbildungs- und

Fachschulen, Lehrlingsprüfungen und dergleichen in Betracht, ferner die vom Staate oder von Gemeinden eingerichteten Arbeitsnachweise, endlich die für die Förderung der gewerblichen Ausbildung bestehenden staatlichen oder sonstigen Institute. Wo durch Einrichtungen solcher Art für die Interessen der betreffenden Handwerke ausreichende Fürsorge getroffen ist, würde die Verfolgung ähnlicher Zwecke durch die Zwangsinnungen unter Umständen zu einer Aenderung der Verhältnisse führen, welche der auf die Hebung des Handwerks gerichteten Absicht entgegenwirken würde." (Mot. S. 64.) Unter den Abs. 4 fallen nach dem Zwecke und der Entstehungsgeschichte des §. 100 u. a. auch Einrichtungen der Gewerbevereine, welche eine ausreichende Fürsorge in der gedachten Richtung bieten.

Ueber das Verfahren bei der Stellung des Antrages enthalten die meisten Ausf.Anweisungen nähere Bestimmungen. Vgl für Preußen Ausf.-Anw. v. 1. März 98, Abschn. IIB Ziff. 19 fg., Min.Bl. S. 45 fg., für Bayern §§. 18 fg. der Ausf.Verordn. v. 19. März 98 Min.-Amtsbl. 181, für Sachsen Ziff. 5 und 6 der Verordn. v. 11. März 98 Sächs. Wochenbl. S. 73, für Württemberg §§. 18 fg. der Min.-Verf. v. 14. März 98 R.B. 56, für Baden §§. 16 bis 19 der Vollz.Ordn. v. 4. April 98 G.B.B. 237, für Hessen Ziff. 11 fg. der Ausf.Anw. v. 10. Dez. 1900 Rb. v. 1901 Nr. 1.

Nach Ziff. 19 der Preuß.Ausf.Anw. ist der Antrag auf Errichtung einer Zwangsinnung bei der unteren Verwaltungsbehörde (in Städten über 10000 Einwohnern die Gemeindebehörde, im Uebrigen der Landrath, in den Hohenzollernschen Landen der Oberamtmann) in deren Bezirk die Zwangsinnung ihren Sitz haben soll, anzubringen, und muß enthalten die Angabe a) des Handwerks oder der Handwerker, für welche die Zwangsinnung errichtet werden soll, b) des Bezirks der Zwangsinnung, c) der ungefähren Zahl der betheiligten Handwerker, d) der zur Führung der weiteren Verhandlungen Bevollmächtigten. Der Antrag ist von allen Antragstellern zu unterschreiben. Wird er von einer freien Innung gestellt, so ist eine Ausfertigung des Beschlusses der Innungsversammlung beizufügen. Die untere Verwaltungsbehörde hat den Antrag mittelst gutachtlicher Aeußerung an die Genehmigungsstelle einzureichen. Bei mehreren von einander abweichenden Anträgen, z. B. hinsichtlich des Bezirks oder der Anwendung des §. 100 Abs. 2, ist zunächst der Versuch einer Verständigung zu machen, ev. sind beide nacheinander zur Abstimmung zu bringen.

Besondere Vorschriften bestehen für diejenigen Innungen, welche mit den Vorrechten aus den früheren §§. 100e und 100f der G.O. (vgl. oben zu Tit. VI, S. 1) ausgestattet waren. Für diese bestimmt Art. 6 Ziff. 2 der Novelle von 97:

„Die von der höheren Verwaltungsbehörde auf Grund der bisherigen §§. 100e und 100f der Gewerbeordnung getroffenen Bestimmungen werden mit dem Ablaufe von sechs Monaten nach dem Inkrafttreten der §§. 81 bis 99 des Artikels 1 aufgehoben.

Wird innerhalb dieser Frist der Antrag auf Erlaß der

im §. 100 Abs. 1 des Artikels 1 bezeichneten Anordnung von einer Innung gestellt, für welche Bestimmungen auf Grund der bisherigen §§. 100e oder 100f ergangen sind, so kann demselben stattgegeben werden, ohne daß die Voraussetzungen des §. 100 Abs. 1 Ziff. 1 und 2 zutreffen."

Hiernach kann bei den bis zum 1. Oktober 98 von solchen Innungen gestellten Anträgen auf Errichtung von Zwangsinnungen zwar von den Voraussetzungen unter §. 100 Ziff. 1 und 2, nicht aber von denjenigen unter Ziff. 3 abgesehen werden. Aus den Folgen und dem Wesen einer Zwangsinnung ergiebt sich indessen, daß es unthunlich sein würde, die unter Ziff. 1 u. 2 bezeichneten Voraussetzungen hier bedingungslos überall außer Acht zu lassen; es wird vielmehr sowohl im öffentlichen Interesse als in dem der Innungsmitglieder selbst eine nähere Prüfung über die Lage der Verhältnisse im Einzelfall nicht entbehrlich sein. Selbstredend kann auch in diesen Fällen die Zwangsinnung nur für gleiche oder verwandte Gewerbe errichtet werden. Auf Grund des Art. 6 Ziff. 2 Abs. 2 kann übrigens eine Innung nur für den bisherigen Bezirk der freien privilegirten Innung errichtet werden; soll der Bezirk der Zwangsinnung darüber hinausgehen, so muß entweder die im §. 100 Abs. 1 vorgesehene Entscheidung über den Beitrittszwang herbeigeführt oder nach Errichtung der Zwangsinnung eine Ausdehnung des Bezirks auf Grund des §. 100n bewirkt werden.

§. 100a. Um festzustellen, ob die Mehrheit zustimmt (§. 100 Abs. 1 Ziffer 1), hat die höhere Verwaltungsbehörde die betheiligten Gewerbetreibenden durch ortsübliche Bekanntmachung oder besondere Mittheilung zu einer Aeußerung für oder gegen die Einführung des Beitrittszwanges aufzufordern. Bei der Abstimmung entscheidet die Mehrheit derjenigen, welche sich an derselben betheiligt haben.

Der §. 100a regelt das Verfahren für die Feststellung der Zustimmung der Mehrheit der Betheiligten. Das Nähere hierüber enthalten die zu §. 100 Abs. 4 (S. 61) angeführten Anweisungen der Landes-Zentralbehörden.

Das Gesetz stellt frei, entweder jeden Betheiligten (vgl. zu §. 100) besonders aufzufordern, oder durch öffentliche Bekanntmachung in ortsüblicher Weise eine allgemeine Aufforderung zu erlassen.

In Preußen hat der Regierungspräsident, für Berlin der Oberpräsident, einen Kommissar zu bestellen, welcher eine Bekanntmachung nach vorgeschriebenem Formular über die Art und die Zeit der Abstimmung zu erlassen hat, die von den Gemeindebehörden des Bezirks der Zwangsinnung in ortsüblicher Weise zur Kenntniß der Betheiligten zu bringen ist. Die Erklärungen hat der Kommissar in eine Liste einzutragen. Nach Ablauf der Abstimmungsfrist schließt der Kommissar die Liste, welche alsdann während zwei Wochen zur Einsicht und Erhebung etwaiger Einsprüche der Betheiligten öffentlich ausgelegt wird.

Ueber die Einsprüche entscheidet der Regierungspräsident bezw. der Oberpräsident. Vgl. Ziff. 22 der Ausf.Anw. v. 1. März 98. In Sachsen bestellt die Kreishauptmannschaft den Kommissar. Auch hier wird eine allgemeine Aufforderung erlassen, Ziff. 5 der Verordn. v. 11. März 98. In Bayern haben die Regierungen, Kammern des Innern, durch Vermittelung der Distriktsverwaltungsbehörden die in dem aufzustellenden Verzeichniß eingetragenen betheiligten Handwerker nach gleichfalls vorgeschriebenem Formular zu einer Aeußerung für oder gegen den Beitrittsgang aufzufordern, außerdem wird eine allgemeine Bekanntmachung erlassen, Ziff. 15 des Vollz.Verf. v. 26. Juli 97. In Württemberg hat die Kreisregierung einen Kommissar zu bestellen, welcher nach ihrer Bestimmung entweder einzeln die Aeußerungen der Betheiligten entgegenzunehmen oder die Abstimmung in einer zu berufenden Versammlung der Betheiligten herbeizuführen hat. Im ersten Fall ist das Verfahren ähnlich dem in Preußen, in letzterem ist in der durch öffentliche Bekanntmachung vom Kommissar einzuberufenden Versammlung vor der Abstimmung den Antragstellern Gelegenheit zur Begründung des Antrages, den Gegnern zur Geltendmachung von Einwendungen zu geben, §. 21 der Vollz.Verf. v. 14. März 98. In Baden erläßt das Bezirksamt eine öffentliche Bekanntmachung, außerdem wird durch das Bürgermeisteramt jedem stimmberechtigten Handwerker eine Ausfertigung der Bekanntmachung zugestellt, § 21 der Ver. v. 4. April 98. Für Hessen vgl. §. 14 der Ver. v. 10. Dez. 1900.

ortsübliche Bekanntmachung: im Interesse einer gehörigen Bekanntmachung und zur Kontrole über die Identität der Abstimmenden wird es unter Umständen zweckmäßig sein, neben der ortsüblichen Bekanntmachung noch eine Aufforderung zur Theilnahme an der Abstimmung durch besondere Schreiben an alle betheiligten Handwerker, soweit sie bekannt sind, zu richten. Pr.Min.Erl. v. 1. März 98. Eine öffentliche Aufforderung in den Amtsblättern ist durch das Gesetz nicht unbedingt vorgeschrieben und in Landgemeinden in der Regel nicht erforderlich. Durch die Vorschrift in Satz 2, daß bei der Abstimmung die Mehrheit derjenigen entscheiden soll, welche sich an derselben betheiligt haben, soll das Verfahren vereinfacht werden (Mot.). Von dem Feststellungsverfahren nach §. 100a kann nunmehr auch bezüglich der früheren privilegirten Innungen nicht mehr abgesehen werden, vgl. zu §. 100 am Schlusse. Das Verfahren ist daher für die Errichtung von Zwangsinnungen eine nothwendige Voraussetzung. Außerhalb desselben kundgegebene Aeußerungen können bei der Entscheidung über den Antrag nicht berücksichtigt werden. Betheiligt sich Niemand an der Abstimmung, so kann eine Feststellung im Sinne des §. 100a nicht erfolgen, mithin auch die Anordnung des §. 100 Abs. 1 nicht erlassen werden. Dagegen steht einer Wiederholung des Antrages nichts entgegen.

Bezüglich der Kosten des Abstimmungsverfahrens vgl. zu §. 100i. Kommt die Innung nicht zu Stande, so würde die Erstattungspflicht nach allgemeinen Rechtsgrundsätzen den Antragstellern obliegen, sofern sie nicht von der Staatskasse freiwillig übernommen werden. In den Fällen, wo der Antrag auf Bildung einer Zwangsinnung nicht von einer Innung oder von Innungsangehörigen, sondern von einzelnen betheiligten Handwerkern ausgeht, und es zufolge der Abstimmung zu einer Zwangsinnung nicht kommt, sind nach einem Erl. des Kgl. Sächsischen Ministeriums des Innern die Kosten von den betreffenden Einzelhandwerkern zu tragen. (Erl. vom 9. Sept. 99, Reger XIX S. 143). Kommt die Innung zu Stande, so sind die Kosten der Abstimmung nicht zu den durch Errichtung der Zwangsinnung erwachsenden Kosten im Sinne des §. 100i zu rechnen, da die Zwangsinnung erst auf Grund der von der höheren Verwaltungsbehörde zu erlassenden Anordnung über die Einführung des Beitrittszwanges „errichtet" wird, sie fallen daher dieser Behörde zur Last. Pr.Min.Erl. vom 13. Juni 99 Min.Bl. S. 112. Reisekosten und Diäten der zu Kommissaren bestellten Regierungsbeamten sind nach dem Pr.Min.Erl. vom 9. September 99 Min.Bl. S. 141 auf den Reisefonds der Regierung, diejenige sonstiger Personen auf Kap 58 Tit. 16 „zu unvorhergesehenen Ausgaben" zu übernehmen.

1 **§. 100b.** Die Verfügung, durch welche die im §. 100 Abs. 1 bezeichnete Anordnung getroffen wird, muß den Zeitpunkt des Eintritts ihrer Wirksamkeit bezeichnen und den Namen und den Sitz der Innung, die Abgrenzung ihres Bezirkes und die Bezeichnung derjenigen Gewerbe enthalten, für welche sie errichtet wird.

2. Die höhere Verwaltungsbehörde hat die Verfügung durch das zu ihren amtlichen Bekanntmachungen bestimmte Blatt zu veröffentlichen.

3. Gegen den Erlaß der Anordnung oder deren Versagung steht den betheiligten Gewerbetreibenden binnen vier Wochen die Beschwerde an die Landes-Zentralbehörde zu, welche endgültig entscheidet. Die Frist läuft im Falle des Erlasses der Anordnung vom Tage der Veröffentlichung, im Falle der Versagung vom Tage der Eröffnung des Bescheids ab.

4. Nach Erlaß der Anordnung sind die für die gleichen Gewerbszweige bestehenden Innungen, deren Sitz sich im Bezirke der Zwangsinnung befindet, zu schließen.

5. Innungen, welche außer diesen noch andere Gewerbszweige umfassen, bleiben bestehen. Diejenigen Mitglieder, welche der Zwangsinnung anzugehören haben, scheiden kraft Gesetzes aus der bisherigen Innung aus.

Zu Abs. 1: die Vorschrift bezeichnet den nothwendigen Inhalt der Anordnung, den sie auch in dem Falle enthalten muß, wo sie auf Grund von §. 100b Abs. 2 erlassen worden ist, und der zu ihrer Rechtsbeständigkeit wesentlich ist. Der Zeitpunkt des Eintritts ihrer Wirksamkeit ist so zu bestimmen, daß inzwischen die Genehmigung zu dem Statut und zu der Abänderung des Statuts der etwa bestehenden Innungs-Krankenkasse erfolgen, und die sonstigen durch die etwaige Schließung einer freien Innung (Abs. 4) erforderlichen Maßnahmen (§§. 100k bis 100m) rechtzeitig zum Abschluß gebracht werden können. (vgl. Anl. C. zur Pr.Anw.) In den meisten Ausführungsanweisungen ist für die Verfügung und die Bekanntmachung (Abs. 2) ein gleichlautendes Formular vorgeschrieben. Die Zwangsinnung selbst beginnt ihre rechtliche Existenz erst mit der Genehmigung oder dem rechtskräftigen Erlaß des Statuts, vgl. §§. 100d und 100f Abs. 4 sowie die Motive zu §. 100d.

die Abgrenzung ihres Bezirks: vgl. zu §. 100 Abs. 1 Ziff. 2. Die Anträge der Betheiligten sind nicht unbedingt maßgebend. Auch das Ergebniß der Abstimmung (§. 100a) wird dabei berücksichtigt werden dürfen.

Zu Abs. 3: Landes-Zentralbehörde: vgl. zu §. 128 Abs. 2.

Zu Abs. 4: „nur auf diesem Wege wird es möglich sein, Kollisionen zwischen den Zwangsinnungen und den freien Innungen zu verhüten. Hiervon abgesehen würde aber auch das gleichzeitige Bestehen beider Arten von Innungen für die gleichen Erwerbszweige die erfolgreiche Thätigkeit beider Organisationen empfindlich schädigen." (Mot.) Neue freie Innungen für das gleiche Gewerbe dürfen im Bezirk der Zwangsinnung nicht errichtet werden. Mit der Schließung der Innung sind die nöthigen Schritte für die Ausführung der §§. 100k, 100l, 100n zu unternehmen.

Zu Abs. 4: gemischte Innungen können bestehen bleiben, müssen aber ihre Statuten abändern, vgl. a. § 100k Abs. 2 und §. 100m, sowie auch §. 87a Abs. 2.

die gleichen Gewerbszweige: d. h. diejenigen Gewerbszweige, für welche die Zwangsinnung errichtet worden ist. Welche Gewerbszweige hierunter im Einzelfalle zu verstehen sind, hat die höhere Verwaltungsbehörde zu entscheiden.

§. 100c. Auf Innungen, für welche die im §. 100 bezeichnete Anordnung getroffen ist, finden die Vorschriften der §§. 81a bis 99 mit den aus den §§. 100d bis 100u sich ergebenden Aenderungen Anwendung.

Vgl. hierzu die Bemerkungen zur Ueberschrift dieses Abschnittes, oben S. 54, 55. Bezüglich der Anwendung der §§. 81a bis 99 auf die Zwangsinnungen vgl. die Bemerkungen zu den einzelnen Paragraphen.

§. 100d. Gegen die Versagung der Genehmigung des Innungsstatuts und seiner Abänderungen ist binnen vier 1.

Wochen die Beschwerde an die Landes-Zentralbehörde zulässig; diese entscheidet endgültig.

2. Wird die Genehmigung des Statuts wiederholt versagt, so hat die höhere Verwaltungsbehörde dasselbe mit rechtsverbindlicher Kraft zu erlassen.

3. Ergiebt sich, daß dem Statut oder seinen Abänderungen die Genehmigung hätte versagt werden müssen, so hat die höhere Verwaltungsbehörde die erforderliche Abänderung anzuordnen; der die Abänderung anordnende Bescheid kann auf dem im Abs. 1 bezeichneten Wege angefochten werden. Unterläßt die Innung, die endgültig angeordnete Abänderung zu beschließen, so hat die Aufsichtsbehörde die Beschlußfassung anzuordnen und, falls dieser Anordnung keine Folge gegeben wird, die erforderliche Abänderung des Statuts von Amtswegen mit rechtsverbindlicher Wirkung zu vollziehen.

Zu Abs. 1 und 2: „Die für die freien Innungen im §. 84 Abs. 4 vorgesehene Bestimmung über die Anfechtung des die Genehmigung des Innungsstatuts oder seiner Abänderungen versagenden Bescheides soll für das Statut der Zwangsinnungen dahin abgeändert werden, daß gegen die Versagung der Genehmigung die Beschwerde an die Landes-Zentralbehörde zulässig ist. Es erscheint dies deshalb geboten, weil bei der Einführung des Beitrittszwanges die Prüfung der Zweckmäßigkeit der statutarischen Bestimmungen nicht von der Hand gewiesen werden kann." (Mot.) Hiernach kann, anders wie bei den freien Innungen, die Genehmigung des Statuts auch aus Zweckmäßigkeitsgründen versagt werden. Entspricht dasselbe den gesetzlichen Anforderungen nicht, so muß die Genehmigung, ebenso wie bei den freien Innungen, auch bei Zwangsinnungen versagt werden, §. 84 Abs. 2. Bei den freien Innungen findet jedoch gegen den die Genehmigung versagenden Bescheid der höheren Verwaltungsbehörde gemäß §. 84 Abs. 4 der Rekurs statt.

Zu Abs. 3: die Bestimmung, welche dem §. 48a des Krankenversicherungsgesetzes nachgebildet ist, ist auch anwendbar, wenn die Genehmigung aus Gründen der Zweckmäßigkeit hätte versagt werden müssen, also nicht bloß dann, wenn der Inhalt des Statuts oder der Abänderungen den gesetzlichen Anforderungen nicht entspricht. Sollte sich späterhin ergeben, daß auch der Inhalt des gemäß Abs. 2 von der höheren Verwaltungsbehörde erlassenen Statuts den gesetzlichen Anforderungen entspricht, so würde den Mängeln desselben auf dem Wege des Abs. 3 abzuhelfen sein.

Der Abs. 3 tritt bei den Zwangsinnungen an die Stelle des in dem analogen Falle für die freien Innungen geltenden §. 97 Abs. 1 Ziff. 1 und Abs. 2 wonach, sofern die erforderliche Abänderung des

Statuts nicht innerhalb einer zu setzenden Frist bewirkt wird, die höhere Verwaltungsbehörde befugt ist, die freie Innung zu schließen.

§. 100e. Das Statut ist in geeigneter Weise zur Kenntniß der Betheiligten zu bringen.

Wegen der Kosten vgl. zu §. 100i. Nach Ziff. 24 Abs. 3 der Preuß. Ausf.Anw. v. 1. März 98 ist der Vorstand anzuweisen, jedem Mitglied einen Abdruck des Statuts auszuhändigen. Dasselbe bestimmen u. a. die Württembergische (§. 23 Abs. 3), die Badische (§. 25 Abs. 2) und die Hessische Anweisung (§ 16 Abs. 3).

Bezüglich des im Anhange beigefügten Musterstatuts vgl. zu §. 81 am Schlusse, oben S. 4.

§. 100f. Als Mitglieder gehören der Innung alle diejenigen an, welche das Gewerbe, wofür die Innung errichtet ist, als stehendes Gewerbe selbständig betreiben. Ausgenommen sind: 1.

1. diejenigen, welche das Gewerbe fabrikmäßig betreiben;
2. im Falle die im §. 100 Abs. 1 bezeichnete Anordnung nur für solche Gewerbetreibende getroffen worden ist, welche der Regel nach Gesellen oder Lehrlinge halten, diejenigen, welche der Regel nach weder Gesellen noch Lehrlinge halten.

Inwieweit Handwerker, welche in landwirthschaftlichen oder gewerblichen Betrieben gegen Entgelt beschäftigt sind und der Regel nach Gesellen oder Lehrlinge halten, sowie Hausgewerbetreibende der Innung anzugehören haben, wird mit Genehmigung der höheren Verwaltungsbehörde durch das Statut bestimmt. Vor der Genehmigung ist den bezeichneten Personen Gelegenheit zur Aeußerung zu geben. 2.

Gewerbetreibende, welche mehrere Gewerbe betreiben, gehören derjenigen Innung als Mitglieder an, welche für das hauptsächlich von ihnen betriebene Gewerbe errichtet ist. 3.

Die Mitgliedschaft beginnt für diejenigen, welche zur Zeit der Errichtung der Innung das Gewerbe betreiben, mit diesem Zeitpunkte, für diejenigen, welche den Betrieb des Gewerbes später beginnen, mit dem Zeitpunkte der Eröffnung des Betriebs. 4.

Zu Abs. 1: der §. 100f betrifft den gesetzlichen und den statutarischen Beitrittszwang. Den freiwilligen Beitritt zur Zwangsinnung regelt §. 100g, die Entscheidung von Streitigkeiten §. 100h. Bezüglich der Mitgliedschaft zu den freien Innungen vgl. §. 87.

als Mitglieder: beitrittspflichtig sind nur Handwerker, vgl. §. 100. Geschlecht und Alter machen keinen Unterschied. Die Beitrittspflicht bezieht sich aber nur auf und für dasjenige Handwerk, für welches die Zwangsinnung errichtet ist, was sowohl bezüglich der Heranziehung zu den Kosten (§. 100s Abs. 3) als auch bezüglich der ferneren Berechtigung, einer freien Innung anzugehören, von Bedeutung ist. Durch den Betrieb des Gewerbes im Umherziehen (§§. 55 bis 63 der G.O.) entsteht die Beitrittspflicht nicht, da es „bei der Natur des Wanderbetriebes in vielen Fällen zweifelhaft sein würde, an welche Innung die ihr Gewerbe im Umherziehen betreibende Person anzuschließen sei, und die Inhaber von Wanderbetrieben zu wenig in dauernder persönlicher Fühlung mit den Berufsgenossen des einzelnen Innungsbezirks stehen, um sich an dem Leben und der Erfüllung der Aufgaben der Innung mit Erfolg betheiligen zu können" (Mot.), dagegen wohl durch den sog. ambulanten Gewerbebetrieb von Haus zu Haus. Hausgewerbetreibende sind auch da von der gesetzlichen Beitrittspflicht ausgeschlossen, wo sie selbständige Gewerbetreibende sind.

stehendes Gewerbe: hierunter fallen alle Betriebsformen, die sich nicht als Gewerbebetrieb im Umherziehen (§. 55 der G.O.) qualifiziren, eine Begriffsbestimmung des stehenden Gewerbes ist in der G.O. nicht gegeben.

selbständig betreiben: selbständig betreibt das Gewerbe derjenige, welcher die gewerbliche Thätigkeit unter eigener Verantwortlichkeit und auf eigene Rechnung selbst ausübt oder durch andere ausüben läßt, vgl. a. R.G. v. 27. Sept. 83 E. i. St. IX 102.

Zu Ziff. 1: die Ausnahme Derjenigen vom Innungszwang, welche das Gewerbe, für das die Innung errichtet ist, fabrikmäßig betreiben, entspricht dem Zweck der Organisation und dem im §. 100 zum Ausdruck gebrachten Grundsatze, wonach Zwangsinnungen nur für Handwerker errichtet werden und sich nicht auf solche Betriebe erstrecken sollen, die zu den Fabriken gehören oder nach der Art der Fabriken, d. i. „fabrikmäßig", eingerichtet sind. In der Kommission des Reichstages wurde von den Regierungsvertretern ausgeführt, daß eine Begriffsbestimmung für den fabrikmäßigen Betrieb nicht gegeben werden könne. Entscheidend seien hier die Verhältnisse des Einzelfalles. Die dabei in Betracht kommenden Merkmale des Fabrikbetriebes ständen aber im Großen und Ganzen nach der Rechtsprechung des Reichsgerichtes ziemlich fest. Zu prüfen sei hierbei insbesondere die Frage, ob eine weitgehende Arbeitstheilung eingeführt sei, die Größe der Anlagen, die Zahl der beschäftigten Arbeiter, die Thätigkeit des Arbeitgebers und die Verwendung von Maschinen. Daß keins dieser Merkmale gleichzeitig mit den andern unter allen Umständen zusammentreffen müsse, um den betreffenden Betrieb als eine Fabrik im Sinne des Gesetzes ansehen zu lassen, sei durch Rechtsprechung des Reichsgerichts anerkannt. Daraus folge, daß ein Betrieb im

Einzelfalle auch dann als handwerksmäßig angesehen werden könne, wenn in demselben eine Verwendung von Maschinen stattfinde oder eine größere Zahl von Arbeitern beschäftigt werde. Daß die Verwendung von Motoren den Begriff der Werkstatt nicht ausschieße, ergäbe sich aus der Bestimmung des §. 154 Abs. 3 der Gewerbeordnung. (Kom.B. S. 22.) Im Uebrigen vgl. a. zu §. 100 Abs. 1. Betriebe, bei denen bisher die §§. 135 bis 139a thatsächlich und mit Recht angewendet worden sind, unterliegen der Beitragspflicht nicht, zumal da eine ausdrückliche anderweite Bestimmung im Gesetze nicht enthalten ist, und es daher nicht wohl angängig erscheinen kann, solche Betriebe im Sinne des Titels VII als Fabriken, im Sinne des Titels VI dagegen als nicht fabrikmäßige Betriebe zu behandeln. Dagegen sind Betriebe, welche unter §. 154 Abs. 3 und 4 der G.O. fallen (Motor- und andere Werkstätten), keine fabrikmäßigen Betriebe im Sinne der Ziffer 1. Bei Arbeitgebern in Zimmerplätzen und anderen Bauhöfen, auf welche zwar die §§. 134 bis 139b der Gew.Ordn. gemäß §. 154 Abs. 2 entsprechende Anwendung finden, die indessen nur in Folge dieser besonderen Vorschrift den Fabriken hierin gleichgestellt werden, ist die Anwendung der §§. 135 fg. für ihre Charakterisirung als Fabrikbetriebe im Sinne der Ziff. 1 nicht entscheidend.

Zu Ziff. 2: die Worte „der Regel nach" beziehen sich sowohl auf das Halten von Gesellen als von Lehrlingen. Zeitweise, oder auch, wie dies bei Saisongewerben häufig vorkommt, regelmäßig eintretende Unterbrechungen in der Beschäftigung von Personal schließen ein regelmäßiges Halten nicht aus.

Zu Abs. 2: das Gesetz betrachtet Personen, welche, wie z. B. die Gutsschmiede, Gutsstellmacher u. s. w., zwar in Lohn und Brot eines anderen Betriebsunternehmers stehen, daneben aber vielfach Handwerksarbeiten auf Bestellung verrichten, mit Rücksicht auf diese, mitunter allerdings geringfügige Thätigkeit als selbständige Handwerker, macht aber ihre zwangsweise Einbeziehung vom Statut abhängig. Letzteres soll auch für die in gewerblichen Betrieben beschäftigten Handwerker gelten, die gleichfalls unter Umständen als selbständige Gewerbetreibende angesehen werden können. Bloß ganz gelegentliche und geringfügige Kundenarbeit reicht dazu nicht aus, dagegen wohl, wenn die Bedienung von sonstiger Kundschaft einen regelmäßigen Erwerb bildet.

Hausgewerbetreibende: diese Bezeichnung, die nicht auch die sog. Heimarbeiter umfaßt, findet sich hier zum ersten Mal in der G.O. „Ein großer Theil der Hausgewerbetreibenden besteht aus selbständigen Meistern, welche in der Form des handwerksmäßigen Betriebes arbeiten, ein anderer wird hingegen schon wegen der eine handwerksmäßige Ausbildung nicht verlangenden einfachen Art der vorkommenden Arbeiten als zum Handwerk gehörig nicht erachtet werden können. Unter diesen Umständen wird es sich, zumal im Hinblick auf die Verschiedenheit der Verhältnisse in den einzelnen Bezirken, empfehlen, die Regelung der Frage, inwieweit Hausgewerbetreibende der Zwangsinnung anzugehören haben, der statutarischen

Regelung zu überlassen." (Mot. S. 67.) Bezüglich des Statuts vgl. zu §§. 84 und 100d.

Zu Abs. 3: Gewerbetreibende, welche mehrere Gewerbe betreiben: der Gewerbebetrieb macht nur dann innungspflichtig, wenn er handwerksmäßig stattfindet, wo dies jedoch der Fall ist, aber auch ohne Rücksicht darauf, ob er innerhalb der handwerksmäßigen Form in größerem oder geringerem Umfange ausgeübt wird Der §. 4 letzter Abs. des im Anhange abgedruckten Musterstatuts für Zwangsinnungen ist daher, ebenso wie der §. 103 f. Abs. 3, nur so zu verstehen, daß unter mehreren von einem Gewerbetreibenden betriebenen Handwerkszweigen das unter ihnen hauptsächlich betriebene Handwerk bestimmend dafür ist, welcher Zwangsinnung der Gewerbetreibende anzugehören hat. Als „Gewerbe" im Sinne des Abs. 3 sind mithin ausschließlich „Handwerke" zu verstehen, und zwar sowohl die sog. kombinirten als auch die verwandten Handwerke (§. 129a). Die Begründung (S. 67) führt als Beispiel die Möbeltischlereien an, in welchen auch Tapezierarbeiten, und die Wagenbauereien, in denen auch Sattler- und Lakierer arbeiten angefertigt werden. Streitigkeiten entscheidet die Aufsichtsbehörde, §. 100h. Bezüglich der Heranziehung zu den Kosten vgl. §. 100s Abs. 3.

Zu Abs. 4: Eintritt in einen vorhandenen Betrieb gilt als Eröffnung des Betriebes. Die Errichtung der Innung erfolgt erst mit der Genehmigung des Statuts.

1. **§. 100g.** Berechtigt, der für ihr Gewerbe errichteten Innung für ihre Person beizutreten, sind:

1. die im §. 87 Abs. 1 Ziffer 2 und 3 bezeichneten Personen sowie die in landwirthschaftlichen oder gewerblichen Betrieben gegen Entgelt beschäftigten Handwerker, welche der Regel nach weder Gesellen noch Lehrlinge halten;
2. mit Zustimmung der Innungsversammlung diejenigen, welche das Gewerbe fabrikmäßig betreiben;
3. in dem Falle des §. 100f Abs. 1 Ziffer 2 diejenigen Gewerbetreibenden, welche der Regel nach weder Gesellen noch Lehrlinge halten.

2. Die nähere Regelung der Rechte dieser Personen erfolgt durch das Statut.

3. Diesen Personen ist der Austritt aus der Innung am Schlusse jedes Rechnungsjahrs gestattet. Eine vorherige Anzeige kann frühestens sechs Monate vor dem Austritte verlangt werden.

Bezüglich der freien Innungen vgl. §§. 87 und 87a

Zu Abs. 1: die Beitrittsberechtigung zur Zwangsinnung.

welche im §. 100g geregelt wird, gilt nach Abs. 1 nur für die Person des Beitretenden, und hat daher keine Wirkung auf die Zuständigkeit der Innung für die Beaufsichtigung der betreffenden Betriebe (§. 94c) und für die von dem Beitretenden beschäftigten Personen, die also weder dem Innungs-Schiedsgericht unterstehen, noch zur Innungs-Krankenkasse gehören. „Entsprechend den aus den Kreisen des organisirten Handwerks geäußerten Wünschen soll es für den Eintritt Derjenigen in die Innung, welche das Gewerbe fabrikmäßig betreiben, der Zustimmung der Innungsversammlung bedürfen." (Mot. S. 67.) Während es also für die unter Ziff. 1 und 3 bezeichneten Personen zum Beitritt nur der Erfüllung der gesetzlichen Voraussetzungen bedarf, verlangt das Gesetz für den Beitritt von Inhabern fabrikmäßiger Betriebe außerdem in jedem einzelnen Falle die ausdrückliche Zustimmung der Innungsversammlung. Eine Abänderung dieser Bestimmung durch Statut ist nicht zulässig. Bezüglich der Worte „der Regel nach" vgl. zu §. 100f Ziff. 2.

Die in §. 87 Abs. 1 Ziff. 1 bezeichneten Personen sowie Werkmeister in Kleinbetrieben sind nicht beitrittsberechtigt. Vgl. a. §. 5 des im Anhange abgedruckten Musterstatuts.

Zu Abs. 2: über ihre Person hinaus kann das Statut die Rechte dieser Personen nicht erweitern, es handelt sich also in der Hauptsache um die Stimmberechtigung, Wählbarkeit und persönliche Theilnahme an den Einrichtungen der Innung. Soweit nicht gesetzliche Bestimmungen entgegenstehen, ist es denselben natürlich unbenommen, ihren Betrieb freiwillig nach den für die Innung geltenden Vorschriften zu regeln. Die Pflichten für die Person sind die der übrigen Mitglieder, vgl. a. §. 87 Abs. 6 und §. 100c. Für den Beginn der Beitragspflicht gilt §. 89 Abs. 2, die Verpflichtung zur Zahlung von Beiträgen beginnt daher, sofern das Statut nicht ein anderes bestimmt, mit dem Anfange des auf den Eintritt folgenden Monats. Während für die Beitrittspflichtigen die Heranziehung der einzelnen Betriebe zu den Beiträgen für alle gleichmäßig nach dem im Statut unter Berücksichtigung der Leistungsfähigkeit der einzelnen Betriebe festgesetzten Beitragsfuß zu erfolgen hat, können die Beitrittsberechtigten nach näherer Bestimmung des Statuts mit festen Sätzen zu Beiträgen herangezogen werden, § 100s Abs. 1 und 2.

Zu Abs. 3: Bezüglich der mit dem Ausscheiden freiwilliger Mitglieder aus der Zwangsinnung verbundenen vermögensrechtlichen Folgen findet bei Ermangelung anderweiter statutarischer Regelung (Abs. 2) der §. 87a Anwendung.

§. 100h. Streitigkeiten darüber, ob Jemand der Innung als Mitglied angehört, sowie darüber, ob Jemand der Innung beizutreten berechtigt ist, entscheidet die Aufsichtsbehörde. Die Entscheidung kann binnen zwei Wochen durch Beschwerde bei der höheren Verwaltungsbehörde angefochten werden; diese entscheidet endgültig.

Der §. 100h regelt unter **Ausschluß des Rechtsweges** die Entscheidung von Streitigkeiten über die **Verpflichtung** (§. 100f) und die **Berechtigung** (§. 100g) zum Beitritt zur Zwangsinnung und enthält — bezüglich der zweiwöchigen Beschwerdefrist — im Satz 2 eine Abänderung des §. 96 Abs. 4 und 7 in Verbindung mit §. 100e; vgl. a. den mit Satz 2 im Wortlaut übereinstimmenden §. 89 Abs. 4.

Bezüglich der Aufsichtsbehörde vgl. § 96, bezüglich der höheren Verwaltungsbehörde zu §. 100 Abs. 1, oben S. 60.

§. 100i. Die durch Errichtung der Innung erwachsenden Kosten sind auf Antrag der Betheiligten von der Landes-Zentralbehörde vorzuschießen.

Kosten: Die Kosten des Verfahrens zur Feststellung, ob die Mehrheit der Handwerker der Errichtung der Zwangsinnung zustimmt (§ 100a), fallen nach dem Pr.Min.Erl. vom 13. Juni 99 Min.Bl. S. 112 der Innung nicht zur Last (vgl. oben zu § 100a am Schlusse), dagegen wohl die Kosten für die Drucklegung der Statuten und deren Aushändigung an die Mitglieder oder sonstige Veröffentlichung, vgl. zu §. 100e.

Bezüglich der **Handwerkskammern** vgl. §. 103n Abs. 4. Hier bedarf es nicht erst, wie nach §. 100i bei den Zwangsinnungen, eines vorherigen Antrages der Betheiligten auf Vorschuß der Kosten.

1. **§. 100k.** Wird in Folge der Errichtung einer Zwangsinnung eine Innung geschlossen (§. 100b Abs. 4), so geht das Vermögen dieser Innung, vorbehaltlich der Bestimmungen der §§. 100l bis 100n, mit Rechten und Pflichten auf die Zwangsinnung mit der Maßgabe über, daß die letztere die daran zu machenden Forderungen nur soweit zu vertreten hat, als das Vermögen reicht.

2. Scheidet in Folge der Errichtung einer Zwangsinnung aus einer bestehenden Innung ein Theil der Mitglieder aus (§. 100b Abs. 5), so ist der Zwangsinnung ein entsprechender Theil des Vermögens zu überweisen. Dabei ist das Verhältniß der Zahl der ausscheidenden zu der Zahl der in der Innung verbleibenden Mitglieder zu berücksichtigen. Kommt hierüber eine Einigung unter den Innungen nicht zu Stande, so entscheidet die höhere Verwaltungsbehörde, welcher die bestehende Innung untersteht. Gegen die Entscheidung steht den Betheiligten binnen vier Wochen die Beschwerde an die Landes-Zentralbehörde zu. Diese entscheidet endgültig.

Für die Fälle, wo in Folge der Errichtung einer Zwangsinnung eine Innung geschlossen wird, oder ein Theil der Mitglieder aus einer bestehenden Innung ausscheidet, enthält das Gesetz eine Reihe besondere Bestimmungen, und zwar über den Verbleib und die Vertheilung des Vermögens (§. 100k Abs. 1 und 2), über die bestehenden Innungs-Krankenkassen (§. 100l Abs. 1 bis 3 und §. 100m), die sonstigen Unterstützungskassen (§. 100l Abs. 4 und §. 100m letzter Satz) und die gemeinschaftlichen Geschäftsbetriebe (§. 100n Abs. 3).

Bezüglich der Innungs-Schiedsgerichte ist Folgendes zu bemerken: Das Schiedsgericht ist eine Einrichtung der freien Innung (§. 81b Ziff. 4), seine Existenz endigt daher mit dem Aufhören der Existenz der Innung. Ein Antrag, das Schiedsgericht kraft Gesetzes auf die Zwangsinnung übergehen zu lassen, wurde von der Kommission des Reichstages in erster Lesung angenommen, in der zweiten dagegen aus praktischen Gründen verworfen. Scheidet aus einer freien Innung, für welche ein Schiedsgericht errichtet ist, ein Theil der Mitglieder aus (§ 100k Abs. 2), so bleibt das Schiedsgericht bestehen, erfährt aber in seiner Zuständigkeit und in der Regel wohl auch in der Zusammensetzung Aenderungen, welche die Nothwendigkeit der Abänderung des für dasselbe errichteten Nebenstatuts (§. 85 Abs. 1, §. 100c) zur Folge haben werden.

Die sonstigen von der freien Innung getroffenen Einrichtungen sowie die von ihr erlassenen Vorschriften werden im Falle von Abs. 1 meist schon bei der konstituirenden Innungsversammlung von der Zwangsinnung übernommen werden können. Inwieweit sie im Falle des Abs. 2 durch das Ausscheiden eines Theiles der Mitglieder berührt werden und eine Statutenänderung erforderlich machen, oder der Genehmigung der Aufsichtsbehörde bedürfen, ist im Einzelfalle zu entscheiden.

Zu Abs. 1: die Schließung erfolgt durch die höhere Verwaltungsbehörde, die Abwickelung der Geschäfte und den Uebergang des Vermögens der freien Innung auf die Zwangsinnung hat die Aufsichtsbehörde der freien Innung zu überwachen (§. 96 Abs. 2). Dabei wird es sich empfehlen, den Bestand des Vermögens urkundlich festzustellen. Vorgeschrieben ist dies u. a. in Ziff. 25 der Preußischen, §. 24 der Württembergischen, §. 26 der Badischen und §. 17 der Hessischen Anweisung. Nach den Erlassen des Pr. Finanz- und des Handelsministers vom 7. August und 7. September 1899 unterliegen die Ausfertigungen von Urkunden, durch welche das von geschlossenen freien Innungen auf neu errichtete Zwangsinnungen übergehende Vermögen durch den Regierungspräsidenten festgestellt wird, keiner Stempelabgabe, „da diese Feststellung die Voraussetzung für die stempelfrei zu ertheilende Genehmigung der Innungssatzungen (§. 99) bildet und im öffentlichen Interesse erfolgt."

Zu Abs. 2: scheidet nur ein Theil der Mitglieder aus der freien Innung aus, so findet ein Vermögensübergang nicht statt, es bedarf indessen auch hier einer Feststellung des Vermögens. Nach Abzug der

Verbindlichkeiten ist ein „entsprechender“ Theil der Zwangsinnung zu überweisen. Die Ueberweisung liegt der bestehenbleibenden Innung ob, besteht also in einer Verpflichtung zur Herausgabe, deren Erfüllung gleichfalls von der Aufsichtsbehörde (§ 96 Abs. 2) zu überwachen ist. Kommt eine Einigung nicht zu stande, so wird die Herausgabe von der höheren Verwaltungsbehörde, welcher die bestehende Innung untersteht, angeordnet und eventuell im Verwaltungswege vollstreckt. Der Rechtsweg ist ausgeschlossen.

zu berücksichtigen: jedoch nicht ausschließlich, die Ueberweisung hat auch nach Rücksichten der Billigkeit zu erfolgen. Dazu gehört, daß auch das weitere Bestehen der freien Innung Schonung und Berücksichtigung erfährt, und diese z. B., wenigstens für die Regel, nicht genöthigt wird, historische Erinnerungen u. dgl. aufzugeben.

1. **§. 100 l.** Wird in Folge der Errichtung einer Zwangsinnung eine Innung geschlossen (§. 100 b Abs. 4), mit welcher eine Innungs-Krankenkasse (§. 73 des Krankenversicherungsgesetzes) verbunden ist, so geht die letztere mit ihren Rechten und Verbindlichkeiten auf die Zwangsinnung über.

2. Die Innungs-Krankenkasse kann jedoch von der höheren Verwaltungsbehörde geschlossen werden, wenn die Zwangsinnung einen anderen Bezirk oder andere Gewerbszweige umfaßt als diejenige Innung, für welche die Innungs-Krankenkasse errichtet war, oder in Folge der Errichtung der Zwangsinnung mehrere Innungen geschlossen werden, mit welchen Innungs-Krankenkassen verbunden sind. Gegen die Verfügung, durch welche die Kasse geschlossen wird, ist binnen vier Wochen die Beschwerde an die Landes-Zentralbehörde zulässig; diese entscheidet endgültig.

3. Wenn die Innungs-Krankenkasse auf die Zwangsinnung übergegangen ist, so werden die erforderlichen Abänderungen des Kassenstatuts bis zur anderweiten Beschlußfassung der Innungsversammlung von der höheren Verwaltungsbehörde mit rechtsverbindlicher Kraft vollzogen. Solange diese Abänderungen nicht vollzogen sind, haben die bisherigen Kassenorgane die Verwaltung fortzuführen.

4. Sind mit der Innung, welche in Folge der Errichtung einer Zwangsinnung geschlossen wird, sonstige Unterstützungskassen verbunden, so finden die §§. 98 und 98a Anwendung. Sofern nicht statutarische oder landesgesetzliche Bestimmungen entgegenstehen, kann die Zwangsinnung mit Zustimmung der

Vertretung der Unterstützungskasse diese Kasse mit allen Rechten und Verbindlichkeiten übernehmen. In letzterem Falle bleiben die bisherigen Mitglieder dieser Kasse berechtigt, ihnen anzugehören, auch wenn sie der Zwangsinnung nicht angehören.

Der §. 100l regelt für den Fall der bei der Errichtung einer Zwangsinnung eintretenden Schließung einer freien Innung die Verhältnisse der bisherigen Innungs-Krankenkassen (Abs. 1 bis 3) und der sonstigen Unterstützungskassen (Abs. 4), vgl. zu §. 100k.

Zu Abs. 1: da das Bestehen der Innungs-Krankenkasse als einer Einrichtung der Innung kein selbständiges ist (vgl. zu §. 90), so würde die Kasse ohne die Vorschrift im Abs. 1 mit der Schließung der Innung gleichfalls ihre Existenz verlieren. Das Gesetz stellt jedoch „ihre Erhaltung als die Regel hin und läßt im Abs. 2 die Schließung nur für solche Fälle zu, wo sie aus praktischen Gründen geboten erscheint". (Mot.) Die Rechte und Verbindlichkeiten der Kasse gehen mit auf die Zwangsinnung über, und zwar hier, da das Gesetz keine besondere Bestimmung trifft, ohne die Beschränkung im §. 100k Abs. 1. Die Zwangsinnung trifft daher eventuell die Zuschußverpflichtung gemäß §§. 73 und 65 Abs. 2 des Krankenversicherungsgesetzes.

Zu Abs. 2: die zwei Gründe, aus denen gemäß Abs. 2 ausnahmsweise die Schließung der Kasse erfolgen kann, sind erschöpfend. Die Bestimmung des Entwurfs von 97, die Schließung auch dann zuzulassen, „wenn bei dem Fortbestehen der Kasse die Leistungsfähigkeit einer Orts-Krankenkasse durch Verminderung der Mitgliederzahl gefährdet wird," wurde in der Kommission des Reichstags ungeachtet dringender Befürwortung durch die Regierungsvertreter abgelehnt. (Kom.Ber. S. 26 u. 27.) Im Uebrigen ist die Schließung in das pflichtgemäße behördliche Ermessen gestellt. Wenn durch die Errichtung der Zwangsinnung nicht nur eine, sondern mehrere Innungen geschlossen werden, von denen jede oder ein Theil eine Innungs-Krankenkasse besitzen, so braucht sich die Schließung nicht nothwendig auf sämmtliche Kassen zu erstrecken, vielmehr kann für eine von ihnen der Uebergang auf die Zwangsinnung zugelassen werden. Für die Schließung kommt gemäß §. 90 der §. 47 Abs. 3 bis 6 des Krankenversicherungsgesetzes zur Anwendung.

Zu Abs. 3: durch diese Bestimmungen soll der Uebergang der Krankenkasse auf die Zwangsinnung erleichtert werden. (Mot.). Verweigern die bisherigen Kassenorgane die Dienstleistung, so hat die Aufsichtsbehörde die Verwaltung zu übernehmen, §. 45 Abs. 5 des Krankenversicherungsgesetzes. Vgl. Ziff. 27 der Preußischen Anweisung, ebenso u. a. §. 26 der Württembergischen, §. 19 der Hessischen.

Für den Fall, daß die Errichtung der Zwangsinnung nur das Ausscheiden eines Theils der Mitglieder aus der bestehenden Innung zur Folge hat, vgl. §. 100m.

Zu Abs. 4: sonstige Unterstützungskassen (Sterbekassen, Wittwenkassen u. s. w.) soll die Zwangsinnung, sofern nicht statutarische oder landesgesetzliche Bestimmungen entgegenstehen, übernehmen dürfen. Hierbei würde es aber unbillig sein, wenn diejenigen Mitglieder, welche nicht in die Zwangsinnung eintreten, aus der Unterstützungskasse ausscheiden müßten. Im Falle der Uebernahme ist gleich nach der Errichtung der Zwangsinnung die Aenderung des Nebenstatuts herbeizuführen. Der Zwangsinnung bleibt es dabei, wie die Motive konstatiren, unbenommen, sich mit den ihr nicht angehörigen bisherigen Mitgliedern der Kasse auf dem Wege „anderweiter Vereinbarung" abzufinden.

Tritt keine Uebernahme ein, so können die Kassen durch Verleihung der Korporationsrechte erhalten werden (§. 98 Abs. 3). Andernfalls sind sie zu schließen. Bei der Verwendung und Vertheilung des Vermögens ist gemäß §. 98a zu verfahren. Sofern nicht das Nebenstatut eine entgegenstehende Bestimmung enthält, kann hiernach die Kassenvertretung beschließen, daß nach der Tilgung der Schulden jedem Mitglied seine Beiträge zurückgezahlt werden. Der Rest ist der Gemeinde, in welcher die freie Innung ihren Sitz hatte, zur Benutzung für gewerbliche Zwecke zu überweisen. Vgl. Ziff. 26 Abs. 2 der Preußischen, §. 25 Abs. 2 der Württembergischen, §. 28 Abs. 2 der Badischen, §. 18 Abs. 2 der Hessischen Anweisung.

Die übernommenen Unterstützungskassen sind keine Zwangskassen, §. 100n Abs. 1.

In Satz 3 hatte statt „Kasse" „Kassen" gesetzt werden müssen, wie auch im amtlichen Entwurf stand, und wie sich aus dem nachfolgenden Worte „ihnen" sowie aus der Fassung von Satz 1 ergiebt. Es liegt offensichtlich ein Druckfehler vor.

§. 100m. Scheidet in Folge der Errichtung einer Zwangsinnung aus einer bestehenden Innung, mit welcher eine Innungs-Krankenkasse (§. 73 des Krankenversicherungsgesetzes) verbunden ist, ein Theil der Mitglieder aus (§. 100b Abs. 5), so kann, wenn eine anderweite Einigung unter den Betheiligten nicht zu Stande kommt, derjenigen Krankenkasse oder Gemeinde-Krankenversicherung, welcher die bei den Ausscheidenden beschäftigten Personen künftig anzugehören haben, ein entsprechender Theil des Vermögens durch die höhere Verwaltungsbehörde überwiesen werden; dabei ist das Verhältniß der Zahl der Ausscheidenden zu der Zahl der in der Innung verbleibenden Mitglieder zu berücksichtigen. Gegen die Entscheidung steht den Betheiligten binnen vier Wochen die Beschwerde an die Landes-Zentralbehörde zu; diese entscheidet endgültig. Sonstigen Unterstützungskassen können die aus der Innung ausscheidenden Mitglieder auch ferner angehören.

Der §. 100m regelt den durch die Errichtung einer Zwangsinnung bewirkten Fall des Ausscheidens von Mitgliedern einer freien Innung

(§. 100b Abs. 5), mit welcher eine Innungs-Krankenkasse verbunden ist (Satz 1), oder bei welcher sonstige Unterstützungskassen bestehen (Satz 2). Vgl. a. zu §. 100k.

Zu Satz 1: Eine ähnliche Vorschrift ist für analoge Fälle im §. 48 Abs. 4 letzter Satz des Krankenversicherungsgesetzes vorgesehen. Das Handwerkergesetz „weicht von derselben indessen unter Anderem darin ab, daß die Ueberweisung durch die Behörde nur stattfinden soll, sofern eine anderweitige Einigung unter den Betheiligten nicht zu Stande kommt, und daß sie auch nicht in allen Fällen einzutreten braucht. Insbesondere wird von der Ueberweisung in der Regel abgesehen werden können, wenn nur einzelne Mitglieder ausscheiden, oder die bei den Ausscheidenden beschäftigten Personen sich auf eine größere Zahl von Kasseneinrichtungen derart vertheilen, daß die auf die einzelnen Einrichtungen entfallenden Antheile der mit der Ueberweisung verbundenen Mühewaltung nicht entsprechen würden." (Mot.) Die Aufsichtsbehörde hat sich die Herbeiführung einer Einigung angelegen sein zu lassen, vgl. Ziff. 30 Abs. 2 der Preußischen, Ziff. 21 Abs. 2 der Bayerischen, §. 29 Abs. 2 der Württembergischen, §. 30 Abs. 2 der Badischen, §. 21 der Hessischen Anweisung. Im Uebrigen bleibt die Innungs-Krankenkasse, falls sie nicht — durch Beschluß der Innungsversammlung mit Genehmigung der höheren Verwaltungsbehörde (§. 85) — freiwillig aufgelöst wird, auch nach der Einrichtung der Zwangsinnung bestehen, das Statut wird indessen der Abänderung bedürfen.

höhere Verwaltungsbehörde: vgl. zu §. 100 Abs. 1 am Schlusse, oben S. 60.

Zu Satz 2: bezüglich der sonstigen Unterstützungskassen, Sterbekassen, Wittwenkassen u. s. w., „wird den Ausscheidenden das Recht gewahrt werden müssen, diesen Kassen auch fernerhin anzugehören. Anderweite Vereinbarungen werden auch hier ohne Weiteres zulässig sein." (Mot.) Vgl. a. §. 87a Abs. 2.

§ 100n. Zur Theilnahme an Unterstützungskassen, auf welche die Vorschriften des §. 73 des Krankenversicherungsgesetzes keine Anwendung finden, dürfen Innungsmitglieder gegen ihren Willen nicht verpflichtet werden. 1.

Gemeinsame Geschäftsbetriebe (§. 81b Ziffer 5) dürfen von der Innung nicht errichtet werden; dagegen ist dieselbe befugt, Veranstaltungen zur Förderung der gemeinsamen, gewerblichen und wirthschaftlichen Interessen ihrer Mitglieder, wie die Errichtung von Vorschußkassen, gemeinsamen Ein- und Verkaufsgeschäften und dergleichen anzuregen und durch Aufwendungen aus dem angesammelten Vermögen zu unterstützen. Beiträge dürfen zu diesem Zwecke nicht erhoben werden. 2.

3. Werden bei der Errichtung einer Zwangsinnung gemeinschaftliche Geschäftsbetriebe einer nach §. 100b Abs. 4 geschlossenen Innung binnen sechs Monaten nach der Veröffentlichung der im §. 100 Abs. 1 bezeichneten Anordnung in Erwerbs- und Wirthschaftsgenossenschaften nach Maßgabe des Gesetzes vom 1. Mai 1889 (Reichs-Gesetzbl. S. 55 ff.) umgewandelt, so geht der für sie ausgesonderte Theil des Innungsvermögens auf die Genossenschaften mit Rechten und Pflichten über. Gemeinsame Geschäftsbetriebe, deren Erhaltung im öffentlichen Interesse wünschenswerth ist, können von der Zwangsinnung mit Genehmigung der höheren Verwaltungsbehörde beibehalten werden. Im Uebrigen sind solche Betriebe durch die höhere Verwaltungsbehörde aufzulösen; mit dem Vermögen ist nach Maßgabe der statutarischen Vorschriften zu verfahren.

Zu Abs. 1: mit Ausnahme der den Vorschriften des §. 73 des Krankenversicherungsgesetzes unterstehenden Innungs-Krankenkassen (§. 90) wird hierdurch für alle sonstigen Unterstützungskassen der Zwangsinnungen der bei den freien Innungen allgemein zulässige Kassenzwang für unzulässig erklärt. Kassen mit freiwilligem Beitritt zu errichten §. 81b Ziff. 3), verbietet ihnen das Gesetz nicht. Gemäß §. 104i Abs. 2 finden auf die von Innungsverbänden errichteten Unterstützungskassen dieselben Vorschriften Anwendung, welche für gleichartige von einer Zwangsinnung errichtete Kassen gelten. Ein Kassenzwang ist also auch dort nicht zulässig.

Zu Abs. 2: auch die nach §. 81b Ziff. 5 den freien Innungen gestattete Errichtung gemeinschaftlicher Geschäftsbetriebe (§. 81b Ziff. 5) ist bei den Zwangsinnungen wegen ihres besonderen Charakters nicht gestattet. Anderenfalls würde unter Umständen ein Innungsmitglied, ohne Rücksicht darauf, ob es der Einrichtung des Betriebes zugestimmt oder widersprochen, und ob es sich an dem Unternehmen betheiligt hätte, für alle der Innung erwachsenden Verbindlichkeiten durch Heranziehung zu erhöhten Beiträgen einzutreten haben. Dies läge außerhalb der Billigkeit. Ueberdies ist in dem Genossenschaftsgesetz auch dem Handwerk eine ausreichende Form zur Einrichtung gemeinsamer wirthschaftlicher Unternehmungen dargeboten, und durch §. 100n Abs. 2 Satz 1 der Innung die Möglichkeit gegeben, Unternehmungen zur Hebung der geschäftlichen Lage der Mitglieder durch Aufwendungen aus dem Vermögen zu fördern. Hierbei ist jedoch zum Schutz der Mitglieder die Beschränkung aufgenommen, daß solche Zuwendungen nur aus dem vorhandenen Vermögen gewährt, dagegen Beiträge zu diesem Zwecke nicht erhoben werden dürfen. (Vgl. Mot. S. 70.)

gewerblichen und wirthschaftlichen Interessen: nach der Auffassung des Gesetzes (vgl zu §. 81) fallen die wirthschaftlichen

Interessen bereits unter den Begriff der gewerblichen. Durch die — der Preußischen Vorlage entstammende — Fassung hat offenbar jeder Zweifel, z. B. bezüglich der Vorschußkassen, ausgeschlossen werden sollen.

Zu Abs. 3: diese Bestimmungen regeln die Folgen der Errichtung einer Zwangsinnung für eine nach §. 100b Abs. 4 geschlossene Innung, bei welcher ein gemeinschaftlicher Geschäftsbetrieb im Sinne des §. 81b Ziff. 5 eingerichtet ist. Die Uebernahme auf die Zwangsinnung — mit allen Rechten und Verbindlichkeiten, vgl. §. 85 Abs. 3 — ist nur für Geschäftsbetriebe der im Satz 2 bezeichneten Art, z. B. für Schlachthäuser, zugelassen. Die Aufsichtsbehörde hat in diesem Falle alsbald nach Veröffentlichung der Anordnung (§. 100 Abs. 1) einen Beschluß der in die Zwangsinnung einzubeziehenden Handwerker oder ihrer Vertreter wegen der Fortführung der Geschäftsbetriebe herbeizuführen und der höheren Verwaltungsbehörde einzureichen. Nach Errichtung der Zwangsinnung ist ein Beschluß der Innungsversammlung herbeizuführen, und dessen Genehmigung zu erwirken. Vgl. u. a. Ziff. 29 der Preußischen, §. 28 der Württembergischen, §. 29 der Badischen, §. 20 der Hessischen Anweisung. Demnächst bedarf es der Errichtung eines Nebenstatuts (§. 83 Abs. 4). In allen anderen Fällen ist der gemeinsame Geschäftsbetrieb aufzulösen, und mit dem Vermögen nach den, wohl überall vorhandenen, statutarischen Bestimmungen zu verfahren, wenn nicht zum Zwecke seiner Weiterführung eine Genossenschaft (§§. 1 bis 13 des Gesetzes v. 1. Mai 89) gebildet wird. Auf diese geht alsdann der für den gemeinsamen Geschäftsbetrieb gesonderte Theil des Innungsvermögens (§. 85 Abs. 2) mit allen Rechten, aber auch mit allen Verbindlichkeiten kraft Gesetzes über. Der Haftung für die letzteren kann sich die Genossenschaft nicht entziehen, sie ist die Gegenleistung für den Uebergang der Rechte.

§. 100o. Die Innung hat über den zur Erfüllung ihrer gesetzlichen und statutarischen Aufgaben erforderlichen Kostenaufwand alljährlich einen Haushaltsplan aufzustellen. Der Haushaltsplan ist der Aufsichtsbehörde einzureichen. Dasselbe gilt von Beschlüssen über Aufwendungen für solche Zwecke, welche im Haushaltsplane nicht vorgesehen sind. Wird dem Haushaltsplan oder den bezeichneten Beschlüssen von einem Viertel der Innungsmitglieder widersprochen, so ist die Entscheidung der Aufsichtsbehörde einzuholen. 1.

Die Jahresrechnungen sind der Aufsichtsbehörde einzureichen. 2.

Haushaltsplan: Die Feststellung des Haushaltsplans behält das Gesetz sowohl bei der freien wie bei der Zwangsinnung der Innungsversammlung vor (§. 93 Abs. 2 Ziff. 1, §. 100c), ebenso die Bewilligung der im Haushaltsplan nicht vorgesehenen Ausgaben, a. a. O. Ziff. 3.

Nach der Vorlage sollten, hauptsächlich zu dem Zwecke, einer zu hohen Belastung der Mitglieder vorzubeugen, bei den Zwangsinnungen sowohl Haushaltsplan wie Etatsüberschreitungen der Genehmigung der Aufsichtsbehörde bedürfen, und außerdem der letzteren das Recht der Zwangsetatisirung eingeräumt werden. (Kom.B. S. 28.) Das Gesetz begnügt sich indessen mit der Vorschrift der Einreichung und der Entscheidung der Aufsichtsbehörde bei stärkerem Widerspruch aus der Mitte der Innungsmitglieder.

von einem Viertel . . . widersprochen: die Bestimmung soll als Ersatz der vom Reichstage beseitigten Genehmigung des Haushaltsplans und der Etatsüberschreitungen dienen. Hiernach hat die Aufsichtsbehörde (§. 96) insbesondere zu prüfen, ob die eventuelle Belastung der Verpflichteten „im Verhältniß zu ihrer Leistungsfähigkeit steht", und keine „unbillige" ist, vgl. a. Mot. S. 71. Bezüglich der Anfechtung der Entscheidung — binnen vier Wochen bei der vorgesetzten Behörde, — vgl. §. 96 Abs. 7, §. 100c.

Jahresrechnungen: die Jahresrechnung, deren Einreichung, ebenso wie bei den freien Innungen, durch Ordnungsstrafen erzwungen werden kann (§. 96 Abs. 2), gewährt der Aufsichtsbehörde den erforderlichen Einblick in die Thätigkeit der Innung und die von ihr getroffenen Einrichtungen (§§. 81 und 81a), sowie in die Befolgung der gesetzlichen und statutarischen Bestimmungen. Die Prüfung und Abnahme hat sowohl bei den freien wie bei den Zwangsinnungen durch die Innungsversammlung zu erfolgen, §. 93 Abs. 2 Ziff. 2 und §. 100c. Die Einreichung des Haushaltsplans kann von der Aufsichtsbehörde gleichfalls durch Ordnungsstrafen erzwungen werden. (§. 96 Abs. 2)

Zu den im §. 89b bezeichneten Rechtshandlungen (Erwerb, Veräußerung oder dingliche Belastung von Grundstücken, Aufnahme von Anleihen, Veräußerung von Gegenständen, die einen geschichtlichen, wissenschaftlichen oder Kunstwerth haben) bedarf die Zwangsinnung ebenso wie die freie Innung der Zustimmung der Innungsversammlung (§. 93 Abs. 2 Ziff. 6) und der Genehmigung der Aufsichtsbehörde (89b).

Die Aufsichtsbehörde hat den Haushaltsplan, die Etatsüberschreitungen und die Jahresrechnung insbesondere auch dahin zu prüfen, ob die Ausgaben sich innerhalb der gesetzlichen und statutarischen Grenzen halten, namentlich unter Berücksichtigung der Vorschrift im §. 89a (Verwahrung und Anlegung der Bestände ꝛc.) sowie der Bestimmung im §. 88 Abs. 2, wonach zu anderen Zwecken als der Erfüllung der statutarisch oder durch das Gesetz bestimmten Aufgaben sowie zur Deckung der Verwaltungskosten Verwendungen aus dem Innungsvermögen nicht erfolgen dürfen. (§. 96 Abs. 2).

§. 100p. Die von der Innung gemäß §. 93 Abs. 2 Ziffer 5 erlassenen Vorschriften zur näheren Regelung des Lehrlingswesens bedürfen der Genehmigung der höheren Verwaltungsbehörde. Diese hat vor der Beschlußfassung die Handwerkskammer zu hören.

Vorschriften zur Regelung des Lehrlingswesens: Während sich die Mitglieder der freien Innungen den von der Innung zur Regelung des Lehrlingswesens erlassenen Vorschriften durch den Austritt entziehen können, werden die Mitglieder der Zwangsinnungen stets gehalten bleiben, jene Vorschriften zu befolgen. Die erhöhte Bedeutung, welche hiernach den letzteren bei der Zwangsinnung beiwohnen wird, läßt es geboten erscheinen, für dieselben die Genehmigung der höheren Verwaltungsbehörde zu fordern. (Mot.)

Im Uebrigen vgl. wegen der Vorschriften über das Lehrlingswesen, dessen Regelung der Innung nur insoweit zusteht, als diese nicht gemäß §. 103e Abs. 1 Ziff. 1 durch die Handwerkskammer erfolgt, den §. 93 Abs. 2 Ziff. 5, wonach es hierzu eines Beschlusses der Innungsversammlung bedarf, ferner oben zu §. 82 Abs. 2, sowie das unten im Anhange abgedruckte durch den Reichskanzler mit der Bekanntmachung v. 19. März 98 (s. oben S. 4) veröffentlichte Muster eines Beschlusses der Innungsversammlung zur Regelung des Lehrlingswesens.

Handwerkskammer: vgl. §§. 103 bis 103q. Die Anhörung der Handwerkskammer „empfiehlt sich schon deshalb, weil dadurch eine wirksamere Durchführung des §. 103f Abs. 2 gesichert wird." (Mot.) Bei der Handwerkskammer ist die Beschlußfassung über den Erlaß von Vorschriften zur Regelung des Lehrlingswesens gemäß §. 103g Abs. 3 Ziff. 4 der Gesammtheit der Kammer vorbehalten. Die von derselben beschlossenen Vorschriften bedürfen der Genehmigung der Landes-Zentralbehörde, §. 103g Abs. 4.

§. 100q. Die Innung darf ihre Mitglieder in der Festsetzung der Preise ihrer Waaren oder Leistungen oder in der Annahme von Kunden nicht beschränken.

Entgegenstehende Beschlüsse sind ungültig.

Die Bestimmung ist von der Reichstagskommission eingefügt worden. Die Absicht war, „zu verhüten, daß den Innungsmitgliedern durch Innungsbeschlüsse einschränkende Bestimmungen auferlegt werden, welche die Bildung von Ringen ermöglichen." (Kom.B. S. 27). Gegenseitige Preisvereinbarungen außerhalb der Innung werden dadurch nicht beschränkt. Für diese gelten die Vorschriften des allgemeinen Rechts. Vgl. a. R.G. v. 4. Februar 97 E. i. C. XXXVIII 155. Für die freien Innungen enthält das Gesetz kein Verbot bindender Preisfestsetzungen durch Beschlüsse der Innung.

Auch in Bezug auf die Auferlegung anderer Verpflichtungen für die Mitglieder ist die Zwangsinnung gegenüber den freien Innungen zufolge ihres obligatorischen Charakters wesentlichen Beschränkungen unterworfen. So würde z. B. eine statutarische Bestimmung, wonach die Mitgliedschaft von der Ablegung der Meisterprüfung oder der Zurücklegung einer Lehrzeit oder der Gesellenprüfung abhängig gemacht wird, gemäß §. 100f bei einer Zwangsinnung unzulässig sein. Dasselbe gilt von einer Vorschrift, durch welche die Innungsmitglieder verpflichtet werden sollen, nur mit sog. Verbandspapieren versehene Gesellen oder Gehülfen zu beschäftigen, da dieselbe mit dem §. 41 der G.O. im Widerspruch stehen würde, wonach die Befugniß zum selbständigen Betriebe eines stehenden Gewerbes das Recht in sich begreift, in beliebiger Zahl Gesellen, Gehülfen und Arbeiter jeder Art anzunehmen und in der Wahl des Arbeits- und Hülfspersonals keine andere Beschränkungen stattfinden als die durch das Gesetz selbst festgestellten. Bei freien Innungen ist eine derartige Beschränkung zulässig, weil sie im letzten Grunde stets auf einer freiwilligen Entschließung der Mitglieder beruht, der jeder Einzelne sich durch den Austritt aus der Innung entziehen kann. Im Uebrigen vgl. a. oben zu §. 88 und §. 152 der G.O.

1. **§. 100r.** Von den Mitgliedern des Vorstandes und der Ausschüsse müssen mindestens zwei Drittel das Recht zur Anleitung von Lehrlingen besitzen und der Regel nach Gesellen (Gehülfen) oder Lehrlinge beschäftigen. Die Mitglieder derjenigen Ausschüsse, welchen die Fürsorge für die Durchführung der auf die Regelung des Lehrlingswesens bezüglichen Bestimmungen obliegt, müssen sämmtlich diesen Anforderungen genügen.

2. Zur Theilnahme an den Geschäften der Innung, welche die Regelung des Lehrlingswesens und die Durchführung der hierüber erlassenen Bestimmungen zum Gegenstande haben, können nur solche Gesellen (Gehülfen) herangezogen werden, welche den Anforderungen des §. 129 entsprechen, jedoch auch dann, wenn sie das vierundzwanzigste Lebensjahr noch nicht vollendet haben. Während der ersten sechs Jahre nach dem Inkrafttreten dieser Bestimmungen können auch Gesellen (Gehülfen), welche diesen Anforderungen nicht entsprechen, gewählt werden, wenn sie eine Lehrzeit von mindestens zwei Jahren zurückgelegt haben.

Mit Rücksicht auf die Bedeutung der Fürsorge für das Lehrlingswesen wird im §. 100r verlangt, daß bei den Zwangsinnungen die Mitglieder derjenigen Ausschüsse, welchen die Fürsorge für die Durchführung der auf die Regelung des Lehrlingswesens bezüglichen Bestimmungen obliegt, nur von solchen Personen bekleidet werden dürfen, welche das Recht zur Anleitung von Lehrlingen nach Maßgabe der Vorschriften des §. 129 — für die Uebergangszeit nach den Bestimmungen im Artikel 7 der Novelle von 97 (s. unten zu §. 129 am Schlusse) — des Gesetzes besitzen, und daß auch sonst in der Innungsverwaltung diesen Personen ein gewisses Uebergewicht zu sichern ist. (Mot. S. 71 und 72.)

Zu Abs. 1: bezüglich des Vorstandes vgl. §§. 92, 92a, 92b, 100c, 93 Abs. 2 Ziff. 4, für die Ausschüsse §§. 92 Abs. 2, 93 Abs. 2 Ziff. 8, 100c, wegen der Befugniß zur Anleitung von Lehrlingen §§. 129, 126, 126a und — bezüglich der Uebergangszeit — Art. 7 der Novelle von 97, unten zu §. 129, am Schlusse. Bezüglich der Worte „der Regel nach" vgl. zu §. 100f Abs. 1 Ziff. 2.

Auf den Beauftragten (§§. 94c, 100c) finden die Bestimmungen nur Anwendung, wenn er Mitglied des Vorstandes oder der Ausschüsse ist. Für den Vorstand der Innungs-Krankenkasse gelten sie nicht, §. 90.

Zu Abs. 2: bezüglich des Gesellenausschusses vgl. §§. 95 bis 95c, 100c. Von dem Erforderniß der Vollendung des 24. Lebensjahres (§. 129 Abs. 1) soll im Hinblick auf ihr Durchschnittsalter in den meisten Gewerben bezüglich der Gesellen abgesehen werden.

nach dem Inkrafttreten dieser Bestimmungen: also bis zum 31. März 1904, Kais. Verordn. v. 14. März 98 R.G.B. 37, wonach die Bestimmungen am 1. April 98 in Kraft getreten sind (vgl. oben S. 1).

§. 100s. Für die Aufbringung der aus der Errichtung und Thätigkeit der Innung und des Gesellenausschusses erwachsenden Kosten (§. 89) ist der Beitragsfuß in der Weise im Statute festzusetzen, daß die Heranziehung der einzelnen Betriebe unter Berücksichtigung ihrer Leistungsfähigkeit zu erfolgen hat. Wo eine Gewerbesteuer erhoben wird, kann die Landes-Zentralbehörde genehmigen, daß die Beiträge durch Zuschläge zu dieser Steuer erhoben werden. 1.

Durch Statut kann bestimmt werden, daß Innungsmitglieder, welche der Regel nach weder Gesellen noch Lehrlinge beschäftigen, von der Verpflichtung zur Zahlung von Beiträgen befreit oder mit geringeren Beiträgen, und Personen, welche der Innung freiwillig beitreten, nach festen Sätzen zu Beiträgen heranzuziehen sind. 2.

Gewerbetreibende, welche neben dem Handwerke, hinsichtlich dessen sie der Innung angehören, noch ein anderes Handwerk oder ein Handelsgeschäft betreiben, sind zu den Beiträgen an die Innung nur nach dem Verhältnisse der Einnahmen aus dem zu der Innung gehörenden Handwerksbetrieb, und soweit die Beiträge durch Zuschläge zu der Gewerbesteuer erhoben werden, nur nach dem Verhältnisse der auf diesen Handwerksbetrieb treffenden Steuer heranzuziehen. 3.

4. Den Gewerbesteuern im Sinne der Abs. 1, 3 stehen die Steuern auf das Einkommen aus Gewerben gleich.

5. Eintrittsgelder dürfen nicht erhoben werden.

6. Die Erhebung von Gebühren für die Benutzung der von der Innung getroffenen Einrichtungen (§. 88 Abs. 3) unterliegt der Genehmigung der Aufsichtsbehörde.

Zu Abs. 1 und 2: die freien Innungen sind durch das Gesetz nicht behindert, ihre Mitglieder zu einem für alle gleich hoch bemessenen Beitragssatze heranzuziehen. Eine solche Regelung hat bei den Zwangsinnungen das Bedenken gegen sich, daß dabei eine ausreichende finanzielle Leistungsfähigkeit nur selten zu erreichen sein würde, da mit Rücksicht auf die geringe wirthschaftliche Kraft zahlreicher Mitglieder die Beiträge in der Regel niedrig bemessen werden müßten und deshalb in ihrem Gesammtergebniß nicht hinreichen würden, um den Anforderungen zu genügen, welche an die Zwangsinnungen gestellt werden müssen. (Mot.) Diese sind daher durch das Gesetz gehalten, die Beiträge nach der größeren oder geringeren Leistungsfähigkeit der einzelnen Betriebe abzustufen. Eine besondere Berücksichtigung kann dabei durch das Statut den kein Personal beschäftigenden Meistern sowie den freiwillig der Innung Beigetretenen (vgl. zu §. 100 g) eingeräumt werden.

Gewerbesteuer: eine solche wird u. a. in Preußen, Ges. v. 24. Juni 91 Ges.-Samml. 205, und in Bayern, Ges. v. 19. Mai 81 G.V.B. 205, erhoben. Den eigentlichen Gewerbesteuern stehen nach Abs. 4 die Steuern aus dem gewerblichen Einkommen gleich.

Der Vorschlag des Entwurfs, wonach die Landes-Zentralbehörde sollte bestimmen können, daß die Beiträge durch Zuschläge zur Gewerbesteuer erhoben werden, wurde von der Kommission des Reichstags durch die jetzige Vorschrift ersetzt. (Kom.B. S. 29.) Vgl. a. §. 15 des im Anhang abgedruckten Musterstatuts sowie §. 89 Abs. 3. „Nach welchen Anhaltspunkten im Uebrigen die Beitragsstufen festgesetzt werden, etwa nach der Zahl der Hülfskräfte, oder der Art der Erzeugnisse, oder nach der Benutzung maschineller Einrichtungen oder ihrer Zahl, wird bei der Vielgestaltigkeit der Verhältnisse in den verschiedenen Gewerben und Gegenden der Festsetzung durch das Statut vorzubehalten sein, nur sollen die Beiträge so abgestuft werden, daß die stärkeren Betriebe in entsprechend höherem Maße herangezogen werden als die schwächeren." (Mot.)

Landes-Zentralbehörde: in Preußen der Handelsminister, in Bayern das Staatsministerium des Innern im Benehmen mit dem Finanzministerium, in Württemberg, Baden und ebenso in Hessen das Ministerium des Innern.

Zu Abs. 3: die Bestimmung regelt unter Berücksichtigung von logischen und Billigkeitsgründen die Beitragspflicht für solche Fälle, wo das Innungsmitglied neben dem die Innungspflicht begründenden

Handwerk ein anderes Handwerk oder ein Handelsgeschäft mit anderen als selbstwerfertigten Waaren betreibt. Die Vorschrift ist insofern nicht erschöpfend, als der Inhaber eines innungspflichtigen Betriebes neben diesem auch eine Fabrik oder ein sonstiges Gewerbe betreiben kann. Hier muß, da die Gewerbetreibenden dem Innungszwang nur unterstehen, wenn und insoweit sie das in der Innung vertretene Handwerk ausüben (§. 100 Abs. 1), nothwendig dasselbe gelten wie für die im Gesetze ausdrücklich bezeichneten Fälle. Uebrigens kann es häufig zweifelhaft sein, ob im Einzelfalle neben dem Fabrikbetrieb thatsächlich ein innungspflichtiger Handwerksbetrieb vorliegt. Letzteres trifft jedenfalls dann nicht zu, wenn der Betrieb:

1. ausschließlich den eigentlichen Zwecken des Fabrikbetriebes dient. In diesem Falle steht er als zugehöriger nothwendiger Bestandtheil eines fabrikmäßigen Betriebes außerhalb des Innungszwanges (vgl. a. §§. 94 c Abs. 6, 100 c),
2. zwar nicht ausschließlich den Zwecken der Fabrik dient, aber fabrikmäßig eingerichtet ist, und daher als solcher gleichfalls nicht dem Innungszwang unterliegt.

Hiernach werden die Fälle des gemeinsamen Betriebes von innungspflichtigem Handwerk und Fabrik verhältnißmäßig selten vorkommen.

Zu Abs. 4: Eintrittsgelder: die Bestimmung gilt — um den freiwilligen Beitritt nicht zu erschweren — auch für freiwillige Mitglieder. (Mot. S. 72.) Freie Innungen können Eintrittsgelder erheben, dieselben sind jedoch im Statut festzusetzen, §. 83 Abs. 2 Ziff. 3. Zu Gunsten Einzelner kann von ihrer Erhebung nicht abgesehen werden, §. 87 Abs. 6. Für die Innungs-Krankenkassen gilt §. 26 des Krankenversicherungsgesetzes, vgl. §. 90.

Zu Abs. 5: Gebühren: vgl. §. 88 Abs. 3, die freien Innungen bedürfen einer behördlichen Genehmigung hierzu nicht. Bezüglich der Aufsichtsbehörde vgl. §. 96.

§. 100t. Die im §. 100 Abs. 1 bezeichnete Anordnung ist von der höheren Verwaltungsbehörde zurückzunehmen, wenn dies auf Grund eines Beschlusses der Innungsversammlung beantragt wird. Zur Gültigkeit dieses Beschlusses ist erforderlich: 1.

1. daß er von einem Viertel derjenigen Innungsmitglieder, welche der Innung anzugehören verpflichtet sind, bei dem Vorstande beantragt worden ist,
2. daß die Einladung zu der Innungsversammlung, in der die Abstimmung über den Antrag erfolgen soll, mindestens vier Wochen vorher ordnungsmäßig ergangen ist,

3. daß drei Viertel der in Ziffer 1 bezeichneten Innungsmitglieder dem Antrage zustimmen.

2. Waren in der Innungsversammlung, in welcher die Abstimmung über den Antrag erfolgen soll, weniger als drei Viertel der im Abs. 1 Ziffer 1 bezeichneten Innungsmitglieder erschienen, so ist zur Abstimmung über den Antrag binnen vier Wochen eine zweite Innungsversammlung einzuberufen, in welcher die Zurücknahme von drei Viertel der im Abs. 1 Ziffer 1 bezeichneten und erschienenen Mitglieder beschlossen werden kann. Auf diese Folge ist bei der Einberufung hinzuweisen.

3. Wird die Zurücknahme der Anordnung auf Grund eines gültigen Beschlusses beantragt, so ist die Innung spätestens mit dem Ablaufe des Rechnungsjahrs von der höheren Verwaltungsbehörde zu schließen.

4. Auf die Schließung finden die Bestimmungen der §§. 98 und 98a mit der Maßgabe entsprechende Anwendung, daß eine Vertheilung von Reinvermögen unter die bisherigen Mitglieder unstatthaft ist, und der Rest des Vermögens nach Bestimmung der Aufsichtsbehörde entweder den bei der Innung bisher vorhandenen Unterstützungskassen oder einer freien Innung, welche für die an der bisherigen Zwangsinnung betheiligten Gewerbszweige errichtet wird, oder der Handwerkskammer zu überweisen ist. Die Handwerkskammer hat über das Vermögen in einer den bisherigen Zwecken am meisten entsprechenden Weise zu verfügen. Die Verfügung bedarf der Genehmigung der höheren Verwaltungsbehörde.

5. Gegen die Verfügung der höheren Verwaltungsbehörde ist binnen zwei Wochen die Beschwerde an die Landes-Zentralbehörde zulässig. Diese entscheidet endgültig.

6. Wird die Innung aus einem der im §. 97 bezeichneten Gründe geschlossen, so tritt die Anordnung außer Kraft.

Mit den gesetzlichen Vorschriften über die Errichtung der Zwangsinnung und mit ihrem öffentlich rechtlichen Charakter wäre bei den Zwangsinnungen die Möglichkeit einer **Auflösung** der Innung durch einfachen Beschluß ihrer Mitglieder — die bei den freien Innungen gemäß §. 83 Abs. 2 Ziff. 14 der statutarischen Regelung überlassen ist, — unvereinbar. Das Gesetz kennt daher nur eine Aufhebung der Zwangsinnung durch Schließung. Die Schließung erfolgt entweder auf Grund eines gültigen, — durch Abs. 1 und 2 an die Beobachtung bestimmter Formen und Fristen geknüpften — Beschlusses auf Zurücknahme der im §. 100 Abs. 1 bezeichneten Anordnung über die Einführung des Beitrittszwanges (Abs. 1 bis 3), oder aus einem der im §. 97 bezeichneten Schließungsgründe, vgl. unten zu Abs. 6. Zur Gültigkeit des Beschlusses bedarf es wie bei den freien Innungen der Anwesenheit eines Vertreters der Aufsichtsbehörde, §. 96 Abs. 6, vgl. a. Ziff. 35 Abs. 1 der Preußischen, Ziff. 26 Abs. 1 der Bayerischen, §. 34 Abs. 1 der Württembergischen, §. 26 der Hessischen Anweisung. An der Abstimmung über den Antrag auf Zurücknahme der Anordnung dürfen nur die beitrittspflichtigen Mitglieder (vgl. §. 100 f) theilnehmen. Nach Rechtskraft der Entscheidung wird die Zurücknahme der Anordnung ebenso wie der Erlaß (§. 100 b Abs. 2) öffentlich bekannt zu machen sein. Die Preußische, Bayerische und Badische Ausf.-Anweisung schreiben dies nicht ausdrücklich vor, wohl aber mit Recht der §. 34 Abs. 2 der Württembergischen Anweisung.

Zu Abs. 3: ist der — an sich an keine Frist gebundene — Antrag auf Zurücknahme der Anordnung auf Grund eines unter nachgewiesener Wahrung der Vorschriften in Abs. 1 und 2 zu Stande gekommenen Beschlusses gestellt, so kann die Schließung von der Behörde nicht abgelehnt werden. Für die Innungs-Krankenkassen gilt nach §. 90 der §. 47 Abs. 3 bis 6 des Krankenversicherungsgesetzes.

Zu Abs. 4: hiernach wird der §. 98 a Abs. 2, 3 und 4 bei den Zwangsinnungen durch andere Vorschriften ersetzt, insbesondere ist eine Vertheilung des nach Berichtigung der Schulden verbleibenden Reinvermögens unter die Mitglieder, die bei den freien Innungen innerhalb der durch §. 98 a Abs. 2 gezogenen Grenzen zulässig ist, bei den Zwangsinnungen ausgeschlossen. Die Abwickelung der Geschäfte und die Zuweisung des Restvermögens erfolgt nicht, wie bei der freien Innung im Falle ihrer Auflösung (§. 98 Abs. 1) durch den Vorstand, sondern durch die Aufsichtsbehörde (§. 96) oder Beauftragte derselben, §. 98 Abs. 1 Satz 2.

Zu Abs. 6: es kann sich dabei nur um die Fälle im §. 97 Abs. 1 Ziff. 2 bis 4 handeln, Ziff. 1 wird bei Zwangsinnungen durch die Bestimmung im §. 100 d Abs. 3 ersetzt.

§. 100 n. Die Ausdehnung einer Zwangsinnung auf einen größeren Bezirk oder auf andere, als die bereits einbezogenen, verwandte Gewerbszweige oder auf die Handwerker, die der Regel nach weder Gesellen noch Lehrlinge halten, ist von der höheren Verwaltungsbehörde anzuordnen, wenn die Innungsversammlung sie beschließt, die Mehrheit der in die Innung einzubeziehenden Gewerbetreibenden zustimmt, und die im §. 100 Abs. 1 Ziffer 2 bezeichnete Voraussetzung 1.

im Falle dieser Ausdehnung noch zutrifft. Hierbei finden die §§. 100a, 100b, 100d, 100e, 100k bis 100n entsprechende Anwendung.

2. Die Ausscheidung eines Theiles des Bezirkes einer Zwangsinnung oder eines in diese einbezogenen Gewerbszweigs kann durch die höhere Verwaltungsbehörde verfügt werden, wenn die Ausscheidung zum Zwecke der Zuweisung der Auszuscheidenden zu einer anderen Zwangsinnung erfolgt, außerdem nur dann, wenn die Innungsversammlung oder die Mehrheit der auszuscheidenden Innungsmitglieder es beantragt. In letzterem Falle ist vor Erlaß der Verfügung die Innungsversammlung zu hören. Werden die Ausscheidenden Mitglieder einer anderen Innung, so finden hinsichtlich der vermögensrechtlichen Wirkungen der §. 100k Abs. 2 und der §. 100m entsprechende Anwendung.

3. Auf die nach Abs. 1 oder 2 ergehenden Verfügungen der höheren Verwaltungsbehörde finden die Bestimmungen des §. 100b entsprechende Anwendung. Die erforderlichen Abänderungen des Statuts können von der höheren Verwaltungsbehörde angeordnet werden. In diesem Falle findet §. 100d Abs. 3 Anwendung.

Der §. 100u regelt die Frage der Veränderungen im Bestande der Zwangsinnung, Abs. 1 betrifft die Ausdehnung, Abs. 2 die Verminderung des Bestandes.

Zu Abs. 1: auf andere als verwandte Gewerbszweige kann die Ausdehnung nicht erfolgen, vgl. §. 100 Abs. 1. Bezüglich des Bezirks vgl. zu §. 100 Abs. 1 Ziff. 2, für die kein Personal beschäftigenden Handwerker §. 100 Abs. 2 und §. 100f Abs. 1 Ziff. 2. Liegen die im Abs. 1 bezeichneten Voraussetzungen — Beschluß der Innungsversammlung, Zustimmung der Mehrheit der in die Innung einzubeziehenden Handwerke, Begrenzung des neuen Innungsbezirks derart, daß kein Mitglied durch die Entfernung seines Wohnorts vom Sitze der Innung behindert wird, am Genossenschaftsleben theilzunehmen, — vor, so findet auf die alsdann von der höheren Verwaltungsbehörde zu erlassende Verfügung der §. 100b entsprechende Anwendung. Wird in Folge der Ausdehnung der Zwangsinnung eine Innung geschlossen (§. 100b Abs. 4), oder scheidet aus einer bestehenden Innung ein Theil der Mitglieder aus (§. 100b Abs. 5), so finden die zu §. 100k angeführten Bestimmungen entsprechende Anwendung.

andere als die bereits einbezogenen Gewerbszweige: dieser Fall kann z. B. dann praktisch werden, wenn in dem Statut einer

Zwangsinnung die verwandten Handwerke namentlich aufgeführt sind, und sich später in den Innungsbezirk noch andere, dem Hauptgewerbe, für welches die Innung errichtet ist, gleichfalls verwandte Handwerkszweige herausbilden. Die Annahme, die Fassung des Einganges von Abs. 1 sei inkorrekt, ist demnach irrig.

Zu Abs. 2: „Während in den Fällen des Abs. 1 die Ausdehnung der Zwangsinnung unter den gesetzlichen Voraussetzungen erfolgen muß, erscheint es nicht rathsam, die im Abs. 2 vorgesehenen Fälle der Ausscheidung in gleicher Weise zu behandeln. Es wird sich vielmehr schon im Interesse der Aufrechterhaltung der Leistungsfähigkeit der Innung empfehlen, auch unter den im Abs. 2 bezeichneten Voraussetzungen die Verfügung der Ausscheidung eines Theiles des Innungsbezirks oder eines in die Innung einbezogenen Gewerbszweiges in das pflichtmäßige Ermessen derjenigen Behörde zu stellen, von welcher die im §. 100 Abs. 1 bezeichnete Anordnung getroffen worden ist." (Mot.)

Umfaßt eine Zwangsinnung auch die kein Personal beschäftigenden Meister (§. 100 Abs. 1), so kann deren Ausscheidung auf dem im Abs. 2 vorgesehenen Wege nicht herbeigeführt werden, da die Bestimmungen im Abs. 2 nur auf diejenigen Fälle Anwendung finden, in denen es sich entweder um eine räumliche Verkleinerung des Innungsbezirks oder um das Ausscheiden eines einzelnen, gesonderten Zweiges (eine sog. Spezialität) desjenigen Gewerbes, für welches die Zwangsinnung errichtet ist (z. B. bei einer Schlosserinnung, um das Ausscheiden der Bauschlosser) oder eines verwandten Gewerbes handelt. Das Ausscheiden der kein Personal beschäftigenden Meister wird auf dem Wege der Statutenänderung zu bewirken sein.

Werden ... einer anderen Innung: darunter ist eine Zwangsinnung zu verstehen, den freien Innungen einen Anspruch auf Vermögensüberweisung zuzusprechen, würde mit der Absicht des Gesetzes nicht vereinbar sein. Auch der Wortlaut spricht für diese Auffassung. Vgl. a. Ziff. 33 der Preußischen, Ziff. 24 der Bayerischen, §. 32 der Württembergischen Ausf.-Anweisung. Im Uebrigen vgl. zu §§. 100k Abs. 2 und 100m.

Zu Abs. 3: vgl. Ziff. 31 und 32 der Preußischen, Ziff. 23 der Bayerischen, §§. 30 und 31 der Württembergischen, Ziff. 31 der Badischen, Ziff. 23 und 24 der Hessischen Ausf.Anweisung.

II. Innungsausschüsse.

Die §§. 101 bis 102 sind mit dem 1. April 98 in Kraft getreten, Kais. Verordn. v. 14. März 98 R.G.B. 37, vgl. oben S. 1. Von einigen Ergänzungen, insbesondere der, abweichend von dem früheren Rechtszustand, nach §. 101 Abs. 3 fortan zulässigen Verleihung der Korporationsrechte durch die Landes-Zentralbehörde, abgesehen, geben die Bestimmungen das bisherige, durch die Novelle von 81 geschaffene Recht wieder. Vgl. Mot. von 97 S. 48 und 74.

Bezüglich der Handwerkskammern vgl. §§ 103 bis 103q, der Innungsverbande §§. 104 bis 104n.

1. **§. 101.** Für alle oder mehrere derselben Aufsichtsbehörde unterstehende Innungen kann ein gemeinsamer Innungsausschuß gebildet werden. Diesem liegt die Vertretung der gemeinsamen Interessen der betheiligten Innungen ob. Außerdem können ihm Rechte und Pflichten der betheiligten Innungen übertragen werden.

2. Die Errichtung des Innungsausschusses erfolgt durch ein Statut, welches von den Innungsversammlungen der betheiligten Innungen zu beschließen ist. Das Statut bedarf der Genehmigung der höheren Verwaltungsbehörde. In dem die Genehmigung versagenden Bescheide sind die Gründe anzugeben. Gegen die Versagung kann binnen vier Wochen Beschwerde an die Landes-Zentralbehörde eingelegt werden. Abänderungen des Statuts unterliegen den gleichen Vorschriften.

3. Durch die Landes-Zentralbehörde kann dem Innungsausschusse die Fähigkeit beigelegt werden, unter seinem Namen Rechte zu erwerben, Verbindlichkeiten einzugehen, vor Gericht zu klagen und verklagt zu werden. In solchem Falle haftet den Gläubigern für alle Verbindlichkeiten des Innungsausschusses nur das Vermögen desselben.

4. Auf die Beaufsichtigung der Innungsausschüsse finden die Bestimmungen des §. 96 entsprechende Anwendung.

Zu Abs. 1: nach der früheren Fassung (§. 102 Abs. 1 der G.O.) konnten dem Innungsausschuß Rechte und Pflichten der betheiligten Innungen nur insoweit übertragen werden, als dieselben „nicht vermögensrechtlicher Natur sind“. Als „Betheiligte“ können nur diejenigen Innungen angesehen werden, welche dem Ausschusse angehören. (Mot. u. Kom.B. v. 81.) Die Innungsausschüsse dürfen nur aus Innungen bestehen, andere Vereinigungen sowie einzelne Gewerbetreibende können nicht Mitglieder des Innungsausschusses sein. Den Innungsausschüssen können indessen sowohl freie als auch Zwangsinnungen angehören. Bezüglich der Innungsverbände vgl. zu §. 104 Abs. 1 und Abs. 2.

Die Innungsausschüsse bilden, im Gegensatz zu den Innungsverbänden, eine Vertretung der gemeinsamen lokalen Interessen des Handwerks. Sie „beizubehalten, dürfte sich um so mehr empfehlen, als diese Form der lokalen Zusammenfassung des Handwerks sich bewährt hat, und der Vorschlag, für die nicht in Innungen korporirten Handwerker gemeinsam mit den Vertretern der Innungen eine anders eingerichtete Vertretung ihrer lokalen Interessen in der Form von Handwerksausschüssen zu schaffen, von der großen Mehrheit der Handwerker abgelehnt worden ist. Der Zutritt von Zwangsinnungen zu den

Innungsausschüssen wird diesen eine erhöhte Bedeutung geben." (Mot. von 97 S. 48, 49.) Ein Antrag, die Errichtung von Innungsausschüssen obligatorisch zu machen, wurde zurückgezogen. Kom.Ber. S. 31. Bezüglich der Errichtung von Innungs-Krankenkassen und gemeinschaftlichen Geschäftsbetrieben vgl. unten zu Abs. 3.

Zu Abs. 2: die Bestimmungen entsprechen wörtlich dem früheren §. 102 Abs. 2 der G.O. Die Genehmigung des Statuts ist in das pflichtgemäße Ermessen der höheren Verwaltungsbehörde — in Preußen der Regierungspräsident, in Berlin der Polizeipräsident, in Bayern die Kreisregierung, Kammern des Innern, in Sachsen die Kreishauptmannschaften, in Württemberg die Kreisregierung, in Baden das Bezirksamt, in Hessen das Kreisamt, — gestellt, da „die Innungsausschüsse unter Umständen mit bestehenden Einrichtungen der örtlichen Gemeindeverwaltung kollidiren können und in diesem Falle nicht oder nur in soweit zu genehmigen sein werden, als es mit den Interessen der Verwaltung für verträglich erachtet wird". (Mot. v. 81.) Gegen die Versagung der Genehmigung ist nicht — wie nach §. 84 Abs. 4 bei den freien Innungen — der Rekurs, sondern lediglich Beschwerde zulässig.

Das Statut darf keine Bestimmungen enthalten, welche mit den gesetzlichen Zwecken des Innungsausschusses nicht in Verbindung stehen oder gesetzlichen Vorschriften zuwiderlaufen. Die meisten Ausführungsanweisungen enthalten übereinstimmende Vorschriften über den nothwendigen Inhalt des Statuts. Ziff. 36 Abs. 2 der Preußischen, Ziff. 27 Abs. 2 der Bayerischen, Ziff. 12 Abs. 1 der Sächsischen, §. 35 Abs. 2 der Württembergischen, §. 33 der Badischen, §. 27 der Hessischen Anweisung.

Zu Abs. 3: die Verleihung der juristischen Persönlichkeit ist der Landes-Zentralbehörde in ähnlicher Weise wie bei den Innungsverbänden dem Bundesrath (§ 104g) vorbehalten, damit jene Behörde zunächst prüfen kann, ob ein thatsächliches Bedürfniß für die Verleihung nachgewiesen ist.

Auch die mit Korporationsrechten ausgestatteten Innungsausschüsse sind nicht befugt, Innungs-Krankenkassen im Sinne des § 73 des Krankenversicherungsgesetzes zu errichten, da nach der ausdrücklichen Fassung dieser Vorschrift nur Innungen solche Kassen zu gründen berechtigt sind. (Mot. S. 74.)

Gemeinsame Geschäftsbetriebe dürfen nur solche Innungsausschüsse errichten, denen keine Zwangsinnungen angehören, §. 100u Abs. 1. Bezüglich der Innungsverbände vgl. zu §. 104 Abs. 2 am Schlusse.

Im Interesse der Erhaltung des Bestandes der zur Zeit des Inkrafttreten des Handwerkergesetzes bestandenen Innungsausschüsse und Innungsverbände ist für die Uebergangszeit in Ziff. 4 des Art. 6 der Novelle von 97 Folgendes bestimmt:

„Tritt an Stelle einer beim Inkrafttreten dieses Gesetzes einem Innungsausschuß oder Innungsverband angehörigen Innung eine Zwangsinnung, so wird sie bis zur anderweiten Beschlußfassung der Innungsversammlung mit allen Rechten und Verbindlichkeiten Mitglied des Innungsausschusses oder Innungsverbandes."

1. **§. 102.** Die Schließung eines Innungsausschusses kann erfolgen, wenn der Ausschuß seinen statutarischen Verpflichtungen nicht nachkommt oder wenn er Beschlüsse faßt, welche über seine statutarischen Rechte hinausgehen.

2. Die Schließung wird durch die höhere Verwaltungsbehörde ausgesprochen.

3. Gegen die die Schließung aussprechende Verfügung findet der Rekurs statt. Wegen des Verfahrens und der Behörden gelten die entsprechenden Bestimmungen des §. 97 Abs. 3.

4. Die Eröffnung des Konkursverfahrens über das Vermögen eines Innungsausschusses hat die Schließung kraft Gesetzes zur Folge.

5. Vom Zeitpunkte der Auflösung oder Schließung eines Innungsausschusses ab bleiben die betheiligten Innungen noch für diejenigen Zahlungen verhaftet, zu welchen sie statutarisch für den Fall eigenen Ausscheidens aus dem Innungsausschusse verpflichtet sind.

6. Auf die Verwendung des Vermögens finden die Vorschriften des §. 98 Abs. 1 und §. 98a entsprechende Anwendung.

7. Soweit das Statut nicht ein Anderes bestimmt, ist der Austritt aus dem Innungsausschusse jeder Innung mit Ablauf des Rechnungsjahrs gestattet, sofern die Anzeige des Austritts mindestens drei Monate vorher erfolgt.

Zu Abs. 1 bis 3: diese Absätze entsprechen dem früheren §. 103 Abs. 2 bis 4 der GO.

Die Schließung des Innungsausschusses erfolgt in Preußen auf Klage der Aufsichtsbehörde (§. 101 Abs. 4) durch den Bezirksausschuß. Dieser kann vor Erlaß des Endurtheils nach Anhörung des Innungsausschusses die vorläufige Schließung anordnen, welche bis zum Erlaß des Endurtheils fortdauert, §. 126 des Zuständigkeitsges. v. 1. Aug. 83. Gegen das Endurtheil des Bezirksausschusses findet binnen 2 Wochen die Berufung an das Oberverwaltungsgericht statt.

Zu Abs. 4: die Vorschrift entspricht wörtlich dem §. 97 Abs. 3.

Zu Abs. 5 und 6: die Vorschriften über die Verwendung des Vermögens des Innungsausschusses im Falle der Auflösung oder Schließung sind den Vorschriften über die Innungen nachgebildet und eine Folge der Aufnahme der neuen Bestimmungen im §. 101 Abs. 3. Der Abs. 5 ist dem §. 98 Abs. 2 nachgebildet. Im Falle der Schließung erfolgt die Abwickelung der Geschäfte durch die Aufsichtsbehörde oder Beauftragte derselben, §. 98 Abs. 1 Satz 2. Ueber den Unterschied zwischen Auflösung und Schließung vgl. zu § 98.

Zu Abs. 7: nach den zu §. 101 Abs. 2 angeführten Ausf.Anweisungen gehören Bestimmungen über die Bedingungen des Ausscheidens mit zum nothwendigen Inhalt des Statuts.

III. Handwerkskammern.

Die §§. 103 bis 103q sind, soweit sie nicht auf Grund des Art. 9 Abs. 1 der Novelle von 97 bereits in Geltung standen, durch die Kaiserliche Verordnung vom 12. März 1900 (R.G.B. 127) mit dem 1. April dieses Jahres in Kraft getreten, vgl. oben zur Ueberschrift zu Tit. VI. Die frühere Inkraftsetzung verbot sich sowohl in Rücksicht auf die gesetzlich vorgeschriebene Reorganisation der beim Erlasse der Novelle bestehenden Innungen (s. zu §. 81 am Schlusse) als auch im Hinblick auf die Bestimmung im §. 103a, wonach zunächst eine angemessene Frist zur Errichtung der nothwendigen Wahlkörper für die Wahlen zur Handwerkskammer gelassen werden mußte.

§. 103. Zur Vertretung der Interessen des Handwerkes 1
ihres Bezirkes sind Handwerkskammern zu errichten.

Die Errichtung erfolgt durch eine Verfügung der Landes- 2.
Zentralbehörde, in welcher der Bezirk der Handwerkskammer zu bestimmen ist. Dabei kann die Bildung von Abtheilungen für einzelne Theile des Bezirkes oder für Gewerbegruppen angeordnet werden.

Durch Verfügung der Landes-Zentralbehörde kann der 3.
Bezirk der Handwerkskammer abgeändert werden. In diesem Falle hat eine Vermögensauseinandersetzung unter entsprechender Anwendung des §. 100k Abs. 2 zu erfolgen.

Mehrere Bundesstaaten können sich zur Errichtung 4.
gemeinsamer Handwerkskammern vereinigen. In diesem Falle sind die den Behörden übertragenen Befugnisse, soweit nicht eine anderweite Vereinbarung getroffen wird, von den Behörden desjenigen Bundesstaats wahrzunehmen, in welchem die Handwerkskammer ihren Sitz hat.

Handwerkskammern: die Aufgabe der Handwerkskammer ist eine zweifache. Sie hat einmal die Gesammtinteressen des Handwerks und die Interessen der in ihrem Bezirke vorhandenen

Handwerke gegenüber der Gesetzgebung und der Verwaltung des Staates zu vertreten, und zwar sowohl durch Erstattung der von den Behörden von ihr erforderten Gutachten, als auch durch die aus ihrer eigenen Initiative hervorgehenden Anregungen. (§§. 103 Abs. 1 und 103e.) Daneben hat sie als Selbstverwaltungsorgan die Aufgabe, diejenigen zur Regelung der Verhältnisse des Handwerks erlassenen gesetzlichen Bestimmungen, welche noch einer Ergänzung durch Einzelvorschriften bedürftig und fähig sind, für ihren Bezirk weiter auszubauen, die Durchführung der gesetzlichen und der von ihr selbst erlassenen Vorschriften in ihrem Bezirke zu regeln und soweit erforderlich durch besondere Beauftragte (vgl. §§. 94c und 103e) zu überwachen, und endlich solche auf die Förderung des Handwerks abzielende Veranstaltungen zu treffen, zu deren Begründung und Unterhaltung die Kräfte der lokalen Organisationen nicht ausreichen. (Mot. S. 49.)

Die den Handwerkskammern in den §§. 103 bis 103q gesetzlich zugewiesenen Aufgaben sind nicht erschöpfend, es werden denselben vielmehr in den §§. 129 bis 132a, bei denen es sich vornehmlich um die Befugniß zur Anleitung von Lehrlingen im Handwerk sowie um die Wiedereinführung der Gesellenprüfung handelt, sowie in dem die Wiedereinführung der Meisterprüfung betreffenden §. 133 eine Reihe weiterer Obliegenheiten und Befugnisse übertragen. (§. 129 Abs. 1, §. 129a Abs. 3, §. 130, §. 130a Abs. 1 und 2, §. 131 Abs. 2, §. 131a Abs. 2, §. 131b Abs. 2, §. 132, §. 133 Abs. 2 u. 4, vgl. a. zu §. 103e Abs. 1 Ziff. 1.) Hiernach haben die die Handwerkskammern u. a. zur Durchführung der Organisation des Handwerks für sämmtliche in ihrem Bezirke zu errichtende Prüfungsausschüsse die Vorsitzenden zu bestellen (§. 131a Abs. 1 Satz 1), die Entscheidungen darüber zu treffen, welchen freien Innungen die Ermächtigung zur Abnahme der Gesellenprüfung zu ertheilen ist (§. 131 Abs. 2 Satz 1), und für die in den meisten Bezirken sehr stark vertretenen Gewerbe, in denen für die Abnahme von Gesellenprüfungen nicht durch Prüfungsausschüsse der Innungen oder durch die im §. 129 Abs. 4 bezeichneten Lehrwerkstätten, gewerblichen Unterrichtsanstalten und Prüfungsbehörden gesorgt ist, die Prüfungsausschüsse zu errichten (§. 131 Abs. 2 Satz 2). Ferner haben sie für jedes einzelne Gewerbe die Prüfungsordnung zu berathen (§. 131b Abs. 2) und diejenigen Gewerbe zu bestimmen, welche bezüglich der Befugniß zur Anleitung von Lehrlingen im Handwerk als verwandte Gewerbe im Sinne des §. 129a Abs. 3 anzusehen sind. Bei der Meisterprüfung haben sie neben der Theilnahme an der Errichtung der Prüfungskommissionen das Verfahren vor den letzteren und den Gang der Prüfung durch eine von ihnen mit Genehmigung der Landes-Zentralbehörde zu erlassende Prüfungsordnung zu regeln (§. 133 Abs. 2 und 3).

Die §§. 103 bis 103d betreffen die Errichtung und Zusammensetzung der Handwerkskammern, die §§. 103 Abs. 1, 103e, 103f, 103n ihre Aufgaben und Befugnisse (vgl. a. §§. 129a Abs. 3, 130, 130a Abs. 1 und 2, 131 Abs. 2 bis 131b, 132, 133), §. 103g den Vorstand, §§. 103i und 103k den Gesellenausschuß, §. 94c in Verbindung mit §. 103l die Beauftragten, §. 103h den Kommissar, §§. 103m, 103a Abs. 1, 103d, 103g Abs. 1, 103i Abs. 2, 103k Abs. 2 und 95 Abs. 3 das Statut, §§. 103l, 103n Abs. 4, 103p die Kosten, §. 103o die Aufsicht.

Für diejenigen Bundesstaaten, für welche bereits andere gesetzliche Einrichtungen (Handels- und Gewerbekammern) zur Vertretung der Interessen des Handwerks vorhanden sind, kann diesen Körperschaften nach §. 103q unter den daselbst bezeichneten Voraussetzungen die Wahrnehmung der Rechte und Pflichten der Handwerkskammer übertragen werden. Wo dies nicht geschehen ist, ist die Errichtung von Handwerkskammern obligatorisch.

Im Reiche bestehen nunmehr insgesammt 65 Handwerkskammern und 8 gemäß §. 103q an deren Stelle tretende landesrechtliche Gewerbekammern.

Von den 65 Handwerkskammern entfallen 33 auf Preußen — mit dem Sitz in Königsberg, Insterburg, Danzig, Berlin, Frankfurt a/O., Stettin, Stralsund, Posen, Bromberg, Breslau, Liegnitz, Oppeln, Magdeburg, Halle, Erfurt, Altona, Flensburg, Hannover, Hildesheim, Harburg, Osnabrück, Münster, Bielefeld, Arnsberg, Dortmund, Cassel, Wiesbaden, Coblenz, Düsseldorf, Cöln, Aachen, Saarbrücken, Sigmaringen; — 8 auf Bayern — mit dem Sitz in München, Passau, Kaiserslautern, Regensburg, Bayreuth, Nürnberg, Würzburg, Augsburg; — 4 auf Württemberg — mit dem Sitz in Stuttgart, Ulm, Heilbronn, Reutlingen; — 4 auf Baden — mit dem Sitz in Konstanz, Freiburg, Karlsruhe, Mannheim. Schwarzburg-Sondershausen hat mit Schwarzburg-Rudolstadt, Sachsen-Altenburg mit Reuß j. L. je eine gemeinsame Handwerkskammer (§. 103 Abs. 4) errichtet. Waldeck und Pyrmont sind an die angrenzenden Handwerkskammern zu Cassel und Hannover, das oldenburgische Fürstenthum Birkenfeld an Saarbrücken, das oldenburgische Fürstenthum Lübeck an Altona angeschlossen. In den übrigen Bundesstaaten mit Handwerkskammern besteht, ebenso wie für Elsaß-Lothringen, je eine Handwerkskammer.

Die 8 an die Stelle der Handwerkskammern tretenden Gewerbekammern bestehen im Königreich Sachsen — 5 Kammern mit dem Sitze in Chemnitz, Dresden, Leipzig, Plauen, Zittau — sowie je 1 in Lübeck, Bremen und Hamburg.

Bezüglich der Form des Siegels der preußischen Handwerkskammern, vgl. Min.Erl. v. 6. Juli 1900 Min.Bl. S. 237.

Landes-Zentralbehörde: Vgl. zu §. 128 Abs. 2.

§. 103a. Die Zahl der Mitglieder der Handwerks- 1.
kammer wird durch das Statut bestimmt.

Für die Mitglieder sind Ersatzmänner zu wählen, welche 2.
für dieselben in Behinderungsfällen und im Falle des Ausscheidens für den Rest der Wahlperiode in der Reihenfolge der Wahl einzutreten haben.

3. Die Mitglieder werden gewählt:

1. von den Handwerkerinnungen, welche im Bezirke der Handwerkskammer ihren Sitz haben, aus der Zahl der Innungsmitglieder;
2. von denjenigen Gewerbevereinen und sonstigen Vereinigungen, welche die Förderung der gewerblichen Interessen des Handwerkes verfolgen, mindestens zur Hälfte ihrer Mitglieder aus Handwerkern bestehen und im Bezirke der Handwerkskammer ihren Sitz haben, aus der Zahl ihrer Mitglieder, soweit denselben nach den Bestimmungen dieses Gesetzes die Wählbarkeit zusteht. Mitglieder, welche einer Innung angehören oder nicht Handwerker sind, dürfen an der Wahl nicht betheiligt werden.

4. Die Vertheilung der zu wählenden Mitglieder auf die Wahlkörper, sowie das Wahlverfahren werden durch die von der Landes-Zentralbehörde zu erlassende Wahlordnung geregelt.

Zu Abs. 1: wegen einer Ergänzung der Zahl der Mitglieder vgl. §. 103d Abs. 1, wegen des im Anhange abgedruckten preußischen Statuts s. unten zu §. 103m.

Zu Abs. 2: die Mitglieder sollen von denjenigen Handwerkern gewählt werden, welche sich zur Verfolgung ihrer gemeinsamen gewerblichen Interessen in Zwangsinnungen, freie Innungen, Gewerbevereine oder sonstige gewerbliche Vereinigungen zusammengeschlossen haben, (Mot.) und zwar, wie sich aus Ziff. 1 und 2 ergiebt, nur aus der Zahl ihrer Mitglieder.

Zu Ziff. 1: das Gesetz stellt hinsichtlich der Wahlberechtigung die Innungen und die sonstigen Handwerkervereinigungen — Gewerbevereine, Handwerkervereine, Fachgenossenschaften, Fachvereine — grundsätzlich gleich. Es geht davon aus, daß durch die Beschränkung der Wahlberechtigung auf die unter 1 und 2 bezeichneten Wahlkörper der genossenschaftliche Zusammenschluß der Handwerker einen Antrieb und eine Stärkung erfahren werde.

Bezüglich der Wahlen zu dem, ebenso wie bei den Innungen gemäß §. 103i auch bei der Handwerkskammer zu errichtenden Gesellenausschusses hat das Gesetz die Innungsgesellen mit den bei den Mitgliedern der übrigen wahlberechtigten Vereinigungen beschäftigten Gesellen nicht gleichgestellt, vgl. zu §. 103i Abs. 5.

Als Handwerkerinnungen werden auch diejenigen freien Innungen anzusehen sein, welche zwar nicht ausschließlich, aber, wie manche gemischten Innungen, doch in überwiegender Zahl Handwerker umfassen, und deren Zweck daher vorwiegend in der Wahrnehmung von handwerkerlichen Interessen besteht. Bei Handwerker-Innungen ist die Theilnahme an der Wahl durch das Gesetz nicht auf die Handwerker beschränkt, sie kann aber durch die Wahlordnung (Abs. 4) dieser Beschränkung unterworfen werden. Durch die statutarische Beschränkung der Zahl der für die Handwerkskammer zu wählenden Mitglieder ergiebt sich von selbst, daß die Handwerker-Innungen auch berechtigt sind, eine einer anderen als der wählenden Innung als Mitglied angehörende Person zu wählen. Dies muß entsprechend auch für die Gewerbevereine und sonstigen Vereinigungen gelten, vgl. a. zu §. 103b.

Zu Ziff. 2: bezüglich der Wählbarkeit vgl. §. 103b, bezüglich der Wahlperioden §. 103c Abs. 1, der Verpflichtung zur Annahme der Wahl, des Ausscheidens und der Enthebung vom Amte §. 103c Abs. 2 und §§. 94 bis 94b. Beschwerden gegen die Rechtsgültigkeit der Wahlen sind nur binnen vier Wochen nach der Wahl zulässig und werden durch die Aufsichtsbehörde — die höhere Verwaltungsbehörde, §. 103d Abs. 1 — endgültig entschieden, §. 103c Abs. 2 in Verbindung mit §. 94 Abs. 1. Die Ziff. 2 Satz 2 bezieht sich auch auf das passive Wahlrecht. Innungsmitglieder können daher von den Gewerbevereinen nicht gewählt werden. Von letzteren in die Handwerkskammer gewählte Personen müssen aus dieser ausscheiden, sobald sie einer Innung beitreten. (§. 94b, §. 103c Abs. 2.) Pr.Min.Erl. v. 21. Jan. 1901, Min.Bl. S. 81.

Zu Abs. 3: in welcher Weise die im Abs. 2 bezeichneten Organisationen die Wahl vorzunehmen haben, ob durch den Vorstand oder die Generalversammlung, bestimmt sich nach deren Statuten, sofern nicht die Wahlordnung hierüber Bestimmungen trifft. Durch die letztere können auch indirekte Wahlen vorgeschrieben werden.

§. 103b. Wählbar sind nur solche Personen, welche
1. zum Amte eines Schöffen fähig sind (§§. 31, 32 des Gerichtsverfassungsgesetzes);
2. das 30. Lebensjahr zurückgelegt haben;
3. im Bezirke der Handwerkskammer ein Handwerk mindestens seit drei Jahren selbständig betreiben;
4. die Befugniß zur Anleitung von Lehrlingen besitzen.

Nur solche Personen: nämlich der im §. 103a Abs. 3 Ziff. 1 und 2 bezeichneten Art. Wegen des Vorstandes vgl. §. 103g, wegen der Wählbarkeit zum Gesellenausschuß §. 103i Abs. 6.

zum Amte eines Schöffen fähig: den Wortlaut dieser Bestimmungen s. oben zu §. 93 Abs. 2.

Bezüglich der Befugniß zur Anleitung von Lehrlingen vgl. §. 129, insbesondere auch für die Uebergangszeit unten S. 154.

Für die von den Innungen gewählten Mitglieder der Handwerkskammern ist neben den Voraussetzungen des §. 103b auch die Zugehörigkeit zu einer Innung (§. 103a) als Voraussetzung der Wählbarkeit zu betrachten. Fällt diese Voraussetzung, z. B. in Folge der Auflösung der Innung, weg, so haben die betreffenden Mitglieder gemäß

§§. 103c Abs. 2, 94b aus der Handwerkskammer auszuscheiden. Pr. Min. Erl. v. 18. September 1900, Min.Bl. S. 240. Dies gilt entsprechend auch für die von den Gewerbevereinen (§. 103a Abs. 1 Ziff. 2) gewählten Mitglieder.

1. **§. 103c.** Die Wahlen zu den Handwerkskammern und ihren Organen erfolgen auf sechs Jahre. Alle drei Jahre scheidet die Hälfte der Gewählten aus; eine Wiederwahl ist zulässig.

2. Die Bestimmungen der §§. 94 bis 94b finden entsprechende Anwendung.

Organe: hierzu gehören namentlich der Vorstand und die Ausschüsse. Wegen des Sekretärs vgl. § 103g Abs. 3 Ziff. 5, wegen der Wahlperiode für die Prüfungsausschüsse §. 131a Abs. 3.

Zu Abs. 2: in den §§. 94 bis 94b sind die erforderlichen Bestimmungen über die Verpflichtung zur Annahme, den ehrenamtlichen Charakter, die Anfechtung und die Ablehnung der Wahlen sowie über die Verpflichtung zum Ausscheiden aus dem Amte vorgesehen. Vgl. a. §. 103o.

1. **§. 103d.** Die Handwerkskammer kann sich nach näherer Bestimmung des Statuts bis zu einem Fünftel ihrer Mitgliederzahl durch Zuwahl von sachverständigen Personen ergänzen und zu ihren Verhandlungen Sachverständige mit berathender Stimme zuziehen.

2. Die Handwerkskammer ist berechtigt, aus ihrer Mitte Ausschüsse zu bilden und mit besonderen regelmäßigen oder vorübergehenden Aufgaben zu betrauen. Die Ausschüsse können zu ihren Verhandlungen Sachverständige mit berathender Stimme zuziehen.

Zu Abs. 1: der Abs. 1 beruht auf der Erwägung, daß es sich nicht immer verhüten lassen wird, daß unter den gewählten Mitgliedern Vertreter solcher Handwerke fehlen, deren Vertretung durch ein oder mehrere Mitglieder wegen ihrer Bedeutung innerhalb des gesammten Handwerks des Bezirks dringend erwünscht ist, und daß einzelne Orte und Bezirke, obgleich sie für die Verhältnisse des Handwerks von besonderer Wichtigkeit sind, bei den Wahlen zur Handwerkskammer ohne ausreichende Vertretung bleiben. „Das hiernach der Handwerkskammer beigelegte Recht der Zuwahl — für welche die Anforderungen des §. 103b nicht vorgeschrieben sind — giebt gleichzeitig die Möglichkeit, auch solche Personen als Mitglieder aufzunehmen, welche zwar dem Handwerkerstande nicht oder nicht mehr angehören, sich aber durch besondere Sachkunde in Bezug auf die für die Interessen des Handwerks in Betracht kommenden Fragen auszeichnen.“ (Mot. S. 76.) Außerdem können noch Sachverständige mit berathender Stimme zu den Verhandlungen zugezogen werden. „Auf diesem Wege wird die Kammer in den Stand gesetzt, sich mit den Verhältnissen sämmtlicher in ihrem Bezirke vertretenen Handwerke vertraut zu machen, und jede das einzelne Handwerk betreffende Frage mit Vertretern der zunächst betheiligten Fachgenossen zu berathen." (Mot.)

Wegen der Mitgliederzahl vgl. §. 103a Abs. 1, wegen des Statuts §. 100m sowie §. 5 des im Anhang abgedruckten Statutenentwurfs.

Zu Abs. 2: die Bildung besonderer Ausschüsse „soll im Wesentlichen dazu dienen, wichtigere Angelegenheiten, namentlich auch solche, welche die Verhältnisse einzelner Handwerke betreffen, für die Berathung der Gesammtheit der Handwerkskammer im engeren Kreise vorzubereiten oder auch selbständig zu erledigen." (Mot.) Vgl. §. 6 des vorerwähnten Entwurfs. Danach wird die Entschädigung der Sachverständigen für Reisekosten und Zeitversäumniß durch den Vorsitzenden der Handwerkskammer festgesetzt.

§. 103e. Der Handwerkskammer liegt insbesondere ob: 1.

1. die nähere Regelung des Lehrlingswesens;
2. die Durchführung der für das Lehrlingswesen geltenden Vorschriften zu überwachen;
3. die Staats- und Gemeindebehörden in der Förderung des Handwerkes durch thatsächliche Mittheilungen und Erstattung von Gutachten über Fragen zu unterstützen, welche die Verhältnisse des Handwerkes berühren;
4. Wünsche und Anträge, welche die Verhältnisse des Handwerkes berühren, zu berathen und den Behörden vorzulegen, sowie Jahresberichte über ihre die Verhältnisse des Handwerkes betreffenden Wahrnehmungen zu erstatten;
5. die Bildung von Prüfungsausschüssen zur Abnahme der Gesellenprüfung (§. 131 Abs. 2);
6. die Bildung von Ausschüssen zur Entscheidung über Beanstandungen von Beschlüssen der Prüfungsausschüsse (§. 132).

Die Handwerkskammer soll in allen wichtigen, die Gesammtinteressen des Handwerkes oder die Interessen einzelner Zweige desselben berührenden Angelegenheiten gehört werden. 2.

Sie ist befugt, Veranstaltungen zur Förderung der gewerblichen, technischen und sittlichen Ausbildung der Meister, 3.

Gesellen (Gehülfen) und Lehrlinge zu treffen, sowie Fachschulen zu errichten und zu unterstützen.

Zu Abs. 1: die allgemeine Aufgabe der Handwerkskammern ist im §. 103 Abs. 1 bezeichnet, im Uebrigen vgl. a. §. 103m Abs. 4, §. 129a Abs. 3, §. 133 Abs. 4.

Zu Ziff. 1: unter den Befugnissen und Obliegenheiten, welche von der Handwerkskammer zur Regelung des Lehrlingswesens wahrzunehmen sind, kommen in Betracht:

1. der Erlaß näherer Bestimmungen über Form und Inhalt der Lehrverträge (§. 126b),
2. die subsidiäre Befugniß zur Festsetzung der Zahl der Lehrlinge (§. 130),
3. die Festsetzung der Dauer der Lehrzeit (§. 130a Abs. 2),
4. die Entbindung von dieser Dauer im Einzelfalle (§. 130a Abs. 3),
5. die Entscheidung über die Beanstandung von Beschlüssen der Prüfungsausschüsse zur Abnahme der Gesellenprüfung durch den Vorsitzenden (§. 132),
6. die Ernennung sämmtlicher Vorsitzender der Prüfungsausschüsse (§. 131a Abs. 2) und die Bestellung der Beisitzer in den gesetzlich bestimmten Fällen (§. 103e Abs. 1 Ziff. 5, §. 131a Abs. 2),
7. die Begutachtung der von den Zwangsinnungen beschlossenen Vorschriften zur Regelung des Lehrlingswesens (§. 100p),
8. die Begutachtung der von der höheren Verwaltungsbehörde zu erlassenden Prüfungsordnung für die Gesellenprüfung (§. 131b Abs. 2),
9. die Ermächtigung der freien Innungen zur Bildung von Prüfungsausschüssen für die Gesellenprüfung (§. 131 Abs. 2),
10. die Errichtung von Fachschulen u. s. w. (§. 103e Abs. 3).

Die Vorschriften zur Regelung des Lehrlingswesens müssen von der Gesammtheit der Handwerkskammer beschlossen werden, §. 103g Abs. 3 Ziff. 4. Sie bedürfen der Genehmigung der höheren Verwaltungsbehörde, §. 103g Abs. 4. Bei ihrem Erlaß ist der Gesellenausschuß zu betheiligen, §. 103k Abs. 1 Ziff. 1 und Abs. 2, ebenso bei der Entscheidung über Beanstandungen von Beschlüssen der Prüfungsausschüsse, §. 103k Abs. 1 Ziff. 3 und Abs. 2.

Zu Ziff. 2: bezüglich der Ernennung von Beauftragten vgl. §§. 103n Abs. 1 und 94c; vgl. a. §. 103f.

Zu Ziff. 4: die Erstattung der Jahresberichte ist obligatorisch. Ueber die Eintheilung und Anordnung des Stoffes, die hauptsächlichsten Gesichtspunkte u. s. w., werden, ähnlich wie dies für die Erstattung der Jahresberichte der Handelskammern geschehen ist, auf dem Wege der Anweisung besondere Bestimmungen zu erlassen sein. Innungen und Innungsausschüsse sind zur Mittheilung der etwaigen Zahlenangaben u. s. w. verpflichtet, §. 103f Abs. 1. Vgl. a. zu §. 103f am Schlusse.

Zu Abs. 2: hierdurch „soll den betreffenden Behörden zur Pflicht gemacht werden, die Handwerkskammern in allen wichtigeren, die Interessen des Handwerks berührenden Fragen zu hören.“ (Mot.) Die

Gültigkeit der von den Behörden in solchen Angelegenheiten getroffenen Bestimmungen ist jedoch von der Anhörung nicht abhängig.

Zu Abs. 3: vgl. a. §§. 81b Ziff. 1, 100c, 104 Abs. 2, 120 Abs. 3, sowie wegen der Befugniß zur Erhebung von Gebühren für die Benutzung der Einrichtungen §. 103n Abs. 1 und §. 88 Abs. 3.

§. 103f. Die Innungen und Innungsausschüsse sind verpflichtet, den von der Handwerkskammer innerhalb ihrer Zuständigkeit erlassenen Anordnungen Folge zu leisten. 1.

Soweit die Bestimmungen des Statuts der Innungen und der Innungsausschüsse oder die von der Innungsversammlung zur näheren Regelung des Lehrlingswesens erlassenen Vorschriften (§. 93 Abs. 2 Ziffer 5) mit den Anordnungen, welche von der Handwerkskammer in Ausübung ihrer gesetzlichen Befugnisse getroffen werden, in Widerspruch treten, sind sie unverbindlich. 2.

Die Innungen und Innungsausschüsse sind „die gegebenen Organe der Handwerkskammer, ihrer muß sich daher letztere bei Ausführung ihrer Anordnungen bedienen können." (Mot.) Eine Unterscheidung zwischen freien Innungen und Zwangsinnungen macht der §. 103f nicht. Für die Innungsverbände, die Gewerbevereine und sonstigen Vereinigungen enthält das Gesetz keine dem §. 103f Abs. 1 entsprechende Vorschrift. Die Strafbefugniß des § 103n Abs. 2 findet auf Innungen, welche von den Handwerkskammern an sie gerichtete Anfragen nicht oder nicht rechtzeitig beantworten, keine Anwendung, da diese Bestimmung sich nur auf Verstöße gegen die von den Handwerkskammern innerhalb ihrer Zuständigkeit erlassenen Anordnungen bezieht. Dagegen kann gemäß § 103p die Aufsichtsbehörde der Innungen ersucht werden, die Innungsorgane zur Erfüllung ihrer gesetzlichen Verpflichtungen — nöthigenfalls unter Anwendung der im § 96 Abs. 2 vorgesehenen Zwangsmittel — anzuhalten. Pr.Min Erl. v. 10. Mai 1901, Min.Bl. S. 142.

Innungen: darunter fallen im Sinne des § 103f Abs. 1 nur Handwerker-Innungen.

§. 103g. Die Handwerkskammer hat aus ihrer Mitte einen Vorstand zu wählen, welchem nach näherer Bestimmung des Statuts die laufende Verwaltung und Geschäftsführung obliegt. 1.

Auf den Vorstand finden die Bestimmungen des §. 92a Abs. 2 und des §. 92b entsprechende Anwendung. 2.

Der Beschlußfassung der Gesammtheit der Handwerkskammer bleibt mindestens vorbehalten: 3.

1. die Wahl des Vorstandes und der Ausschüsse;

2. die Feststellung des Haushaltsplans, die Prüfung und Abnahme der Jahresrechnung, die Bewilligung von Ausgaben, welche im Haushaltsplane nicht vorgesehen sind, sowie die Aufnahme von Anleihen;
3. die Abgabe von Gutachten und Anbringung von Anträgen bei den Behörden und gesetzgebenden Körperschaften über Gegenstände, welche die Gesammtinteressen, insbesondere die Gesetzgebung über die Verhältnisse des Handwerkes, betreffen;
4. der Erlaß von Vorschriften zur Regelung des Lehrlingswesens;
5. die Wahl des Sekretärs. Soll die Anstellung für mehr als sechs Jahre erfolgen, so ist die Genehmigung der Aufsichtsbehörde erforderlich.

4. Die Vorschriften zur Regelung des Lehrlingswesens bedürfen der Genehmigung der Landes-Zentralbehörde und sind zu veröffentlichen.

Die im §. 103g vorgesehene Theilung der Geschäfte zwischen dem Vorstande, dem die Führung der laufenden Geschäfte obliegen soll, und der Handwerkskammer, deren Beschlußfassung bestimmte wichtige Angelegenheiten vorbehalten bleiben sollen, entspricht der bei ähnlichen Organisationen üblichen Regelung. (Mot.)

Zu Abs. 1: Vorstand: die Wahl und die Befugnisse des Vorstandes sind gemäß §. 103m Abs. 2 Ziff. 5 im Statut zu regeln, vgl. §§. 12fg. des im Anhange abgedruckten Statuts. Nach den gesetzlichen Bestimmungen ist, sofern das Statut nicht ein Anderes bestimmt, die Wahl eines Nichthandwerkers in den Vorstand nicht ausgeschlossen, da die gemäß §. 103d zugewählten Mitglieder der Handwerkskammer nicht Handwerker zu sein brauchen. Durch die Bestimmung im Abs. 2 werden übrigens der statutarischen Regelung gewisse Grenzen gezogen (§. 92b). Wegen der Wahlen, die, unter Zulässigkeit der Wiederwahl, auf sechs Jahre erfolgen, vgl. §. 103c, wegen etwaiger Streitigkeiten über die Wahl, welche durch die Aufsichtsbehörde entschieden werden, §. 94 in Verbindung mit §. 103c Abs. 2, wegen der Aufsicht über die Geschäftsführung des Vorstandes §. 103o Abs. 1 und 2. Bezüglich der Betheiligung des Gesellenausschusses bei der Abgabe von Gutachten und Erstattung von Berichten über Angelegenheiten, welche die Verhältnisse der Gesellen und Lehrlinge berühren, vgl. §. 103k Abs. 1 Ziff. 2. Bezüglich des Zustandekommens und des nothwendigen Inhalts des Statuts vgl. §. 103m.

Zu Abs. 2: Die §§. 92a und 92b regeln die allgemeine Obliegenheit des Vorstandes — der nach näherer Bestimmung des Statuts die laufende Verwaltung zu führen und über jede Aenderung seiner

Zusammensetzung und das Ergebniß jeder Wahl der Aufsichtsbehörde Anzeige zu erstatten hat und dessen Mitglieder für pflichtgemäße Verwaltung wie Vormünder ihren Mündeln haften — sowie ferner seine Vertretungsbefugniß und Legitimation.

Zu Abs. 3 Ziff. 1: Bezüglich der Ausschüsse vgl. §§. 29 fg. des im Anhang abgedruckten Statuts. Hiernach bildet die Handwerkskammer als ständige Ausschüsse einen Ausschuß für das Lehrlingswesen (§. 32), einen Ausschuß zu Entscheidungen über Beanstandungen von Beschlüssen der Prüfungsausschüsse (§. 132 der G.O.) — Berufungsausschuß (§§. 33—35), — einen Rechnungsausschuß (§. 36) und einen Gesellenausschuß (§§. 37—43 des Statuts, §§. 103i und 103k der G.O.). Außerdem können für einzelne Fälle außerordentliche Ausschüsse gebildet werden (§. 29 Abs. 1).

Zu Ziff. 2: Haushaltsplan: vgl. §§. 103m Abs. 2 Ziff. 8 (nähere Bestimmungen durch das Statut, vgl. §. 54 des erwähnten Statuts) und §. 103n Abs. 3 (Genehmigung der Aufsichtsbehörde).

Jahresrechnung: vgl. §. 103m Abs. 2 Ziff. 9 und wegen der im Haushaltsplan nicht vorgesehenen Ausgaben und der Anleihen §. 103n Abs. 1 und §. 89b.

Zu Ziff. 3: hierunter fallen nicht auch solche Gutachten und Anträge, welche die Interessen einzelner Handwerke berühren, vorausgesetzt, daß das Statut nicht ein Anderes bestimmt. Wegen der Mitwirkung des Gesellenausschusses vgl. oben zu Abs. 1.

Zu Ziff. 4: Bezüglich des Erlasses von Vorschriften zur Regelung des Lehrlingswesens vgl. Abs. 4 sowie namentlich §. 103e Abs. 1 Ziff. 1 und §. 103k Abs. 1 Ziff. 1.

Zu Ziff. 5: der Sekretär soll eine „geschulte Kraft zur Erledigung der laufenden Arbeiten" sein. In seiner Anstellung „wird zugleich das Mittel gegeben, für die Handwerkskammer einen geschäftskundigen Beamten zu gewinnen." (Mot.) Wissenschaftliche Vorbildung ist nicht vorgeschrieben, jedenfalls aber für größere Handwerkskammern sehr erwünscht. Eine Anstellung auf sechs Jahre oder auf kürzere Zeit ist zulässig und bedarf bezüglich der Person des Gewählten keiner behördlichen Genehmigung.

Zu jeder Sitzung des Vorstandes, der Ausschüsse und der Gesammtheit der Handwerkskammer ist stets der Kommissar einzuladen. Ueber diesen und seine Befugnisse, zu denen auch das Beanstandungsrecht gehört, vgl. §. 103h.

Zu Abs. 4: Während die Vorschriften der Handwerkskammer zur Regelung des Lehrlingswesens der Genehmigung der Landes-Zentralbehörde bedürfen, unterliegen die Vorschriften der Zwangsinnungen hierüber der Genehmigung der höheren Verwaltungsbehörde, welche vorher die Handwerkskammer unter Zuziehung des Gesellenausschusses zu hören hat, vgl. §. 100p und §. 103k Abs. 1 Ziff. 2.

§. 103h. Bei der Handwerkskammer ist von der Aufsichts- 1.
behörde (§. 103o) ein Kommissar zu bestellen. Derselbe ist zu jeder Sitzung der Handwerkskammer, ihres Vorstandes

und der Ausschüsse einzuladen und muß auf Verlangen jederzeit gehört werden.

2. Der Kommissar kann jederzeit von den Schriftstücken der Handwerkskammer Einsicht nehmen, Gegenstände zur Berathung stellen und die Einberufung der Handwerkskammer und ihrer Organe verlangen. Er kann Beschlüsse der Handwerkskammer und ihrer Organe, welche deren Befugnisse überschreiten oder die Gesetze verletzen, mit aufschiebender Wirkung beanstanden; über die Beanstandung entscheidet nach Anhörung der Handwerkskammer oder ihrer Organe die Aufsichtsbehörde.

Durch die im §. 103h vorgeschriebene Bestellung eines staatlichen Kommissars sollen einerseits die Staatsorgane in eine engere und ständige Fühlung mit der Vertretung des Handwerks gebracht, und andererseits der Handwerkskammer ein sachverständiger Berather an die Seite gestellt werden. „Durch die Bestellung eines solchen Berathers wird nicht nur die Leistungsfähigkeit der Handwerkskammer und damit die Bedeutung ihrer Stellung gestärkt, sondern auch zugleich eine erwünschte Gewähr für die sachgemäße, von persönlichen Interessen nicht beeinträchtigte Behandlung der Geschäfte geboten." (Mot. S. 50.) Vorzugsweise und in der Regel wird dieses Amt einem Mitglied der Aufsichtsbehörde übertragen werden, „doch wird es unbedenklich sein, nach dem Vorgange in Oesterreich, auch Kommunalbeamte oder besonders geeignete Privatpersonen mit dem Amte zu betrauen." (Mot. S. 51.) Von dem Erscheinen des Kommissars in den Sitzungen ist die Gültigkeit der Beschlüsse nicht abhängig. Ein Stimmrecht steht ihm nicht zu. Wird dem Verlangen des Kommissars (Abs. 2) nicht entsprochen, so hat die Aufsichtsbehörde einzuschreiten, §. 103o Abs. 2.

Die große Bedeutung der Mitwirkung des Kommissars bei der Durchführung der neuen Organisation, namentlich auch bei der Regelung der Gesellen- und Meisterprüfung, bedarf keiner weiteren Hervorhebung.

Gegen die Bestellung eines ständigen Vertreters für den Kommissar der Handwerkskammer bestehen keine Bedenken. Pr. Min. Erl. v. 9. Dezember 99, Min.Bl. f. 1900 S. 76.

1. **§. 103i.** Bei der Handwerkskammer ist ein Gesellenausschuß zu bilden.

2. Die Zahl seiner Mitglieder und ihre Vertheilung auf die einzelnen Gesellenausschüsse des Bezirkes wird durch das Statut der Handwerkskammer bestimmt.

3. Für die Mitglieder sind Ersatzmänner zu wählen, welche für dieselben in Behinderungsfällen und im Falle des Aus-

scheidens für den Rest der Wahlzeit in der Reihenfolge ihrer Wahl einzutreten haben.

Die Mitglieder und Stellvertreter werden unter Leitung der Aufsichtsbehörde mittelst schriftlicher Abstimmung von den Gesellenausschüssen der Innungen gewählt. 4.

Durch die Landes-Zentralbehörde kann angeordnet werden, daß und in welcher Zahl dem Gesellenausschuß auch Vertreter derjenigen Gesellen angehören sollen, welche von den nach §. 103a Abs. 3 Ziffer 2 wahlberechtigten Mitgliedern der dort bezeichneten Gewerbevereine und sonstigen Vereinigungen beschäftigt werden. In diesem Falle ist von der Landes-Zentralbehörde auch die Wahl dieser Vertreter zu regeln. 5.

Auf die Wahlberechtigung und die Wählbarkeit finden die Vorschriften des §. 95a Abs. 1, 2 und des §. 95c entsprechende Anwendung. 6.

Bezüglich der Gesellenausschüsse bei den freien und den Zwangs-Innungen vergl. §§. 95 bis 95c, 100c, 100r Abs. 2, 100s Abs. 1 (Kosten). Während die preußische Vorlage an den Bundesrath davon ausging, daß nicht nur bei den Innungen, sondern auch bei der Gesammtvertretung des Handwerks für eine Vertretung der Gesellenschaft gesorgt werden müsse, hatte der dem Reichstage vorgelegte Entwurf des Handwerkergesetzes von der Einrichtung eines Gesellenausschusses bei der Handwerkskammer abgesehen. Die Reichstagskommission kam indessen auf die preußischen Vorschläge zurück und nahm dieselben als §§. 103i und 103k — unter allerdings nur beschränkter und fakultativer Ausdehnung der Betheiligung auf Vertreter der bei den Mitgliedern der Gewerbevereine &c. beschäftigten Gesellen (vgl. zu Abs. 5) — in der Hauptsache wörtlich in das Gesetz auf.

Der §. 103i giebt nur einen Rahmen für die Einrichtung des Gesellenausschusses, die nähere Regelung bleibt dem Statut (§. 103m), der Wahlordnung, sowie der Anordnung der Landes-Zentralbehörde (Abs. 5) überlassen. Da von dieser Behörde auch das Statut zu erlassen ist, steht nichts entgegen, die gesammte Regelung in dasselbe aufzunehmen. Abänderungen des Statuts (§. 103m Abs. 1) kann in diesem Falle die Handwerkskammer bezüglich der gemäß Abs. 5 getroffenen Anordnungen nicht beschließen.

Zu Abs. 2: dem einzelnen Gesellenausschusse steht ein Recht, für sich besonders ein Mitglied zu wählen, nicht zu. Die Wahlperiode beträgt 6 Jahre, § 103c. Wegen des ehrenamtlichen Charakters, der Pflicht zur Annahme und wegen der Anfechtung der Wahl, des Ausscheidens und der Enthebung vom Amte vgl. §§. 94, 94a, 94b in Verbindung mit §. 103c Abs. 2. Beschwerden über die Rechtsgültigkeit der Wahlen entscheidet die Aufsichtsbehörde (§. 103o).

Zu Abs. 3: diese Bestimmung entspricht der für die Gesellenausschüsse der freien und der Zwangsinnungen geltenden Vorschrift im § 95 b Satz 1. Die für diese Ausschüsse vorgesehene Bestimmung des Satz 2, wonach der Gesellenausschuß sich eventuell durch Zuwahl für den Rest der Wahlperiode zu ergänzen hat, ist für die Gesellenausschüsse der Handwerkskammern nicht ausdrücklich vorgesehen, kann aber durch Statut auch für diese eingeführt werden.

Zu Abs. 4: nur die Gesellenausschüsse von Handwerkerinnungen (§. 103 a Abs. 2 Ziff. 1) haben das Recht der Wahlbetheiligung. Vgl. a. §§. 95 bis 95 c, 100 c, 100 r.

Zu Abs. 5: wahlberechtigt sind hiernach nur die bei solchen Mitgliedern der Gewerbevereine ꝛc. beschäftigten Gesellen, welche Handwerker sind, und auch diese nur dann, wenn die Landes-Zentralbehörde die Zuziehung von Vertretern der bei den Gewerbevereins- ꝛc. Mitgliedern beschäftigten Gesellen anordnet. Aber auch dann ist die Zentralbehörde nicht genöthigt, die Wahl dieser Vertreter den von jenen Gewerbetreibenden beschäftigten Gesellen zu übertragen, sie kann sie vielmehr auch der Zuwahl durch die von den Gesellenausschüssen der Innungen gewählten Vertreter überlassen. Die Innungsgesellen sind hiernach bei der Bildung des Gesellenausschusses der Handwerkskammer bevorzugt.

Zu Abs. 6: wahlberechtigt sind mithin nur die Mitglieder der Gesellenausschüsse, sowie, im Falle die im Abs. 5 bezeichnete Anordnung erfolgt ist, gemäß §. 95 a Abs. 1 diejenigen bei den wahlberechtigten Mitgliedern der Gewerbevereine ꝛc. beschäftigten volljährigen Gesellen, welche sich im Besitze der bürgerlichen Ehrenrechte befinden. Wählbar sind nur wahlberechtigte Gesellen, welche zum Amte eines Schöffen fähig sind, §. 95 a Abs. 2. Da bei den Innungen nur die Mitglieder der Gesellenausschüsse wahlberechtigt sind, können die Gesellenausschüsse der Innungen die Mitglieder des Gesellenausschusses der Handwerkskammer nur aus ihrer Mitte wählen.

1. **§. 103 k.** Der Gesellenausschuß muß mitwirken:

1. beim Erlasse von Vorschriften, welche die Regelung des Lehrlingswesens zum Gegenstande haben;
2. bei Abgabe von Gutachten und Erstattung von Berichten über Angelegenheiten, welche die Verhältnisse der Gesellen (Gehülfen) und Lehrlinge berühren;
3. bei der Entscheidung über Beanstandungen von Beschlüssen der Prüfungsausschüsse (§. 132).

2. Mit dieser Maßgabe finden die Vorschriften des §. 95 Abs. 3 entsprechende Anwendung; im Falle der Ziffer 2 ist der Gesellenausschuß berechtigt, ein besonderes Gutachten abzugeben oder einen besonderen Bericht zu erstatten.

muß mitwirken: die in Abs. 1 Ziff. 1 und 2 bezeichneten Vorschriften und Entscheidungen bedürfen hiernach zu ihrer Rechtsgültigkeit der innerhalb der gesetzlichen und statutarischen Bestimmungen erfolgenden Mitwirkung des Gesellenausschusses. Die nähere Regelung der Betheiligung des Gesellenausschusses, insbesondere auch für die Fälle der §§. 103 Abs 2, 103 d Abs. 2, 103 o Abs. 1 Ziff. 5 und 6, hat durch das Statut zu erfolgen, jedoch mit den im §. 95 Abs. 3 bezeichneten Maßgaben, wonach bei der Berathung und Beschlußfassung des Vorstandes der Handwerkskammer mindestens ein Mitglied des Gesellenausschusses mit vollem Stimmrecht zuzulassen ist, sowie bei der Berathung und Beschlußfassung der Gesammtheit der Handwerkskammer (§. 103 g) sämmtliche Mitglieder mit vollem Stimmrecht zuzulassen sind, und bei der Verwaltung von Einrichtungen, für welche die Gesellen Aufwendungen zu machen haben, den Gesellen, abgesehen vom Vorsitz, eine gleichmäßige Zuziehung gesichert ist, vgl. a. §§. 37 bis 43 des im Anhang abgedruckten Statuts.

Verweigern Mitglieder des Gesellenausschusses ihre Mitwirkung, so können sie durch Ordnungsstrafen angehalten werden, §. 103 o Abs. 2 und §. 96 Abs. 2. Bezüglich der Errichtung eines Gesellenausschusses bei den an die Stelle der Handwerkskammern tretenden Gewerbekammern vgl. zu § 103 q.

Die Mitglieder der Prüfungsausschüsse für die Gesellenprüfung (§§. 131 bis 132 a) können, sofern das Statut nicht ein Anderes bestimmt, von der Handwerkskammer ohne Zuziehung des Gesellenausschusses bestellt werden, §. 131 a Abs. 2. Nach § 48 des vorerwähnten Statuts werden außer den Vorsitzenden sämmtlicher Prüfungsausschüsse für die Gesellenprüfung auch die Beisitzer der von der Kammer errichteten Prüfungsausschüsse, also auch die Gesellenbeisitzer, durch den Vorstand der Handwerkskammer bestellt. Bei den Zwangsinnungen und den zur Bildung von Prüfungsausschüssen gemäß §. 131 a ermächtigten freien Innungen werden die Beisitzer aus dem Gesellenstande von den Gesellenausschüssen der Innungen gewählt, vgl. §. 48 Abs. 2 des im Anhang abgedruckten Statuts.

§. 103 l. Die aus der Errichtung und Thätigkeit der Handwerkskammern erwachsenden Kosten werden, soweit sie nicht anderweit Deckung finden, von den Gemeinden des Handwerkskammerbezirkes nach näherer Bestimmung der höheren Verwaltungsbehörde getragen. Die Gemeinden sind ermächtigt, die auf sie entfallenden Antheile nach einem von der höheren Verwaltungsbehörde zu bestimmenden Vertheilungsmaßstab auf die einzelnen Handwerksbetriebe umzulegen. Werden Veranstaltungen der im §. 103 e Abs. 3 bezeichneten Art für einzelne Gewerbszweige getroffen, so können die hieraus entstehenden Kostenantheile von den Gemeinden 1.

nur auf solche Betriebe umgelegt werden, welche diesen Gewerbszweigen angehören.

2. Die Landes-Zentralbehörde kann bestimmen, daß die Kosten der Handwerkskammer von weiteren Kommunalverbänden statt von den Gemeinden aufgebracht werden. Die Kommunalverbände sind ermächtigt, die Kosten der auf Grund des §. 103e Abs. 3 für einzelne Gewerbszweige getroffenen Veranstaltungen nach einem von der höheren Verwaltungsbehörde zu bestimmenden Verteilungsmaßstab auf die diesen Gewerbszweigen angehörenden Handwerksbetriebe umzulegen.

3. Bei der Umlegung der Kosten kann bestimmt werden, daß Personen, welche der Regel nach weder Gesellen noch Lehrlinge halten, von der Verpflichtung zur Zahlung von Beiträgen befreit sind.

Der §. 103 l regelt die Aufbringung der Mittel für die aus der Einrichtung und Thätigkeit der Handwerkskammern entstehenden Kosten.

Zu Abs. 1: aus der Errichtung und Thätigkeit: mithin die gesammten Kosten, welche aus dem Bestehen und aus der Erfüllung ihrer gesetzlichen Aufgaben für die Handwerkskammer und Ausschüsse, einschließlich des Gesellenausschusses, erwachsen. Die Kosten der Errichtung sind von der Landes-Zentralbehörde vorzuschießen, §. 103 a Abs. 4. Vgl. jedoch §§. 88 Abs. 2 und 103 a Abs. 1.

die Gemeinden: während die Gemeinden, sofern die Kosten von ihnen zu tragen sind, die auf sie entfallenden Antheile auf die einzelnen Handwerksbetriebe — auch wenn deren Inhaber nicht wahlberechtigt (§. 131 a) sind, — umlegen können, können die weiteren Kommunalverbände (Abs. 2) lediglich die Kosten der im §. 103 e Abs. 3 bezeichneten Veranstaltungen, zu denen nach der Absicht des Gesetzes auch die Fachschulen gehören, und auch diese Kosten nur auf die den betreffenden Gewerbszweigen angehörenden Handwerksbetriebe umlegen. Dabei würde es sich übrigens zur Vermeidung einer unverhältnißmäßigen Belastung der kleineren Betriebe empfehlen, die Leistungsfähigkeit der einzelnen Betriebe (Zahl der Hülfskräfte ꝛc.) möglichst zu berücksichtigen.

zu bestimmenden Vertheilungsmaßstab: nach dem Entwurf (§. 103 i) sollten die Kosten von den Gemeinden nach Verhältniß der Zahl der ihnen angehörenden selbständigen Handwerksbetriebe getragen werden. Bei der jetzigen Fassung kann die höhere Verwaltungsbehörde sowohl die Leistungsfähigkeit des Handwerks in den einzelnen Gemeinden (Abs. 3), als die der einzelnen Gemeinden selbst und sonstige geeignete Umstände berücksichtigen. Es wird sich empfehlen, einen Maßstab zu wählen, der ohne Weiteres feststeht oder doch ohne langwierige

Ermittelungen festgestellt werden kann, z. B. die Bevölkerungszahl nach der letzten Volkszählung, die Zahl der selbständigen Handwerksbetriebe, das Einkommensteuer-Soll. Pr. Min.Erl. v. 31. Aug. 99.

In der Reichstagskommission wurde festgestellt, „daß es einer Bestimmung, wonach durch Landesgesetz die Kosten vom Staate übernommen werden könnten, deshalb nicht bedürfe, weil der Staat auch ohne eine solche Bestimmung jederzeit in der Lage sei, den Gemeinden die von ihnen aufgebrachten Kosten zu erstatten." (Kom.B. S. 34).

Zu Abs. 2: weitere Kommunalverbände: In Preußen sind unter weiteren Kommunalverbänden zu verstehen: die Provinzialverbände, die kommunalständischen Verbände der Regierungsbezirke Kassel und Wiesbaden, die Kreisverbände, der Landeskommunalverband und die Oberamtsbezirke in Hohenzollern, die Landbürgermeistereien der Rheinprovinz und die Aemter in Westfalen; Bekanntm. v. 15. Aug. 97. Die Aufbringung der Kosten durch die Kommunalverbände — wodurch allerdings eine Vereinfachung des Verfahrens erzielt wird, während auf der anderen Seite die Gefahr der Steigerung der Kosten nicht ganz von der Hand zu weisen sein dürfte — wird sich namentlich bei großen Bezirken mit kleinen und zahlreichen Gemeinden empfehlen. In Preußen wird zunächst von Abs. 2 kein Gebrauch gemacht werden.

Zu Abs. 3: Diese Bestimmung ist in Rücksicht auf die aus etwaigen fruchtlosen Zwangsbeitreibungen erwachsenden Kosten vorgesehen worden.

Die für Preußen erlassene Ministerial-Verfügung über die Aufbringung der Kosten der Handwerkskammern vom 26. Mai 1900, Min Bl. 216, in welcher eine Reihe auch im Allgemeinen beachtenswerthe Gesichtspunkte enthalten sind, ist im Anhang abgedruckt.

§. 103 m. Für die Handwerkskammer ist von der Landes-Zentralbehörde ein Statut zu erlassen. Ueber Abänderungen des Statuts beschließt die Handwerkskammer. Der Beschluß bedarf der Genehmigung der Landes-Zentralbehörde. 1.

Das Statut muß Bestimmung treffen über: 2.

1. Namen, Sitz und Bezirk der Handwerkskammer;
2. die Zahl der Mitglieder der Handwerkskammer;
3. die Ergänzung der Handwerkskammer durch Zuwahl;
4. die Form der Beschlußfassung;
5. die Wahl und die Befugnisse des Vorstandes;
6. die Form und die Voraussetzungen für die Zusammenberufung der Handwerkskammer und ihrer Organe;
7. die Beurkundung der Beschlüsse der Handwerkskammer und des Vorstandes;

8. die Aufstellung und Genehmigung des Haushaltsplans;
9. die Aufstellung und Abnahme der Jahresrechnung;
10. die Voraussetzungen und die Form einer Abänderung des Statuts;
11. die Bildung von Prüfungsausschüssen;
12. die öffentlichen Blätter, durch welche die Bekanntmachungen der Handwerkskammer zu erfolgen haben.

3. Die Vorschriften des §. 83 Abs. 3 und des §. 100d Abs. 3 finden entsprechende Anwendung.

4. Das Statut und seine Abänderungen sind in den Blättern bekannt zu machen, welche für die amtlichen Veröffentlichungen der höheren Verwaltungsbehörden bestimmt sind, über deren Bezirke sich der Bezirk der Handwerkskammer erstreckt.

Das Gesetz beschränkt sich darauf, nur den für alle Verhältnisse nothwendigen Inhalt des Statuts zu bestimmen. Nach dem Erlasse des Statuts können, abgesehen von dem im §. 100d Abs. 3 Satz 2 in Verbindung mit §. 103m Abs. 3 vorgesehenen Falle, Abänderungen des Statuts nur durch die Handwerkskammer, und zwar in der Anwesenheit eines Vertreters der Aufsichtsbehörde, beschlossen werden, §§. 103o und 96 Abs. 6.

Ein Abdruck des im Preußischen Ministerium für Handel und Gewerbe ausgearbeiteten und den übrigen Bundesregierungen mitgetheilten Entwurfs eines Handwerkskammerstatuts, dem mit geringen Abweichungen die für die preußischen und einen großen Theil der außerpreußischen Handwerkskammern erlassenen Statuten entsprechen, ist im Anhange beigefügt.

Zu Ziff. 2 und 3: vgl. §§. 103a Abs. 1 und 103d Abs. 1 sowie a. §. 1 des erwähnten Statutentwurfs.

Zu Ziff. 5: wegen des Vorstandes vgl. §§. 103g Abs. 1 und 2 und Abs. 3 Ziff 1 und 103h Abs. 1; vgl. a. §. 103n Abs. 2.

Zu Ziff. 6: auch die Zusammenberufung des Gesellenausschusses (§§. 103i und 103k) ist im Statut zu regeln.

Zu Ziff. 8: wegen des Haushaltsplans vgl. §§. 103g Abs. 3 Ziff. 2 und 103n Abs. 3.

Zu Ziff. 9: bezüglich der Prüfung und Abnahme der Jahresrechnung vgl. §. 103g Abs. 3 Ziff. 2; bei Ziff. 9 handelt es sich u. a. um die Bestimmung des Zeitpunkts der Vorlage, der etwaigen Vorprüfung, Revision u. s. w.

Zu Ziff. 11: wegen der Prüfungsausschüsse für die Gesellenprüfung vgl. zu §. 131 fg., für die Meisterprüfung §. 133. Aus Ziff. 11 ergiebt sich, daß der Kammer die „Bildung“ von Prüfungsausschüssen nach Maßgabe der gesetzlichen Bestimmungen obliegt. Hiernach hat das Statut auch die Zahl der Beisitzer sowie die an dieselben zu stellenden Anforderungen festzusetzen. Nähere Bestimmungen werden den Prüfungsordnungen (§. 131 b Abs. 2, Gesellenprüfung; §. 133 Abs. 4, Meisterprüfung) zu überlassen sein. Ueber die Ermächtigung freier Innungen zur Abnahme von Prüfungen (vgl. zu §. 131 Abs. 2) kann, braucht aber nicht nothwendig das Statut Bestimmungen zu treffen. Für die Prüfungsausschüsse der gewerblichen Unterrichtsanstalten u. s. w. (§§. 129 Abs. 4 und 131 Abs. 2 Satz 3) sind nähere Bestimmungen im Statut nicht zu treffen.

Zu Ziff. 12: vgl. a. §. 100 g Abs. 4.

Zu Abs. 3: Bestimmungen, welche mit den Aufgaben der Handwerkskammer (vgl. oben zu §. 103) nicht in Verbindung stehen oder den Vorschriften der G.O. oder anderen gesetzlichen Bestimmungen zuwiderlaufen (vgl. a. §. 103 o Abs. 3), darf das Statut nicht enthalten, vgl. §. 83 Abs. 3. Ergiebt sich, daß dem Statut oder den Abänderungen die Genehmigung hätte versagt werden müssen, so hat die Landes-Zentralbehörde die erforderliche Abänderung anzuordnen und erforderlichen Falls von Amtswegen mit rechtsverbindlicher Wirkung zu vollziehen, also ebenso zu verfahren, wie die höhere Verwaltungsbehörde im analogen Falle gegenüber den Zwangsinnungen zu verfahren hat, vgl. §. 100 d Abs. 3.

§. 103 n. Auf die Handwerkskammern finden die Bestimmungen der §§. 86, 88, 89 Abs. 3, 4 und der §§. 89 a, 89 b, 94 c, 99 entsprechende Anwendung. 1.

Die Handwerkskammer ist befugt, Zuwiderhandlungen gegen die von ihr innerhalb ihrer Zuständigkeit erlassenen Vorschriften mit Geldstrafen bis zu zwanzig Mark zu bedrohen. Die Festsetzung dieser Geldstrafen erfolgt auf Antrag des Vorstandes oder eines Beauftragten (§. 94 c) der Handwerkskammer von der unteren Verwaltungsbehörde. Gegen die Festsetzung steht dem Verurtheilten binnen zwei Wochen die Beschwerde an die unmittelbar vorgesetzte Aufsichtsbehörde zu. Diese entscheidet endgültig. 2.

Der Haushaltsplan der Handwerkskammer bedarf der Genehmigung der Aufsichtsbehörde. 3.

Die durch die Errichtung der Handwerkskammer erwachsenden Kosten sind von der Landes-Zentralbehörde vorzuschießen. 4.

Zu Abs. 1: die angeführten Bestimmungen betreffen: die Korporationsrechte (§. 86), die Beschränkung der Aufgaben und der Thätigkeit sowie des Rechts zur Erhebung von Beiträgen und die gesetzliche Befugniß zur Erhebung von Gebühren (§. 88), die Beitreibung der Beiträge, Gebühren und Ordnungsstrafen (§. 89 Abs. 3 und 4), die

Anlegung der Gelder (§. 89a), die behördliche Genehmigung für gewisse Rechtsgeschäfte (§. 89b), die Bestellung von Beauftragten (§. 94c), sowie die Kosten- und Stempelfreiheit (§. 99).

Zu Abs. 2: diese Geldstrafen sind nicht nur Ordnungsstrafen, sie sollen insbesondere die Befolgung der für die Regelung des Lehrlingswesens erlassenen Vorschriften sichern. Für die Strafen gelten die allgemeinen Vorschriften des St.G.B. auch bezüglich der Verjährung. Die Handwerkskammer kann die Strafen nur androhen, ihre Festsetzung erfolgt durch die untere Verwaltungsbehörde. Vgl. a. §. 103m Abs. 2 Ziff. 5, sowie zu §. 103f. Der §. 89 Abs. 3 Satz 2 gilt nur für die vom Vorstand festgesetzten Ordnungsstrafen.

Zu Abs. 3: wegen des Haushaltsplans vgl. zu §. 103m Abs. 1 Ziff. 8, wegen der Aufsichtsbehörde §. 103o.

Zu Abs. 4: nicht die bis zur Errichtung, sondern die durch die Errichtung erwachsenden Kosten sind vorzuschießen, und zwar bis zur Ausführung des §. 103l.

1. **§. 103o.** Die Handwerkskammer unterliegt der Aufsicht der höheren Verwaltungsbehörde, in deren Bezirke sie ihren Sitz hat, soweit nicht im Falle der Ausdehnung des Handwerkskammerbezirkes über die Bezirke mehrerer höheren Verwaltungsbehörden durch die Landes-Zentralbehörde eine abweichende Bestimmung getroffen wird.

2. Die Vorschriften des §. 96 Abs. 2 bis 7 finden mit der Maßgabe entsprechende Anwendung, daß über Beschwerden gegen Anordnungen und Entscheidungen der Aufsichtsbehörde die Landes-Zentralbehörde entscheidet.

3. Wenn die Handwerkskammer wiederholter Aufforderung der Aufsichtsbehörde ungeachtet die Erfüllung ihrer Aufgaben vernachlässigt oder sich gesetzwidriger Handlungen oder Unterlassungen schuldig macht, durch welche das Gemeinwohl gefährdet wird, oder andere als die gesetzlich zulässigen Zwecke verfolgt, so kann die Aufsichtsbehörde sie auflösen und Neuwahlen anordnen. Von den bisherigen Mitgliedern kann gegen die Verfügung der Aufsichtsbehörde binnen zwei Wochen Beschwerde an die Landes-Zentralbehörde eingelegt werden, welche endgültig entscheidet.

Zu Abs. 1: wegen des Sitzes der Handwerkskammer vgl. §§. 103 Abs. 4 und 103m Abs. 2 Ziff. 4. Wegen der sonstigen Obliegenheiten und Befugnisse der höheren Verwaltungsbehörde vgl. §. 103h (Bestellung des Kommissars und Entscheidung über dessen Beanstandungen), §. 103i Abs. 4 (Leitung der Wahl des Gesellenausschusses der Handwerkskammer), §. 103l (Bestimmungen wegen der Kosten), §§. 103n

Abs. 1 und 89a Abs. 3 und 4 (Genehmigung von Geldanlagen und Bestimmungen für die Aufbewahrung von Werthpapieren), §§. 103n Abs. 1 und 89b (Genehmigung von Rechtsgeschäften). §. 103n Abs. 3 (eventuelle Genehmigung des Haushaltsplans), 103p Satz 3 (Kosten der Rechtshülfe). Bezüglich der in den einzelnen Bundesstaaten zuständigen Behörde vgl. zu §. 104b, (in Preußen der Regierungs-Präsident, für Berlin sowie für die Handwerkskammer der Provinz Westpreußen der Oberpräsident, in Württemberg der Verwaltungsausschuß der Zentralstelle für Handel und Gewerbe, in Baden der Landeskommissär), wegen der Landes-Zentralbehörde zu §. 128 Abs. 2.

Zu Abs. 2: die Beschwerdefrist beträgt 4 Wochen (§. 96 Abs. 7), vgl. jedoch Abs. 3, sowie bezüglich der Beschwerden gegen die Rechtsgültigkeit der Wahlen, über welche die Aufsichtsbehörde endgültig entscheidet, §§. 103c Abs. 2 und 94, und bezüglich der Entscheidung der Aufsichtsbehörde über Streitigkeiten wegen Entrichtung von Beiträgen und Gebühren, für welche die Beschwerdefrist nur 2 Wochen beträgt, §§. 103n Abs. 1 und 89 Abs. 4.

Zu Abs. 3: die Bestimmungen beziehen sich auch auf den gemäß §. 103i Abs. 1 bei jeder Handwerkskammer zu errichtenden Gesellenausschuß. Die Auflösung kann sich unter den im Abs. 3 bezeichneten Voraussetzungen auf die Kammer ohne Gesellenausschuß, oder auf eine Abtheilung, oder auf den Gesellenausschuß beschränken. Wegen der Wahlen vgl. §§. 103a bis 103d und §. 103i. Eine Schließung, wie bei den Innungen, Innungsausschüssen und Innungsverbänden (§. 97, §. 100 Abs. 4 bis 7), hat das Gesetz nicht vorgesehen, sie würde mit §. 103 Abs. 3 im Widerspruch stehen.

§. 103p. Die Behörden sind innerhalb ihrer Zuständigkeit verpflichtet, den im Vollzuge dieses Gesetzes an sie ergehenden Ersuchen der Handwerkskammern und ihrer Organe zu entsprechen. Die gleiche Verpflichtung liegt den Organen der Handwerkskammern unter einander ob. Die höhere Verwaltungsbehörde kann bestimmen, inwieweit die durch die Erfüllung dieser Verpflichtung entstehenden Kosten von der Handwerkskammer als eigene Verwaltungskosten zu erstatten sind.

Die Bestimmungen regeln die Rechtshülfe.

Organe: Abtheilungen, Ausschüsse, Vorstand, Beauftragte. Zur Handwerkskammer gehört auch der Gesellenausschuß. Das Ersuchen muß sowohl innerhalb der Zuständigkeit der Behörde als auch innerhalb der gesetzlichen und statutarischen Aufgaben der Handwerkskammer und ihrer Organe liegen. Durch die Bestimmung im Schlußsatz soll namentlich im Interesse der Behörden „dem Ersuchen um Vornahme umfangreicher und eingehender statistischer Aufnahmen, oder solchen Ersuchen, welche mit einer, billiger Weise nicht wohl zu verlangenden Mühewaltung verbunden sind, entgegengewirkt werden." (Kom.B. S. 36). Die Behörde kann allgemein und im Einzelfalle Bestimmungen treffen, auch ist nicht bloß die Aufsichtsbehörde (§. 103o) zuständig.

§. 103q. Die Landes-Zentralbehörden derjenigen Bundesstaaten, in welchen andere gesetzliche Einrichtungen (Handels- und Gewerbekammern, Gewerbekammern) zur Vertretung der Interessen des Handwerkes vorhanden sind, können diesen Körperschaften die Wahrnehmung der Rechte und Pflichten der Handwerkskammer übertragen, wenn ihre Mitglieder, soweit sie mit der Vertretung der Interessen des Handwerkes betraut sind, aus Wahlen von Handwerkern des Kammerbezirkes hervorgehen und eine gesonderte Abstimmung der dem Handwerk angehörenden Mitglieder gesichert ist.

„Einzelne Bundesstaaten haben durch Errichtung von Handels- und Gewerbekammern oder von Gewerbekammern schon bisher für eine Vertretung des Handwerks Sorge getragen. Es wird daher rathsam sein, diesen Kammern auch im Rahmen der Organisation des Handwerks den Fortbestand in der Weise zu ermöglichen, daß sie die Handwerkskammer ersetzen können, wenn sie in ihrer Zusammensetzung und ihren Organen den Voraussetzungen genügen, welche ihre Eigenschaft als Vertretungskörper des Handwerks sicherstellen. Dabei wird es als selbstverständlich angenommen werden können, daß die Mitglieder der Gewerbekammern nicht ausschließlich aus Wahlen von Handwerkern hervorgegangen sein müssen.“ (Mot.)

Zu den im §. 103q gedachten Bundesstaaten gehören:

Bayern, Verordn. v. 25. Oktober 89, die Handels- und Gewerbekammern betr., G.V.B. 559; Sachsen, Ges. v. 23. Juni 68 G.V.B. 335, Verordn, die Handels- und Gewerbekammern betr., v. 16. Juli 68 G.V.B. 457, und Ges. v. 2. August 78, G.V.B. 211; Württemberg, Ges., betr. die Errichtung von Handels- und Gewerbekammern, v. 4. Juli 74 R.B. 193; Baden, Ges., die Gewerbekammern betr, v. 22. Juni 92, von dessen Ausführung jedoch wegen der damals schon in Aussicht stehenden reichsgesetzlichen Regelung abgesehen worden ist; Sachsen-Weimar, Verordn., die Errichtung einer Gewerbekammer betr., v. 5. Mai 77, nebst Geschäftsordn. v. 29. April 78; Sachsen-Meiningen, Ausschreiben, betr. die Handels- und Gewerbekammer, v. 22. Dezember 88 Samml. 575, und Ges. v. 21. Dezember 74 Samml. 49; Hamburg, Ges., betr. die Gewerbekammer, v. 18. Dezember 72 G.S. 73 S. 1, Bekanntm. v. 22. Januar 79 G.S. Nr. 7, und Bekanntm. v. 1. März 67 G.S. Nr. 7; Lübeck, Gewerbekammerordn. v. 21. September 77 Samml. Nr 33, und Bremen, Gewerbekammergesetz v. 1. Januar 94 G.B. 1.

Von diesen Staaten haben jedoch nur Königreich Sachsen, Lübeck, Bremen und Hamburg von dem §. 103q Gebrauch gemacht, vgl. a. oben zu §. 103 am Schlusse, S. 95

Die Einrichtung eines Gesellenausschusses ist im Falle des §. 103q nicht ausdrücklich vorgeschrieben, bei den im §. 103k bezeichneten

Angelegenheiten muß indessen jedenfalls für eine Mitwirkung und Vertretung der Gesellen gesorgt werden.

Die Bestellung eines Kommissars (§. 103h) ist nicht obligatorisch, besteht aber bereits in einzelnen Landestheilen. Für Bayern vgl. §. 14 der Verordn. v. 25. Oktober 89 G.B.B. 559, wonach für jede Kammer ein „Königlicher Kommissar" zu ernennen ist.

Mit den Rechten und Pflichten gehen auch die Zuständigkeiten auf die bezeichneten Organisationen über, vgl. u. a. §§. 103 Abs. 1, 103e (Obliegenheiten und Befugnisse), 103f (Verpflichtung der Innungen und Innungsausschüsse, den Anordnungen Folge zu leisten), §§. 103n Abs. 1 und 86 (juristische Persönlichkeit), §§. 103n und 88 (Recht zur Erhebung von Gebühren), §§. 103n und 94c (Befugniß zur Anstellung von Beauftragten), §§. 103n und 99 (Kosten- und Stempelfreiheit), 103n Abs. 2 (Androhung von Geldstrafen). Ferner ist auch das Recht zur Bestimmung der Höchstzahl der Lehrlinge und der Entbindung von der Innehaltung der festgesetzten Lehrzeit (§. 130a Abs. 2 und 3), die Bestimmung der verwandten Gewerbe im Sinne des §. 129a, die Bildung von Prüfungsausschüssen für die Gesellenprüfung (§§. 131 bis 132) sowie der Erlaß der Prüfungsordnung für die Meisterprüfung (§. 133) den Handels- und Gewerbekammern übertragen. In denjenigen Bundesstaaten, in welchen von dem §. 103q Gebrauch gemacht worden ist, war daher eine durchgreifende Revision der bestehenden Vorschriften unentbehrlich. Für Sachsen vgl. Ges., die Handels- und Gewerbekammern betreffend, v. 4. August 1900, R. u. Vbl. S. 865 (insbesondere §. 2 Abs. 4, §. 5 Abs. 3, §. 6 Abs. 3 und 4, §§. 8, 9, 12 Abs. 3, §. 21 Abs. 2) sowie die Ausf. Verordnung v. 15. August 1900 R. u. Vbl. S. 873, §. 2, § 8 Abs. 2, §§ 9, 14, 18, 23. Für Lübeck vgl. die neue „Ordnung für die Lübeckische Gewerbekammer" v. 18. Juli 98 Samml. Nr. 33. Durch Art 22 dieses Gesetzes wird die Kammer verpflichtet, in den Fällen des § 103k vor ihrer Beschlußfassung Gesellen und Arbeiter der betheiligten Handwerker und Industriezweige zu hören Für Bremen vgl. die Bekanntm v. 23. März 1900 Gbl. S. 37, für Hamburg die Bekanntm. v 2. April 1900 Amtsbl. S. 487.

IV. Innungsverbände.

Die Bestimmungen über die Innungsverbände (§§. 104 bis 104n), die auf Grund der Kaiserlichen Verordnung vom 14. März 98 R.G.B. 37 am 1. April 98 in Kraft getreten sind (vgl. oben S. 1 zu Tit. VI), entsprechen mit wenigen Abweichungen — von denen nur diejenige im §. 104 Abs. 2 von größerer Bedeutung ist — den bisherigen, auf den Gesetzen vom 18. Juli 81 R.G.B. 233 und vom 23. April 86 R.G.B. 125 beruhenden Vorschriften der Gewerbeordnung, und zwar auch hinsichtlich des Wortlauts.

Die §§. 104b bis 104n gelten nur für die vom Bundesrath mit Korporationsrechten ausgestatteten Verbände.

1. **§. 104.** Innungen, welche nicht derselben Aufsichtsbehörde unterstehen, können zu Verbänden zusammentreten; der Beitritt ist durch die Innungsversammlung zu beschließen.

2. Die Innungsverbände haben die Aufgabe, zur Wahrnehmung der Interessen der in ihnen vertretenen Gewerbe die Innungen, Innungsausschüsse und Handwerkskammern in der Verfolgung ihrer gesetzlichen Aufgaben sowie die Behörden durch Vorschläge und Anregungen zu unterstützen; sie sind befugt, den Arbeitsnachweis zu regeln sowie Fachschulen zu errichten und zu unterstützen.

Zu Abs. 1: während die Innungsausschüsse den Innungen desselben Bezirks die gemeinsame Verfolgung lokaler Interessen ermöglichen, bieten die Innungsverbände den Innungen eine Form des Zusammenschlusses zur Wahrnehmung weiterer, über die lokalen Interessen hinausgehender Interessen, jedoch mit der im Abs. 2 vorgesehenen gesetzlichen Begrenzung. Den Innungsverbänden können sowohl freie als Zwangsinnungen angehören. Einzelmitglieder können die Innungsverbände nur dann aufnehmen, wenn das Statut dies ausdrücklich gestattet, vgl. §. 104a Abs. 2.

zusammentreten: Innungen, welche derselben Aufsichtsbehörde unterstehen, können für sich allein keinen Innungsverband bilden, sondern sind auf den Innungsausschuß als die Form für die Vertretung der lokalen Interessen des Handwerks (§. 101) angewiesen. Dagegen ist solchen Innungen nur der Zusammentritt zu einem Innungsverband nicht gestattet, während sie durchaus nicht behindert sind, einem noch aus andern Innungen gebildeten Innungsverband als Mitglieder anzugehören.

Innungsversammlung: der urkundlich zu erbringende Nachweis, daß der Beitritt durch die Innungsversammlung beschlossen worden ist, ist insbesondere für die Genehmigung der Statuten unentbehrlich, vgl. zu §. 104b Abs. 1. Eine Mindestzahl von Innungen ist für die Bildung eines Innungsverbandes nicht vorgeschrieben, jedoch kann gemäß §. 104b Abs. 3 die Genehmigung des Statuts versagt werden, wenn die Zahl der dem Verbande beigetretenen Innungen nicht hinreichend erscheint, um die Zwecke des Verbandes wirksam zu verfolgen.

Die Innungsverbände besitzen als solche ebensowenig juristische Persönlichkeit wie die Innungsausschüsse, dieselbe kann indessen den Innungsverbänden gemäß §. 104g durch Beschluß des Bundesraths und den Innungsausschüssen nach §. 101 Abs. 3 fg. durch die Landes-Zentralbehörde beigelegt werden.

Freie Vereinigungen und Genossenschaften können weder einen Innungsverband bilden noch einem solchen als Mitglieder angehören

Tritt an die Stelle einer am 1. Januar 98 einem Innungsverband angehörigen freien Innung eine Zwangsinnung (§§. 100 fg.), so wird letztere bis zur anderweiten Beschlußfassung der Innungsversammlung vom Tage ihrer Errichtung an kraft Gesetzes Mitglied des Verbandes, Art. 6 Ziff. 4 der Novelle v. 97, vgl. oben zu §. 101 Abs. 3.

Zu Abs. 2: die bisherigen Aufgaben der Innungsverbände, welche in der „gemeinsamen Verfolgung ihrer Aufgaben" sowie in der „Pflege der gemeinsamen gewerblichen Interessen der betheiligten Innungen" bestanden, konnten durch die Novelle von 97 nur insoweit aufrecht erhalten werden, als sie fortan nicht den Handwerkskammern und den Innungen zugewiesen sind. Es gilt dies namentlich von den Vorschriften zur Regelung des Lehrlingswesens, zu deren Erlaß nunmehr die Handwerkskammern (§ 103e Abs. 1 Ziff 1) beziehungsweise die gemäß §. 103q an deren Stelle getretenen Gewerbekammern für den gesammten Handwerkerstand des Bezirks, sowie außerdem die Innungen (§§. 81a Ziff. 3, 93 Abs. 2 Ziff. 5 und 100c) berufen sind. „Hiernach können die Innungsverbände nur aufrecht erhalten werden, wenn sie, soweit es sich um Aufgaben handelt, die der Handwerkskammer überwiesen werden, sich auf eine anregende, berathende und begutachtende Thätigkeit beschränken. Dagegen kann ihnen die Befugniß, Fachschulen einzurichten oder zu unterstützen, Einrichtungen zur Regelung des Arbeitsnachweises zu treffen und Unterstützungskassen für die Mitglieder und ihre Angehörigen zu errichten und zu verwalten, unbedenklich belassen werden." (Mot. S. 51.)

Die §§. 104 Abs. 2 und 104a bezeichnen die gesetzlichen Aufgaben der Innungsverbände erschöpfend; verfolgen sie andere Zwecke, so können sie geschlossen werden, §. 104f Abs. 1 Ziff. 3, vgl. a. §. 104e. Bezüglich der für Innungsverbände mit Korporationsrechten (§§. 104g bis 104n) vorgesehenen Befugniß zur Errichtung gewisser Arten von Unterstützungskassen vgl. §. 104i.

Wegen der Fachschulen vgl. §§. 81b Ziff. 1, 100c, 101, 103e Abs. 3 sowie §. 120 Abs. 3 der G.O. Auch Innungsverbände, denen Korporationsrechte nicht verliehen sind, können Fachschulen errichten; inwieweit sie jedoch civilrechtlich Träger solcher Einrichtungen sein können, richtet sich nach bürgerlichem Rechte. Auf die Vermögensrechte solcher Innungsverbände finden gemäß §. 51 des Bürgerlichen Gesetzbuchs die für nicht rechtsfähige Vereine geltenden Vorschriften über die Gesellschaft (§§. 705—740) Anwendung. Aus einem Rechtsgeschäft, das im Namen eines solchen Innungsverbandes einem Dritten gegenüber vorgenommen wird, haftet der Handelnde persönlich; handeln Mehrere, so haften sie als Gesammtschuldner, §. 54 a. a. O.

Die Errichtung gemeinsamer Geschäftsbetriebe gehört nach Abs. 2 fortan nicht mehr zu den gesetzlichen Aufgaben der Innungsverbände. Da die §§. 104 fg. auch auf bestehende Innungsverbände Anwendung finden, müssen die bisher etwa bestandenen Betriebe dieser Art entweder aufgelöst oder in Genossenschaften umgewandelt werden. Ein Antrag, die Errichtung gemeinsamer Geschäftsbetriebe zuzulassen, wurde in der Reichstagskommission abgelehnt. (Kom.-Ber. v. 97 S. 37.)

Inwieweit die Ausgabe von sogenannten „Verbandspapieren" zulässig ist, richtet sich nach dem Inhalt.

Im Interesse der Aufrechterhaltung des Bestandes ist im Art 6 Ziff. 4 der Novelle von 97 für die Fälle der Umwandlung einer einem Innungsverbande angehörigen freien Innung in eine Zwangsinnung zu Gunsten der Innungsverbände dieselbe Bestimmung getroffen worden wie bezüglich der Innungsausschüsse, vgl. zu §. 101 am Schlusse.

1. **§. 104a.** Für den Innungsverband ist ein Statut zu errichten, welches Bestimmungen enthalten muß:

a) über Namen, Zweck und Bezirk des Verbandes;

b) über die Bedingungen der Aufnahme in den Verband und des Ausscheidens aus demselben;

c) über Bildung, Sitz und Befugnisse des Vorstandes;

d) über die Vertretung des Verbandes und ihre Befugnisse;

e) über die Beiträge zu den Ausgaben des Innungsverbandes;

f) über die Voraussetzungen und die Formen einer Abänderung des Statuts;

g) über die Voraussetzungen und die Formen einer Auflösung des Verbandes.

2. Durch Statut kann bestimmt werden, daß einzelne Gewerbetreibende dem Innungsverband ihres Gewerbes mit den Rechten und Pflichten der Mitglieder der ihm angehörenden Innungen beizutreten berechtigt sind.

3. Das Statut darf keine Bestimmung enthalten, welche mit den gesetzlichen Zwecken des Verbandes nicht in Verbindung steht oder gesetzlichen Vorschriften zuwiderläuft.

Zu Abs. 1: diese Bestimmungen regeln den nothwendigen Inhalt des Statuts; wegen der Genehmigung desselben vgl. §. 104b. Die Kosten- und Stempelfreiheit, wie für die Genehmigung der Statuten von Innungen (§§. 99 und 100c) und der Handwerkskammern (§. 103n Abs. 1), ist reichsgesetzlich nicht vorgesehen, besteht aber zum Theil landesrechtlich, wie z. B. in Bayern nach Art. 194 Ziff. 9 des Gebührengesetzes. Für die Genehmigung der Statuten durch den Reichskanzler (§. 104b Abs. 1 litt. b) werden Kosten oder Gebühren nicht erhoben.

Rückständige Beiträge müssen bei nicht mit Korporationsrechten ausgestatteten Verbänden auf dem Klagewege eingezogen werden, während nach §. 104k Abs. 3 bei den mit diesen Rechten vom Bundesrath ausgestatteten Verbänden Streitigkeiten über die Beiträge von der Aufsichtsbehörde zu entscheiden sind, und die letzteren daher im Verwaltungszwangsverfahren beigetrieben werden können.

Zu Abs. 2: diese, die sog. „Einzelmitglieder" betreffende Bestimmung, ist neu. Bisher war durch das Gesetz (früherer §. 104a Abs. 1 der G.O.) einzelnen Gewerbetreibenden, welche keiner Verbandsinnung angehörten, der Anschluß an den Innungsverband ihres Gewerbes nicht ermöglicht. Wo er thatsächlich eingeführt war, bestand er im Widerspruch zu dem Gesetze. Bezüglich der Innungsausschüsse, für welche eine dem Abs. 2 analoge Bestimmung nicht vorgesehen ist, vgl. §. 101 Abs. 1.

Zu Abs. 3: die Bestimmung entspricht, ebenso wie diejenige im Abs. 1, dem bisher geltenden Rechte (früherer §. 104b). Bezüglich der „gesetzlichen Zwecke" vgl. zu §. 104 Abs. 2 und für die mit Korporationsrechten versehenen Verbände §. 104i Abs. 1.

Enthält das Statut Bestimmungen, die gegen Abs. 3 verstoßen, so muß die Genehmigung versagt werden, §. 104b Abs. 2, vgl. a. §. 104f Abs. 1.

§. 104b. Das Verbandsstatut bedarf der Genehmigung, und zwar: 1.

a) für Innungsverbände, deren Bezirk nicht über den Bezirk einer höheren Verwaltungsbehörde hinausgreift, durch die letztere;

b) für Innungsverbände, deren Bezirk in die Bezirke mehrerer höherer Verwaltungsbehörden desselben Bundesstaats sich erstreckt, durch die Landes-Zentralbehörde;

c) für Innungsverbände, deren Bezirk sich auf mehrere Bundesstaaten erstreckt, durch den Reichskanzler.

Die Genehmigung ist zu versagen: 2.

1. wenn die Zwecke des Verbandes sich nicht in den gesetzlichen Grenzen halten;
2. wenn das Verbandsstatut den gesetzlichen Anforderungen nicht entspricht.

Außerdem darf die Genehmigung nur versagt werden, wenn die Zahl der dem Verbande beigetretenen Innungen nicht hinreichend erscheint, um die Zwecke des Verbandes wirksam zu verfolgen. 3.

Gegen die Versagung der Genehmigung ist, sofern sie durch eine höhere Verwaltungsbehörde erfolgt, die Beschwerde zulässig. 4.

5. Aenderungen des Statuts unterliegen den gleichen Vorschriften.

höhere Verwaltungsbehörde: in Preußen der Regierungspräsident, für Berlin der Oberpräsident, Ausf.Anw. v. 1. März 98, Abschn. I Ziff. 2; in Bayern die Kreisregierung, Kammern des Innern, Allerh. V. v. 28. Okt. 97 G.V.B. 355; in Sachsen die Kreishauptmannschaft, Verordn. v. 11. März 98 und Ausf.Verordn. v. 28. März 92 G.V.Bl. 28; in Württemberg die Kreisregierung, Ausf.Anw. v. 14. März 98 R.B. 56; in Baden das Bezirksamt, Ausf.Anw. v. 4. April 98 G.V.B. 237; in Hessen das Kreisamt, Verordn. v. 22. Sept. 1900 R.Bl. 845.

Landes-Zentralbehörde: vgl. zu §. 128 Abs. 2.

In Preußen ist nach Ziff. 37 der Ausf.Anw. v. 1. März 98 die Genehmigung in der Weise herbeizuführen, daß der Entwurf des Statuts in zwei Exemplaren nebst den Ausfertigungen der Innungsbeschlüsse stets der höheren Verwaltungsbehörde einzureichen ist, in deren Bezirk der Innungsverband seinen Sitz haben soll. Diese giebt die Vorlagen mit einer gutachtlichen Aeußerung an den Handelsminister ab, falls sie nicht selbst über die Genehmigung zu beschließen hat. Aehnliche Vorschriften bestehen u. a. in Bayern, Württemberg und Hessen.

Zu Abs. 2: Bezüglich der gesetzlichen Grenzen der Zwecke der Innungsverbände vgl. zu §. 104 Abs. 2, §. 104a Abs. 3, §. 104i; bezüglich der Verbandsstatuts §. 104a Abs. 1.

Zu Abs. 3: formell genügen, wie in der Begründung der Novelle vom 23. April 86, Reichst.Drucks. II Sess. 85/86 S. 8, konstatirt ist, da das Gesetz (§. 104 Abs. 1) eine Minimalzahl nicht vorschreibt, schon zwei Innungen; derartige Statuten werden sich indessen nur in ganz besonders gearteten Ausnahmefällen zur Genehmigung eignen.

1. **§. 104 c.** Der Verbandsvorstand hat alljährlich im Monat Januar ein Verzeichniß derjenigen Innungen, welche dem Verband angehören, der höheren Verwaltungsbehörde, in deren Bezirk er seinen Sitz hat, einzureichen.

2. Die Zusammensetzung des Vorstandes und Veränderungen in derselben sind dieser Behörde anzuzeigen. Eine gleiche Anzeige hat zu erfolgen, wenn der Sitz des Vorstandes an einen anderen Ort verlegt wird. Liegt letzterer nicht in dem Bezirke der vorbezeichneten Behörde, so ist die Anzeige an diese und an die höhere Verwaltungsbehörde, in deren Bezirk der Sitz verlegt wird, gleichzeitig zu richten.

Die Bestimmungen entsprechen im Abs. 1 wörtlich dem bisherigen §. 104d Abs. 1 der G.O. Der Eingang im Abs. 2 lautete früher „Veränderungen in der Zusammensetzung des Vorstandes“ u. s. w.

Der §. 104c legt den Verbänden die Verpflichtung auf, „die zu ihrer Beaufsichtigung berufenen Behörden von denjenigen Verhältnissen in fortlaufender Kenntniß zu erhalten, welche für die Wahrnehmung des Aufsichtsrechts von Bedeutung sind." (Mot. der Nov. v. 81 S. 30.) Bei Verbänden mit Korporationsrechten kann der Vorstand durch Ordnungsstrafen zur Erstattung der Anzeigen angehalten werden, §. 104k Abs. 2, für die anderen Verbände ist das Landesrecht maßgebend, vgl. für Preußen §§. 132 fg. des Landesverwaltungsgesetzes v 30. Juli 83, für Bayern P.St.B. Art. 21 und 22, für Württemberg Art. 2 u. 5 des Ges. v. 12. Aug. 79, für Baden P.St.G.B. §. 31. Die bisherige Strafvorschrift im §. 149 Abs. 2 der G.O., welche die Unterlassung der gesetzlich vorgeschriebenen Anzeigen mit Strafe bedrohte, ist beseitigt, vgl. Art. 4 Ziff. 3 der Novelle von 97, oben zu §. 92a Abs. 2 sowie zu §. 104d Abs. 2.

Wegen der Anzeige von Versammlungen des Verbandsvorstandes und der Verbandsvertretung vgl. §. 105d Abs. 2.

höhere Verwaltungsbehörde: vgl. zu §. 104b, jedoch für den Stadtkreis Berlin nicht der Oberpräsident, sondern der Polizeipräsident, Ausf Anw. v. 1 März 98 Abschn. I Ziff. 2 Abs. 2.

§. 104d. Versammlungen des Verbandsvorstandes und der Vertretung des Verbandes dürfen nur innerhalb des Verbandsbezirkes abgehalten werden. 1.

Sie sind der höheren Verwaltungsbehörde, in deren Bezirke der Vorstand seinen Sitz hat, sowie der höheren Verwaltungsbehörde, in deren Bezirke die Versammlung abgehalten werden soll, unter Einreichung der Tagesordnung mindestens eine Woche vorher anzuzeigen. Der letzteren steht das Recht zu, 2

a) die Versammlung zu untersagen, wenn die Tagesordnung Gegenstände umfaßt, welche zu den Zwecken des Verbandes nicht in Beziehung stehen;

b) in die Versammlung einen Vertreter zu entsenden und durch diesen die Versammlung zu schließen, wenn die Verhandlungen auf Gegenstände sich erstrecken, welche zu den Zwecken des Verbandes nicht in Beziehung stehen, oder wenn Anträge oder Vorschläge erörtert werden, welche eine Aufforderung oder Anreizung zu strafbaren Handlungen enthalten.

Zu Abs. 1: vgl. §§. 104a Abs. 1c (Vorstand), 104a Abs. 1d (Vertretung), 104a Abs. 1 unter a (Bezirk), sowie für die Fälle der Zuwiderhandlung die Bemerkung zu §. 104c.

Zu Abs. 2: Bei den mit Korporationsrechten ausgestatteten Innungsverbänden (§§. 104g bis 104n) kann die Erstattung der Anzeigen auf Grund des Reichsrechts erzwungen werden, §. 104k Abs. 2, im Uebrigen vgl. zu §. 104c. Wird den auf Grund des §. 104d erlassenen Verfügungen zuwidergehandelt, so kann der Innungsverband geschlossen werden, §. 104f Abs. 1 Ziff. 2.

Zu a: bezüglich der „Zwecke des Verbandes" vgl. zu §. 104 Abs. 2, für die mit Korporationsrechten ausgestatteten Verbände §. 104i Abs. 1.

Zu b: unter den Begriff der strafbaren Handlungen fallen auch Uebertretungen, im Uebrigen vgl. insbesondere §§. 110 bis 112 Str.Ges.B. und die landesrechtlichen vereinspolizeilichen Bestimmungen.

höhere Verwaltungsbehörde: in Berlin nicht der Oberpräsident, sondern der Polizeipräsident, Ausf.Anw. v. 1. Mai 98 Abschn. I Ziff. 2 Abs. 2, im Uebrigen vgl. zu §. 104b.

1. **§. 104e.** Die Verbandsvorstände sind befugt, in Betreff der Verhältnisse der in dem Verbande vertretenen Gewerbe an die für die Genehmigung des Verbandsstatuts zuständige Stelle Bericht zu erstatten und Anträge zu richten.

2. Sie sind verpflichtet, auf Erfordern dieser Stelle Gutachten über gewerbliche Fragen abzugeben.

zuständige Stelle: vgl. §. 104b Abs. 1. Gegenüber der Bestimmung im §. 104 Abs. 2 enthält der, wörtlich dem bisherigen Recht (§. 104f) entnommene §. 104e Selbstverständliches, er will jedenfalls die aus §. 104 Abs. 2 herzuleitenden Pflichten und Befugnisse nicht erweitern oder einschränken.

verpflichtet: gegen Verbande mit Korporationsrechten (§§. 104g bis 104n) kann im Falle der Nichterstattung der erforderten Gutachten gemäß §. 104k Abs. 2 mit Ordnungsstrafe eingeschritten werden, gegen andere Verbände mit Exekutivstrafen nach Landesrecht.

1. **§. 104f.** Die Innungsverbände können geschlossen werden,

1. wenn sich ergiebt, daß nach §. 104b Ziffer 1 und 2 die Genehmigung hätte versagt werden müssen und die erforderliche Aenderung des Statuts innerhalb einer zu setzenden Frist nicht bewirkt wird;
2. wenn den auf Grund des §. 104d erlassenen Verfügungen nicht Folge geleistet ist;
3. wenn der Verbandsvorstand oder die Vertretung des Verbandes sich gesetzwidriger Handlungen schuldig machen, welche das Gemeinwohl gefährden, oder wenn

sie andere als die gesetzlich zulässigen Zwecke verfolgen.

Die Schließung erfolgt durch Beschluß der für die Genehmigung des Verbandsstatuts zuständigen Stelle. 2.

Gegen den Beschluß der höheren Verwaltungsbehörde ist die Beschwerde zulässig. 3.

Der §. 104f entspricht wörtlich dem früheren §. 104g der G.O., indeß mit der Abänderung im Eingange, daß — in Uebereinstimmung mit dem Sinne der Bestimmung und dem Sprachgebrauch des Gesetzes an anderen Stellen — das Wort „aufgelöst" in der neuen Fassung durch „geschlossen" ersetzt worden ist. „Ebenso sind in den §§. 104l, 104m und 104n die Ausdrücke „Schließung" und „geschlossen werden" entsprechend der bei den Innungen, Innungsausschüssen und auch im Krankenversicherungsgesetz durchgeführten Ausdrucksweise überall da eingesetzt worden, wo es sich um eine Aufhebung des Innungsverbandes durch behördliche Anordnung handelt, während für den Fall der freiwilligen Auflösung der Ausdruck „Auflösung" beibehalten worden ist." (Mot. S. 81.) Die Voraussetzungen der Auflösung sind im Statut zu bestimmen, §. 104a Abs. 1 g.

Bei den Verbänden mit Korporationsrechten tritt im Falle der Eröffnung des Konkursverfahrens die Schließung nicht erst durch behördlichen Beschluß, sondern gemäß §. 104l kraft Gesetzes ein.

Während Innungen, welche wiederholter Aufforderung ungeachtet die Erfüllung ihrer obligatorischen Aufgaben (§. 81a) vernachlässigen, durch die Aufsichtsbehörde geschlossen werden können (§§. 97 Abs. 1 Ziff. 2, 100c, 100t Abs. 6), ist für die Innungsverbände die Vernachlässigung ihrer gesetzlichen Aufgaben kein Schließungsgrund.

Zu Ziff. 2: vgl. §§. 104 Abs. 2 und 104i Abs. 1.

Zu Abs. 2: wegen der „zuständigen Stelle" vgl. §. 104b Abs. 1.

§. 104g. Durch Beschluß des Bundesraths kann Innungsverbänden die Fähigkeit beigelegt werden, unter ihrem Namen Rechte zu erwerben, Verbindlichkeiten einzugehen, vor Gericht zu klagen oder verklagt zu werden. In solchem Falle haftet dem Gläubiger für alle Verbindlichkeiten des Innungsverbandes nur das Vermögen desselben. 1.

Der Beschluß des Bundesraths ist durch den Reichsanzeiger zu veröffentlichen. Auf diejenigen Innungsverbände, welchen die gedachte Fähigkeit beigelegt ist, finden die Bestimmungen der §§. 104h bis 104n Anwendung. 2.

Die §§. 104g bis 104n waren (als §§. 104 bis 104o) bereits durch die Novelle v. 23. April 86 R.G.B. 125 in die G.O. eingefügt und sind nahezu wörtlich in das Handwerkergesetz übernommen worden. Nach der Absicht der Novelle von 86 sollen Organisationen von untergeordneter Bedeutung nicht mit Korporationsrechten ausgestattet werden. „Auch nicht jeder größere Verband bietet ohne Weiteres durch seine Begründung die erforderliche Garantie für eine zweckentsprechende und wirksame Erfüllung seiner Aufgaben. In manchen Fällen wird es vielmehr erst einiger Zeit der Entwicklung und Thätigkeit bedürfen, um ein Urtheil darüber zu ermöglichen, ob ein Innungsverband für das betreffende Handwerk diejenige Stellung zu erlangen geeignet ist, und ob er nach seinem Bestande und den ihm zu Gebote stehenden Mitteln diejenige finanzielle Garantie bietet, welche seine Ausstattung mit den Rechten der juristischen Persönlichkeit und mit der dadurch bedingten Erweiterung seines Wirkungskreises und seines Einflusses gerechtfertigt erscheinen läßt." (Mot. von 86 S. 8.)

Die §§. 104h bis 104n finden nur auf Verbände Anwendung, welchen die Korporationsrechte durch den Bundesrath ertheilt worden sind. Aus der Fassung von Abs. 2 letzter Satz dürfte das Gegentheil nicht wohl zu folgern sein, da unter der daselbst „gedachten Fähigkeit" die gemäß Abs. 1 vom Bundesrath beigelegte Fähigkeit zum Erwerb von Rechten u. s. w. zu verstehen ist.

Die Verleihung der Korporationsrechte hat eine besondere staatliche Aufsicht zur Folge, §. 104k, und ist die Voraussetzung für die Errichtung der im §. 104i bezeichneten Unterstützungskassen, dagegen an sich nicht auch für die Errichtung von Fachschulen, vgl. zu §. 104 Abs. 2.

1. **§. 104h.** Der Innungsverband wird bei gerichtlichen wie bei außergerichtlichen Verhandlungen durch seinen Vorstand vertreten. Die Befugniß zur Vertretung erstreckt sich auch auf diejenigen Geschäfte und Rechtshandlungen, für welche nach den Gesetzen eine Spezialvollmacht erforderlich ist. Durch das Statut kann einem Mitglied oder mehreren Mitgliedern des Vorstandes die Vertretung des Innungsverbandes nach außen übertragen werden.

2. Zur Legitimation der Vertreter des Innungsverbandes genügt bei allen Rechtsgeschäften die Bescheinigung der höheren Verwaltungsbehörde, in deren Bezirke der Vorstand seinen Sitz hat, daß die bezeichneten Personen zur Vertretung des Verbandes befugt sind.

Der §. 104h, der nur für Verbände mit Korporationsrechten (§. 104g) gilt, entspricht wörtlich dem bisherigen Recht. Bezüglich des Vorstandes vgl. §. 104a Abs. 2 litt. c und §§. 104c bis 104e, wegen der Aufsicht über die Geschäftsführung §. 104k.

Bezüglich der Haftung des Vorstandes gegenüber dem Verbande

vgl. §. 276 des Bürgerl. Gesetzb. Während der §. 104h mit dem die entsprechenden Verhältnisse bei den Innungen regelnden §. 92b Abs. 1 und 2 übereinstimmt, ist eine dem §. 92b Abs. 3 analoge Bestimmung über die Haftung des Vorstandes für pflichtgemäße Verwaltung für die Innungsverbände nicht vorgesehen, auch nicht die — den freien Innungen (§. 99), Zwangsinnungen (100c) und Handwerkskammern (§. 103n Abs. 1) gewährte — Kosten- und Stempelfreiheit für die Legitimationen, die indessen zum Theil landesrechtlich besteht, vgl. zu §. 104a.

höhere Verwaltungsbehörde: für den Stadtkreis Berlin der Polizeipräsident, Ausf.Anw. v. 1. März 98 Abschn. I Ziff. 2 Abs. 2, im Uebrigen vgl. zu §. 104b.

Im Uebrigen vgl. a. zu Abs. 2 den §. 92b Abs. 3 nebst Bem.

§. 104i. Der Innungsverband ist befugt, für die Mitglieder der ihm angeschlossenen Innungen und deren Angehörige zur Unterstützung in Fällen der Krankheit, des Todes, der Arbeitsunfähigkeit oder sonstiger Bedürftigkeit Kassen zu errichten. Die dafür erforderlichen Bestimungen sind in Nebenstatuten zusammenzufassen; diese sowie Abänderungen derselben bedürfen der Genehmigung durch den Reichskanzler. 1.

Auf die von dem Innungsverband errichteten Unterstützungskassen finden dieselben Vorschriften Anwendung, welche für gleichartige von einer Zwangsinnung errichtete Kassen gelten. 2.

Zu Abs. 1: der Innungsverband: also niemals einzelne, ihm angehörige Zweig- oder Unterverbände. Die Angehörigen solcher Verbände sind jedoch nicht behindert, für sich und ihre Angehörigen gewerbliche Hülfskassen auf Grund von §. 140 der G.O. zu errichten.

für die Mitglieder: also nicht für deren Gesellen, Gehülfen, Arbeiter und Lehrlinge. Innungs-Krankenkassen können die Innungsverbände daher nicht errichten. (Mot. v. 97 S. 81.)

von einer Zwangsinnung errichtete Kassen: nach §. 100 Abs. 1 dürfen die Mitglieder von Zwangsinnungen zur Theilnahme an Unterstützungskassen, auf welche die Vorschriften des §. 73 des Krankenversicherungsgesetzes keine Anwendung finden, gegen ihren Willen nicht verpflichtet werden. Für die von Innungsverbänden errichteten Kranken-, Sterbe-, Wittwen- und Waisen-, Pensions- u. s. w. Kassen ist demnach der Kassenzwang nicht statthaft, und zwar auch dann nicht, wenn der Innungsverband ausschließlich aus freien Innungen besteht. Für diese Kassen kommen ferner die §§. 100c, 85 Abs. 1, 87a Abs. 2, 89 Abs. 3 und 4 in Betracht.

Innungsverbände, welche die Rechte aus §. 104g Abs. 1 nicht besitzen, sind zur Errichtung von Unterstützungskassen auf Grund von §. 104i nicht berechtigt. Für solche Verbände können indessen auf dem im §. 140 Abs. 2 der G.O. vorgesehenen Wege Unterstützungskassen errichtet werden.

durch den Reichskanzler: und zwar dem Wortlaut der Bestimmung gemäß auch in denjenigen Fällen, wo die Genehmigung der Statuten durch die höhere Verwaltungsbehörde oder die Landes-Zentralbehörde erfolgt ist (§. 104b Abs. 1 litt. a und b).

Wegen der Errichtung von Fachschulen und gemeinsamen Geschäftsbetrieben vgl. zu §. 104.

Zu Abs. 2: das bisherige Recht (früherer §. 104k Abs. 2 letzter Satz der G.O.) bestimmte, daß „die in den einzelnen Bundesstaaten für die Beitreibung von Gemeindeabgaben zuständigen Behörden sich bei Zwangsvollstreckungen, welche für Unterstützungskassen von Innungsverbänden vorzunehmen sind, gegenseitig im unmittelbaren Geschäftsverkehr Rechtshülfe zu gewähren haben." Diese Bestimmung ist in §. 104i nicht wiederaufgenommen worden, weil für solche Zwangsvollstreckungen die Behörden bereits nach §. 1 Abs. 1 Ziff. 1c des Ges. über den Beistand bei Einziehung von Abgaben und Vollstreckung von Vermögensstrafen v. 5 Juni 95 R.G.B. 256 einander auf Ersuchen Beistand zu leisten haben. (Mot. v. 97 S. 81.)

1. **§. 104 k.** Der Innungsverband unterliegt, vorbehaltlich der Vorschrift des §. 104 d, der Aufsicht der höheren Verwaltungsbehörde, in deren Bezirke der Vorstand seinen Sitz hat.

2. Die Aufsichtsbehörde überwacht die Befolgung der gesetzlichen und statutarischen Vorschriften und kann dieselben durch Androhung, Festsetzung und Vollstreckung von Ordnungsstrafen gegen die Inhaber der Aemter des Verbandes erzwingen.

3. Sie entscheidet Streitigkeiten über die Aufnahme und Ausschließung von Verbandsmitgliedern, die Beiträge zu den Ausgaben des Innungsverbandes, die Wahlen zu den Verbandsämtern sowie, unbeschadet der Rechte Dritter, über die Rechte und Pflichten der Inhaber derselben.

4. Der Aufsichtsbehörde ist jährlich ein Rechnungsabschluß nebst Vermögensausweis vorzulegen.

Zu Abs. 1: der mit Ausnahme einer Aenderung im Abs. 3 dem bisherigen Recht entsprechende, der Novelle v 23 Juli 86 entstammende §. 104k, welcher gleichfalls nur für die mit Korporationsrechten (§. 104g) ausgestatteten Innungsverbände gilt, stellt diese Verbände unter besondere obrigkeitliche Beaufsichtigung, während für die Verbände ohne Korporationsrechte nur die §§. 104c, 104d und 104f, 104e Abs. 2 gelten.

höhere Verwaltungsbehörde: für den Stadtkreis Berlin nicht der Oberpräsident, sondern der Polizeipräsident, im Uebrigen vgl. zu §. 104 b.

Zu Abs. 2 und 3: durch diese Bestimmungen soll der Inhalt des Aufsichtsrechts nicht erschöpfend begrenzt werden. Beide Absätze sind dem früheren §. 104 Abs. 3 und 4 der G.O nachgebildet, die nach der vorwiegend vertretenen Auffassung jenen Inhalt auch für das Aufsichtsrecht gegenüber den Innungen nicht erschöpften. Daß die Novelle von 97 von dieser Auffassung abgewichen sei, läßt sich nach der Entstehungsgeschichte nicht annehmen und aus der Begründung zu §. 96 Abs. 2 (dem früheren §. 104) nicht überzeugend schließen, vgl. Mot. S. 63. Für die Fälle der Auflösung und Schließung vgl. §. 104 m. Die Worte „die Beiträge zu den Ausgaben des Innungsverbandes" im Abs. 3 sind neu. Wegen der Beiträge bei nicht rechtsfähigen Verbänden vgl. zu §. 104 a Abs. 1.

Zu Abs. 4: behördliche Anweisungen hierüber sind zulässig, ihre Befolgung kann auf Grund von §. 104 k Abs. 2 ebenso wie die Vorlage des Rechnungsabschlusses und des Vermögensausweises durch Ordnungsstrafe erzwungen werden.

§. 104 l. Die Eröffnung des Konkursverfahrens über das Vermögen des Innungsverbandes hat die Schließung des letzteren kraft Gesetzes zur Folge. Der Vorstand des Innungsverbandes hat jedoch die während des Konkursverfahrens dem Gemeinschuldner zustehenden Rechte wahrzunehmen.

Konkursverfahren: vgl. §. 213 der Reichskonkursordnung in der seit dem 1. Januar 1900 geltenden Fassung v. 20. Mai 98 R.G.B. 369 und 612. Mit dem Eintritt der Rechtskraft des amtsgerichtlichen Eröffnungsbeschlusses tritt die Schließung kraft Gesetzes ein. Zwangsvergleich ist zulässig. Der §. 104 l Satz 1 entspricht der analogen Vorschrift für die freien Innungen (§. 97 Abs. 4), die Zwangsinnungen, (§. 100 o und §. 100 t Abs. 6) und die Innungsausschüsse (§. 102 Abs. 4).

Nach erfolgter Schließung verbleiben die Verbandsmitglieder noch in dem im §. 100 m bezeichneten Maaße verhaftet.

§. 104 m. Bei der statutmäßig beschlossenen Auflösung eines Innungsverbandes wird die Abwickelung der Geschäfte, sofern die Verbandsvertretung nicht anderweitig beschließt, durch den Vorstand unter Aufsicht der im §. 104 k bezeichneten Behörde vollzogen. Genügt der Vorstand seiner Verpflichtung nicht oder tritt die Schließung auf Grund des §. 104 f oder des §. 104 l ein, so erfolgt die Abwickelung der Geschäfte durch einen Beauftragten der Aufsichtsbehörde.

2\. Von dem Zeitpunkte der Auflösung oder Schließung ab bleiben die Verbandsmitglieder noch für diejenigen Zahlungen verhaftet, zu welchen sie statutarisch für den Fall eigenen Ausscheidens aus den Verbandsverhältnissen verpflichtet sind. Das Recht, diese Beiträge auszuschreiben und einzuziehen, steht dem mit Abwickelung der Geschäfte Beauftragten zu.

Zu Abs. 1: die Bestimmungen entsprechen dem §. 98 Abs. 1: sie stimmen, ebenso wie Abs. 2, mit dem bisherigen Recht überein.

Zu Abs. 2: Streitigkeiten über die Beiträge entscheidet die Aufsichtsbehörde, §. 104k Abs. 3.

„Verbandsmitglieder" sind die Innungen (§. 104 Abs. 1) und die selbständigen Gewerbetreibenden (§. 104a Abs. 2), dagegen nicht auch freie Vereine und Genossenschaften, vgl. zu §. 104 Abs. 1.

In Satz 1 Zeile 2 war bis zur Neuredaktion der G.O. v. 26. Juli 1900 R.G.B. 871 anstatt „noch" „auch" zu lesen, ein offenbarer Schreib- oder Druckirrthum; vgl. den Wortlaut der analogen, für freie Innungen (§. 98 Abs. 2), Zwangsinnungen (§. 100c) und Innungsausschüsse (§. 102 Abs. 6) geltenden Bestimmung im §. 98 Abs. 2.

Bezüglich des Unterschiedes zwischen „Auflösung" und „Schließung" vgl. zu §. 104f u. §. 98. Die Schließung des Innungsverbandes erfolgt entweder kraft Gesetzes als Folge der Eröffnung des Konkursverfahrens (§. 104l) oder durch behördliche Anordnung (§. 104f).

höhere Verwaltungsbehörde: für den Stadtkreis Berlin der Oberpräsident, im Uebrigen vgl. zu § 104b.

1 **§. 104n.** Im Falle der Auflösung oder Schließung des Innungsverbandes muß sein Vermögen zuvörderst zur Berichtigung seiner Schulden und zur Erfüllung seiner sonstigen Verbindlichkeiten verwendet werden. War dasselbe bisher ganz oder theilweise zur Fundirung von Unterrichtsanstalten oder zu anderen öffentlichen Zwecken bestimmt, so darf der nach Berichtigung der Schulden übrig bleibende Theil des Vermögens dieser Bestimmung nicht entzogen werden; über seine fernere Verwendung wird von der im §. 104b Abs. 1 bezeichneten Behörde Anordnung getroffen.

2\. Bedarf es zum Fortbestande der von dem Innungsverband errichteten Unterrichtsanstalten oder Unterstützungskassen als selbständiger Anstalten der Genehmigung des Landesherrn oder einer Behörde des Staates, in welchem die fernere Verwaltung der Anstalt stattfinden soll, so hat die im vorstehenden Absatze bezeichnete Behörde diese Genehmigung herbeizuführen.

Das hiernach verbleibende Reinvermögen des Innungsverbandes wird, soweit die Verbandsvertretung nicht anders beschließt, unter die Innungen, welche dem Verbande zur Zeit der Auflösung oder Schließung angehört haben, nach dem Verhältnisse der von ihnen an den Verband in dem der Auflösung oder Schließung vorangegangenen Jahre geleisteten Beiträge vertheilt. Streitigkeiten hierüber werden von der im §. 104k bezeichneten Stelle endgültig entschieden. 3.

„Hinsichtlich der Art und Weise, in welcher das **Vermögen eines aufgelösten Innungsverbandes** zu verwenden ist, soll das im §. 94 der G.O. (nunmehr aufgehoben) bezüglich der alten Innungen zur Geltung gebrachte Prinzip, nach welchem das Vermögen von Instituten gewerblicher Selbstverwaltung der Verfügung der zufälligen augenblicklichen Mitglieder insoweit entzogen wird, als es zu gemeinnützigen Zwecken, wie zur Erhaltung von Unterstützungskassen, Unterrichtsanstalten u. s. w. bestimmt ist, beibehalten werden." (Mot. zur Novelle v. 23. April 86 R.G.B. 125, S. 10). Bezüglich der **Innungen** vgl. §. 98a und — für die Zwangsinnungen — §. 100t Abs. 4; bezüglich der **Innungsausschüsse** §. 102 Abs. 2.

Zu **Abs. 1: Auflösung oder Schließung:** vgl. zu §. 104m Abs. 2.

im §. 104b Abs. 1 bezeichneten Behörde: d. h. je nach der für die Genehmigung des Statuts zuständig gewesenen Behörde die höhere Verwaltungsbehörde, die Landes-Zentralbehörde oder der Reichskanzler.

Zu **Abs. 2:** in **Preußen** würde es zur Verleihung der Korporationsrechte eines Allerhöchsten Erlasses bedürfen. Das im Art. 31 der Verfassungsurkunde erwähnte besondere Gesetz ist bisher nicht erlassen worden. Vgl. a. §. 22 des Bürgerl Gesetzb. (Juristische Personen).

Titel VII.

Gewerbliche Arbeiter (Gesellen, Gehülfen, Lehrlinge, Betriebsbeamte, Werkmeister, Techniker, Fabrikarbeiter).

I. Allgemeine Verhältnisse.

(§§. 105 bis 120e).

II. Verhältnisse der Gesellen und Gehülfen.

(§§. 121 bis 125).

III. Lehrlingsverhältnisse.

A. Allgemeine Bestimmungen.

Die Fassung dieses Abschnitts des Tit. VII der Gewerbeordnung beruht auf Art. 2 der Novelle von 97 in der Fassung der neuen Redaktion der G.O. v. 26. Juli 1900 R.G.B. 871. Die allgemeinen, für alle Lehrlingsverhältnisse — soweit sie unter den Tit. VII der G.O. fallen — geltenden Bestimmungen sind in den §§. 126 bis 128, die besonderen, nur für Handwerker geltenden Vorschriften in den §§. 129 bis 132a enthalten. Die §§. 126 bis 128 und die darauf bezüglichen Bestimmungen der Art. 3 bis 7 der Novelle von 97 sind mit dem 1. April 98 in Kraft getreten, Kais. Verordn. v. 14. März 98 R.G.B. 37, vgl. oben S. 1 zur Ueberschrift von Titel VI. Die in Abschn. B enthaltenen „besonderen Bestimmungen für Handwerker" sind durch die Kais. Verordn. v. 12. März 1900 R.G.B. 127 zum 1. April 1901 in Kraft gesetzt worden, vgl. unten, vor §. 129.

Auf Lehrlinge in Apotheken und in Handelsgeschäften finden die §§ 126 bis 132 gemäß §. 154 Abs. 1 der G.O. keine Anwendung, vgl. jedoch zu §. 128.

§. 126. Die Befugniß zum Halten oder zur Anleitung von Lehrlingen steht Personen, welche sich nicht im Besitze der bürgerlichen Ehrenrechte befinden, nicht zu.

Lehrlinge: Während nach §. 115 Abs. 1 der G.O. von 1869 als Lehrling „jeder zu betrachten ist, welcher bei einem Lehrherrn zur Erlernung eines Gewerbes in Arbeit tritt, ohne Unterschied, ob die Erlernung gegen Lehrgeld oder unentgeltliche Hülfeleistung stattfindet, oder ob für die Arbeit Lohn gezahlt wird," hat die Novelle von 97, ebenso wie diejenige vom 17. Juli 78, von einer gesetzlichen Bestimmung des Begriffs „Lehrling“ abgesehen. Maßgebend hierfür waren die in der Begründung des letzteren Gesetzes niedergelegten Erwägungen, daß die Begriffsbestimmung von 1869 ungenügend sei, weil sie nach den modernen Verhältnissen die Sache nicht mehr erschöpfe. Eine jede derartige Bestimmung sei schwierig; sie erscheine überdies bedenklich, weil sie leicht eine Handhabe zur Umgehung des Gesetzes biete, sie sei aber auch entbehrlich, weil es weder für die Verwaltungsbehörde noch für die Gerichte besonders schwer sein werde, im Einzelfalle festzustellen, ob ein bestimmtes Arbeitsverhältniß ein Lehrverhältniß darstelle oder nicht. (S. 26.) Der Entwurf der Novelle von 97 begnügte sich daher mit der allgemeinen Vermuthung, daß alle Personen unter 17 Jahren, die mit technischen Hülfsleistungen beschäftigt werden, als Lehrlinge gelten sollten, sofern die Beschäftigung nicht lediglich ausnahmsweise oder vorübergehend stattfände. Diese Bestimmung wurde jedoch in der 3. Lesung, und zwar hauptsächlich in Rücksicht auf die Verhältnisse der Großindustrie, bei der es sich für die Lehrlinge in Folge der hochentwickelten Arbeitstheilung häufig nur um die Erlernung einzelner Fertigkeiten handle, gestrichen. (Sten. Ber. 6096, 6200 fg.) Ein Antrag, daß „durch den Abschluß des Arbeitsvertrages die Annahme eines Lehrverhältnisses nicht ausgeschlossen sein solle“, wurde zurückgezogen. Seine Annahme würde übrigens nur die bisher in der Literatur und Rechtsprechung vorwiegend vertretene und in den Motiven des Entwurfs ausdrücklich niedergelegte Auffassung formell bestätigt haben. Der Vorschlag des Entwurfs hätte dagegen in der Hauptsache bloß die Beweislast im Prozeßverfahren verschoben, im Uebrigen aber daran nichts geändert, daß von den Gerichten, ebenso wie bisher, auch fernerhin die Frage, ob ein Lehrverhältniß vorliegt, nach den Umständen des einzelnen Falles, und zwar ohne Rücksicht darauf, ob ein Lehrvertrag geschlossen ist, ob Lehrgeld gezahlt wird (R.G. v. 19. Oktober 82), oder ob die Arbeitsleistung gegen Lohn erfolgt, oder welche Bezeichnung dem Arbeitsverhältniß von den Betheiligten beigelegt worden ist, zu beurtheilen ist. Vgl. a. R.G. v. 4. März 97, Reger XVIII S. 35.

Die väterliche Gewalt schließt ein Lehrlingsverhältniß zwischen Vater und Sohn nicht aus, R.G. v. 26. März 88 VIII. 142. Gegenüber dem mit ihm in häuslicher Gemeinschaft lebenden Lehrling gilt der Lehrherr als „Erzieher“ im Sinne des §. 174 Ziff. 1 St.G.B., R.G. v. 29. März 95 E. i. St. XXVII 131.

Während der §. 106 Abs. 1 der G.O. nur Gewerbetreibenden, welchen die bürgerlichen Ehrenrechte aberkannt sind, und auch diesen nur die Anleitung von Arbeitern unter 18 Jahren verbietet, untersagt der §. 126 allen jener Rechte verlustigen Personen, also auch solchen Handwerkern, welche in landwirthschaftlichen oder gewerblichen Betrieben gegen Entgelt beschäftigt sind, sowie den Werkmeistern und Gehülfen sowohl das Halten als auch die Anleitung von Lehrlingen, und zwar ohne Rücksicht auf deren Alter. Die Befugniß zum Halten von Lehrlingen war vor der Novelle von 97 nicht beschränkt, während die Anleitung nicht nur bezüglich der Lehrlinge, sondern auch der Arbeiter unter 18 Jahren untersagt war. Soweit es sich nicht um Lehrlinge handelt, hat sonach der §. 106 Abs. 1 der G.O. seine Bedeutung behalten. Für Lehrlinge unter 18 Jahren ist dagegen seine Vorschrift im §. 126 nochmals ausgesprochen und erweitert worden. In Handwerksbetrieben steht die Befugniß zur Anleitung von Lehrlingen außerdem nur solchen Personen zu, welche den Voraussetzungen des §. 129 entsprechen. Die Befugniß zum Halten und zum Anleiten von Lehrlingen kann sowohl in Handwerks- wie in anderen Betrieben den im §. 126a bezeichneten Personen entzogen werden.

Anleitung: hierunter fällt die „Beaufsichtigung und Unterweisung". Aus diesem Grunde wurde in der Kommission ein Antrag, „Anleitung" durch „Ausbildung" zu ersetzen, abgelehnt. (Kom.B von 97, S. 37.)

Für die eintretende Auflösung des Lehrverhältnisses vgl. §. 127b Abs. 3 Ziff. 2, §§. 127c und 127f, wegen der Zulassung zur Meisterprüfung und der Führung des Meistertitels vgl. zu §. 133.

Wer dem §. 126 zuwider Lehrlinge hält, anleitet oder anleiten läßt, wird gemäß §. 148 Abs. 1 Ziff. 9a der G.O. mit Geldstrafe bis zu 150 M., im Unvermögensfalle mit Haft bis zu 4 Wochen bestraft und kann nach §. 144a von der Ortspolizeibehörde durch Zwangsstrafen zur Entlassung der Lehrlinge angehalten werden. Vgl. a. zu §. 126a Abs. 4.

1. **§. 126a.** Die Befugniß zum Halten und zur Anleitung von Lehrlingen kann solchen Personen ganz oder auf Zeit entzogen werden, welche sich wiederholt grober Pflichtverletzungen gegen die ihnen anvertrauten Lehrlinge schuldig gemacht haben, oder gegen welche Thatsachen vorliegen, die sie in sittlicher Beziehung zum Halten oder zur Anleitung von Lehrlingen ungeeignet erscheinen lassen.

2. Die Befugniß zur Anleitung von Lehrlingen kann ferner solchen Personen entzogen werden, welche wegen geistiger oder körperlicher Gebrechen zur sachgemäßen Anleitung eines Lehrlinges nicht geeignet sind.

3. Die Entziehung erfolgt durch Verfügung der unteren Verwaltungsbehörde; gegen die Verfügung findet der Rekurs statt. Wegen des Verfahrens und der Behörden gelten die Vorschriften der §§. 20 und 21, soweit nicht landesgesetzlich das Verfahren in streitigen Verwaltungssachen Platz greift.

4. Durch die höhere Verwaltungsbehörde kann die entzogene Befugniß nach Ablauf eines Jahres wieder eingeräumt werden.

Bis zur Novelle von 97 konnten Lehrherren, welche die gesetzlichen Pflichten gegen ihre Lehrlinge verletzten, zwar nach §. 148 Abs. 1 Ziff. 9 der G.O. zur Strafe gezogen, nicht aber an dem weiteren Halten von Lehrlingen gehindert werden. Durch den §. 126 a soll daher ein wirksamerer Schutz der Lehrlinge herbeigeführt werden.

Zu Abs. 1: zum Halten und zur Anleitung: die Entziehung der Befugniß braucht sich nicht nothwendig auf beides zu erstrecken. Bezüglich der Begriffsbestimmungen vgl. oben zu §. 126.

Personen: vgl. zu § 126. Die Bestimmung beschränkt sich hiernach nicht auf den Lehrherrn.

Pflichtverletzungen: bezüglich der Pflichten gegenüber den Lehrlingen vgl. §§. 127, 127 a Abs. 2, 131 c Abs. 1. Einer vorherigen gerichtlichen Bestrafung bedarf es für die Anwendung des Abs. 1 nicht.

Zu Abs. 2: während es sich in Abs. 1 um die Entziehung von zwei verschiedenen Befugnissen handelt, kommt bei Abs. 2 nur die Entziehung der Befugniß zur Anleitung von Lehrlingen in Frage. Personen, denen nur diese Befugniß entzogen worden ist, sind nach wie vor berechtigt, Lehrlinge zu halten, müssen aber die Beaufsichtigung und Unterweisung derselben einem geeigneten Vertreter (§. 127 Abs. 1 Satz 2) übertragen.

Zu Abs. 3: untere Verwaltungsbehörde: in Preußen in Städten über 10000 Einwohnern — in der Provinz Hannover in Städten, auf welche die revidirte Hannoversche Städteordnung v. 24. Juni 1858 Anwendung findet, mit Ausnahme der im §. 27 Abs. 2 der Hannoverschen Kreisordnung benannten Städte — die Gemeindebehörde, im Uebrigen der Landrath, in den Hohenzollernschen Landen der Oberamtmann; in Bayern die Distriktsverwaltungsbehörde, in München der Magistrat; in Sachsen in Städten mit revidirter Städteordnung der Stadtrath, in mittleren und kleinen Städten der Stadtgemeinderath, auf dem Lande der Gemeinderath; in Württemberg in Städten mit mehr als 10000 Einwohnern der Gemeinderath, im Uebrigen das Oberamt; in Baden das Bezirksamt, wenn innerhalb 14 Tagen gegen dessen Entschließung Einspruch erhoben wird, der Bezirksrath; in Hessen in Gemeinden, für welche die Städteordnung gilt, der Bürgermeister, im Uebrigen das Kreisamt.

Gegen die Verfügung der unteren Verwaltungsbehörde findet in Preußen binnen zwei Wochen die Klage beim Kreis-(Stadt-)Ausschuß statt, Abs. 1 der Verordn. v. 19. Aug. 97, Ges.Samml. 401. Die Entscheidung des Bezirksausschusses, an den binnen zwei Wochen die Berufung zulässig ist, ist endgültig, a. a. O. Abs. 2.

Zu Abs. 4: höhere Verwaltungsbehörde: in Preußen der Regierungspräsident, in Berlin der Polizeipräsident; in Bayern die Kreisregierung, Kammer des Innern; in Sachsen die Kreishauptmannschaft; in Württemberg die Kreisregierung; in Baden der Landeskommissär; in Hessen das Kreisamt. Vgl. a. §. 128 Abs. 1 letzter Satz.

Wer dem §. 126 a zuwider Lehrlinge hält, anleitet oder anleiten läßt, wird gemäß §. 148 Abs. 1 Ziff. 9a der G.O. mit Geldstrafe bis zu 150 M., im Unvermögensfalle mit Haft bis zu 4 Wochen bestraft und kann nach §. 144a von der Ortspolizeibehörde durch Zwangsstrafen zur Entlassung der Lehrlinge angehalten werden.

1. **§. 126b.** Der Lehrvertrag ist binnen vier Wochen nach Beginn der Lehre schriftlich abzuschließen. Derselbe muß enthalten:
1. die Bezeichnung des Gewerbes oder des Zweiges der gewerblichen Thätigkeit, in welchem die Ausbildung erfolgen soll;
2. die Angabe der Dauer der Lehrzeit;
3. die Angabe der gegenseitigen Leistungen;
4. die gesetzlichen und sonstigen Voraussetzungen, unter welchen die einseitige Auflösung des Vertrags zulässig ist.

2. Der Lehrvertrag ist von dem Gewerbetreibenden oder seinem Stellvertreter, dem Lehrling und dem gesetzlichen Vertreter des Lehrlinges zu unterschreiben und in einem Exemplare dem gesetzlichen Vertreter des Lehrlinges auszuhändigen. Der Lehrherr ist verpflichtet, der Ortspolizeibehörde auf Erfordern den Lehrvertrag einzureichen.

3. Auf Lehrlinge in staatlich anerkannten Lehrwerkstätten finden diese Bestimmungen keine Anwendung.

4. Der Lehrvertrag ist kosten- und stempelfrei.

Mit Ausnahme der bereits in dem früheren §. 128 Abs. 5 der G.O. vorgesehenen, durch die Novelle zur G.O. vom 1. Juni 91 eingeführten Stempelfreiheit für schriftliche Lehrverträge sind die Bestimmungen im §. 126b neu.

Zu Abs. 1: schriftlich: die Schriftlichkeit des Lehrvertrages ist für die Klarstellung der Rechtsverhältnisse zwischen Lehrherrn und Lehrling bei Streitigkeiten von wesentlicher Bedeutung und bietet gleichzeitig eine erwünschte Handhabe für eine wirksame Kontrole des Lehrlingswesens. (Mot.) Der Mangel der Schriftlichkeit macht zwar den Lehrvertrag nicht ungültig, daß Gesetz sucht indessen die Forderung der schriftlichen Abfassung sowohl durch die Strafbestimmung im §. 150 Abs 1 Ziff. 4a (vgl. unten S. 136) als auch durch die, hierin mit dem bisherigen Recht übereinstimmenden §§. 127d, 127f Abs. 1 und 127g, — wonach die Unterlassung des schriftlichen Vertragsabschlusses mit dem Verluste des Anspruchs auf zwangsweise Zurückführung des Lehrlings sowie der beiderseitigen Entschädigungsansprüche aus der vorzeitigen Lösung des Lehrverhältnisses verbunden ist — zu fördern. Innungsmeister haben der Innung eine Abschrift des Lehrvertrages einzureichen und können hierzu polizeilich angehalten werden (s. unten), auch kann sowohl durch die Innung bestimmt werden, daß der Abschluß des Lehrvertrags vor der Innung erfolgen soll, § 129b.

muß enthalten: anderenfalls gilt der Lehrvertrag nicht als ordnungsmäßig abgeschlossen (§. 150 Abs. 1 Ziff. 4a der G.O.)

Für Handwerker können die Handwerkskammern nach §. 103e Abs. 1 Ziff. 1 weitere Bestimmungen über Form und Inhalt der Lehrverträge erlassen. Solange sie von dieser Bestimmung keinen Gebrauch machen, sind gemäß §. 81a Abs. 1 Ziff. 3 die freien und gemäß §. 100c auch die Zwangsinnungen hierzu befugt, während die Innungsverbände solche Vorschriften nur anzuregen und — z. B. durch die auf dem Verbandstage beschlossenen Grundsätze — den ihnen angehörenden Innungen zu empfehlen befugt sind (§. 104 Abs. 2). Soweit die Beschlüsse der Innungen und Innungsverbände mit den Anordnungen der Handwerkskammer im Widerspruch stehen, sind sie unverbindlich. Bezüglich der Innungsverbände ergiebt sich dies aus der Beschränkung ihrer gesetzlichen Aufgaben (§. 104 Abs. 2), für die Innungen und die Innungsausschüsse aus §. 103f Abs. 2.

Zu Ziff. 2: für Handwerkslehrlinge soll die Lehrzeit in der Regel 3 Jahre dauern und darf den Zeitraum von 4 Jahren nicht übersteigen, §. 130a Abs. 1. Außerdem kann die Dauer der Lehrzeit nach §§. 130a Abs. 2, 103k Abs. 1, 103g Abs. 4 von der Handwerkskammer, und in Ermangelung solcher Vorschriften auch von der Innung gemäß §§. 81a Ziff. 3, 92c, 100c, 100p festgesetzt werden. Auf Grund von §. 129 Abs. 5 kann auch der Bundesrath bei der Zulassung von Ausnahmen von den Bestimmungen im §. 129 Abs. 1 für die Befugniß zur Anleitung von Lehrlingen in Handwerksbetrieben die Dauer der Lehrzeit festsetzen.

Zu Ziff. 3: nach §. 196 Abs. 1 Nr. 9 des Bürgerl. Gesetzb. verjähren die Ansprüche der Lehrlinge wegen des Lohnes und anderer an Stelle oder als Theil des Lohnes vereinbarter Leistungen in zwei Jahren. In der gleichen Frist verjähren gemäß Nr. 10 a. a. O. die Ansprüche der Lehrherren und Lehrmeister wegen des Lehrgeldes und anderer im Lehrvertrage vereinbarter Leistungen sowie wegen der für die Lehrlinge bestrittenen Auslagen. Vgl. a. unten, §. 127f.

Zu Ziff. 4: unter den „gesetzlichen" Voraussetzungen sind die §§. 127b und 127e verstanden; unter die in der 3. Lesung ohne Diskussion eingefügten „sonstigen" fallen auch Vereinbarungen über eine längere Probezeit (§. 127b Abs. 1). Vgl. a. Sten.B. S. 6096 u. 6201.

Zu Abs. 2: Vertreter des Lehrlinges: die versehentliche Ausdrucksweise in Art. 5 Abs. 2 der Novelle von 97 — „Stellvertreter" statt „Vertreter" — ist bei der Neuredaktion der G.O. vom 26. Juli 1900 R.G.B. 871 berichtigt worden. Zu den gesetzlichen Vertretern des Lehrlings gehören der Vater, die Mutter, sofern sie die elterliche Gewalt ausübt, und der Vormund.

einzureichen: selbstredend gegen Rückgabe. Ist der Lehrherr Handwerker und gehört er einer Innung an, so ist er nach §. 129b

Abs. 1 verpflichtet, eine Abschrift des Lehrvertrages binnen vierzehn Tagen nach Abschluß desselben der Innung einzureichen.

Zu Abs. 3: staatlich anerkannte Lehrwerkstätten: darunter sind sowohl die vom Staate eingerichteten und unterstützten, als auch die von Privatpersonen, Vereinen und Körperschaften eingerichteten Werkstätten zu verstehen, hinsichtlich derer die Landes-Zentralbehörden diese Anerkennung ausdrücklich aussprechen (§. 129). (Mot.) Vgl. a. §. 37 des Vollz. Verf. für Baden v. 4. April 98 G.V.B. 237.

Der Lehrherr, welcher den Lehrvertrag nicht ordnungsmäßig abschließt (§. 103e Abs. 1 Ziff. 1 und § 126b), wird nach §. 150 Abs. 1 Ziff. 4a der G.O. mit Geldstrafe bis zu 20 Mark, im Unvermögensfalle mit Haft bis zu drei Tagen bestraft.

1. **§. 127.** Der Lehrherr ist verpflichtet, den Lehrling in den bei seinem Betriebe vorkommenden Arbeiten des Gewerbes dem Zwecke der Ausbildung entsprechend zu unterweisen, ihn zum Besuche der Fortbildungs- oder Fachschule anzuhalten und den Schulbesuch zu überwachen. Er muß entweder selbst oder durch einen geeigneten, ausdrücklich dazu bestimmten Vertreter die Ausbildung des Lehrlinges leiten, den Lehrling zur Arbeitsamkeit und zu guten Sitten anhalten und vor Ausschweifungen bewahren, er hat ihn gegen Mißhandlungen seitens der Arbeits- und Hausgenossen zu schützen und dafür Sorge zu tragen, daß dem Lehrlinge nicht Arbeitsverrichtungen zugewiesen werden, welche seinen körperlichen Kräften nicht angemessen sind.

2. Er darf dem Lehrlinge die zu seiner Ausbildung und zum Besuche des Gottesdienstes an Sonn- und Festtagen erforderliche Zeit und Gelegenheit nicht entziehen. Zu häuslichen Dienstleistungen dürfen Lehrlinge, welche im Hause des Lehrherrn weder Kost noch Wohnung erhalten, nicht herangezogen werden.

Der §. 127 giebt im Wesentlichen den bisherigen §. 126 der G.O. wieder, erweitert jedoch in der neuen Fassung die Pflichten des Lehrherrn im Interesse der Ausbildung und des körperlichen Wohles des ihm anvertrauten Lehrlings. Bezüglich der Pflichten des Lehrlings vgl. §. 127a.

zum Besuche ... anzuhalten und ... zu überwachen: diese Vorschrift ist neu. Sie besagt nur, daß, wenn die Lehrlinge thatsächlich eine Fortbildungs- oder Fachschule besuchen, gleichviel ob eine fakultative oder obligatorische, die Arbeitgeber sie zum regelmäßigen Besuche der Schule anzuhalten und den Besuch zu überwachen haben

Im Falle der dauernden Erfolglosigkeit seiner Bemühungen steht dem Lehrherrn das Recht zu, den Lehrling zu entlassen, §. 127b Abs. 2. Ist der Lehrherr Handwerker, so hat er den Lehrling auch zur Ablegung der Gesellenprüfung anzuhalten, §. 131c Abs. 1. Vernachlässigt der Lehrherr seine gesetzlichen Verpflichtungen in einer die Ausbildung des Lehrlings gefährdenden Weise, so kann der Lehrling das Lehrverhältniß auflösen, §. 127b Abs. 3 Ziff. 2.

Fortbildungs- oder Fachschulen: vgl. §. 120 der G.O. Wegen der von der Innung errichteten Fachschulen vgl. §§. 81b Ziff. 1, 92c, 100c. Auch Innungsausschüsse (§. 101), Handwerkskammern (§. 103e Abs. 3, § 103n Abs. 2) und Innungsverbände (§. 104 Abs. 2) können Fachschulen errichten.

gegen Mißhandlungen u. s. w.: dieser und der folgende Theil des letzten Satzes von Abs. 1 sind gleichfalls neu. Arbeitsverrichtungen können nicht nur ihrer Art, sondern auch ihrer Dauer nach den körperlichen Kräften des Lehrlings unangemessen sein. Insofern enthält der §. 127 gleichzeitig eine Ergänzung des §. 120c der G.O., wonach Gewerbeunternehmer, welche Arbeiter unter 18 Jahren beschäftigen, verpflichtet sind, bei der Einrichtung der Betriebsstätte und bei der Regelung des Betriebes diejenigen besonderen Rücksichten auf Gesundheit und Sittlichkeit zu nehmen, welche durch das Alter dieses Arbeiters geboten sind. Uebermäßige Arbeitszeiten, welche den Kräften des Lehrlings unangemessen sind, sind mit den gesetzlichen Pflichten des Lehrherrn nicht verträglich.

oder durch einen ... ausdrücklich dazu bestimmten Vertreter: der Lehrherr muß daher, wenn er allgemein oder in einzelnen Fällen die Anweisung des Lehrlings einem geeigneten Gesellen überlassen will, diesen ausdrücklich hierzu bestimmen und ausdrücklich beauftragen, den Lehrling, soweit erforderlich, anzuweisen. Die Vorschrift lautet allgemein, und läßt daher weder für einfache Arbeiten noch für den Fall, daß der Meister nur einen Gesellen hält, eine Ausnahme zu. R.G. v. 12. Juli 94 E. i. C. XXXIV S. 1.

Zu Abs. 2: der erste Satz entspricht dem bisherigen Recht, der zweite ändert dasselbe wesentlich.

häusliche Dienstleistungen: bis zum Inkrafttreten des §. 127 war nämlich die Verwendung des Lehrlings zu häuslichen Dienstleistungen nur insoweit beschränkt, als der Lehrherr dabei dem Lehrling nicht die zu seiner Ausbildung und zum Besuche des sonn- und festtäglichen Gottesdienstes erforderliche Zeit entziehen durfte, während es fortan dem Lehrherrn nicht mehr gestattet ist, Lehrlinge, welche in seinem Hause weder Kost noch Wohnung erhalten, überhaupt zu solchen Dienstleistungen heranzuziehen.

Wegen der besonderen Pflichten des Lehrherrn gegenüber den Lehrlingen in Bäckereien und Konditoreien vgl. Bekanntm. v. 4. März 96 R.G.B. 55.

Wer die „gesetzlichen Pflichten gegen die ihm anvertrauten Lehrlinge verletzt“, wird gemäß §. 148 Abs. 1 Ziff. 9 der G.O. mit Geldstrafe bis zu 150 Mark, im Unvermögensfalle mit Haft bis zu 4 Wochen bestraft. Für den Fall wiederholter grober Pflichtverletzung kann die Befugniß zum Halten und Anleiten von Lehrlingen entzogen werden, §. 126a Abs. 1, vgl. a. §. 127b Abs. 3 und §. 127f.

1. **§. 127a.** Der Lehrling ist der väterlichen Zucht des Lehrherrn unterworfen und dem Lehrherrn sowie demjenigen, welcher an Stelle des Lehrherrn die Ausbildung zu leiten hat, zur Folgsamkeit und Treue, zu Fleiß und anständigem Betragen verpflichtet.

2. Uebermäßige und unanständige Züchtigungen sowie jede die Gesundheit des Lehrlinges gefährdende Behandlung sind verboten.

Zu Abs. 1: diese Bestimmung enthält eine Vervollständigung des bisherigen §. 127 der G.O., durch welche — entsprechend der Verschärfung, welche die Pflichten des Lehrherrn durch die Novelle von 97 erfahren haben — auch die Pflichten des Lehrlings gegenüber dem Lehrherrn verschärft werden sollen. Jedenfalls sind diese Pflichten in der neuen Fassung zweifelsfreier zum Ausdruck gebracht als in der älteren. Vgl. a. §. 129b Abs. 2.

des Lehrherrn: das in der väterlichen Zucht liegende Züchtigungsrecht steht hiernach lediglich dem Lehrherrn und seinem allgemeinen gewerblichen Stellvertreter (§§. 45, 46 der G.O.) zu, nicht dagegen auch dem gemäß §. 127 Abs. 1 Satz 2 ausdrücklich zur Ausbildung des Lehrherrn bestimmten Vertreter oder gar einem beliebigen Gesellen, Vorarbeiter oder Werkmeister.

verpflichtet: daß der Lehrling die allgemeine Ordnung in Haus und Werkstätte und die darauf sich gründenden allgemeinen Anweisungen des an Stelle des Lehrherrn die Werkstätten leitenden Gesellen oder Gehülfen zu beobachten hat, ist als selbstverständlich anzusehen und war aus diesem Grunde auch in der neuen Fassung des §. 127a nicht besonders hervorzuheben. (Vgl. a. Mot. v. 78.)

Bei wiederholter Verletzung der ihm im §. 127a auferlegten Pflichten kann der Lehrling vor Beendigung der Lehrzeit entlassen werden. §. 127b Abs. 2. Mißbraucht der Lehrherr das Recht der väterlichen Zucht, so kann der Lehrling das Lehrverhältniß auflösen, §. 127b Abs. 3 Ziff. 2.

Zu Abs. 2: die Bestimmung ist vom Reichstag in der 2. Lesung der Novelle von 97 eingefügt worden. Die hier gezogenen Grenzen des Züchtigungsrechts entsprechen lediglich den bisherigen Rechtsgrundsätzen.

Fahrlässige Ueberschreitung des Züchtigungsrechts begründet eine Verletzung der Aufmerksamkeit, zu welcher ein Gewerbetreibender vermöge seines Gewerbes besonders verpflichtet ist, §. 230 Abs. 2 des St.G.B., R.G. v. 30. November 96 E. i. St. XXIX 226. Ist der Thatbestand der Körperverletzung bei einer Ueberschreitung des Züchtigungsrechts nicht gegeben, so findet §. 148 Abs. 1 Ziff. 9 (vgl. zu §. 127 Abs. 2 am Schlusse) Anwendung.

Mit der Bestimmung im Abs. 2 sollte übrigens, wie die Verhandlungen erkennen lassen, — Sten.Ber. S. 6098 — keineswegs gesagt werden, daß Züchtigungen, welche an sich weder übermäßig noch unanständig sind, in allen Fällen, z. B. auch dem völlig erwachsenen Lehrling gegenüber, gestattet sein sollen. Bei der Beurtheilung der in der väterlichen Zucht liegenden Befugnisse wird vielmehr die Person des Lehrlings, namentlich auch sein Alter, nicht außer Betracht bleiben dürfen. In dieser Beziehung heben bereits die Motive der Gewerbeordnungsnovelle vom 17. Juli 78 R.G.B. 199 (§. 127) hervor, daß die Befugnisse, welche das Recht der väterlichen Zucht verleiht, sich „naturgemäß mit dem Alter der Lehrlinge ändern. Es würde ein Mißbrauch sein, wenn ein Lehrherr einem älteren Lehrling gegenüber dieselbe Disziplinargewalt ausüben wollte wie gegenüber einem Knaben.“ Als „übermäßig“ ist daher eine Züchtigung auch dann anzusehen, wenn sie ihrer Art nach in Rücksicht auf die Person des Lehrlings unangemessen ist. Vgl. a. §. 1631 des Bürgerl. Gesetzbuchs.

§. 127 b. Das Lehrverhältniß kann, wenn eine längere Frist nicht vereinbart ist, während der ersten vier Wochen nach Beginn der Lehrzeit durch einseitigen Rücktritt aufgelöst werden. Eine Vereinbarung, wonach diese Probezeit mehr als drei Monate betragen soll, ist nichtig. 1

Nach Ablauf der Probezeit kann der Lehrling vor Beendigung der verabredeten Lehrzeit entlassen werden, wenn einer der im §. 123 vorgesehenen Fälle auf ihn Anwendung findet oder wenn er die ihm im §. 127 a auferlegten Pflichten wiederholt verletzt oder den Besuch der Fortbildungs- oder Fachschule vernachlässigt. 2.

Von Seiten des Lehrlinges kann das Lehrverhältniß nach Ablauf der Probezeit aufgelöst werden, wenn: 3.

1. einer der im §. 124 unter Ziffer 1, 3 bis 5 vorgesehenen Fälle vorliegt;
2. der Lehrherr seine gesetzlichen Verpflichtungen gegen den Lehrling in einer die Gesundheit, die Sittlichkeit oder die Ausbildung des Lehrlinges gefährdenden Weise vernachlässigt, oder das Recht der väterlichen Zucht mißbraucht, oder zur Erfüllung der ihm vertragsmäßig obliegenden Verpflichtungen unfähig wird.

Der Lehrvertrag wird durch den Tod des Lehrlinges aufgehoben. Durch den Tod des Lehrherrn gilt der Lehr- 4.

vertrag als aufgehoben, sofern die Aufhebung binnen vier Wochen geltend gemacht wird.

Die Absätze 1, 3 und 4 stimmen mit den Vorschriften des bisherigen, der Novelle zur G.O. von 78 entstammenden §. 128 Abs. 1, 3 und 4 der G.O. wörtlich überein, der Eingang des Abs. 2 bis zu dem Worte „oder" giebt die Vorschrift des bisherigen §. 128 Abs. 2 der G.O. wieder.

Zu Abs. 1: Innerhalb der vierwöchigen Probezeit soll mithin dem Lehrling der Rücktritt aus der Lehre auch im Wege der Vereinbarung nicht entzogen werden dürfen. Maßgebend für diese Bestimmung war nach den Ausführungen der Motive zur Novelle von 78 die Erwägung, daß „das Lehrverhältniß an sich nicht kündbar ist, und in gewissen, allerdings eng zu ziehenden Grenzen den vertragschließenden Theilen die Möglichkeit gegeben werden muß, ein Verhältniß aufzuheben, welches bereits nach kurzer Zeit für den einen oder anderen Theil zu der Ueberzeugung führt, daß es auf die Dauer nicht haltbar sein würde." (S. 85.) Erreicht das Lehrverhältniß vor Ablauf der Probezeit sein Ende, so kann ein Anspruch auf Entschädigung von dem Lehrherrn oder Lehrling nur geltend gemacht werden, wenn der Lehrvertrag schriftlich geschlossen und die Entschädigung in dem Lehrvertrage vereinbart worden ist; auch muß der Anspruch innerhalb vier Wochen nach Auflösung des Lehrverhältnisses geltend gemacht worden sein, §. 127f. Dasselbe gilt für §. 127b Abs. 4.

Zu Abs. 2: Während die Fälle, in denen das Lehrlingsverhältniß — abgesehen von dem in Abs. 1 vorgesehenen Rücktrittsrecht — von dem Lehrling aufgelöst werden kann, in Abs. 3 geregelt sind, enthält Abs. 2 die Aufzählung der Fälle, in denen der Lehrherr den Lehrling vor Ablauf der verabredeten Lehrzeit entlassen kann. Eine Vereinbarung der Kündigung in anderen als den im Abs. 2 aufgeführten Fällen ist gesetzlich nicht unzulässig. Dies gilt analog auch für Abs. 3.

einer der im §. 123 vorgesehenen Fälle: der §. 123 der G.O. lautet:

„§. 123. Vor Ablauf der vertragsmäßigen Zeit und ohne Aufkündigung können Gesellen und Gehülfen entlassen werden:

1. wenn sie bei Abschluß des Arbeitsvertrags den Arbeitgeber durch Vorzeigung falscher oder verfälschter Arbeitsbücher oder Zeugnisse hintergangen oder ihn über das Bestehen eines anderen, sie gleichzeitig verpflichtenden Arbeitsverhältnisses in einen Irrthum versetzt haben;
2. wenn sie eines Diebstahls, einer Entwendung, einer Unterschlagung, eines Betrugs oder eines liederlichen Lebenswandels sich schuldig machen;
3. wenn sie die Arbeit unbefugt verlassen haben oder sonst den nach dem Arbeitsvertrag ihnen obliegenden Verpflichtungen nachzukommen beharrlich verweigern;
4. wenn sie der Verwarnung ungeachtet mit Feuer und Licht unvorsichtig umgehen;
5. wenn sie sich Thätlichkeiten oder grobe Beleidigungen gegen den

Arbeitgeber oder seine Vertreter oder gegen die Familienangehörigen des Arbeitgebers oder seiner Vertreter zu Schulden kommen lassen;

6. wenn sie einer vorsätzlichen und rechtswidrigen Sachbeschädigung zum Nachtheile des Arbeitgebers oder eines Mitarbeiters sich schuldig machen;

7. wenn sie Familienangehörige des Arbeitgebers oder seiner Vertreter oder Mitarbeiter zu Handlungen verleiten oder zu verleiten versuchen oder mit Familienangehörigen des Arbeitgebers oder seiner Vertreter Handlungen begehen, welche wider die Gesetze oder die guten Sitten verstoßen;

8. wenn sie zur Fortsetzung der Arbeit unfähig oder mit einer abschreckenden Krankheit behaftet sind.

In den unter Nr. 1 bis 7 gedachten Fällen ist die Entlassung nicht mehr zulässig, wenn die zu Grunde liegenden Thatsachen dem Arbeitgeber länger als eine Woche bekannt sind.

Inwiefern in den unter Nr. 8 gedachten Fällen dem Entlassenen ein Anspruch auf Entschädigung zustehe, ist nach dem Inhalte des Vertrags und nach den allgemeinen gesetzlichen Vorschriften zu beurtheilen."

den Besuch der Fortbildungs- oder Fachschule vernachlässigt: die Befugniß, den Lehrling wegen der Vernachlässigung des Schulbesuchs zu entlassen, „schien im Interesse des Lehrherrn erforderlich, damit dieser sich der ihm im §. 127 auferlegten Verpflichtung, den Lehrling zum Schulbesuch anzuhalten, im Falle der Erfolglosigkeit seiner Bemühungen durch Entlassung des Lehrlings entledigen kann" (Mot.)

Zu Abs. 3 Ziff. 1: der §. 124 der GO. lautet:

„§. 124. Vor Ablauf der vertragsmäßigen Zeit und ohne Aufkündigung können Gesellen und Gehülfen die Arbeit verlassen:

1. wenn sie zur Fortsetzung der Arbeit unfähig werden;

2. wenn der Arbeitgeber oder seine Vertreter sich Thätlichkeiten oder grobe Beleidigungen gegen die Arbeiter oder gegen ihre Familienangehörigen zu Schulden kommen lassen;

3. wenn der Arbeitgeber oder seine Vertreter oder Familienangehörige derselben die Arbeiter oder deren Familienangehörige zu Handlungen verleiten oder zu verleiten versuchen oder mit den Familienangehörigen der Arbeiter Handlungen begehen, welche wider die Gesetze oder die guten Sitten laufen;

4. wenn der Arbeitgeber den Arbeitern den schuldigen Lohn nicht in der bedungenen Weise auszahlt, bei Stücklohn nicht für ihre ausreichende Beschäftigung sorgt, oder wenn er sich widerrechtlicher Uebervortheilungen gegen sie schuldig macht;

5. wenn bei Fortsetzung der Arbeit das Leben oder die Gesundheit der Arbeiter einer erweislichen Gefahr ausgesetzt sein würde, welche bei Eingehung des Arbeitsvertrags nicht zu erkennen war.

In den unter Ziff. 2 gedachten Fällen ist der Austritt aus der Arbeit nicht mehr zulässig, wenn die zu Grunde liegenden Thatsachen dem Arbeiter länger als eine Woche bekannt sind."

Zu Ziff. 2: unfähig wird: unfähig zur Erfüllung seiner ihm

vertragsmäßig obliegenden Verpflichtungen wird der Lehrherr auch dann, wenn er die bürgerlichen Ehrenrechte verliert (§. 126), oder ihm die Befugniß zum Halten und zur Anleitung von Lehrlingen entzogen (§. 126a), oder soweit ihm das Halten von Lehrlingen über eine gewisse Zahl hinaus nicht gestattet ist (§. 128).

Zu Abs. 4: vgl. zu Abs. 1.

1. **§. 127c.** Bei Beendigung des Lehrverhältnisses hat der Lehrherr dem Lehrling unter Angabe des Gewerbes, in welchem der Lehrling unterwiesen worden ist, über die Dauer der Lehrzeit und die während derselben erworbenen Kenntnisse und Fertigkeiten sowie über sein Betragen ein Zeugniß auszustellen, welches von der Gemeindebehörde kosten- und stempelfrei zu beglaubigen ist.

2. An Stelle dieser Zeugnisse treten, wo Innungen oder andere Vertretungen der Gewerbetreibenden bestehen, die von diesen ausgestellten Lehrbriefe.

Zu Abs. 1: diese Vorschrift stimmt, ebenso wie Abs. 2, mit dem bisherigen §. 129 Abs. 1 der G.O. wörtlich überein.

Bei Beendigung des Lehrverhältnisses: d. h. nur im Falle der rechtmäßigen Beendigung (vgl. a. §§. 127b, 127e, 130a), dagegen nicht auch bei eigenmächtigem Verlassen der Lehre.

hat . . . auszustellen: zur Ausstellung des Zeugnisses ist der Lehrherr selbst oder sein Stellvertreter (§§. 45, 151 der G.O.) verpflichtet, nicht auch der Werkmeister oder der Gehülfe, welchem der Lehrherr gemäß §. 127 Abs. 1 Satz 2 etwa die Ausbildung des Lehrlings übertragen hat. Die Ausstellung des Zeugnisses hat auch dann zu erfolgen, wenn der Lehrling dies nicht ausdrücklich beantragt, Sten.Ber. 1878, II 1128. Demselben steht ein privatrechtlicher Anspruch auf die Ausstellung des Zeugnisses zu. Dieser ist, wenn der Lehrherr einer freien Innung oder einer Zwangsinnung angehört, vor dieser (§§. 81a Ziff. 4, 100c), gehört er keiner Innung an, im Falle ein Gewerbegericht besteht, vor diesem Gericht geltend zu machen (§. 4 Abs. 1 Ziff. 1 des Gewerbegerichtsgesetzes), ist ein zuständiges Gewerbegericht nicht vorhanden, vor dem ordentlichen Gericht. Auch kann, wenn ein zuständiges Gewerbegericht nicht vorhanden ist, gemäß §. 76 Abs. 1 des Gewerbegerichtsgesetzes die vorläufige Entscheidung durch den Vorsteher der Gemeinde (Bürgermeister, Schultheiß, Ortsvorsteher u. s. w.) nachgesucht werden.

Ist der Anspruch berechtigt, so liegt in der Nichterfüllung desselben die Verletzung einer dem Lehrherrn obliegenden gesetzlichen Pflicht im Sinne des §. 148 Abs. 1 Ziff. 9 der G.O., welche strafbar ist. (Vgl. zu §. 127 am Schlusse.)

Gemeindebehörde: in Preußen der Vorstand der Gemeinde, in Gutsbezirken der Gutsvorsteher, in Bayern die Magistrate bezw. die Gemeindeausschüsse und Gemeinderäthe, in Sachsen in Städten mit revidirter Städteordnung der Stadtrath, in mittleren und kleineren Städten der Stadtgemeinderath, auf dem Lande der Gemeinderath, §. 1 Abs. 1 der Verordn. vom 8. März 92 G.V.B. 28, Min.Verf. v. 11. März 98, in Württemberg der Ortsvorsteher, in Baden das Bürgermeisteramt, in Hessen die Gemeindevertretung.

kosten= und stempelfrei: kosten= und stempelfrei sind auch die Prüfungszeugnisse bei der Gesellen= und Meisterprüfung, §. 131c Abs. 4 und §. 133 Abs. 6.

Zu Abs. 2: eine Verpflichtung für die Innungen oder Vertretungen, Lehrbriefe auszustellen, ist im Gesetze nicht vorgesehen, Komm.Ber. S. 39. Stellen aber die Innungen oder Vertretungen nach ihren Satzungen solche Urkunden aus, so ist der Lehrherr befugt, seinerseits die Ausstellung eines Lehrzeugnisses unter Hinweis auf den Lehrbrief abzulehnen. Hierin ist der bisherige §. 129 Abs. 2 der G.O. abgeändert worden. Handwerkslehrlinge haben gemäß §. 131c Abs. 2 dem Gesuch um Zulassung zur Gesellenprüfung (§. 129 Abs. 1) das Lehrzeugniß, wo jedoch an die Stelle dieser Zeugnisse die im Abs. 2 bezeichneten Lehrbriefe treten, diese beizufügen.

§. 127d. Verläßt der Lehrling in einem durch dies Gesetz nicht vorgesehenen Falle ohne Zustimmung des Lehrherrn die Lehre, so kann letzterer den Anspruch auf Rückkehr des Lehrlinges nur geltend machen, wenn der Lehrvertrag schriftlich geschlossen ist. Die Polizeibehörde kann in diesem Falle auf Antrag des Lehrherrn den Lehrling anhalten, so lange in der Lehre zu verbleiben, als durch gerichtliches Urtheil das Lehrverhältniß nicht für aufgelöst erklärt ist, oder dem Lehrlinge durch einstweilige Verfügung eines Gerichts gestattet ist, der Lehre fern zu bleiben. Der Antrag ist nur zulässig, wenn er binnen einer Woche nach dem Austritte des Lehrlinges gestellt ist. Im Falle unbegründeter Weigerung der Rückkehr hat die Polizeibehörde den Lehrling zwangsweise zurückführen zu lassen oder durch Androhung von Geldstrafe bis zu fünfzig Mark oder Haft bis zu fünf Tagen zur Rückkehr anzuhalten.

Die Bestimmungen des §. 127d entsprechen mit Ausnahme des Einganges im letzten Satze — welcher nach der Novelle zur G.O. vom 17. Juli 78 R.G.B. 199 lautete: „Im Falle der Weigerung kann die Polizeibehörde den Lehrling u. s. w." — wörtlich dem früheren §. 130 der G.O. Gemäß letzerem waren mithin die Zurückführung des die Rückkehr verweigernden Lehrlings und die Strafandrohung in das pflichtgemäße Ermessen der Polizeibehörde gestellt. Ein in der Reichstagskommission von 97 gestellter Antrag, die Zurückführung oder die Androhung der Geldstrafe obligatorisch zu machen, wurde in der ersten

Lesung angenommen, indessen in der zweiten von der Kommission aus der Erwägung in die jetzige Fassung verändert, daß Fälle vorkommen könnten, wo die unbedingte Verpflichtung der Polizeibehörde, den Lehrling zwangsweise zurückzuführen, zu ungerechten Härten führen würde. Kom.Ber. S. 39, 40. Hiernach hat die Polizeibehörde einen, wenn auch innerhalb der gesetzlichen Frist gestellten Antrag auf zwangsweise Zurückführung des Lehrlings zurückzuweisen, wenn die Weigerung des Lehrlings, wieder in die Lehre einzutreten, z. B. wegen Mißhandlung durch den Lehrherrn, begründet ist. Vgl. a. §. 91b Abs. 5 letzter Satz.

Bei Anträgen des Lehrherrn aus §. 127d letzter Satz hat die Polizeibehörde zu prüfen, ob die gesetzlichen Voraussetzungen vorliegen, namentlich ob ein schriftlicher Lehrvertrag (§. 126b) abgeschlossen ist, das Lehrverhältniß nicht durch gerichtliches Urtheil aufgelöst, oder dem Lehrling durch einstweilige Verfügung gestattet ist, der Lehre fern zu bleiben, ob kein gesetzlicher Grund für den einseitigen Rücktritt vorliegt (§§. 127b und 127e), und ob der Antrag fristgemäß (§. 127d Satz 3) gestellt ist. Vgl. a. §. 38 der Ausf.Verordn. für Baden v. 4. April 98 G.V.B. 237.

Im Falle ein schriftlicher Lehrvertrag nicht abgeschlossen worden ist, kann der Lehrling nur durch Zurückhaltung des Arbeitsbuches zur Rückkehr angehalten werden, §. 107 Abs. 1 Satz 3 der G.O., wonach der Arbeitgeber zur Wiederaushändigung des Arbeitsbuches an den Minderjährigen nur nach rechtmäßiger Lösung des Arbeitsverhältnisses verpflichtet ist. Vgl. a. unten §§. 127f und 127g.

1. **§. 127e.** Wird von dem gesetzlichen Vertreter für den Lehrling oder, sofern der letztere volljährig ist, von ihm selbst dem Lehrherrn die schriftliche Erklärung abgegeben, daß der Lehrling zu einem anderen Gewerbe oder anderen Beruf übergehen werde, so gilt das Lehrverhältniß, wenn der Lehrling nicht früher entlassen wird, nach Ablauf von vier Wochen als aufgelöst. Den Grund der Auflösung hat der Lehrherr in dem Arbeitsbuche zu vermerken.

2. Binnen neun Monaten nach der Auflösung darf der Lehrling in demselben Gewerbe von einem anderen Arbeitgeber ohne Zustimmung des früheren Lehrherrn nicht beschäftigt werden.

Der §. 127e — der, in der Absicht, im Interesse des Lehrlings den jederzeitigen Berufswechsel zu sichern, eine Bestimmung öffentlichen Rechtes enthält — giebt die Vorschriften des früheren §. 131 der G.O. wieder, jedoch sind im Eingange des Abs. 1 die Worte „gesetzlichen Vertreter“ zufolge der Bestimmung im Art. 36 Ziff. VI des Einf.Ges zum Bürgerl. Gesetzb. vom 1. Januar 1900 ab an die Stelle der Worte „Vater oder Vormund“ getreten. Vgl. a. zu §. 126b Abs. 2.

Zu Abs. 1: die Anwendung dieser Bestimmungen kann durch den Lehrvertrag nicht ausgeschlossen werden. Der Entschädigungsanspruch des Lehrherrn wird durch dieselben nicht berührt, vgl. jedoch zu §. 127b Abs. 1 und §. 127f.

volljährig: vgl. oben zu §. 93a Abs. 1.

Arbeitsbuch: vgl. §§. 107 bis 112 der G.O. Außer dem Grunde der Auflösung des Lehrverhältnisses hat der Lehrherr in das Arbeitsbuch auch die Zeit des Austritts, und, wenn die Beschäftigung seit dem Eintritt des Lehrlings Aenderungen erfahren hat, die Art der letzten Beschäftigung einzutragen (§. 111 Abs. 1). Die Unterlassung der Eintragung zieht gemäß §. 150 Abs. 1 Ziff. 2 der G.O. Geldstrafe bis zu 20 Mark, im Unvermögensfalle Haft bis zu drei Tagen nach sich.

Zu Abs. 2: auch als Arbeiter darf der Lehrling ohne Zustimmung des früheren Lehrherrn in demselben Gewerbe nicht beschäftigt werden. Wer wissentlich der Bestimmung im §. 127e Abs. 2 zuwider einen Lehrling beschäftigt, wird nach §. 148 Abs. 1 Ziff. 10 der G. O. mit Geldstrafe bis zu 150 Mark, im Unvermögensfalle mit Haft bis zu vier Wochen bestraft.

§. 127f. Erreicht das Lehrverhältniß vor Ablauf der verabredeten Lehrzeit sein Ende, so kann von dem Lehrherrn oder von dem Lehrling ein Anspruch auf Entschädigung nur geltend gemacht werden, wenn der Lehrvertrag schriftlich geschlossen ist. In den Fällen des §. 127b Abs. 1, 4 kann der Anspruch nur geltend gemacht werden, wenn dieses in dem Lehrvertrag unter Festsetzung der Art und Höhe der Entschädigung vereinbart ist. 1.

Der Anspruch der Entschädigung erlischt, wenn er nicht innerhalb vier Wochen nach Auflösung des Lehrverhältnisses im Wege der Klage oder Einrede geltend gemacht ist. 2.

Die Bestimmungen entsprechen dem früheren, durch die Novelle vom 17. Juli 78 R.G.B. 199 eingefügten §. 132 der G.O.

Zu Abs. 1: vor Ablauf der verabredeten Lehrzeit: vor dieser Zeit erreicht das Lehrverhältniß sein Ende:

1. durch gegenseitige Vereinbarung zwischen Lehrherrn und Lehrling bezw. seinem gesetzlichen Vertreter,
2. durch den Tod des Lehrherrn oder des Lehrlings (§. 127b Abs. 4),
3. durch einseitigen Rücktritt des Lehrherrn oder des Lehrlings während der Probezeit (§. 127b Abs. 1),
4. durch Entlassung des Lehrlings aus den Gründen des §. 127b Abs. 2,
5. in Folge der Auflösung des Lehrvertrages durch den Lehrling auf Grund von §. 127b Abs 3,

6. durch den Uebergang des Lehrlings zu einem anderen Berufe gemäß §. 127e,
7. wenn die Ortspolizeibehörde gemäß der Bestimmung im §. 144a der G.O. (Art. 3 Ziff. 3 der Novelle von 97) die Entlassung eines Lehrlings verfügt, welcher den auf Grund der §§. 81a Ziff. 3, 128 Abs. 2 und 130 erlassenen Vorschriften entgegen angenommen worden ist.

Anspruch auf Entschädigung: für den Fall des unbefugten Verlassens der Lehre seitens des Lehrlings ist im §. 127f besondere Bestimmung getroffen. Im Uebrigen kommt für die Frage, ob und in welcher Höhe eine Entschädigung zu leisten ist, das bürgerliche Recht in Betracht. Jedenfalls wird in den Fällen des §. 127b Abs. 2 und 3 (vgl. oben Nr. 4 und 5) bei schuldhaftem Verhalten des einen Theils Entschädigung zu leisten sein. Wird die aus dem Lehrvertrage dem einen Theile obliegende Leistung in Folge eines Umstandes unmöglich, den weder er noch der andere Theil zu vertreten hat, so verliert er gemäß §. 323 Abs. 1 des Bürgerl.Gesetzb. der Anspruch auf die Gegenleistung. Im Uebrigen vgl. §§. 324, 325, 628 des Bürgerl.Gesetzb. Bezüglich der Verjährung vgl. oben zu §. 126b Abs. 1 Ziff. 3.

schriftlich: vgl. a. §§. 126a 127d, 127g.

in den Fällen des §. 127b Abs. 1 und 4: wird das Lehrverhältniß während der Probezeit oder durch den Tod des Lehrherrn oder des Lehrlings aufgelöst, so bedarf es also für die Geltendmachung eines Anspruchs auf Entschädigung nicht nur des Abschlusses eines schriftlichen Lehrvertrages, sondern auch der Festsetzung der Art und der Höhe der Entschädigung, und zwar gleichfalls in dem Lehrvertrage.

Zu Abs. 2: nach Auflösung des Lehrverhältnisses: der Tag, an welchem die Auflösung, d. i. die rechtliche Beendigung des Lehrverhältnisses eintritt, wird also bei Berechnung der vierwöchigen Frist nicht mitgerechnet. Nach §. 188 Abs. 2. des Bürgerl. Gesetzb. endigt die Frist mit dem Ablauf desjenigen Tages der letzten Woche, welcher durch seine Benennung dem Tage entspricht, in den die Beendigung des Lehrverhältnisses gefallen ist. Im Übrigen vgl. bezüglich der vierwöchigen Frist §. 222 der Civilprozeßordnung und §§. 187, 188 des Bürgerl.Gesetzb.

1. **§. 127g.** Ist von dem Lehrherrn das Lehrverhältniß aufgelöst worden, weil der Lehrling die Lehre unbefugt verlassen hat, so ist die von dem Lehrherrn beanspruchte Entschädigung, wenn in dem Lehrvertrage nicht ein geringerer Betrag ausbedungen ist, auf einen Betrag festzusetzen, welcher für jeden auf den Tag des Vertragsbruchs folgenden Tag der Lehrzeit, höchstens aber für sechs Monate, bis auf die Hälfte des in dem Gewerbe des Lehrherrn den Gesellen oder Gehülfen ortsüblich gezahlten Lohnes sich belaufen darf.

Für die Zahlung der Entschädigung sind als Selbst- 2.
schuldner mitverhaftet der Vater des Lehrlinges, sofern er die Sorge für die Person des Lehrlinges hat, sowie derjenige Arbeitgeber, welcher den Lehrling zum Verlassen der Lehre verleitet oder welcher ihn in Arbeit genommen hat, obwohl er wußte, daß der Lehrling zur Fortsetzung eines Lehrverhältnisses noch verpflichtet war. Hat der Entschädigungsberechtigte erst nach Auflösung des Lehrverhältnisses von der Person des Arbeitgebers, welcher den Lehrling verleitet oder in Arbeit genommen hat, Kenntniß erhalten, so erlischt gegen diese der Entschädigungsanspruch erst, wenn derselbe nicht innerhalb vier Wochen nach erhaltener Kenntniß geltend gemacht ist.

Der §. 127g entspricht dem bisherigen §. 133 der G.O., jedoch mit der Abweichung, daß durch die Novelle von 97 im Abs. 1 die frühere Fassung „wenn im Lehrvertrage ein Anderes nicht ausbedungen ist" durch die Worte „wenn im Lehrvertrage nicht ein geringerer Betrag ausbedungen ist" ersetzt worden sind. (Sten.Ber. S. 6105.) Eine anderweite vertragsmäßige Festsetzung der Entschädigung ist hiernach nunmehr nur dann rechtsverbindlich, wenn die Entschädigung niedriger bemessen wird als die im Abs. 1 festgesetzte.

Im Abs. 2 sind die Worte „der Vater des Lehrlings, sofern er die Sorge für die Person des Lehrlings hat" gemäß Art. 36 Ziff. VI des Einf.Ges. zum Bürgerl. Gesetzb. in Verbindung mit Art. 5 der Novelle von 97 — wonach, soweit in anderen Gesetzen auf Bestimmungen des Tit. VI und VII der G.O. Bezug genommen wird, die entsprechenden Bestimmungen der Novelle an deren Stelle treten — mit dem 1. Januar 1900 an die Stelle der bisherigen Fassung „der Vater des Lehrlings" getreten.

Der hier geregelte Entschädigungsfall für unbefugtes Verlassen der Lehre setzt gleichfalls Schriftlichkeit des Lehrvertrags (vgl. §§. 126b, 127d, 127f) voraus. Der Anspruch des Lehrherrn auf Entschädigung erlischt, wenn er nicht innerhalb vier Wochen nach Auflösung des Lehrverhältnisses (vgl. zu §. 127f Abs. 2) im Wege der Klage oder Einrede geltend gemacht ist. Zuständig für die Geltendmachung des Anspruchs ist die Innung (§§. 81a Ziff. 4, 100c), ev. das Gewerbegericht, der Gemeindevorsteher oder das ordentliche Gericht. Der §. 127g findet keine Anwendung, wenn der Lehrherr gemäß §. 127d die zwangsweise Zurückführung des Lehrlings verlangt oder auf Erfüllung des Lehrvertrages klagt. Zur Rückgabe des Arbeitsbuches ist der Lehrherr gemäß §. 107 Abs. 1 der G.O. nur verpflichtet, wenn das Lehrverhältniß rechtmäßig gelöst worden ist. Ein neuer Lehrherr oder Arbeitgeber, der den Lehrling ohne Arbeitsbuch annimmt, setzt sich einer Geldstrafe bis zu 20 Mark, ev. einer Haftstrafe bis zu 3 Tagen aus, §. 150 Abs. 1 Ziff. 1 der G.O. Zur Ausstellung eines Lehrzeugnisses (§. 127c) für den entlaufenen Lehrling ist der Lehrherr nicht verpflichtet.

Außer dem neuen Arbeitgeber ist nur der Vater als Selbstschuldner — d. i. gleich einem Bürgen, der auf die Einrede der Vorausklage verzichtet hat, vgl. §. 773 Abs. 1 Ziff 1 des Bürgerl. Gesetzb. — mit verhaftet, also nicht auch die Mutter, auch wenn ihr gemäß §. 1684 des Bürgerl. Gesetzb. die elterliche Gewalt zusteht, und auch der Vater nur dann, wenn ihm das Recht der Sorge für die Person des Lehrlings nicht entzogen ist, z. B. in den Fällen der §. 1666 (durch das Vormundschaftsgericht wegen Mißbrauch dieses Rechtes), §§. 1684, 1685 des Bürgerl. Gesetzb.

Der Lehrling ist befugt, die Lehre zu verlassen: 1. innerhalb der Probezeit, §. 127b Abs. 1; ferner 2. im Falle rechtsgültiger Uebereinkunft; 3. in den Fällen des §. 127b Abs. 3; und endlich 4. innerhalb 4 Wochen nach dem Tode des Lehrherrn, §. 127b Abs. 4.

1. **§. 128.** Wenn der Lehrherr eine im Mißverhältnisse zu dem Umfang oder der Art seines Gewerbebetriebs stehende Zahl von Lehrlingen hält und dadurch die Ausbildung der Lehrlinge gefährdet erscheint, so kann dem Lehrherrn von der unteren Verwaltungsbehörde die Entlassung eines entsprechenden Theiles der Lehrlinge auferlegt und die Annahme von Lehrlingen über eine bestimmte Zahl hinaus untersagt werden. Die Bestimmungen des §. 126a Abs. 3 finden hierbei entsprechende Anwendung.

2. Unbeschadet der vorstehenden Bestimmung können durch Beschluß des Bundesraths für einzelne Gewerbszweige Vorschriften über die höchste Zahl der Lehrlinge erlassen werden, welche in Betrieben dieser Gewerbszweige gehalten werden darf. Soweit solche Vorschriften nicht erlassen sind, können sie durch Anordnung der Landes-Zentralbehörde erlassen werden.

Die Bestimmungen im §. 128 sind neu. Sie enthalten eine Ausnahme von dem allgemeinen Grundsatze des §. 41 der G.O., wonach die Befugniß zum selbständigen Betrieb eines Gewerbes das Recht in sich begreift, Gesellen, Gehülfen, Arbeiter und Lehrlinge in beliebiger Zahl anzunehmen, und bezwecken, der Lehrlingszüchterei entgegenzutreten.

Der Abs. 1 sieht die Untersagung der übermäßigen Lehrlingshaltung für einzelne Betriebe vor, der Abs. 2 für einzelne Gewerbe.

Die Vorschriften gelten auch für diejenigen Gewerbe, welche, wie das Gewerbe der Gastwirthe und Musiker, weder zu den handwerksmäßigen noch zu den Fabrikbetrieben zu rechnen sind, dagegen nicht auch für solche Gewerbe, welche, wie die Fischerei, nicht unter die G.O. fallen (vgl. oben zu §. 81). Auch auf Lehrlinge in Apotheken finden sie keine Anwendung, §. 154 Abs. 1 der G.O., dagegen gemäß §. 139l der Gewerbeordnungsnovelle vom 30. Juni 1900 R.G.B. 321 wohl auf offene Verkaufsstellen, sowie auf andere Betriebe des Handelsgewerbes.

gefährdet erscheint: die Maßnahmen des Abs. 1 sind daher nicht schon dann zulässig, wenn die Zahl der Lehrlinge an sich übermäßig ist, sondern erst dann, wenn dadurch die Ausbildung gefährdet ist, demnach nicht, wenn ungeachtet der nach dem Umfang und der Art des Betriebes übermäßigen Zahl für die Ausbildung der Lehrlinge, z. B. durch genügende Zahl geeigneter Vertreter (§. 127 Abs. 1 Satz 2), nicht etwa beliebiger Gesellen, hinreichend Fürsorge getroffen ist.

untere Verwaltungsbehörde: vgl. zu §. 126a Abs. 3. „Selbstverständlich wird die untere Verwaltungsbehörde jederzeit befugt sein, ihre Verfügung zurückzuziehen oder zu ändern, wenn oder soweit dies bei einer entsprechenden Aenderung der in Frage kommenden Verhältnisse angängig erscheint." (Mot. S. 85.) Gegen die Untersagung findet der Rekurs statt, vgl. zu §. 126a Abs. 3.

Zu Abs. 2: solange Bundesrath und Landes-Zentralbehörden von der Befugniß aus Abs. 2 keinen Gebrauch machen, können für das Handwerk nach §§. 130n und 103g Abs. 4 die Handwerkskammern, sowie nach §§. 81a Ziff. 3, 93 Abs. 2 Ziff. 5, 100c 100p sowohl die Zwangsinnungen wie die freien Innungen solche Vorschriften erlassen, vgl. hierüber unten zu §. 130.

Die Entlassung der über die zulässige Zahl gehaltenen Lehrlinge kann gemäß §. 144a Abs. 2 der G.O. durch die Ortspolizeibehörde verfügt werden. Wegen der Rechte des Lehrlings in solchen Fällen vgl. §. 127b Abs. 3 Ziff. 2 und §. 127f.

Landes-Zentralbehörde: in Preußen der Handelsminister; in Bayern das Staatsministerium des Innern; in Sachsen, Württemberg, Baden und Hessen das Ministerium des Innern.

Nach §. 148 Abs. 1 Ziff. 9b der G.O. werden Lehrherrn, welche den auf Grund des §. 128 (und §. 130) erlassenen Vorschriften zuwider Lehrlinge halten, anleiten oder anleiten lassen, mit Geldstrafe bis zu 150 Mark, im Unvermögensfall mit Haft bis zu 4 Wochen bestraft. Auch kann unter Androhung von Zwangsstrafen gemäß §. 144a der G.O. von der Ortspolizeibehörde die Entlassung derjenigen Lehrlinge verhängt werden, welche den auf Grund des §. 128 Abs. 2 (und des §. 130) erlassenen Vorschriften entgegen angenommen sind.

B. Besondere Bestimmungen für Handwerker.

Während die allgemeinen Bestimmungen über die Lehrlingsverhältnisse mit dem 1. April 1898 in Kraft getreten sind (vgl. oben vor §. 126), sind die neben diesen Vorschriften geltenden neuen „besonderen Bestimmungen für Handwerker" (§§. 129 bis 132a) durch die Kais. Verordnung vom 12. März 1900 R.G.B. 127 in Rücksicht auf den zu ihrer Durchführung erforderlichen vorherigen Abschluß der Organisation der Handwerkskammern (§§. 103 bis 103q) und die von diesen oder unter ihrer Mitwirkung zu erledigenden Vorarbeiten erst zum 1. April 1901 in Kraft gesetzt worden, vgl. oben S. 2, zur Ueberschrift von Tit. VI sowie zu §. 103.

Die §§. 129 bis 132a gelten, soweit sich aus dem Gesetz nicht ein anderes ergiebt, nur für diejenigen Personen, welche ein Gewerbe handwerksmäßig und selbständig betreiben oder zu den im §. 100f Abs. 2 bezeichneten Handwerkern gehören. Sie enthalten Bestimmungen über die Befugniß zur Anleitung von Lehrlingen (§§. 126, 126a), den Lehrvertrag (§. 129b), die Zahl der Lehrlinge und die Dauer der Lehrzeit (§§. 130, 130a) sowie über die Gesellenprüfungen (§§. 131 bis 132a).

1. **§. 129.** In Handwerksbetrieben steht die Befugniß zur Anleitung von Lehrlingen nur denjenigen Personen zu, welche das vierundzwanzigste Lebensjahr vollendet haben und in dem Gewerbe oder in dem Zweige des Gewerbes, in welchem die Anleitung der Lehrlinge erfolgen soll,

entweder die von der Handwerkskammer vorgeschriebene Lehrzeit, oder solange die Handwerkskammer eine Vorschrift über die Dauer der Lehrzeit nicht erlassen hat, mindestens eine dreijährige Lehrzeit zurückgelegt und die Gesellenprüfung bestanden haben,

oder fünf Jahre hindurch persönlich das Handwerk selbständig ausgeübt haben oder als Werkmeister oder in ähnlicher Stellung thätig gewesen sind.

2. Die höhere Verwaltungsbehörde kann Personen, welche diesen Anforderungen nicht entsprechen, die Befugniß zur Anleitung von Lehrlingen verleihen. Gehört die Person einer Innung an oder besteht an ihrem Wohnorte für den Gewerbszweig, welchem sie angehört, eine Innung, so ist die letztere vor der Entscheidung von der höheren Verwaltungsbehörde zu hören.

3. Die Unterweisung des Lehrlinges in einzelnen technischen Handgriffen und Fertigkeiten durch einen Gesellen fällt nicht unter die im Abs. 1 vorgesehenen Bestimmungen.

4. Die Zurücklegung der Lehrzeit kann auch in einem dem Gewerbe angehörenden Großbetrieb erfolgen und durch den Besuch einer Lehrwerkstätte oder sonstigen gewerblichen Unterrichtsanstalt ersetzt werden. Die Landes-Zentralbehörden

können den Prüfungszeugnissen von Lehrwerkstätten, gewerblichen Unterrichtsanstalten oder von Prüfungsbehörden, welche vom Staate für einzelne Gewerbe oder zum Nachweise der Befähigung zur Anstellung in staatlichen Betrieben eingesetzt sind, die Wirkung der Verleihung der im Abs. 1 bezeichneten Befugniß für bestimmte Gewerbszweige beilegen.

Der Bundesrath ist befugt, für einzelne Gewerbe Aus- 5.
nahmen von den Bestimmungen im Abs. 1 zuzulassen.

Die §§. 129a bis 132a, welche sämmtlich durch die Novelle von 97 neu in die G.O. eingefügt worden sind, suchen einen der wesentlichsten Zwecke des Gesetzes, die ordnungsmäßige Ausbildung und Erziehung des handwerkerlichen Nachwuchses, zunächst im §. 129 dadurch zu sichern, daß an die Qualifikation des Lehrherrn im Handwerk weitergehende Anforderungen als nach den allgemeinen Bestimmungen der §§. 126 fg. bei den übrigen gewerblichen Betrieben gestellt werden. Für die Befugniß zur Anleitung von Lehrlingen im Handwerk verlangt das Gesetz einmal ein gereifteres Lebensalter und sodann eine besondere technische Qualifikation. Hierzu tritt das gemäß §§. 126, 126a für alle gewerbliche Lehrherrn und deren Vertreter verlangte Erforderniß der sittlichen, geistigen und körperlichen Qualifikation.

Die Kommission des Reichstages hatte bei der Berathung des §. 129 eine Bestimmung als Abs. 2 vorgeschlagen, wonach die Befugniß zur Anleitung von Lehrlingen vom 1. Januar 1905 ab nur solchen Personen zustehen sollte, welche gemäß §. 133 zur Führung des Meistertitels berechtigt wären. Die damit bezweckte Wiedereinführung des Befähigungsnachweises für das Handwerk wurde vom Plenum des Reichstages in der 2. Lesung und 3. Lesung abgelehnt. Der Preußische Handelsminister erklärte dabei, daß die verbündeten Regierungen „unter keinen Umständen den Befähigungsnachweis gesetzlich annehmen wollten, und zwar aus dem Grund, weil er gerade das verhindere, was sie erstrebten." Man erstrebe eine Vereinigung und ein Zusammenwirken der Kräfte des Handwerks. „Der Befähigungsnachweis bewirkt aber das Gegentheil, der Befähigungsnachweis führt einfach dahin, daß er die Meister mit den Gesellen, die Kleinmeister mit den Personal haltenden Meistern und schließlich die einzelnen Handwerksmeister untereinander verfeindet und in Zank verwickelt über die Grenzen ihrer Berechtigungen."

Zu Abs. 1: In Handwerksbetrieben: hierher gehören nur solche gewerbliche Anlagen, welche ihrer Art nach zum Handwerk zu rechnen sind (vgl. zu §. 100 Abs. 1) und nicht ihrer Einrichtung nach fabrikmäßig (vgl. zu §. 100f) betrieben werden. Die auf Grund von §. 129 an einem Orte erworbene Befugniß zur Anleitung von Lehrlingen gilt selbstredend für das ganze Reichsgebiet.

die Befugniß zur Anleitung von Lehrlingen: diese

Befugniß enthält die Berechtigung zur Beaufsichtigung und Unterweisung des Lehrlings, vgl. zu §. 126. Sie steht übrigens außer denjenigen, welche sich nicht im Besitz der bürgerlichen Ehrenrechte befinden (§. 126), auch solchen Personen nicht zu, denen sie auf Grund von §. 126a Abs. 1 und 2 wegen wiederholter grober Pflichtverletzung gegen die ihnen anvertrauten Lehrlinge, wegen sittlicher Mängel oder wegen geistiger oder körperlicher Gebrechen durch die untere Verwaltungsbehörde entzogen worden ist. Falls nicht besondere gesetzliche Hinderungsgründe entgegenstehen (z. B. §§. 126, 126a, 128, 144a), ist denjenigen, welche den Anforderungen des §. 129 hinsichtlich ihres Lebensalters oder ihrer sonstigen Qualifikation nicht entsprechen, das Halten von Lehrlingen nicht untersagt, sie müssen jedoch mit der Beaufsichtigung und Unterweisung einen den Erfordernissen des §. 129 entsprechenden Vertreter (§. 127 Abs. 1 Satz 2) beauftragen.

Vgl. a. §§. 100r Abs. 1, 103b Ziff. 4, 133 Abs. 1. Nach der letzteren Bestimmung ist die Befugniß zur Anleitung von Lehrlingen eine der Voraussetzungen für die Erlangung der Berechtigung, den Meistertitel zu führen.

Personen: außer auf die selbständigen Handwerker bezieht sich die Bestimmung auch auf Werkmeister, Gehülfen und Gesellen, denen die Beaufsichtigung und Unterweisung der Lehrlinge von dem Betriebsunternehmer gemäß §. 127 Abs. 1 Satz 2 ausdrücklich übertragen werden soll, dagegen nach §. 129 Abs. 3 nicht auf jeden im Betrieb beschäftigten Gesellen oder sonstige Hülfskraft, die den Lehrling in einzelnen technischen Handgriffen oder Fertigkeiten unterweist. Vgl. a. zu §. 126.

das 24. Lebensjahr: hierdurch soll verhütet werden, daß „gerade jüngere Personen, denen es ebenso an der sittlichen Reife wie an der technischen und geschäftlichen Erfahrung fehlt, bei Begründung eines Handwerksbetriebes, lediglich in der Absicht, sich billige Arbeitskräfte zu verschaffen, Lehrlinge annehmen." (Mot.)

in dem Gewerbe oder in dem Zweige des Gewerbes ꝛc.: im §. 129a ist für kombinirte und verwandte Gewerbe sowie für sog. Spezialitäten eine erhebliche Erweiterung der gemäß §. 129 für ein Gewerbe oder einen Gewerbszweig erworbenen Anleitungsbefugniß vorgesehen.

entweder die . . . . Lehrzeit: das Gesetz verlangt nur, daß die Dauer der Lehrzeit die von der Handwerkskammer — also nicht auch etwa die von den Innungen auf Grund von §. 103e Abs. 1 Ziff. 1 und §. 130a — festgesetzte Dauer erreicht, oder daß sie mindestens drei Jahre gedauert hat. „Ob im Uebrigen bei der Zurücklegung der Lehrzeit die für die Regelung des Lehrlingsverhältnisses geltenden Vorschriften über das Halten und die Anleitung von Lehrlingen (§§. 126 und 126a, 129 und 129a), über die Zahl der Lehrlinge (§§. 81a Ziff. 3, 128 und 130) und die Abschließung des Lehrvertrags (§§. 81a Ziff. 3, 103e Abs. 1 Ziff. 1, 126b und 129b) beobachtet worden sind, wird schon aus dem Grunde nicht in Frage kommen können, weil es unbillig sein würde, den Lehrling für die Vergehen des Lehrherrn durch Nichtanrechnung der Lehrzeit oder eines

Theiles derselben zu bestrafen." (Mot.) Für die Frage, ob Jemand nach §. 129 Abs. 1 die Befugniß zur Anleitung von Lehrlingen besitzt, sind selbstredend nicht diejenigen Vorschriften hinsichtlich der Dauer der Lehrzeit maßgebend, welche zu der Zeit bestehen, wo er einen Lehrling annehmen will, sondern diejenigen, welche für den Lehrherrn bezw. seinen Vertreter zur Zeit und am Ort seiner Lehre maßgebend waren. (Vgl. a. Mot. S. 87.) Bezüglich der Uebergangszeit siehe unten zu Abs. 1 am Schlusse.

die Gesellenprüfung bestanden: vgl. §§. 131 bis 132a, andere Gesellen- oder Lehrlingsprüfungen genügen nicht. Für die Uebergangszeit genügt gemäß dem unten abgedruckten Art. 7 der Novelle von 97 eine zweijährige Lehrzeit, ev. kann auch die Verwaltungsbehörde die Befugniß verleihen.

oder fünf Jahre hindurch u. s. w.: die Befugniß zur Anleitung von Lehrlingen soll zur Vermeidung von Härten, namentlich in Fällen, in welchen durch Aenderungen in den persönlichen oder gewerblichen Verhältnissen der Uebergang zu einem anderen Gewerbe zur Nothwendigkeit wird, und gegenüber Personen, welche ihre Ausbildung in Fabriken genossen haben und erst in späterem Lebensalter einen selbständigen Gewerbebetrieb beginnen, auch solchen Personen zustehen, die, ohne eine ordnungsmäßige Lehrzeit zurückgelegt und die Gesellenprüfung abgelegt zu haben, in dem Gewerbe fünf Jahre hindurch selbständig oder als Werkmeister oder in ähnlicher Stellung thätig gewesen sind. (Mot.)

oder das Handwerk selbständig ausgeübt: durch diesen von der Reichstagskommission eingefügten Zusatz — durch dessen Fassung übrigens die Klarheit der Bestimmung benachtheiligt worden ist, — soll zum Ausdruck gebracht werden, daß eine hauptsächlich kaufmännische Ausübung des Handwerks nicht genügt, der Unternehmer soll sich vielmehr auch mit der praktischen Leitung und der Ausführung der Arbeiten des Gewerbes persönlich befaßt haben müssen.

oder als Werkmeister u. s. w.: die Zeit kann auch im Großbetrieb zurückgelegt worden sein, nur muß sie in demselben Gewerbe stattgefunden haben, in dem die Anleitung der Lehrlinge erfolgen soll. Hierher dürften in der Regel die sog. „Meister" in den Fabriken sowie auch die Zuschneider in den Herren-Garderobengeschäften gehören, ferner auch die technischen Betriebsbeamten in den Großbetrieben.

Hiernach berechtigt gemäß Abs. 1 zur Anleitung von Lehrlingen im Handwerk: entweder Absolvirung der Lehrzeit nebst Gesellenprüfung, oder fünfjährige Thätigkeit ohne Erforderniß der Gesellenprüfung.

Für die Uebergangszeit würden der Natur der Sache nach die Vorschriften des §. 129 Abs. 1 ohne die größten Unzuträglichkeiten nicht zur Durchführung gelangen können. Die für diese Zeit daher unentbehrlichen besonderen Bestimmungen sind im Art. 7 der Novelle von 97 enthalten. Dieselben lauten:

„Gewerbetreibende, welche bei Erlaß des Gesetzes Lehrlinge halten, sind berechtigt, diese Lehrlinge auszulehren.

Auf Personen, welche beim Inkrafttreten dieser Bestimmungen das siebzehnte Lebensjahr vollendet haben, findet §. 129 Abs. 1 des Art. 2 mit der Maßgabe Anwendung, daß denselben die Befugniß zur Anleitung von Lehrlingen auch dann zusteht, wenn sie nur eine zweijährige Lehrzeit zurückgelegt haben.

Die untere Verwaltungsbehörde ist befugt, Personen, welche den Voraussetzungen des Abs. 2 nicht entsprechen, die Befugniß zur Anleitung von Lehrlingen zu verleihen.

Die Landes-Zentralbehörde kann für einzelne Gewerbe oder Zweige eines Gewerbes bestimmen, daß den im Abs. 2 bezeichneten Personen die Befugniß zur Anleitung von Lehrlingen auch dann zusteht, wenn sie eine kürzere als zweijährige Lehrzeit zurückgelegt haben."

Zu Abs. 2: höhere Verwaltungsbehörde: vgl. zu §. 126a Abs. 4. Die Ausnahmebefugniß erstreckt sich auf sämmtliche im Abs. 1 aufgestellten Erfordernisse. Die Innung ist stets gutachtlich zu hören, wenn für den Wohnort des Gesuchstellers und für das Gewerbe, in dem die Anleitung von Lehrlingen erfolgen soll, eine freie oder eine Zwangsinnung besteht, auch wenn der Gesuchsteller der Innung nicht angehört oder bisher nicht als Handwerker anzusehen war.

Zu Abs. 3: vgl. zu Abs. 1.

Zu Abs. 4: die Bestimmung im Satz 1 gestattet nur, daß von den im Abs. 1 aufgestellten Erfordernissen bezüglich der Lehrzeit abgewichen wird, und diese nicht nothwendig in einem Handwerksbetrieb zurückgelegt zu werden braucht. Hinsichtlich ihrer Dauer behält es bei der Bestimmung im Abs. 1 sein Bewenden, ebenso bezüglich der Ablegung der Gesellenprüfung.

Auch der Besuch der Lehrwerkstätte und der gewerblichen Unterrichtsanstalt ersetzt nur die Lehrzeit, die Gesellenprüfung und das vorgeschriebene Lebensalter dagegen nur dann, wenn durch die Landes-Zentralbehörde den Prüfungszeugnissen der in Satz 2 bezeichneten Einrichtungen die Wirkung der Verleihung der Anleitungsbefugniß beigelegt worden ist. Es steht nichts entgegen, diese Befugniß auch hier an die Zurücklegung eines reiferen Lebensjahres zu knüpfen. Die Dauer des Besuchs der Lehrwerkstätte ꝛc. richtet sich nach ihrem Programm und braucht der vorgeschriebenen Dauer der Lehrzeit nicht grade zu entsprechen. Ob der Besuch ausreicht, wird bei der Meldung zur Gesellenprüfung der Prüfungsausschuß zu entscheiden haben (§. 131 c).

Landes-Zentralbehörde: vgl. zu §. 128 Abs. 2.

Zu Abs. 5: diese Vorschrift bezieht sich namentlich auf eine Reihe von Gewerben, in denen die Lehrzeit hergebrachter Maaßen nur von kurzer Dauer ist. Für diese besteht das Bedürfniß, eine Milderung für die Befugniß zur Anleitung von Lehrlingen eintreten zu lassen, insbesondere auch schon im früheren Alter die Anleitung von Lehrlingen zu gestatten. (Mot.) Hierüber hinaus gewährt der Abs. 5 die Möglichkeit, auch für andere Gewerbe, für welche die Erfordernisse des Abs. 1, etwa zu schwer erfüllbar oder nach den besonderen Verhältnissen im Einzelnen zu schwer durchführbar oder unzweckmäßig erscheinen sollten, Erleichterungen eintreten zu lassen.

Zuwiderhandlungen unterliegen gemäß §. 148 Abs 1 Ziff. 9b der zu §. 126 am Schlusse angegebenen Bestrafung (Art. 4 Ziff. 9 der Novelle). Außerdem können Personen, welche den Bestimmungen des §. 129 entgegen Lehrlinge anleiten oder anleiten lassen, gemäß §. 144a der G.O. von der Ortspolizeibehörde durch Zwangsstrafen zur Entlassung der Lehrlinge angehalten werden.

§. 129a. Der Unternehmer eines Betriebs, in welchem mehrere Gewerbe vereinigt sind, ist befugt, in allen zu dem Betriebe vereinigten Gewerben Lehrlinge anzuleiten, wenn er für eines dieser Gewerbe den Voraussetzungen des §. 129 entspricht. 1.

Wer für einen gesondert betriebenen Zweig eines Gewerbes den Voraussetzungen des §. 129 entspricht, ist berechtigt, auch in den übrigen Zweigen dieses Gewerbes Lehrlinge anzuleiten. 2.

Wer für ein Gewerbe den Voraussetzungen des §. 129 entspricht, ist berechtigt, auch in den diesem verwandten Gewerben Lehrlinge anzuleiten. Welche Gewerbe als verwandte Gewerbe im Sinne dieser Bestimmung anzusehen sind, bestimmt die Handwerkskammer. 3.

Das gemäß §. 131c Abs. 2 dem Prüfungsausschusse vorzulegende Lehrzeugniß darf nur für dasjenige Gewerbe ausgestellt werden, für welches der Lehrherr oder sein Vertreter (§. 127 Abs. 1) zur Anleitung von Lehrlingen befugt ist. 4.

Der Abs. 1 regelt die Befugniß zur Anleitung von Lehrlingen in den kombinirten Gewerben, der Abs. 2 in den Spezialitäten, und der Abs. 3 in den verwandten Gewerben. Würde für die Anleitung von Lehrlingen in diesen Gewerben an der Vorschrift im §. 129a unbedingt festgehalten und also verlangt werden, daß Handwerker, welche mehrere Gewerbe gemeinsam betreiben, um die Befugniß zur Anleitung von Lehrlingen in diesen Gewerben zu haben, für jedes derselben den Anforderungen des §. 129a entsprechen, so würde „namentlich auf dem Lande, wo der Betrieb mehrerer Gewerbe vielfach die Regel bildet, die Annahme von Lehrlingen und der Betrieb überhaupt außerordentlich erschwert sein." (Mot.) Auf gleichen Erwägungen beruhen Abs. 2 und 3.

Zu Abs. 1: Unternehmer eines Betriebes: hierunter sind nach dem Sinne der Bestimmung nur selbständige Handwerker zu verstehen, vgl. a. zu §. 129 Abs. 1. Im Uebrigen hat der Unternehmer die Befugniß nur so lange, als sie ihm nicht auf Grund der §§. 126 und 126a Abs. 1 und 2 entzogen ist, und was die Zahl der Lehrlinge anlangt, innerhalb der durch den Bundesrath, die Landes-Zentralbehörde, die Handwerkskammer, die Innung, oder im Einzelfalle durch die untere Verwaltungsbehörde etwa bestimmten Grenzen, vgl. zu §. 128.

Die kombinirten Gewerbe unterscheiden sich von den verwandten Gewerben (vgl. zu §. 100 Abs. 1) dadurch, daß sie Gewerbe umfassen, welche zwar in einem Betriebe vereinigt sind, unter einander aber nicht oder nur zum Theil als verwandte gelten können.

Zu Abs. 3: sind die „verwandten Gewerbe" in einem Betriebe vereinigt, so ist die Bestimmung bereits in Abs. 1 mitenthalten. Ihre Bedeutung liegt mithin in denjenigen Fällen, wo eine solche Vereinigung nicht stattfindet, namentlich auch in dem Falle des Ueberganges von einem Gewerbe zu einem diesem verwandten Gewerbe. Bezüglich des Begriffs der verwandten Gewerbe im Sinne der Bildung von Zwangsinnungen vgl. zu §. 100 Abs. 1, S. 58. Da es sich hier um eine Vorschrift zur Regelung des Lehrlingswesens handelt, muß die Bestimmung von der Gesammtheit der Handwerkskammer getroffen werden. (§. 103 g Abs. 3 Ziff. 4). Eine nähere Bestimmung des Begriffs der „verwandten Gewerbe" im Sinne des Abs. 3 wäre im Interesse namentlich der neu eintretenden Lehrlinge sehr erwünscht, da diese andernfalles der Gefahr ausgesetzt sind, nicht zur Gesellenprüfung zugelassen zu werden (vgl. zu Abs. 4).

Zu Abs. 4: Zu dieser von der Kommission des Reichstags eingefügten, nicht grade glücklich gefaßten Vorschrift wurde in der Kommission ausgeführt, daß es sich bei der Bestimmung „nicht um die Verhinderung der Beschäftigung des Lehrlings handle, sondern vielmehr nur darauf ankomme, daß z. B. nicht ohne weiteres ein Stellmacher, der als Wagenbauer unter Umständen fünf oder mehr Gewerbe in seinem Betrieb vereinige, das Recht haben dürfe, nicht nur Stellmacher-, sondern auch Schmiede-, Sattler-, Lackirer- u. s. w. Lehrlinge auszubilden." (Kom.B. S. 43.) Hiernach wird die Befugniß des Unternehmers, in den unter Abs. 1 bis 3 gedachten Fällen in Gewerben, für welche er den Anforderungen des §. 129 nicht entspricht, Lehrlinge anzuleiten durch die Bestimmung im §. 129a Abs. 4 weiter nicht beschränkt, dagegen erfahren die Absätze 1 bis 3 für den Lehrling insofern eine erhebliche Einschränkung, als derselbe nach Ablauf der Lehrzeit von dem Unternehmer für seine Ausbildung in denjenigen Gewerben, für welche den letzteren die Befugniß zur Anleitung von Lehrlingen gemäß §. 129 nicht zusteht, zwar ein gewöhnliches Zeugniß, jedoch kein — nach §. 131 c Abs. 2 die Voraussetzung für die Zulassung zur Gesellenprüfung bildendes — Lehrzeugniß, und ebenso von der Innung keinen Lehrbrief (§. 127 c Abs. 2), erhalten kann, es sei denn, daß der Unternehmer die Ausbildung des Lehrlings in jenen Gewerben durch einen ausdrücklich von ihm dazu bestimmten, den Anforderungen des §. 129 entsprechenden Vertreter (§. 127 Abs. 1 Satz 2) hat leiten lassen. Die praktische Bedeutung des Abs. 4 wird übrigens durch den Umstand gemindert, daß der Unternehmer durch fünfjährige selbständige Ausübung des oder der betreffenden Handwerke die Befugniß zur Anleitung von Lehrlingen nach §. 129 Abs. 1 nachträglich erwirbt. In Fällen ungebührlicher Erschwerniß für den Unternehmer oder die Lehrlinge kann auf dem im §. 129 Abs. 2 bezeichneten Wege durch die höhere Verwaltungsbehörde, für die Uebergangszeit gemäß Art. 7 Abs. 3 der Novelle (vgl. oben zu §. 129 Abs. 1 am Schlusse) dem Unternehmer die Befugniß zur Anleitung von Lehrlingen durch die untere Verwaltungsbehörde ausnahmsweise beigelegt werden.

Uebrigens sind die Bestimmungen im §. 129a Abs. 1 bis 3 durch die Einfügung des Abs 4 keineswegs entbehrlich geworden, denn wenn auch das Gesetz bei kombinirten und verwandten Gewerben, sowie bei Spezialitäten die bloße Beschäftigung eines Lehrlings in den Gewerben oder Gewerbszweigen, für welche der Unternehmer die Befugniß zur Anleitung von Lehrlingen nicht besitzt, ohnehin zuläßt, so wird doch der Natur der Sache nach, jedenfalls in der ersten Zeit der Lehre, eine solche Beschäftigung thatsächlich meist auch mit einer Anleitung verbunden sein müssen, für deren Zulassung es angesichts des §. 129 einer besonderen Bestimmung nothwendig bedurfte.

Zur Anleitung von Lehrlingen befugt ist: diese Befugniß steht in Handwerksbetrieben nur solchen Personen zu, welche den im §. 129 bezw. für die Uebergangszeit den im Art. 7 der Novelle von 97 aufgestellten Erfordernissen (vgl. oben S. 153, 154) entsprechen.

Die Kontrole über die Durchführung der Bestimmung in Abs. 4 liegt hauptsächlich bei den Prüfungsausschüssen für die Gesellenprüfung, für Innungslehrlinge bei den Innungen. (§§. 131 c Abs. 2, 129 b.)

Ueber die Folgen eines entgegen der Vorschrift in Abs. 4 ausgestellten Lehrzeugnisses für den Lehrling vgl. a. zu §. 129 Abs. 1.

§. 129 b. Gehört der Lehrherr einer Innung an, so ist er verpflichtet, eine Abschrift des Lehrvertrags binnen vierzehn Tagen nach Abschluß desselben der Innung einzureichen; er kann hierzu durch die Ortspolizeibehörde angehalten werden. 1.

Die Innungen können bestimmen, daß der Abschluß des Lehrvertrags vor der Innung erfolgen soll. In diesem Falle ist dem Lehrherrn und dem Vater oder Vormunde des Lehrlinges eine Abschrift des Lehrvertrags auszuhändigen. 2.

des Lehrvertrages: während nach §. 126 b Abs. 2 der Lehrherr, sofern er weder Handwerker noch Mitglied einer Zwangsinnung oder freien Innung ist, der Ortspolizeibehörde den Lehrvertrag nur auf Erfordern, dann jedoch im Original, vorzulegen hat, sind die Innungsmitglieder, soweit sie Handwerker sind, verpflichtet, der Innung unaufgefordert eine Abschrift des Vertrages einzureichen. Aus dem Aufsichtsrecht der Innung (§§. 81 a Ziff. 3, 83 Abs. 2 Ziff. 10) folgt, daß ihr sowie ihren Beauftragten (§. 94c) auf Erfordern auch das Original zur Einsicht vorzulegen ist. Dasselbe Verlangen sind die Handwerkskammern (§. 103e Abs. 1 Ziff. 2) und die von diesen angestellten Beauftragten (§§. 94c, 103n) zu stellen berechtigt.

erfolgen soll: für den Fall der Zuwiderhandlung Ordnungsstrafe gemäß §§. 92c, 100c.

Zu Abs. 2: Vater oder Vormund: Diese Fassung ist nach dem Inkrafttreten des Bürgerlichen Gesetzbuchs vorläufig erhalten worden. Statt „Vater oder Vormunde" müßte es heißen „gesetzlichem Vertreter", vgl. zu §. 126b Abs. 2.

vor der Innung: nach näherer Bestimmung des Statuts vor der Innungsversammlung oder dem Vorstande, oder dem Ausschuß für das Lehrlingswesen. Die Bestimmung im §. 126 Abs. 2 gilt auch hier.

§. 130. Soweit durch den Bundesrath oder die Landes-Zentralbehörde auf Grund des §. 128 Abs. 2 Vorschriften über die zulässige Zahl von Lehrlingen nicht erlassen sind, ist die Handwerkskammer und die Innung zum Erlasse solcher Vorschriften befugt.

Landes-Zentralbehörde: vgl. zu §. 128 Abs. 2.

die Handwerkskammer und die Innung: beide nur für Handwerkslehrlinge und für einzeln bezeichnete Zweige des Handwerks, §. 128 Abs. 2, die Innung nur für den Kreis ihrer Mitglieder, vgl. a. §. 103f Abs. 2. Die Vorschriften der Handwerkskammer bedürfen der Genehmigung der Landes-Zentralbehörde, §. 103g Abs 4, die der Zwangsinnungen der Genehmigung der höheren Verwaltungsbehörde, welche vorher die Handwerkskammer zu hören hat, §. 100p. Für freie Innungen besteht diese Beschränkung nicht. Die Vorschriften der Innung müssen von der Innungsversammlung beschlossen werden (§. 93 Abs. 2 Ziff. 5), diejenigen der Handwerkskammer von der Gesammtheit der Kammer (§. 103g Abs. 3 Ziff. 4). Durch die von der Handwerkskammer getroffene Regelung werden die etwa vorher von der Innung getroffenen Vorschriften, soweit sie mit jener in Widerspruch treten, unverbindlich, §. 103f Abs. 2

Die Innungsverbände sind zum Erlasse von Vorschriften über die zulässige Zahl von Lehrlingen nicht befugt, vgl. zu §. 104 Abs. 2.

Wer den auf Grund des §. 130 erlassenen Vorschriften zuwider Lehrlinge hält, anleitet oder anleiten läßt, macht sich nach §. 148 Abs. 1 Ziff. 9b der G.O strafbar, auch findet §. 144a der G.O. Anwendung. Bezüglich beider Bestimmungen s. oben zu §. 128 Abs. 2 am Schlusse.

1. **§. 130a.** Die Lehrzeit soll in der Regel drei Jahre dauern, sie darf den Zeitraum von vier Jahren nicht übersteigen.

Von der Handwerkskammer kann mit Genehmigung der höheren Verwaltungsbehörde die Dauer der Lehrzeit für die einzelnen Gewerbe oder Gewerbszweige nach Anhörung der betheiligten Innungen und der im §. 103a Abs. 3 Ziffer 2 bezeichneten Vereinigungen festgesetzt werden. 2.

Die Handwerkskammer ist befugt, Lehrlinge in Einzelfällen von der Innehaltung der festgesetzten Lehrzeit zu entbinden. 3.

Zu Abs. 1: die Lehrzeit „muß unter Berücksichtigung der Art des Gewerbes so bemessen werden, daß sie ausreicht, um dem Lehrling unter normalen Verhältnissen die gründliche Erlernung des Gewerbes zu ermöglichen, andererseits aber darf dem Bestreben, die Arbeitskraft des bereits genügend ausgebildeten Lehrlings möglichst lange auszunutzen, nicht Vorschub geleistet werden. Im Abs. 1 ist nicht eine Minimaldauer der Lehrzeit festgesetzt, sondern nur als Regel hingestellt, daß sie, sofern nicht etwas anderes festgesetzt wird, wie auch schon jetzt in vielen Gewerben üblich, drei Jahre dauern soll." (Mot.) Der Entwurf hatte eine Maximaldauer von 5 Jahren vorgeschlagen, welche der Reichstag auf 4 Jahre heruntersetzte. Vgl. a. §. 129 Abs. 1.

Zu Abs. 2: die Handwerkskammer kann nicht nur für einzelne Gewerbe, sondern auch innerhalb eines solchen die Lehrzeit verschieden bestimmen und hierbei die längere oder kürzere Dauer, insbesondere auch von dem Besuche einer Fach- oder Fortbildungsschule oder von den Leistungen des Lehrlings in solchen Schulen abhängig machen. (Mot.)

betheiligten Innungen: der Innungen, die in dem Bezirk der Handwerkskammer ihren Sitz haben. Die Handwerkskammer — und ebenso die höhere Verwaltungsbehörde — ist jedoch nicht behindert, auch das Gutachten des betreffenden Innungsverbandes der nach §. 104e Abs. 2 zur Abgabe desselben verpflichtet ist, oder eines Verbandes der Gewerbevereine oder sonstiger fachgewerblicher Vereinigungen einzuholen, im Interesse möglichster Gleichmäßigkeit in der Erziehung und Ausbildung des handwerkerlichen Nachwuchses in den einzelnen Gewerben wird sich dies vielmehr in manchen Fällen empfehlen. Solange der Bundesrath (§. 129 Abs. 5) und die Handwerkskammer die Dauer der Lehrzeit nicht festsetzen, kann dies durch die Innungen geschehen (§§. 81a Ziff. 3, 93 Abs. 2 Ziff. 5, 100c, 100p, 103f Abs. 2). Die durch die Innung erfolgten Festsetzungen sind indessen für die Zulassung zur Gesellenprüfung (§§. 129 Abs. 1 und 103c) jedenfalls dann nicht maßgebend, wenn sie eine geringere Dauer als 3 Jahre bestimmen.

höhere Verwaltungsbehörde: vgl. zu §. 126a Abs. 4. Der Abs. 2 enthält bezüglich der Genehmigung eine Ausnahme von §. 103g Abs. 4.

Zu Abs. 3: Die Bestimmung bezweckt, denjenigen Lehrlingen, welche sich in der Schule oder in der Werkstatt durch Fleiß und Tüchtigkeit hervorthun oder bei Lehrlingsausstellungen oder anderen Gelegenheiten auszeichnen, eine besondere — für den Prüfungsausschuß bei der Zulassung zur Gesellenprüfung (§. 131 c) maßgebende — Berücksichtigung zu Theil werden lassen zu können. (Mot) Eine Bevorzugung von Meistersöhnen hat dagegen durchaus nicht in der Absicht des Abs. : gelegen.

1. **§. 131.** Den Lehrlingen ist Gelegenheit zu geben, sich nach Ablauf der Lehrzeit der Gesellenprüfung (§. 129 Abs. 1) zu unterziehen.

2. Die Abnahme der Prüfung erfolgt durch Prüfungsausschüsse. Bei jeder Zwangsinnung wird ein Prüfungsausschuß gebildet, bei anderen Innungen nur dann, wenn ihnen die Ermächtigung zur Abnahme der Prüfungen von der Handwerkskammer ertheilt ist. Soweit für die Abnahme der Prüfungen für die einzelnen Gewerbe nicht durch Prüfungsausschüsse der Innungen und die im §. 129 Abs. 4 bezeichneten Lehrwerkstätten, gewerblichen Unterrichtsanstalten und Prüfungsbehörden gesorgt ist, hat die Handwerkskammer die erforderlichen Prüfungsausschüsse zu errichten.

Die §§ 131 bis 132 enthalten allgemeine Vorschriften über die Abnahme der Gesellenprüfung, vgl. a. §. 132a.

Zu Abs. 1: Gelegenheit zu geben: hierdurch soll lediglich ausgesprochen werden, daß bei der Einführung der Prüfungen dafür gesorgt werden muß, daß überall da, wo ein Bedürfniß dazu vorhanden ist, die in dem Gesetze vorgesehenen Prüfungsausschüsse eingerichtet werden. (Kom. Ber.), vgl. a. zu §. 131c Abs. 1.

Gesellenprüfung: die Bezeichnung „Gesellenprüfung“, nicht „Lehrlingsprüfung“, ist korrekt, da der §. 133 von der „Meisterprüfung“ spricht.

Zu Abs. 2: Prüfungsausschüsse: das Gesetz unterscheidet Prüfungsausschüsse der Zwangsinnungen, der freien Innungen und der Handwerkskammern. Die Zusammensetzung derselben ist im §. 131a näher geregelt. Die Zwangsinnungen sind zur Errichtung von Prüfungsausschüssen verpflichtet, die freien Innungen dagegen nur dann zur Abhaltung von Gesellenprüfungen im Sinne der §§. 129 fg. berufen, wenn die Handwerkskammer sie hierzu besonders ermächtigt. Es steht kein Bedenken entgegen, die Voraussetzungen, unter denen die Ermächtigung ertheilt werden soll, im Statut der Handwerkskammer näher zu bestimmen. Leistungsunfähigen Innungen wird sie nicht ertheilt werden dürfen. Die Ermächtigung wird zweckmäßiger Weise auf Widerruf ertheilt. Das preußische im Anhange abgedruckte Statut gestattet die — widerrufliche — Ermächtigung nur, wenn durch das Innungsstatut Vorsorge getroffen ist, daß die bei den Innungsmitgliedern beschäftigten Lehrlinge die etwa bestehende Fortbildungs- oder Fachschule besuchen (§. 45 Abs. 1, 2). Nach dem Pr. Min. Erl. vom 6. August 1900, Min. Bl. S. 284, (unter III) braucht die Bestimmung jedoch nicht in dem Innungsstatut selbst enthalten zu sein, sie kann vielmehr auch in einem besonderen Beschlusse der Innungsversammlung zum Ausdruck gelangen. Nach demselben Erlasse, „wird bei der Verleihung des Prüfungsrechts an freie Innungen insbesondere der Umstand Berücksichtigung erheischen, ob durch das Vorhandensein geeigneter Prüfungsmeister eine genügende Gewähr dafür gegeben ist, daß die Prüfung sachgemäß abgenommen werden kann". Nach dem Erlasse soll ferner grundsätzlich freien Innungen, bei denen ein Gesellenausschuß nicht gebildet ist, die Ermächtigung zur Abnahme von Prüfungen nicht ertheilt werden. Inzwischen hat sich jedoch herausgestellt, daß in einzelnen Bezirken die Bildung eines Gesellenausschusses nicht möglich gewesen ist, weil entweder eine ausreichende Zahl von Gesellen von Innungsmitgliedern nicht beschäftigt wird, oder die Gesellen den gesetzlichen Voraussetzungen für die Wählbarkeit nicht entsprechen, oder infolge stetigen Ab- und Zuwanderns ein dauernder Stamm von Gesellen nicht vorhanden ist. Durch Min. Erl. vom 2. Januar 1901 ist deshalb auf Grund von §. 132a eine abändernde Verfügung getroffen worden, vgl. unten zu §. 132a. Nach dem Erlaß vom 6. August 1900 ist bei gemischten Innungen, d. h. bei solchen, welche mit einander nicht verwandte Handwerkszweige in sich vereinigen, von der Verleihung des Prüfungsrechts ausnahmslos Abstand zu nehmen.

Die Zuständigkeit der bei den Innungen errichteten Prüfungsausschüsse erstreckt sich naturgemäß auf die bei ihren Mitgliedern beschäftigten Personen, sowie, da selbständige Gewerbetreibende sich nachträglich der Prüfung unterziehen können, auf die Mitglieder der Innung. Eine Erweiterung dieser Zuständigkeit durch das Statut der Handwerkskammer ist zulässig. Nach §. 45 Abs. 3 des preußischen Statuts kann die Zuständigkeit des von einer freien Innung gebildeten Prüfungsausschusses durch die Handwerkskammer — deren Organe die Innungen sind — auf alle im Innungsbezirk vorhandenen Lehrlinge der betreffenden Gewerbe ausgedehnt werden, wenn zwei Drittel der betheiligten Handwerker des Bezirks, welche Lehrlinge halten, der Innung angehören. Bezüglich der Frage des obligatorischen Charakters der Prüfung vgl. zu §. 131c Abs. 1.

Für die bei der Prüfung zu stellenden Anforderungen, den Gang der Prüfung, das Verfahren vor dem Prüfungsausschusse und die Höhe der Prüfungsgebühren, und zwar auch für die von den freien Innungen und den Zwangsinnungen errichteten Prüfungsausschüsse, ist die gemäß §. 131b Abs. 2 von der höheren Verwaltungsbehörde im Einvernehmen mit der Handwerkskammer zu erlassende Prüfungsordnung maßgebend, vgl. zu §. 131b Abs. 2.

Bezüglich der Kosten der Prüfung und der Vereinnahmung der Prüfungsgebühren vgl. §. 131b Abs. 4.

Lehrwerkstätten: vgl. a. §. 129 Abs. 4 und §. 133 Abs. 7.

1. **§. 131 a.** Die Prüfungsausschüsse bestehen aus einem Vorsitzenden und mindestens zwei Beisitzern.

2. Der Vorsitzende des Prüfungsausschusses wird von der Handwerkskammer bestellt. Von den Beisitzern wird bei dem Prüfungsausschuß einer Innung die Hälfte durch diese, die andere Hälfte aus der Zahl der Gesellen, welche eine Gesellenprüfung bestanden haben, durch den Gesellenausschuß bestellt. Bei den von der Handwerkskammer errichteten Prüfungsausschüssen werden auch die Beisitzer von der Handwerkskammer bestellt; die Hälfte der Beisitzer muß aus Gesellen bestehen.

3. Die Bestellung der Mitglieder der Prüfungsausschüsse erfolgt in der Regel auf drei Jahre.

4. Während der ersten sechs Jahre nach dem Inkrafttreten dieser Bestimmungen können auch Gesellen (Gehülfen), welche die Gesellenprüfung nicht abgelegt haben, gewählt werden, wenn sie eine Lehrzeit von mindestens zwei Jahren zurückgelegt haben.

Zu Abs. 1: der Vorsitzende: derselbe braucht weder Mitglied einer Innung noch der Handwerkskammer, auch nicht Handwerker zu sein. Die Handwerkskammer wird nicht behindert sein, auch Lehrer an Fortbildungs- oder Fachschulen hierzu zu ernennen. (Mot.) Ueber die Bestellung der Vorsitzenden wird das Statut der Kammer Bestimmungen zu treffen haben, §. 103g Abs. 1 und §. 103g Abs. 2. Vgl. §. 48 des im Anhange abgedruckten Statuts.

Zu Abs. 2: von der Handwerkskammer: die von der Kammer gemäß Satz 2 zu bestellenden Beisitzer brauchen nicht zu ihren Mitgliedern zu gehören. Die Bemerkung der Motive (S. 90), daß die Mitglieder der Prüfungsausschüsse Inhaber von Aemtern der Handwerkskammern sind, steht dem nicht entgegen, da eine Korporation, soweit nicht besondere Vorschriften des Gesetzes oder der Satzungen es untersagen, Aemter auch außenstehenden Personen übertragen kann. Die §§. 103a und 103b finden keine Anwendung, weil diese Vorschriften, wie ihr Zusammenhang ergiebt, lediglich das aktive und passive Wahlrecht für die Mitgliedschaft zur Handwerkskammer regeln. Es wird sich jedoch empfehlen, durch das Statut der Handwerkskammer von den Handwerkerbeisitzern zu verlangen, daß sie den Anforderungen des §. 103b entsprechen müssen. Auf die von der Handwerkskammer zu bestellenden Gesellenbeisitzer finden aus analogen Erwägungen auch die §§. 103i Abs. 1, 95a Abs. 1 und 2, 95c keine Anwendung, durch das Statut wird jedoch die Ablegung der Gesellenprüfung verlangt werden können, für die Uebergangszeit von sechs Jahren — entsprechend dem

§. 100r Abs. 2 Satz 2 — die Zurücklegung einer Lehrzeit von mindestens zwei Jahren. Da das Gesetz über die Art der Bestellung der Beisitzer, einschließlich der Gesellenbeisitzer, keine näheren Bestimmungen trifft, bleibt die Regelung dem Statut überlassen, wobei namentlich zu bestimmen ist, ob die Bestellung durch den Vorstand oder durch die Gesammtheit der Handwerkskammer oder durch einen Ausschuß und unter Mitwirkung des Gesellenausschusses zu erfolgen hat. Nach §. 48 des im Anhange abgedruckten preußischen Statutenentwurfs werden die Vorsitzenden sämmtlicher Prüfungsausschüsse ebenso wie auch die Beisitzer der von der Handwerkskammer errichteten Prüfungsausschüsse von dem Vorstand der Kammer bestellt. Für die Vorsitzenden werden in allen Fällen auch Stellvertreter zu ernennen sein.

Da der Handwerkskammer gesetzlich die Bildung der Prüfungsausschüsse obliegt, wird sie auch über die Zahl der Beisitzer, und zwar für sämmtliche Prüfungsausschüsse einschließlich derjenigen der gemäß §. 131 Abs. 2 zur Abnahme von Gesellenprüfungen ermächtigten freien Innungen und der Zwangsinnungen, zu bestimmen haben, §. 103e Abs. 1 Ziff. 5, vgl. a. zu §. 131b Abs. 2. Nach §. 49 Abs. 1 der preußischen Handwerkskammerstatuten sind die Prüfungsausschüsse bei Anwesenheit des Vorsitzenden und zweier Beisitzer beschlußfähig.

Innungen: soweit die Beisitzer aus der Zahl der Innungsmitglieder zu entnehmen sind (Abs. 2), müssen sie von der Innungsversammlung gewählt werden, §. 93 Abs. 2 Ziff. 8. Wählbar sind nur solche Mitglieder, auch wenn sie nicht Handwerker sind (§. 81), welche den Anforderungen des §. 93a entsprechen. Hierzu gehört nicht die Befugniß zur Lehrlingsanleitung, sofern nicht etwa das Statut ein anderes bestimmt. Der §. 93a gilt auch für die Zwangsinnungen, jedoch gemäß §. 100r Abs. 2 Satz 1 mit der ferneren Beschränkung, daß hier die Beisitzer außerdem die Befugniß zur Anleitung von Lehrlingen besitzen und in der Regel Gesellen oder Lehrlinge beschäftigen müssen. Auch die Zwangsinnungen sind nicht auf die Wahl von Handwerkern beschränkt, §. 100g. Die Gesellenbeisitzer müssen bei den freien Innungen eine Gesellenprüfung bestanden haben, die aber nicht nothwendig bei einer Innung, und nicht erst nach dem Inkrafttreten des Gesetzes abgelegt worden zu sein braucht, bei der Zwangsinnung außerdem den Anforderungen des §. 100r Abs. 2 Satz 2 entsprechen.

Nach §. 47 Abs. 2 der preußischen Handwerkskammerstatuten ist eine allgemeine Regelung dahin getroffen, daß die Beisitzer den Gewerben, für welche der Prüfungsausschuß errichtet ist, angehören und zur einen Hälfte Handwerker sein müssen, die den Anforderungen des §. 103b der G.O. entsprechen, zur andern Hälfte Gesellen, die zu Mitgliedern des Gesellenausschusses wählbar sind und die Gesellenprüfung abgelegt haben. Während der ersten 6 Jahre nach dem Inkrafttreten der §§. 126 bis 132a — also bis zum 1. April 1907 — können auch Gesellen, welche die Gesellenprüfung nicht abgelegt haben, gewählt werden, wenn sie eine Lehrzeit von mindestens 2 Jahren zurückgelegt haben.

Sämmtliche Mitglieder der Prüfungsausschüsse, also auch die von der Handwerkskammer bestellten Beisitzer und Vorsitzende, verwalten ihr

Amt als Ehrenamt unentgeltlich, doch kann ihnen nach näherer Bestimmung des Statuts Ersatz baarer Auslagen und eine Entschädigung für Zeitversäumniß gewährt werden, vgl. §. 94a (für freie Innungen), §. 100c Abs. 2 (für Zwangsinnungen), §. 103c Abs. 2 (für Handwerkskammern).

Gesellenausschuß: vgl. §§. 95 bis 95c, 100c, 103k.

Wegen der Prüfung in der Buch- und Rechnungsführung, die nur bei der Meisterprüfung obligatorisch ist (§. 133 Abs. 3), vgl. §. 131b Abs. 3.

1. **§. 131 b.** Die Prüfung hat den Nachweis zu erbringen, daß der Lehrling die in seinem Gewerbe gebräuchlichen Handgriffe und Fertigkeiten mit genügender Sicherheit ausübt und sowohl über den Werth, die Beschaffung, Aufbewahrung und Behandlung der zu verarbeitenden Rohmaterialien, als auch über die Kennzeichen ihrer guten oder schlechten Beschaffenheit unterrichtet ist.

2. Im Uebrigen werden das Verfahren vor dem Prüfungsausschusse, der Gang der Prüfung und die Höhe der Prüfungsgebühren durch eine Prüfungsordnung geregelt, welche von der höheren Verwaltungsbehörde im Einvernehmen mit der Handwerkskammer erlassen wird. Kommt ein Einvernehmen nicht zu Stande, so entscheidet die Landes-Zentralbehörde.

3. Durch die Prüfungsordnung kann bestimmt werden, daß die Prüfung auch in der Buch- und Rechnungsführung zu erfolgen hat. In diesem Falle ist der Prüfungsausschuß befugt, einen besonderen Sachverständigen zuzuziehen, welcher an der Prüfung mit vollem Stimmrechte Theil nimmt. Bei Stimmengleichheit giebt die Stimme des Vorsitzenden den Ausschlag.

4. Die Kosten der Prüfung werden, sofern diese von dem Prüfungsausschuß einer Innung abgehalten wird, von letzterer, im Uebrigen von der Handwerkskammer getragen. Diesen fließen die Prüfungsgebühren zu.

Zu Abs. 1: den Nachweis zu erbringen: damit nicht bei der Prüfung die Anforderungen ungebührlich gesteigert und nicht Mißstände hervorgerufen werden können, wie sie vielfach bei Abnahme der Prüfungen zur Zeit der Zunft beobachtet worden sind, werden im Abs. 1 allgemein diejenigen Gegenstände aufgeführt, auf welche die Prüfung sich zu erstrecken hat. In diesem Rahmen wird die nähere Bezeichnung für die einzelnen Gewerbe durch die Prüfungsordnung zu erfolgen haben. (Mot.) Unter das in Abs. 1 bezeichnete Maß darf dabei hinsichtlich der bei den Prüfungen zu stellenden Anforderungen nicht herabgegangen werden, über dasselbe hinaus nur durch Bestimmung der Landes-Zentralbehörde gemäß §. 132a. Bezüglich des obligatorischen Charakters der Gesellenprüfung vgl. zu §. 131c Abs. 1.

in seinem Gewerbe: nicht etwa auch in einzelnen besonderen Betrieben.

mit genügender Sicherheit: d. h. mit einer Sicherheit, wie sie von Jemandem, der die Lehrjahre durchgemacht hat, nach verständigem Ermessen erwartet werden darf. Den Nachweis der Befähigung zur selbständigen Ausführung der Arbeiten des Gewerbes zu erbringen, ist nicht der Zweck der Gesellenprüfung, sondern der in ihren Anforderungen an den Prüfling naturgemäß weitergehenden Zweck der Meisterprüfung (vgl. zu §. 133 Abs. 3).

Zu Abs. 2: Prüfungsordnung: durch die Prüfungsordnung ist insbesondere auch zu bestimmen, in welcher Weise innerhalb der durch Abs. 1 gesetzlich gezogenen Grenzen für die einzelnen Handwerke des Bezirks der für die Prüfung verlangte Nachweis zu erbringen ist, auf welche Gegenstände sich die Prüfung zu erstrecken hat, und wie sie im Einzelnen einzurichten ist. Soweit es sich um die im Gewerbe des Prüflings gebräuchlichen „Handgriffe und Fertigkeiten" handelt, kann jener Nachweis in der Regel schon durch eine ausschließlich praktische Prüfung erbracht werden, auch würde es eines „Gesellenstücks" hierzu nicht nothwendig bedürfen und im Allgemeinen eine „Arbeitsprobe" genügen. Dagegen wird sich der Prüfling über die „Kenntniß des Werthes &c. der von ihm zu verarbeitenden Rohmaterialien" und über die „Kennzeichen ihrer guten oder schlechten Beschaffenheit" nicht anders als durch eine theoretische — mündliche oder schriftliche — Prüfung auszuweisen vermögen.

Die Verschiedenheit in den Verhältnissen der einzelnen Handwerksbetriebe auf dem Lande und in kleineren und mittleren Orten einerseits und in den Großstädten andererseits, sowie auch innerhalb der einzelnen Orte lassen allgemeine obligatorische Gesellenprüfungen nur durchführbar erscheinen, wenn nicht mehr als das gewöhnliche Durchschnittsmaß an Fertigkeiten und Kenntnissen — wie dies auch im Abs. 1 ausgedrückt ist — verlangt wird. Der Prüfungsordnung ist daher die Aufgabe gestellt, ein entsprechendes, und dabei doch dem Prüfungszweck möglichst nahekommendes Durchschnittsmaß für die an den Prüfling zu stellenden Anforderungen festzusetzen. Nur auf diese Weise läßt sich eine ungerechtfertigte Zurücksetzung der Landlehrlinge und der Lehrlinge in kleineren Betrieben, wo das Maß der Ausbildung der Lehrlinge in der Regel aus naheliegenden Gründen nicht dasjenige der Lehrlinge in größeren Werkstätten mit vielseitiger Beschäftigung sein kann, vermeiden.

Wo es sich um verhältnißmäßig einfache Fertigkeiten und Rohmaterialen handelt, dürfte in der Regel eine Arbeitsprobe mit daran anschließender oder damit verbundener mündlicher, an die Aufgaben der Arbeitsprobe anknüpfender Prüfung für die Erbringung des gesetzlich verlangten Nachweises ausreichen.

Die Forderung eines „Gesellenstücks“ verbietet sich bei einzelnen Gewerben, z. B. den Barbieren und Schornsteinfegern, von selbst. Hier und in manchen anderen Gewerben empfiehlt sich die — ungleich einfachere — Arbeitsprobe. Will man dem alten Herkommen Rechnung tragen und das Gesellenstück in die neuen Prüfungen einführen, so bedarf es besonderer Kontrollvorschriften über die Art und Weise der Herstellung und die Fernhaltung unzulässiger Hülfe sowie besonderer Bestimmungen zur Vermeidung unverhältnißmäßig kostspieliger und zeitraubender Gesellenstücke, die übrigens auch dem §. 131 b Abs. 1 widersprachen. Nach der Pr. Min. Verfügung vom 17. November 1900 (siehe unten) „bleibt zu beachten, daß, wo nicht besondere Gründe für die Beibehaltung sprechen, im Interesse der Vereinfachung der Prüfung und der Vermeidung von Kosten die Beseitigung des Gesellenstücks als erwünscht anzusehen ist. Bezüglich etwaiger Kontrollvorschriften vgl. Anlage II jener Verfügung. Hiernach hat der Vorsitzende des Prüfungsausschusses mit der Ueberwachung des Prüflings während der Anfertigung des Gesellenstücks einzelne Mitglieder des Ausschusses, oder, wenn kein Mitglied am Arbeitsort des Prüflings wohnt, andere geeignete selbständige Handwerker des gleichen Generalszweiges zu beauftragen.

Es wird sich überhaupt empfehlen, auf möglichst einfache Prüfungseinrichtungen und insbesondere auch auf die Vermeidung unverhältnißmäßigen Zeit- und Kostenaufwandes Bedacht zu nehmen. Namentlich dürften in der Regel außer dem Vorstande und dem ev. Sachverständigen 2 Beisitzer genügen.

Für Preußen vgl. die im Anhang abgedruckte Min. Verfügung vom 17. November 1900, betr. die Handwerkergesellen-Prüfungsordnungen, Min. Bl. v. 1901 S. 45, sowie die Min. Verfügung vom 6. August 1900, Min. Bl. S. 284.

Die Veröffentlichung der Prüfungsordnungen ist Sache derjenigen Behörde, welche sie erlassen hat. Nach dem Pr. Min. Erl. vom 22. Februar 1901, Min. Bl. S. 124, wird es genügen, im Amtsblatt darauf hinzuweisen, daß die Prüfungsordnungen erlassen, bei den Aufsichtsbehörden zu Jedermanns Einsicht ausgelegt und außerdem bei den Handwerkskammern käuflich zu haben sind.

Höhere Verwaltungsbehörde: vgl. zu §. 126a Abs. 4. Die Behörde hat übrigens die Prüfungsordnung nicht nur für die von der Handwerkskammer errichteten Prüfungsausschüsse (§. 131 Abs. 2 Satz 3), sondern auch für die Prüfungsausschüsse der freien und der Zwangsinnungen (a. a. O. Satz 2) zu erlassen. Die Prüfungsordnungen sind daher für die einzelnen Handwerke des Handwerkskammerbezirks zu erlassen.

Landes-Zentralbehörde: in Preußen der Handelsminister; vgl. a. §. 45 des im Anhange beigefügten Entwurfs eines Handwerkskammerstatuts, sowie zu §. 128 Abs. 2.

Zu Abs. 3: von der Befugniß, die Prüfung auf die Buch- und

Rechnungsführung auszudehnen, wird die höhere Verwaltungsbehörde nur dann Gebrauch machen können, wenn dem Prüfling in einer Fortbildungs- oder Fachschule Gelegenheit zur Erlernung dieser Materie geboten war. So werthvoll auch die Erlernung der Buch- und Rechnungsführung für die wirthschaftliche Hebung des Handwerkerstandes ist, so ist es doch, solange nicht überall Fortbildungs- oder Fachschulen bestehen, nicht angängig, die Prüfung hierüber allgemein vorzuschreiben. (Mot.) Die Ablegung einer Prüfung in der Buch- und Rechnungsführung wird hiernach nur von denjenigen Prüflingen verlangt werden können, welche Gelegenheit gehabt haben, eine der bezeichneten Schulen zu besuchen. Eine eingehende Prüfung in den Schulkenntnissen würde über den im Abs. 1 durch das Gesetz begrenzten Rahmen der Prüfung hinausgehen, auch ohne Zuziehung von Schulmännern auf praktische Schwierigkeiten stoßen. Immerhin würde die Bestimmung im §. 132a die Aufstellung der Schulkenntnisse als eines Gegenstandes der Gesellenprüfung an sich ermöglichen, allein man wird billiger Weise — namentlich gegenüber den Landlehrlingen — solche Anforderungen, wenigstens soweit sie über ein gewisses bescheidenes Maß hinausgehen, nur an diejenigen Prüflinge stellen dürfen, welchen Gelegenheit geboten war, durch Fach-, Fortbildungs- oder Sonntagsschulen ihre Schulkenntnisse aufzufrischen und zu vervollkommnen.

Nach der oben erwähnten Pr. Min. Verfügung vom 17. November 1900 (Erläuterungen zu Muster I — Prüfungsordnung ohne Gesellenstück — und zu Muster II — mit Gesellenstück —) „sollen in der theoretischen Prüfung auch einige allgemeine Kenntnisse gefordert werden, welche für die Geschäftsführung grundlegend sind. Die Forderung rechtfertigt sich in erster Linie dort, wo Fortbildungsschulen bestehen. Doch auch wo dies nicht der Fall ist, wird man zum mindesten verlangen können, daß der Lehrling die auf der Volksschule erworbenen Kenntnisse während der Lehrzeit insoweit festgehalten hat, als er ihrer zur Ausübung des Handwerks unt erden heutigen Verhältnissen bedarf. Es wird sich empfehlen, zu diesem Zweck einen Fortbildungsschullehrer zuzuziehen. Wo eine Fortbildungsschule nicht besteht, werden auch Volksschullehrer zugezogen werden können, welche für die Verhältnisse des Handwerks Interesse haben.

besondere Sachverständige: soweit die Bestellung der Beisitzer durch die Handwerkskammer erfolgt (§. 131 Abs. 2 Satz 3), ist diese befugt, solche Sachverständige zu Beisitzern zu bestellen. Die Prüfungsausschüsse der Innungen bezw. die Innungen können durch die Handwerkskammer zur Zuziehung besonderer Sachverständiger angehalten werden.

höhere Verwaltungsbehörde: vgl. zu §. 126a Abs. 4.

§. 131 c. Die Innung und der Lehrherr sollen den Lehrling anhalten, sich nach Ablauf der Lehrzeit der Gesellenprüfung (§. 129 Abs. 1) zu unterziehen. 1.

Das Gesuch um Zulassung zur Prüfung hat der Lehr- 2.

ling an den Prüfungsausschuß zu richten. Dem Gesuche sind das Lehrzeugniß (§. 127 c) und, sofern der Prüfling während der Lehrzeit zum Besuch einer Fortbildungs- oder Fachschule verpflichtet war, die Zeugnisse über den Schulbesuch beizufügen.

3. Der Prüfungsausschuß hat das Ergebniß der Prüfung auf dem Lehrzeugniß oder Lehrbriefe zu beurkunden. Wird die Prüfung nicht bestanden, so hat der Prüfungsausschuß den Zeitraum zu bestimmen, vor dessen Ablaufe die Prüfung nicht wiederholt werden darf.

4. Die Prüfungszeugnisse sind kosten- und stempelfrei.

Zu Abs. 1: Die Gesellenprüfung ist nur insoweit obligatorisch, als das Gesetz an die Unterlassung der Ablegung der Gesellenprüfung für den Lehrling gewisse nachtheilige Folgen knüpft, vgl. für die Befugniß zum Anleiten von Lehrlingen §. 129 Abs. 1, für die Meisterprüfung §. 133, für die Theilnahme an den Geschäften der Zwangsinnung, welche die Regelung des Lehrlingswesens zum Gegenstande haben, §. 100 r Abs. 2, für die Theilnahme an dem Gesellenausschusse der Handwerkskammer §. 103 i. Ein unmittelbarer Zwang zur Ablegung der Prüfung „konnte der Natur der Sache nach nicht vorgeschrieben werden." (Kom.B. S. 45.)

Gegen Innungen, welche die ihnen im Abs. 1 auferlegten Pflichten vernachlässigen, kann auf dem Aufsichtswege eingeschritten werden, §. 96 Abs. 2, §. 97 Abs. 1 Ziff. 2, §. 100 c, vgl. a. §. 103 e Abs. 1 Ziff. 2.

Bezüglich der Zuständigkeit der Prüfungsausschüsse vgl. für Preußen den Min. Erl. vom 6. August 1900, Min. Bl. S. 284. Hiernach ist für Lehrlinge der Prüfungsausschuß der Innung zuständig, welcher der Lehrer angehört, sofern diese Innung zur Abnahme von Prüfungen befugt ist, im Uebrigen der von der Handwerkskammer errichtete oder mit der Abnahme von Prüfungen beauftragte Prüfungsausschuß, in dessen Bezirk der Betrieb des Lehrherrn gelegen ist. Die Beauftragung eines Prüfungsausschusses tritt dann ein, wenn die Zuständigkeit des Prüfungsausschusses einer freien Innung von der Handwerkskammer auf alle im Innungsbezirk vorhandenen Lehrlinge des betreffenden Gewerbes ausgedehnt wird. Für Gesellen und selbständige Gewerbetreibende, welche sich nachträglich der Prüfung unterziehen wollen, regelt sich die Zuständigkeit der Prüfungsausschüsse in entsprechender Weise. Vgl. a. zu §. 131 Abs. 2.

Zu Abs. 2: Die Prüfung kann auch in späteren Jahren, vor einem anderen Prüfungsausschuß und wiederholt abgelegt, die Zulassung auch bei mangelhaften Zeugnissen, wenn der Lehrling darauf besteht, nicht abgelehnt werden. Vgl. a. §. 129 a Abs. 4.

Zu Abs. 3: Die Ertheilung etwaiger Prädikate über das Ergebniß der Prüfung regelt die Prüfungsordnung, §. 131 b Abs. 2.

Das mit der Pr. Min.-Verfügung vom 17. November 1900 veröffentlichte Muster für Prüfungsordnungen (vgl. zu §. 131b Abs. 2) bestimmt als Prädikate „genügend“, „gut“, „ausgezeichnet“. (§. 7 Abs. 1.) Bestimmt der Prüfungsausschuß, daß die Prüfung vor Ablauf eines bestimmten Zeitraums nicht wiederholt werden darf, (§. 9 Abs. 2 a. a. O.) so tritt dadurch eine Verlängerung der Lehrzeit an sich nicht ein, da die Dauer derselben durch die Handwerkskammer festgesetzt wird, §. 130a, und der Lehrling gesetzlich nicht genöthigt werden kann, sich einer abermaligen Lehre zu unterziehen. Falls jedoch unter der ausdrücklichen oder stillschweigenden Zustimmung des Lehrlings ungeachtet der allgemeinen Fassung des §. 103e Abs. 1 Ziff. 1 eine Verlängerung der Lehrzeit eintritt, „würde es eine natürliche Aufgabe der Innung und der sonstigen Vertretungen der Gewerbetreibenden sein, nöthigenfalls für die Unterbringung des Lehrlings bei einem Lehrherrn Sorge zu tragen. Hierüber nähere Vorschriften zu treffen, wird Sache der Handwerkskammer sein.“ (Mot.) Diese Vorschriften werden jedoch nicht soweit gehen können, daß die Handwerkskammer oder die Innung ihrerseits einfach einen anderen Lehrherrn bestimmt, der alsdann ohne weiteres zur Aufnahme des Lehrlings verpflichtet wäre. Dagegen ist die Bestimmung des Preußischen Musters (Erläuterungen, Nr. 5), daß im Falle eines erheblichen Verschuldens des Lehrherrn an der mangelhaften Ausbildung des Lehrlings bei nicht bestandener Prüfung der Prüfungsausschuß und erforderlichenfalls die Innung oder die Handwerkskammer ihre Vermittelung dahin eintreten zu lassen hat, daß der Lehrling behufs Vollendung der Lehre bei einem andern Lehrherrn untergebracht wird, rechtlich durchaus zulässig.

Strafvorschrift zu Abs. 1 in §. 148 Abs. 1 Ziff. 9 der G.O., wonach mit Geldstrafe bis zu 150 Mark und im Unvermögensfalle mit Haft bis zu 4 Wochen bestraft wird, „wer die gesetzlichen Pflichten gegen die ihm anvertrauten Lehrlinge verletzt.“ Vgl. a. §. 126a Abs. 1.

§. 132. Der Vorsitzende ist berechtigt, Beschlüsse des Prüfungsausschusses mit aufschiebender Wirkung zu beanstanden. Ueber die Beanstandung entscheidet die Handwerkskammer (§. 103e Ziffer 6).

zu beanstanden: die Beanstandung kann sich auf alle Beschlüsse des Prüfungsausschusses erstrecken, sowohl über die Zulassung als auch über das Ergebniß der Prüfung. Der Ausschuß der Handwerkskammer wird nöthigenfalls auch die Ertheilung des Prüfungszeugnisses von der Wiederholung der Prüfung abhängig machen können. (Mot.) Von der abermaligen Absolvirung einer Lehrzeit kann nach Lage der gesetzlichen Bestimmung die Ertheilung des Zeugnisses und mit Zustimmung des Lehrlings abhängig gemacht werden.

die Handwerkskammer: durch den von ihr gebildeten Ausschuß, §. 103e Abs. 1 Ziff. 6, und unter Mitwirkung des Gesellenausschusses, §. 131k Abs. 1 Ziff. 3.

§. 132a. Die Landes-Zentralbehörden sind befugt, die Bestellung der Prüfungsausschüsse, das Verfahren bei der Prüfung, die Gegenstände der Prüfung sowie die Prüfungsgebühren abweichend von den Vorschriften der §§. 131 bis 132 zu regeln, dabei darf jedoch hinsichtlich der bei der Prüfung zu stellenden Anforderungen nicht unter das im §. 131b Abs. 1 bestimmte Maß herabgegangen werden.

In einzelnen Bundesstaaten sind durch Gewerbevereine oder durch die Staatsbehörden in Verbindung mit diesen im Anschluß an Lehrwerkstätten oder gewerbliche Unterrichtsanstalten Prüfungen für Lehrlinge eingerichtet worden, „deren Aufhebung sich um so weniger empfiehlt, als die Anforderungen, welche in diesen Prüfungen an die Lehrlinge gestellt zu werden pflegen, vielfach über das Maß dessen hinausgehen, was im §. 131b als Inhalt der Prüfung vorgeschrieben ist, in keinem Falle aber dahinter zurückbleiben. Es soll deshalb die Erhaltung dieser Einrichtungen und die Neuschaffung entsprechender Vorkehrungen für die Abnahme der Prüfungen gestattet werden, wobei jedoch im Interesse der allgemeinen Durchführung der gesetzlichen Vorschriften daran festzuhalten sein wird, daß unter das im §. 131b Abs. 1 bestimmte Maß nicht hinuntergegangen werden darf." (Mot.) Die Tragweite des §. 132a geht indessen der Fassung nach weiter als vielleicht die ursprüngliche Absicht gewesen sein mag, indem sie es ermöglicht, auch in Bezug auf einzelne Punkte in den Anforderungen an die Gesellenprüfung über das im §. 131b bestimmte Maß hinauszugehen. Vgl. a. zu §. 131b.

Auf Grund von §. 132a ist durch den Pr. Min. Erl. vom 2. Januar 1901, Min. Bl. S. 25, genehmigt worden, daß mit jedesmaliger Zustimmung der Aufsichtsbehörde der Handwerkskammer denjenigen freien Innungen, bei denen die Bildung eines Gesellenausschusses thatsächlich nicht möglich ist (vgl. zu §. 131 Abs. 2 S. 161), die Ermächtigung zur Abnahme von Prüfungen ertheilt wird, sofern zwei Drittel der Handwerker Mitglieder der Innung sind. Die Mitglieder des Prüfungsausschusses aus dem Stande der Gesellen sind in diesen Fällen von der Handwerkskammer zu ernennen. Sie müssen thunlichst den Anforderungen der §§. 95 bis 95c entsprechen. Die Ermächtigung ist nur auf Widerruf zu ertheilen, und keinesfalls solchen Innungen, deren Mitglieder insgesammt nicht mindestens vier Gesellen beschäftigen.

Außerdem bestimmt der Pr. Erlaß vom 2. Januar 1901 auf Grund des §. 132a, daß, nachdem auch bei einzelnen Zwangsinnungen aus den oben zu §. 131 Abs. 2 näher angegebenen Gründen die Bildung eines Gesellenausschusses nicht möglich gewesen ist, die Mitglieder des Prüfungsausschusses aus dem Gesellenstande, und zwar in erster Linie aus den Anforderungen der §§. 95 bis 95c und §. 100r entsprechenden Gesellen, gleichfalls von der Handwerkskammer zu ernennen sind.

Landes-Zentralbehörden: vgl. zu §. 128 Abs. 2, in Bayern das Staatsministerium des Innern im Benehmen mit den betheiligten Staatsministerien, Ziff. 1 der Allerh. Verordn. v. 29. Oktober 97 G.V.B. 355.

III a. Meistertitel.

§. 133. Den Meistertitel in Verbindung mit der Bezeichnung eines Handwerkes dürfen nur Handwerker führen, wenn sie in ihrem Gewerbe die Befugniß zur Anleitung von Lehrlingen erworben (§. 129) und die Meisterprüfung bestanden haben. Zu letzterer sind sie in der Regel nur zuzulassen, wenn sie mindestens drei Jahre als Geselle (Gehülfe) in ihrem Gewerbe thätig gewesen sind. Die Abnahme der Prüfung erfolgt durch Prüfungskommissionen, welche aus einem Vorsitzenden und vier Beisitzern bestehen. 1.

Die Errichtung der Prüfungskommissionen erfolgt nach Anhörung der Handwerkskammer durch Verfügung der höheren Verwaltungsbehörde, welche auch die Mitglieder ernennt; die Ernennung erfolgt auf drei Jahre. 2.

Die Prüfung hat den Nachweis der Befähigung zur selbständigen Ausführung und Kostenberechnung der gewöhnlichen Arbeiten des Gewerbes sowie der zu dem selbständigen Betriebe desselben sonst nothwendigen Kenntnisse, insbesondere auch der Buch- und Rechnungsführung, zu erbringen. 3.

Das Verfahren vor der Prüfungskommission, der Gang der Prüfung und die Höhe der Prüfungsgebühren werden durch eine von der Handwerkskammer mit Genehmigung der Landes-Zentralbehörde zu erlassende Prüfungsordnung geregelt. 4.

Die Kosten der Prüfungskommissionen fallen der Handwerkskammer zur Last, welcher die Prüfungsgebühren zufließen. 5.

Die Prüfungszeugnisse sind kosten- und stempelfrei. 6.

Der Meisterprüfung im Sinne der vorstehenden Bestimmungen können von der Landes-Zentralbehörde die von ihr angeordneten Prüfungen bei Anstalten und Einrichtungen der im §. 129 Abs. 4 bezeichneten Art gleichgestellt werden, 7.

sofern bei denselben mindestens die gleichen Anforderungen gestellt werden wie bei den im Abs. 1 vorgesehenen Prüfungen.

Während die Bestimmungen über die Befugniß zur Anleitung von Lehrlingen im Handwerk und die Gesellenprüfungen (§§. 129 bis 132 a) mit dem 1. April 1901 in Geltung getreten sind, ist der §. 133 durch die Kais. Verordnung vom 12. März 1900 R.G.B. 127 — um den Handwerkskammern die erforderliche Zeit für die Erledigung der ihnen durch das Gesetz zugewiesenen Vorarbeiten zu geben, — erst zum 1. Oktober 1901 in Kraft gesetzt worden, vgl. oben S. 1, zur Ueberschrift zu Tit. VI. Soweit es sich um die zu seiner Durchführung erforderlichen Maßnahmen handelt, ist der §. 133, ebenso wie die übrigen Bestimmungen der Novelle, bereits mit der Verkündung des Gesetzes in Kraft getreten, Art. 9 der Novelle von 97, oben a. a. O.

Meistertitel: nur der in Verbindung mit der Bezeichnung eines Handwerks, z. B. Tischlermeister, Glasermeister, Schuhmachermeister, und nur der von einem selbständigen Handwerker (vgl. zu §. 100) geführte Meistertitel ist durch das Gesetz geschützt (§. 148 Abs. 1 Ziff. 9 c), demnach nicht der einfache Titel „Meister", und nicht die Führung des Meistertitels in Verbindung mit einem kein Handwerk bezeichnenden Zusatze, z. B. Werkmeister. Der frühere Schutz des Titels „Innungsmeister" gegen mißbräuchliche Beilegung ist fortgefallen.

die Befugniß zur Anleitung von Lehrlingen: im Besitze dieser Befugniß ist derjenige, der sich im Genuß der bürgerlichen Ehrenrechte befindet (§. 126) und entweder den Anforderungen des §. 129 oder wenigstens denen des Art. 7 Abs. 2 bis 4 der Novelle entspricht, vgl. zu §. 129, oben S. 154. Der spätere Verlust der bürgerlichen Ehrenrechte hat auch den Verlust der Befugniß zur Führung des Meistertitels zur Folge (§. 33 St.G.B.), dagegen sind die Worte im Abs. 1 „wenn sie in ihrem Gewerbe die Befugniß zur Anleitung von Lehrlingen erworben", „absichtlich so gefaßt, um klarzustellen, daß der Gewerbetreibende, der einmal diese Befugniß erworben hat, auch dann, wenn ihm diese auf Grund des §. 126 b entzogen werden sollte, das einmal erworbene Recht zur Führung des Meistertitels nicht verlieren soll." (Mot.)

Meisterprüfung: die Prüfungsanforderungen sind hier naturgemäß wesentlich höher als bei der Gesellenprüfung. Während bei der Gesellenprüfung nur der Nachweis zu erbringen ist, daß der Lehrling die in seinem Gewerbe gebräuchlichen Handgriffe und Fertigkeiten mit genügender Sicherheit ausübt und über die im §. 131 b Abs. 1 bezeichneten Gegenstände genügend unterrichtet ist, hat die Meisterprüfung den Nachweis der Befähigung zur selbständigen Ausführung und Kostenberechnung der gewöhnlichen Arbeiten des Gewerbes sowie der zu dem selbständigen Betriebe desselben sonst nothwendigen Kenntnisse zu liefern. Die Prüfung in der Buch- und Rechnungsführung, die bei der Gesellenprüfung insoweit nur fakultativ ist, als sie nur da verlangt werden darf, wo die Prüfungsordnung sie bestimmt (§. 131b Abs. 3), ist bei der Meisterprüfung obligatorisch.

Durch die Beschränkung des Nachweises der Befähigung auf „die gewöhnlichen Arbeiten des Gewerbes" (Abs. 3) soll verhütet werden, „daß durch die Bestimmungen der Prüfungsordnung ungerechtfertigte Anforderungen gestellt werden" (Mot., Kom.Ber.), namentlich Arbeiten oder Meisterstücke, die unverhältnißmäßig kostspielig oder ungewöhnlich sind. Handelt es sich um die Herstellung eines Meisterstücks, so wird dabei im Allgemeinen die Heranziehung fremder Hülfe ausgeschlossen sein, da die Arbeit die Selbständigkeit des Prüflings beweisen soll. Auf völlig unwesentliche Theile oder auf nothwendige Hülfe bezieht sich dies nicht. O.V. v. 5. Juli 99.

ihrem Gewerbe (Abs. 1): also in demselben Gewerbe, für welches die Meisterprüfung abgelegt werden soll.

Prüfungskommissionen: die Auswahl des Vorsitzenden und der Beisitzer ist, vorbehaltlich etwaiger Ausführungsanweisungen, in das pflichtgemäße Ermessen der Behörde gestellt, da das Gesetz Vorschriften über die Anforderungen, welche an die zu ernennenden Personen zu stellen sind, nicht enthält. Es ist daher insbesondere gesetzlich auch nicht erforderlich, daß die Vorsitzenden oder die Beisitzer Handwerker oder Mitglieder von Innungen oder Gewerbevereinen sind. Immerhin werden diese Kreise in erster Linie zu berücksichtigen sein. Daß auch Staats- und Kommunalbeamte zu Vorsitzenden bestellt werden können, ergiebt sich hiernach von selbst. Eine Verpflichtung zur Uebernahme des Amtes eines Vorsitzenden oder Beisitzers ist im Gesetze nicht vorgesehen. Aus dem oben erwähnten Umstande, daß das Gesetz für die Meisterprüfung die Prüfung in der Buch- und Rechnungsführung obligatorisch gemacht hat, folgt übrigens die Nothwendigkeit, daß entweder der Vorsitzende oder einer der Beisitzer befähigt sein muß, in diesem Gegenstande zu prüfen. Die Festsetzung einer etwaigen Entschädigung für die Vornahme der Prüfung bleibt der Prüfungsordnung oder Ausführungsanweisung überlassen. Für die Prüfung in der Buch- und Rechnungsführung empfiehlt sich die Zuziehung besonderer Sachverständigen, z. B. auch von Gewerbeschullehrern. Auch hierüber wird die Prüfungsordnung Bestimmungen treffen können.

Bei der Errichtung der Prüfungskommissionen wird auf eine angemessene Abgrenzung ihrer Bezirke Bedacht zu nehmen sein. Wie bei der Gesellenprüfung wird auch bei der Meisterprüfung vermieden werden müssen, daß den Prüflingen durch die Entfernung ihres Wohnorts von dem Sitze der Prüfungskommission unverhältnißmäßiger Zeit- und Kostenaufwand erwächst und den minder Bemittelten die Ablegung der Prüfung ungebührlich erschwert wird. Die Kosten müssen sich demnach innerhalb billiger Grenzen halten. In größeren Bezirken wird eine größere Zahl von Prüfungskommissionen zu errichten sein. Vgl. a. Pr.Min.Erl. vom 9. April 1901, IIIa 1536.

höhere Verwaltungsbehörde: in Preußen die Aufsichtsbehörde der Handwerkskammer, vgl. zu §. 103o der Ausf.Anw. v. 1. März 98; in Bayern die Kreisregierungen, Kammern des Innern, Ziff. 1

der Allerh. Verordn. v. 29. Okt. 97 G.V.B. 355; in Sachsen die Kreishauptmannschaften, §. 1 der Verordn. v. 28. März 92 G.V.B. 28; in Württemberg der Verwaltungsausschuß der Zentralstelle für Gewerbe und Handel, § 2 der Vollz.Verordn. v. 31. Okt. 99; in Hessen das Ministerium des Innern, Abtheilung für Landwirthschaft, Handel und Gewerbe, §. 20 der Verordn. v. 22. Septbr. 1900, R.G.Bl. 846.

Landes-Zentralbehörde: vgl. zu §. 128 Abs. 2, in Bayern in diesem Falle das Staatsministerium des Innern in Benehmen mit den betheiligten Staatsministerien, Ziff. 1 a. a. O.

Für die Uebergangszeit bestimmt Art. 8 der Novelle von 97 Folgendes:

Wer beim Inkrafttreten dieser Bestimmungen persönlich ein Handwerk selbständig ausübt, ist befugt, den Meistertitel (§. 133) zu führen, wenn er in diesem Gewerbe die Befugniß zur Anleitung von Lehrlingen besitzt.

Gemeint ist in dieser Bestimmung der Zeitpunkt des Inkrafttretens des §. 133, also der 1. Oktober 1901. Im Uebrigen vgl. oben S. 172 und zu §. 129.

Strafvorschrift in §. 148 Abs. 1 Ziff. 9c der G.O., wonach derjenige, der unbefugt den Meistertitel führt, mit Geldstrafe bis zu 150 Mark, im Unvermögensfalle mit Haft bis zu vier Wochen bestraft wird.

Anhang.

I.

Entwurf des Statuts einer Zwangsinnung nach §§. 100 bis 100u der Gewerbeordnung in der Fassung des Gesetzes vom 26. Juli 1897 (Reichs-Gesetzbl. S. 663).

(Centralbl. für das Deutsche Reich 1898 S. 171.)

Vorbemerkungen.

1. Der Entwurf soll für die Aufstellung des vorschriftsmäßigen Statuts einer Zwangsinnung eine Anleitung geben. Sein Inhalt ist weder für diejenigen, welche die Aufstellung des Innungsstatuts obliegt, noch für die Behörden, welchen die Genehmigung zusteht, verbindlich.

2. Ein Entwurf, welche ohne Aenderungen für jede Zwangsinnung verwendbar wäre, kann bei der großen Verschiedenheit der Verhältnisse nicht gegeben werden. Es ist daher nothwendig, im einzelnen Falle die Bestimmungen darauf zu prüfen, ob sie für die betreffende Innung passen; soweit dies nicht der Fall ist, müssen dann die zweckmäßig erscheinenden Aenderungen und Ergänzungen vorgenommen werden. Die Abweichungen von dem Entwurfe müssen aber mit dem Gesetz im Einklange bleiben. Das Statut hat über die im §. 83 der Gewerbeordnung bezeichneten Punkte — mit den aus dem Zwangscharakter der Innung sich ergebenden Einschränkungen — Bestimmung zu treffen und bei der näheren Regelung die allgemeinen Vorschriften über Innungen (§§. 81a bis 99 a. a. O.) in Verbindung mit den Sondervorschriften über Zwangsinnungen (§§. 100d bis 100u a. a. O.)

zu berücksichtigen. Auch die Verfügung, durch welche die höhere Verwaltungsbehörde die Errichtung der Zwangsinnung angeordnet hat, enthält maßgebende Bestimmungen.

3. Was durch gesetzliche Vorschrift in der Weise geregelt ist, daß den einzelnen Innungsstatuten ein Spielraum für besondere Bestimmungen nicht gelassen wird, ist in den Entwurf nur soweit aufgenommen, als es nothwendig erschien, um das Verständniß der getroffenen Bestimmungen zu sichern, oder den Innungsmitgliedern eine ausreichende Kenntniß ihrer Rechte und Pflichten zu vermitteln. Den Betheiligten ist überlassen, in dieser Beziehung das Innungsstatut zu vervollständigen oder zu vereinfachen.

4. Die im Entwurfe vorkommenden Klammern [ ] deuten, soweit sie nicht durch Bemerkungen besonders erläutert sind, an, daß die eingeklammerten Worte nach den Umständen beibehalten oder gestrichen werden können, oder daß unter den mehreren in Klammern geschlossenen Fassungen unter Berücksichtigung der Verhältnisse die Wahl zu treffen ist.

Nachdem durch Verfügung des
in angeordnet worden ist, daß zum 1
unter dem Namen mit dem Sitze in
eine Zwangsinnung für das -Handwerk in dem
Bezirke [der Gemeinde] errichtet werden soll, wird
für diese Innung das nachstehende Statut erlassen.

Name, Sitz und Umfang der Innung.

§. 1.

Die Innung führt den Namen -Innung (Zwangsinnung) zu N. Ihr Sitz ist zu N. Ihr Bezirk umfaßt den Bezirk der Gemeinde [des Amtsbezirkes, des Kreises] N., [sowie der Gemeinden A., B., C., u. s. w.].

Sie besteht für das -Handwerk.

Aufgaben der Innung.

§. 2.

Aufgabe der Innung ist:

1. die Pflege des Gemeingeistes sowie die Aufrechterhaltung und Stärkung der Standesehre unter den Innungsmitgliedern;

2. die Förderung eines gedeihlichen Verhältnisses zwischen Meistern und Gesellen (Gehülfen), sowie die Fürsorge für das Herbergswesen und den Arbeitsnachweis;
3. die nähere Regelung des Lehrlingswesens und die Fürsorge für die technische, gewerbliche und sittliche Ausbildung der Lehrlinge, vorbehaltlich der Bestimmungen der §§. 103 e, 126 bis 132 a der Gewerbeordnung;
4. die Entscheidung von Streitigkeiten der im §. 3 des Gewerbegerichtsgesetzes vom 29. Juli 1890 und im §. 53 a des Krankenversicherungsgesetzes bezeichneten Art zwischen den Innungsmitgliedern und ihren Lehrlingen;
5. die Abnahme von Gesellenprüfungen nach §. 131 Absatz 2 der Gewerbeordnung und die Ausstellung von Zeugnissen darüber.

§. 3.

Außerdem wird die Innung folgende Zwecke verfolgen:*)

1. . . . . ;
2. .... . ;
3. .

Mitgliedschaft.

§. 4.

Mitglieder der Innung sind alle diejenigen, welche innerhalb des Innungsbezirkes [der Gemeinde N.] das Gewerbe als stehendes Gewerbe selbständig betreiben, mit Ausnahme

[1.] derjenigen, welche das Gewerbe fabrikmäßig betreiben,

[2. derjenigen, welche der Regel nach weder Gesellen noch Lehrlinge halten.]

[Außerdem sind Mitglieder der Innung die innerhalb des Innungsbezirkes in landwirthschaftlichen oder gewerblichen Betrieben gegen Entgelt mit .. Arbeiten beschäftigten Handwerker (Guts- beziehungsweise Fabrikhandwerker), welche der Regel nach Gesellen oder Lehrlinge halten, sowie Hausgewerbetreibende dieses Handwerks].

---

*) Hier sind die Zwecke anzugeben, welche die Innung auf Grund der §§. 81 b, 100 n der Gewerbeordnung verfolgen will. Vergl. §§. 81 b und 100 n.

Gewerbetreibende, welche neben dem ...... Handwerk noch andere Gewerbe betreiben, sind Mitglieder dieser Innung dann, wenn sie das Handwerk hauptsächlich betreiben.

§. 5.

Berechtigt, der Innung für ihre Person beizutreten, sind:

[1. diejenigen, welche das Handwerk in dem Innungsbezirke selbständig betreiben und der Regel nach weder Gesellen noch Lehrlinge halten;]

[2.] diejenigen, welche als Werkmeister oder in ähnlicher Stellung bei einem innerhalb des Innungsbezirkes bestehenden Großbetriebe für ....Arbeiten beschäftigt sind;

[3.] diejenigen im Innungsbezirke wohnenden Personen, welche in dem Gewerbe als selbständige Gewerbetreibende oder als Werkmeister oder in ähnlicher Stellung thätig gewesen sind, diese Thätigkeit aber aufgegeben haben und eine andere gewerbliche Thätigkeit nicht ausüben;

[4.] die innerhalb des Innungsbezirkes in landwirthschaftlichen oder gewerblichen Betrieben gegen Entgelt mit Arbeiten beschäftigten Handwerker (Guts- beziehungsweise Fabrikhandwerker), [welche der Regel nach weder Gesellen noch Lehrlinge halten];

[5.] mit Zustimmung der Innungsversammlung diejenigen, welche im Innungsbezirke das Gewerbe fabrikmäßig betreiben.

§. 6.

Diejenigen, welche von der Berechtigung zum Beitritte (§. 5) Gebrauch machen wollen, haben dies schriftlich [oder mündlich] bei dem Vorsitzenden des Innungsvorstandes [Obermeister] anzumelden. Derselbe hat in den Fällen des §. 5 Ziffer [1 bis 4] binnen [einer Woche] einen Beschluß des Innungsvorstandes über die Anerkennung des Beitrittsrechts, in den Fällen des §. 5 Ziffer [5] in der nächsten Sitzung der Innungsversammlung einen Innungsbeschluß über die Genehmigung des Beitritts herbeizuführen. Von dem Ergebnisse der Beschlußfassung ist dem Angemeldeten [binnen drei Tagen] schriftlich Mittheilung zu machen; in dem Bescheide sind in den Fällen des §. 5 Ziffer [1 bis 4] die Gründe einer etwaigen Ablehnung des Beitritts anzugeben.

§. 7.

Streitigkeiten darüber, ob Jemand der Innung als Mitglied angehört, sowie darüber, ob Jemand der Innung beizutreten berechtigt ist, entscheidet die Aufsichtsbehörde. Die Entscheidung kann binnen zwei Wochen durch Beschwerde bei der höheren Verwaltungsbehörde angefochten werden; diese entscheidet endgültig.

Jedem Innungsmitglied ist alsbald ein Abdruck dieses Statuts und seiner etwaigen Abänderungen einzuhändigen.

§. 8.

Diejenigen Mitglieder, welche der Innung auf Grund des §. 4 angehören, scheiden aus der Innung aus, wenn sie den die Mitgliedschaft begründenden Betrieb des .... Handwerkes einstellen, sofern sie nicht nach §. 5 berechtigt sind, der Innung für ihre Person beizutreten, und von dieser Berechtigung Gebrauch machen zu wollen erklären.

Die der Innung freiwillig angehörenden Mitglieder können am Schlusse jedes Rechnungsjahrs [Kalenderjahrs] aus der Innung austreten, wenn sie [mindestens 3] Monate vorher dem Vorstande durch eine schriftliche Erklärung den Austritt angezeigt haben.

Die nach den vorstehenden Bestimmungen ausscheidenden Mitglieder verlieren alle Ansprüche an das Innungsvermögen und — vorbehaltlich abweichender Bestimmungen der Nebenstatuten — an die von der Innung errichteten Nebenkassen und Anstalten. Sie bleiben zur Zahlung derjenigen Beiträge verpflichtet, deren Umlegung am Tage ihres Ausscheidens bereits erfolgt war. Vertragsmäßige Verbindlichkeiten, welche sie der Innung gegenüber eingegangen sind, werden durch das Ausscheiden nicht berührt.

§. 9.

Durch Beschluß der Innungsversammlung können andere als die in §§. 4 und 5 bezeichneten Personen, welche sich um das Handwerk oder die Innung verdient gemacht haben, zu Ehrenmitgliedern der Innung ernannt werden. Dieselben sind berechtigt, an den Innungsversammlungen und auf an sie ergehende Einladung an den Verhandlungen des Vorstandes und der Ausschüsse mit berathender Stimme Theil zu nehmen.

Allgemeine Rechte und Pflichten der Innungsmitglieder.

§. 10.

Jedem Innungsmitgliede steht das Recht auf Theilnahme an dem Vermögen und den Einrichtungen der Innung, sowie auf Benutzung ihrer gemeinsamen Anstalten nach Maßgabe dieses Statuts, der Nebenstatuten und der Beschlüsse der Innungsversammlung zu. Es ist verpflichtet, zur Förderung der gemeinsamen gewerblichen Interessen nach Maßgabe dieses Statuts mitzuwirken, den Vorschriften des letzteren, den Beschlüssen der Innungsversammlungen und den Anordnungen, welche vom Vorstand und den Ausschüssen der Innung innerhalb ihrer Zuständigkeit getroffen werden, Folge zu leisten. Zuwiderhandlungen gegen die vorbezeichneten Vorschriften, Beschlüsse und Anordnnngen werden, soweit sie nicht besonderen Strafbestimmungen unterliegen, vom Innungsvorstande mit Ordnungsstrafen, insbesondere Geldstrafen bis zu 20 Mark geahndet.

Beschränkungen hinsichtlich der Festsetzung der Preise ihrer Waaren oder Leistungen oder hinsichtlich der Annahme von Kunden dürfen den Mitgliedern von der Innung nicht auferlegt werden.

§. 11.

Jedes Mitglied der Innung ist verpflichtet, die Wahl zum Mitgliede des Innungsvorstandes oder eines Ausschusses anzunehmen.

Die Annahme kann nur aus Gründen verweigert werden, welche zur Ablehnung [eines unbesoldeten Gemeindeamts] [des Amtes eines Vormundes]*) berechtigen, oder wenn der Gewählte ein Innungsamt 6 Jahre versehen hat, während der nächsten 6 Jahre. Ablehnungsgründe des Gewählten sind nur zu berücksichtigen, wenn sie binnen 2 Wochen, nachdem der Gewählte von seiner Wahl in Kenntniß gesetzt ist, schriftlich geltend gemacht werden. Ueber den Ablehnungsantrag entscheidet die Aufsichtsbehörde endgültig.

Gegen Innungsmitglieder, welche die Annahme der Wahlen aus unzulässigen Gründen ablehnen, kann der Innungsvorstand Geldstrafen bis zu 20 Mark verhängen.

§. 12.

Kommen unter den Innungsgenossen Beleidigungen oder Streitigkeiten, welche sich auf gewerbliche Angelegenheiten beziehen, vor, so hat der Vorstand auf Antrag eines derselben beide Theile vorzuladen und einen Vergleich oder eine Aussöhnung unter ihnen zu versuchen.

---

*) Der Inhalt der zweiten Klammer ist zu wählen, soweit landesgesetzliche Bestimmungen über die zur Ablehnung von Gemeindeämtern berechtigenden Gründe nicht bestehen. Die maßgebenden Bestimmungen können in einer Anmerkung wiedergegeben werden.

Innungsmitglieder, welche Streitigkeiten dieser Art ohne vorgängigen Sühneversuch vor dem Vorstande gerichtlich anhängig machen, verwirken eine vom Innungsvorstande festzusetzende Geldstrafe bis zu [10] Mark.

§. 13.

Jedes Innungsmitglied ist verpflichtet, den zum Zwecke seiner Vernehmung in Innungsangelegenheiten an ihn ergehenden Vorladungen nachzukommen.

Bei [In] der Vorladung, [welche schriftlich zu erlassen ist,] muß der Zweck derselben angegeben werden. Sie kann unter schriftlicher Androhung einer Geldstrafe bis zu [6] Mark erfolgen.

§. 14.

Die Innungsmitglieder sind verpflichtet, die aus der Errichtung und Thätigkeit der Innung und ihres Gesellenausschusses (§§. 41 flg.) erwachsenden Kosten, soweit sie aus den Erträgen des vorhandenen Vermögens oder aus anderen Einnahmen keine Deckung finden, durch Beiträge aufzubringen. Die Verpflichtung zur Zahlung der Beiträge beginnt mit dem Anfange des auf den Eintritt folgenden Monats.

§. 15.

Jedes Mitglied, welches

1. der Innung auf Grund des §. 4 angehört und der Regel nach wenigstens einen Gesellen oder Lehrling beschäftigt oder
2. der Innung freiwillig angehört,

hat [viertel-, halbjährlich] einen festen Beitrag von . . ………… Mark zu zahlen.

Jedes Mitglied, welches der Innung auf Grund des §. 4 angehört und der Regel nach weder Gesellen noch Lehrlinge beschäftigt, [hat [viertel-, halbjährlich] nur einen Beitrag von ……. ……… Mark zu zahlen] [ist von Zahlung von Beiträgen befreit].

Außer den im Absatz 1 bezeichneten festen Beiträgen haben die unter Ziffer 1 fallenden Mitglieder für jeden im verflossenen [Viertel-, Halbjahr] gehaltenen Gesellen (Gehülfen) einen Zusatzbeitrag von je ………… .. Mark, [für jeden im verflossenen [Viertel-, Halbjahr] gehaltenen Lehrling einen Zusatzbeitrag von je .. .. Mark, für jede im verflossenen [Viertel-, Halbjahr] verwendete [maschinelle Einrichtung]*) einen Zusatzbeitrag von je ………………. Mark] zu zahlen.

*) Der Zusatzbeitrag kann hier nach Art und Größe der näher zu bezeichnenden maschinellen Einrichtungen abgestuft werden.

Die Innungsversammlung kann beschließen, daß Zuschläge zu diesen Beiträgen und Zusatzbeiträgen zu entrichten sind; die Zuschläge zu den Beiträgen und den einzelnen Zusatzbeiträgen müssen gleichmäßig sein.

Ueber die An- und Abmeldung der von den Innungsmitgliedern beschäftigten Gesellen (Gehülfen) [und Lehrlinge] [sowie der verwendeten maschinellen Einrichtungen] hat [die Innungsversammlung] [der Innungsvorstand] Bestimmung zu treffen. Verstöße gegen diese Bestimmungen werden durch Ordnungsstrafen bis zu [20] Mark geahndet.

oder

§. 15.

Jedes Mitglied, welches

1. der Innung auf Grund des §. 4 angehört und in der Regel weder Gesellen noch Lehrlinge beschäftigt, oder
2. der Innung freiwillig angehört,

hat viertel-[halb-] jährlich einen festen Beitrag zu zahlen. Derselbe beträgt viertel- [halb-] jährlich für die Mitglieder unter 1 . . . Mark, für die Mitglieder unter 2 Mark.

Für die der Innung auf Grund des §. 4 angehörenden Mitglieder, welche in der Regel eine oder mehrere Hülfskräfte (Gesellen, Lehrlinge, Arbeiter, Arbeiterinnen) beschäftigen, richtet sich die Höhe der Beiträge nach der Zahl der durchschnittlich während des letzten Viertel- [Halb-] jahrs von ihnen beschäftigten Personen. Diese Beiträge betragen viertel- [halb-] jährlich bei

1	bis	5	beschäftigten Personen	. . . . .	Mark,
6	„	10	„ „	. . . . .	„
11	„	15	„ „	. . . . .	„
16	„	20	„ „	. . . . .	„
21	„	25	„ „	. . . . .	„

u. s. w.

Nach Beschluß der Innungsversammlung können unter Berücksichtigung der vorstehenden Abstufung außerordentliche Beiträge erhoben, sowie die ordentlichen Beiträge erhöht oder ermäßigt werden.

oder

§. 15.

Die Beiträge werden mit Genehmigung der Landes-Zentralbehörde bei denjenigen Mitgliedern, welche der Innung auf Grund des §. 4 angehören, nach dem Verhältnisse der von ihrem Handwerksbetriebe veranlagten Gewerbesteuer [des von ihrem Handwerksbetriebe veranlagten Einkommens] erhoben. Der als Innungsbeitrag zu erhebende Prozentsatz dieser Steuer [dieses Einkommensbetrags] ist von der Innungsversammlung für jedes Jahr [für 3 Jahre] im Voraus festzusetzen [und beträgt für diejenigen Mitglieder, welche der Regel nach weder Gesellen noch Lehrlinge beschäftigen, nur [die Hälfte] des von den übrigen Mitgliedern zu erhebenden Prozentbetrags]. [Mitglieder, welche der Regel nach weder Gesellen noch Lehrlinge halten, sind von Beiträgen befreit.]

Mitglieder, welche der Innung freiwillig angehören, haben [viertel-, halbjährlich] einen festen Beitrag von .... Mark zu zahlen.

Die Innungsversammlung kann beschließen, daß Zuschläge zu diesen Beiträgen zu entrichten sind. Die Zuschläge müssen vorbehaltlich einer Ermäßigung für die zu geringerem Beitrage herangezogenen Mitglieder, für alle gleichmäßig sein.

§. 15a.

Bei Mitgliedern, welche der Innung auf Grund des §. 4 angehören, und neben dem .... Handwerk noch ein anderes Handwerk oder ein Handelsgeschäft betreiben, sind die Beiträge und Zuschläge in dem Verhältniß, in welchem ihre Einnahmen aus diesen Nebengeschäften zu ihren Einnahmen aus dem .... Handwerke stehen, zu ermäßigen.

§. 16.

Auf die Entscheidung von Streitigkeiten wegen der Entrichtung von Beiträgen finden die Bestimmungen des §. 7 Absatz 1 entsprechende Anwendung.

Innungsversammlung.

§. 17.

Die Innungsversammlung besteht aus allen volljährigen Mitgliedern der Innung, welche sich im Besitze der bürgerlichen Ehrenrechte befinden und nicht durch gerichtliche Anordnung in der Verfügung über ihr Vermögen beschränkt sind.

[Für diejenigen, welche mit Innungsbeiträgen wiederholt länger als ein halbes Jahr im Rückstande verblieben sind, ruht das Stimmrecht bis zur Entrichtung aller rückständigen Beiträge.]

oder

§. 17.

Die Innungsversammlung besteht aus Vertretern, welche von den Innungsmitgliedern aus ihrer Mitte auf [4] Jahre gewählt werden.

Wahlberechtigt und wählbar sind [nur] die [der Innung auf Grund des §. 4 angehörenden] volljährigen Mitglieder, welche sich im Besitze der bürgerlichen Ehrenrechte befinden und nicht durch gerichtliche Anordnung in der Verfügung über ihr Vermögen beschränkt sind. [Für diejenigen, welche mit Innungsbeiträgen wiederholt länger als ein halbes Jahr im Rückstande geblieben sind, ruhen Wahlrecht und Wählbarkeit bis zur Entrichtung aller rückständigen Beiträge.]

Für je 10 [20, 30 u. s. w.] Innungsmitglieder wird ein Vertreter gewählt; ist die Zahl der Innungsmitglieder nicht durch 10 [20, 30 u. s. w.] theilbar, so ist für die überschießende Zahl, wenn dieselbe 5 [10, 15] oder mehr beträgt, ein weiterer Vertreter zu wählen.*)

§. 17 a.

Die Wahlberechtigten sind zur Wahl mindestens [3 Tage] vorher [schriftlich] [mittelst Bekanntmachung in dem im §. 58 bezeichneten Blatte] einzuladen; in der Einladung ist die Zahl der zu wählenden Vertreter anzugeben.

Die Wahl wird durch Stimmzettel in einem Wahlgang in der Weise vorgenommen, daß jeder Wahlberechtigte soviel Namen auf den Stimmzettel schreibt, wie Vertreter zu wählen sind. Gewählt sind diejenigen, welche die meisten Stimmen erhalten. Bei Stimmengleichheit entscheidet das Loos, welches von dem die Wahl Leitenden gezogen wird. Im Uebrigen finden die Bestimmungen der §§ 25 und 29 Abs. 1 entsprechende Anwendung.

Scheidet ein Vertreter während der Amtsdauer aus, so kann sich die Innungsversammlung durch Zuwahl für den Rest der Wahlzeit des Ausgeschiedenen ergänzen.

§. 18.

Der Innungsversammlung liegt außer den ihr durch besondere Bestimmungen vorbehaltenen Angelegenheiten ob:

1. die Feststellung des Haushaltsplans der Innung und die Bewilligung von Ausgaben, welche im Haushaltsplane nicht vorgesehen sind;
2. die Prüfung und Abnahme der Jahresrechnung;
3. die Beschlußfassung über die Verfolgung von Ansprüchen, welche

---

*) Bei Innungen mit großer Mitgliederzahl oder mit großem Bezirke wird sich eine Wahl nach örtlichen Bezirken empfehlen.

der Innung gegen Vorstandsmitglieder aus deren Amtsführung erwachsen sind, und die Wahl der damit zu Beauftragenden;

4. der Erlaß von Vorschriften zur näheren Regelung des Lehrlingswesens;*)
5. die Beschlußfassung über Errichtung und Abänderung von Nebenstatuten und über alle Einrichtungen, welche zur Erfüllung der Aufgaben der Innung getroffen werden sollen;
6. die Beschlußfassung über Abänderung des Statuts;
7. die Einsetzung besonderer Ausschüsse zur Vorberathung einzelner Angelegenheiten und zur Verwaltung einzelner Innungseinrichtungen;
8. die Beschlußfassung über Anträge von Mitgliedern und über Beschwerden gegen die Geschäftsführung des Vorstandes und der Ausschüsse;
9. die Berathung und Beschlußfassung über alle Angelegenheiten, welche ihr zu diesem Zwecke von dem Vorstand und von der Aufsichtsbehörde vorgelegt werden.

§. 19.

Zur Berathung und Beschlußfassung der Innungsversammlung über die Regelung des Lehrlingswesens, über die Gesellenprüfung und über die Begründung und Verwaltung solcher Einrichtungen, für welche die Gesellen (Gehülfen) Beiträge zu entrichten oder eine besondere Mühewaltung zu übernehmen haben, oder welche zu ihrer Unterstützung bestimmt sind, sind sämmtliche Mitglieder des Gesellenausschusses einzuladen und mit vollem Stimmrechte zur Theilnahme zuzulassen.

Die Ausführung von Beschlüssen der Innungsversammlung in diesen Angelegenheiten darf nur mit Zustimmung des Gesellenausschusses erfolgen; wird die Zustimmung versagt, so kann sie durch die Aufsichtsbehörde ergänzt werden (vergl. §. 32 Absatz 2).

War bei der Beschlußfassung der Innungsversammlung mehr als die Hälfte der Mitglieder des Gesellenausschusses anwesend, so gilt die Zustimmung des letzteren zur Ausführung des Beschlusses als ertheilt oder als versagt, je nachdem die Mehrheit seiner Mitglieder dem Beschlusse zugestimmt hat oder nicht. Das Protokollbuch (§. 24 Absatz 3) muß die Abstimmung der Mitglieder des Gesellenausschusses ergeben.

---

*) Vorbehaltlich der Regelung durch die Handwerkskammer.

§. 20.

Vierteljährlich und zwar im Laufe der Monate Januar, April, Juli, Oktober [halbjährlich] findet eine ordentliche Sitzung der Innungsversammlung statt.

Die Abhaltung außerordentlicher Sitzungen kann vom Vorstande beschlossen werden. Eine solche muß stattfinden, wenn sie von dem [vierten] Theile der stimmberechtigten Mitglieder schriftlich unter Angabe des Zweckes beim Vorstande beantragt wird.

§. 21.

Der Vorsitzende des Innungsvorstandes [der Obermeister] hat zu der Sitzung — in den Fällen des §. 20 Absatz 2 spätestens 14 Tage nach der Beschlußfassung des Vorstandes oder nach dem Eingange des Antrags — [schriftlich] [mittelst Bekanntmachung in dem im §. 58 bezeichneten Blatte, — Ansage durch den Innungsboten —] einzuladen. Die Einladung muß Ort, Tag und Stunde der Versammlung sowie die Gegenstände der Verhandlung angeben und [jedem Mitgliede so zeitig zugestellt werden, daß es] [so zeitig erfolgen, daß jedes Mitglied] mindestens 48 Stunden vor Beginn der Sitzung Kenntniß davon erhält.

Unterläßt der Vorsitzende des Innungsvorstandes die rechtzeitige Berufung der Sitzung, so hat der Vorstand dieselbe durch eines seiner Mitglieder vorzunehmen, welches die Einladung Namens des Vorstandes erläßt und den Vorsitzenden hiervon benachrichtigt. Kommt der Vorstand dieser Verpflichtung nicht nach, so ist jedes Mitglied der Innung berechtigt, das Einschreiten der Aufsichtsbehörde auf Grund des §. 96 Absatz 5 der Gewerbeordnung anzurufen.

§ 22.

Jedes [am Sitze der Innung wohnende] stimmberechtigte Mitglied der Innungsversammlung ist verpflichtet, in den Sitzungen rechtzeitig zu erscheinen, [sofern es nicht durch Abwesenheit, Krankheit oder andere unvermeidliche Abhaltungen verhindert ist] [oder im Falle seiner Verhinderung auf Grund schriftlicher Vollmacht durch ein anderes stimmberechtigtes Mitglied sich vertreten zu lassen. Mehr als [3] Vertretungen darf kein Mitglied führen].

Wer ohne genügende Entschuldigung ausbleibt oder verspätet in der Innungsversammlung erscheint [oder sich nicht vertreten läßt], verwirkt eine vom Innungsvorstande zu verhängende Geldstrafe, welche bis zu anderweiter Feststellung durch Beschluß der Innungsversammlung [50] Pfennig beträgt.

§. 23.

Den Vorsitz in der Innungsversammlung führt der Vorsitzende des Innungsvorstandes [Obermeister], in dessen Verhinderung sein Stellvertreter oder ein anderes Vorstandsmitglied, in den Fällen, wo die Berufung der Innungsversammlung durch die Aufsichtsbehörde erfolgt ist, der Vertreter der Aufsichtsbehörde.

Der Vorsitzende eröffnet, leitet und schließt die Sitzung. Er hat das Recht, Mitglieder der Innungsversammlung und gemäß §. 19 zugezogene Mitglieder des Gesellenausschusses, welches seinen zur Leitung der Verhandlungen getroffenen Anordnungen nicht Folge leisten, oder sich sonst ungebührlich benehmen, aus dem Versammlungsraum auszuweisen.

§. 24.

Beschlüsse der Innungsversammlung werden, vorbehaltlich der Bestimmungen in den §§. 55 und 56 mit einfacher Mehrheit der erschienenen stimmberechtigten Mitglieder gefaßt.

Beschlüsse können von der Innungsversammlung nur über solche Angelegenheiten gefaßt werden, welche bei ihrer Berufung als Gegenstände der Verhandlung bezeichnet sind oder mit Zustimmung aller anwesenden Stimmberechtigten vom Vorsitzenden zur Verhandlung gestellt werden. Auf dem letzteren Wege können jedoch die im §. 19 bezeichneten Angelegenheiten nur dann zur Beschlußfassung gelangen, wenn mehr als die Hälfte der Mitglieder des Gesellenausschusses anwesend ist und alle anwesenden Mitglieder mit der Verhandlung des Gegenstandes einverstanden sind.

Die von der Innungsversammlung gefaßten Beschlüsse sind von dem Schriftführer des Innungsvorstandes oder dessen Stellvertreter in ein Protokollbuch einzutragen und von dem Vorsitzenden der Versammlung sowie von dem Schriftführer oder dessen Stellvertreter zu unterzeichnen.

§. 25.

Die von der Innungsversammlung vorzunehmenden Wahlen sind geheim und erfolgen durch Stimmzettel. Bei Stimmengleichheit entscheidet das Loos. Wahlen durch Zuruf sind zulässig, wenn Niemand widerspricht.

Ueber die Wahlhandlung ist ein Protokoll aufzunehmen.

§. 26.

Die Geschäftsordnung der Innungsversammlung wird, soweit das Statut darüber keine Vorschriften enthält, durch Beschlüsse der Innungsversammlung näher geregelt.

Innungsvorstand.

§. 27.

Der Vorstand, welcher aus dem Vorsitzenden [Obermeister] und [4] Mitgliedern besteht, wird von der Innungsversammlung aus dem nach §. 40 Absatz 1 wählbaren Innungsmitgliedern gewählt. [Der Vorsitzende [Obermeister] und] mindestens [3] Mitglieder müssen das Recht zur Anleitung von Lehrlingen besitzen und der Regel nach Gesellen (Gehülfen) oder Lehrlinge beschäftigen.

Der Vorsitzende [Obermeister] wird in einem besonderen Wahlgange mit absoluter, die Mitglieder werden gemeinschaftlich mit einfacher Stimmenmehrheit gewählt. Soweit bei der Wahl des Vorsitzenden [Obermeisters] die Mehrzahl der abgegebenen Stimmen nicht auf eine Person fällt, findet eine engere Wahl unter denjenigen beiden Personen statt, welche im ersten Wahlgange die meisten Stimmen erhalten haben.

§. 28.

Der Vorsitzende [Obermeister] wird auf [3] Jahre gewählt.

Von den Mitgliedern scheidet alljährlich eines [die Hälfte] aus. Die Reihenfolge des Ausscheidens wird während der ersten [drei] Jahre [das erste Mal] durch das Loos, demnächst durch das Dienstalter bestimmt.

Die Ausscheidenden sind wieder wählbar.

Die Neuwahl für die Ausscheidenden ist unter Bezeichnung der Ausscheidenden auf die Tagesordnung der ersten ordentlichen Sitzung der Innungsversammlung des Jahres zu setzen.

Die Ausscheidenden bleiben so lange im Amte, bis ihre Nachfolger in den Vorstand eingetreten sind.

Scheidet der Vorsitzende [Obermeister] [oder ein Mitglied des Vorstandes] vor Ablauf seiner Wahlzeit aus, so ist binnen [4] Wochen eine Neuwahl für den Rest der Wahlzeit vorzunehmen. [Scheiden Mitglieder des Vorstandes vor Ablauf ihrer Wahlzeit aus, so ist in der nächsten Innungsversammlung eine Neuwahl für den Rest der Wahlzeit vorzunehmen.]

§. 29.

Die Wahl findet unter Leitung des Vorstandes statt. Die erste Wahl nach Errichtung der Innung, sowie spätere Wahlen, bei denen ein Vorstand nicht vorhanden ist, werden von einem Beauftragten der Aufsichtsbehörde geleitet.

Der Vorstand hat über jede Aenderung in seiner Zusammensetzung und über das Ergebniß jeder Wahl der Aufsichtsbehörde binnen einer Woche Anzeige zu erstatten.

§. 30.

Der Vorstand wählt aus seiner Mitte auf die Dauer eines Jahres einen Stellvertreter des Vorsitzenden [Obermeisters], einen Schriftführer und einen Kassenführer.

Der Vorsitzende [Obermeister], bei dessen Behinderung sein Stellvertreter oder, sofern auch dieser verhindert sein sollte, das dienstälteste Mitglied des Vorstandes, beruft und leitet die Sitzungen des Vorstandes. An diesen ist jedes Vorstandsmitglied, abgesehen von Fällen dringender Behinderung, bei Vermeidung einer Geldstrafe von [50] Pfennig Theil zu nehmen verpflichtet. Ueber die Verhängung dieser Strafe beschließt der Vorstand in Abwesenheit des betreffenden Mitglieds.

Der Vorsitzend [Obermeister] ist verpflichtet, innerhalb einer Frist von [2] Wochen eine Sitzung des Vorstandes abzuhalten, wenn solches von der Mehrheit der Vorstandsmitglieder beantragt wird.

Zur Berathung und Beschlußfassung des Vorstandes über die im §. 19 bezeichneten Angelegenheiten ist der Altgeselle (§. 43) in derselben Weise wie die Vorstandsmitglieder einzuladen und mit vollem Stimmrechte zuzulassen.

Der Vorstand ist beschlußfähig, wenn einschließlich des Vorsitzenden [Obermeisters] oder seines Stellvertreters mehr als die Hälfte der Mitglieder anwesend ist. Die Beschlüsse werden mit Stimmenmehrheit gefaßt; bei Stimmgleichheit entscheidet der Vorsitzende.

Die Beschlüsse des Vorstandes werden von dem Schriftführer oder dessen Stellvertreter in ein Vorstands-Protokollbuch eingetragen und von dem Vorsitzenden sowie von dem Schriftführer oder dessen Stellvertreter unterzeichnet.

§. 31.

Der Vorstand vertritt die Innung nach außen in allen gerichtlichen und außergerichtlichen Verhandlungen.

Schriftliche Willenserklärungen des Vorstandes müssen im Namen desselben ausgestellt und von dem Vorsitzenden [Obermeister] oder dessen Stellvertreter und einem zweiten Vorstandsmitgliede unterschrieben sein. Eine in dieser Form ausgestellte Erklärung gilt Dritten gegenüber als eine die Innung verpflichtende Willenserklärung des Vorstandes. Die Vorstandsmitglieder dürfen indessen bei eigener Verantwortung eine solche Erklärung nur auf Grund eines vorschriftsmäßig gefaßten Vorstandsbeschlusses ausstellen.

§. 32.

Der Vorstand hat die gesammte Verwaltung der Innungsangelegenheiten, insonderheit auch der Vermögensangelegenheiten wahrzunehmen, soweit sie nicht gesetzlich oder durch Bestimmungen dieses Statuts oder der Nebenstatuten der Innungsversammlung vorbehalten oder auf andere Organe oder Beauftragte der Innung übertragen ist.

Der Vorstand hat die Verhandlungen der Innungsversammlung vorzubereiten und ihre Beschlüsse auszuführen. Ist in den Fällen des §. 19 in der Innungsversammlung selbst die Zustimmung des Gesellenausschusses weder ertheilt noch versagt worden,*) so hat der Vorstand diese Zustimmung einzuholen und, wenn dieselbe versagt oder binnen [3] Tagen nicht ertheilt wird, deren Ergänzung bei der Aufsichtsbehörde zu beantragen. Den gleichen Antrag hat er bei der Aufsichtsbehörde zu stellen, wenn die Zustimmung des Gesellenausschusses schon in der Innungsversammlung versagt worden ist.

Die Mitglieder des Vorstandes haften der Innung für pflichtmäßige Verwaltung wie Vormünder ihren Mündeln.

§. 33.

Die dem Vorstande nach den statutarischen Bestimmungen zustehende Verhängung von Ordnungsstrafen über Innungsmitglieder hat schriftlich zu erfolgen. In dem Schreiben ist anzugeben, auf Grund welcher Vorschrift des Statuts die Strafe verhängt wird, wodurch das Innungsmitglied diese Vorschrift verletzt hat, und binnen welcher Frist die Geldstrafe an die Innungskasse zu zahlen ist. Ueber Beschwerden der Innungsmitglieder entscheidet die Aufsichtsbehörde.

§. 34.

Soweit dieses Statut nicht Bestimmungen darüber enthält, kann der Vorstand seine Geschäftsordnung und die Vertheilung der Ver-

*) Die Zustimmung kann unter den Voraussetzungen des §. 19 Absatz 3 schon in der Innungsversammlung ertheilt oder versagt werden.

waltungsgeschäfte unter seinen Mitgliedern durch eigene Beschlüsse regeln. Er hat in geeigneter Weise dafür zu sorgen, daß genaue Verzeichnisse über die der Innung auf Grund der §§. 4 und 5 angehörenden Mitglieder geführt werden.

Ausschuß für das Gesellen- und Herbergswesen.

§. 35.

Die Innung errichtet zur Verwaltung der Gesellen- und Herbergsangelegenheiten, sowie des Arbeitsnachweises einen „Ausschuß für das Gesellen- und Herbergswesen".

Er besteht aus dem Vorsitzenden des Innungsvorstandes [Obermeister] oder einem vom Innungsvorstande [aus seiner Mitte] zu wählenden Stellvertreter als Vorsitzenden und [4] Mitgliedern. Die Hälfte der letzteren wird von der Innungsversammlung aus den nach §. 40 Absatz 1 wählbaren Personen gewählt; entweder der Vorsitzende und mindestens eines dieser Mitglieder oder [diese beiden] Mitglieder müssen das Recht zur Anleitung von Lehrlingen besitzen und der Regel nach Gesellen (Gehülfen) oder Lehrlinge beschäftigen. Die andere Hälfte der Mitglieder wird von dem Gesellenausschuß aus der Zahl derjenigen volljährigen Gesellen gewählt, welche seit mindestens [3 Monaten] bei Innungsmitgliedern in Arbeit stehen und sich im Besitze der bürgerlichen Ehrenrechte befinden.

Jedes Jahr scheiden zwei Mitglieder und zwar ein Innungsmitglied und ein Geselle aus, welche zunächst durch das Loos, demnächst durch das Dienstalter bestimmt werden.

Im Uebrigen finden auf die Wahlen zum Ausschusse die Bestimmungen der §§. 27 und 28 entsprechende Anwendung.

Ausschuß für das Lehrlingswesen.

§. 36.

Die Innung errichtet für die Lehrlingsangelegenheiten einen „Ausschuß für das Lehrlingswesen". Ihm liegt insbesondere ob, als Organ der Innung Streitigkeiten der im §. 37 bezeichneten Art zwischen Innungsmitgliedern und ihren Lehrlingen zu entscheiden [und bis zum Inkrafttreten der §§. 131 ff. der Gewerbeordnung in der Fassung des Gesetzes vom 26. Juli 1897 die Gesellenprüfung abzunehmen.]*)

*) Die Klammer enthält eine Uebergangsbestimmung für die Zeit bis zum Inkrafttreten der §§. 131 ff. des Gesetzes vom 26. Juli 1897.

Der Ausschuß besteht aus [dem Vorsitzenden des Innungsvorstandes [Obermeister]]*) [einem Vorsitzenden] und 4 Mitgliedern. [Der Vorsitzende und] die Hälfte der Mitglieder wird von der Innungsversammlung aus den nach §. 40 Absatz 1 wählbaren Personen, welche das Recht zur Anleitung von Lehrlingen besitzen und der Regel nach Gesellen (Gehülfen) oder Lehrlinge beschäftigen, gewählt. Die andere Hälfte wird von dem Gesellenausschuß aus der Zahl derjenigen Gesellen gewählt, welche

1. volljährig sind und sich im Besitze der bürgerlichen Ehrenrechte befinden,
2. seit mindestens [3 Monaten] bei Innungsmitgliedern in Arbeit stehen und
3. im Uebrigen den Anforderungen des §. 129 der Gewerbeordnung entsprechen.

Bis zum Ablaufe von 6 Jahren nach dem Inkrafttreten des §. 100 r a. a. O. sind Gesellen (Gehülfen) auch dann wählbar, wenn sie den Anforderungen unter Ziffer 1 und 2 genügen und eine Lehrzeit von mindestens 2 Jahren zurückgelegt haben.

Die Vorschriften des §. 35 Absatz 3 und 4 finden entsprechende Anwendung.

§. 37.

Der Entscheidung des Ausschusses für das Lehrlingswesen unterliegen Streitigkeiten zwischen Innungsmitgliedern und ihren Lehrlingen

1. über den Antritt, die Fortsetzung oder die Auflösung des Lehrverhältnisses, sowie über die Aushändigung oder den Inhalt des Arbeitsbuchs oder Zeugnisses;
2. über die Leistungen und Entschädigungsansprüche aus dem Lehrverhältnisse, sowie über eine in Beziehung auf dasselbe bedungene Konventionalstrafe, soweit es sich nicht um die im

---

Nach diesem Zeitpunkte wird die Gesellenprüfung, soweit nicht auf Grund des §. 132 a a. a. O. durch die Landes-Zentralbehörde eine abweichende Regelung erfolgt, durch den bei jeder Zwangsinnung zu bildenden „Prüfungsausschuß" abgenommen.

*) Der Vorsitzende des Innungsvorstandes [Obermeister] muß, um Vorsitzender dieses Ausschusses sein zu können, das Recht zur Anleitung von Lehrlingen besitzen, und der Regel nach Gesellen (Gehülfen) oder Lehrlinge beschäftigen.

§. 3 Absatz 2 des Gewerbegerichtsgesetzes vom 29. Juli 1890 bezeichneten Konventionalstrafen handelt;

3. über die Berechnung und Anrechnung der von den Lehrlingen auf Grund des Krankenversicherungsgesetzes zu leistenden Beiträge und Eintrittsgelder.

Nach Anrufung seiner Entscheidung hat der Ausschuß den Parteien alsbald Gelegenheit zu geben, ihre Ausführungen und Beweismittel in einem Termine mündlich vorzubringen. Die Vertretung durch Personen, welche sich berufs- oder geschäftsmäßig mit der Besorgung fremder Rechtsangelegenheiten befassen, ist ausgeschlossen.

Kommt ein Vergleich zu Stande, so ist ein Protokoll darüber aufzunehmen und von den Parteien und dem Vorsitzenden des Ausschusses zu unterschreiben.

§. 38.

Die Entscheidung des Ausschusses, bei welcher außer dem Vorsitzenden oder seinem Stellvertreter mindestens [2] Mitglieder mitwirken müssen, erfolgt nach Stimmenmehrheit; bei Stimmengleichheit giebt der Vorsitzende den Ausschlag.

Die Entscheidung ist schriftlich abzufassen; sie geht in Rechtskraft über, wenn nicht binnen einer Nothfrist von einem Monat eine Partei Klage bei dem ordentlichen Gericht erhebt. Die Frist beginnt gegen eine bei der Verkündigung nicht anwesende Partei mit der Behändigung der Entscheidung.

Wegen der Vollstreckung der Entscheidungen oder Vergleiche gelten die Bestimmungen des §. 91 b Absatz 2 bis 6 der Gewerbeordnung.

Beauftragte.

§. 39.

[Die dem Ausschusse für das Lehrlingswesen angehörenden Innungsmitglieder haben als Beauftragte der Innung] [Einer oder mehrere von der Innungsversammlung gewählte Beauftragte haben] die Befolgung der für die Beschäftigung der Gesellen (Gehülfen), Lehrlinge und Arbeiter, den Besuch der Fortbildungs- oder Fachschule und die Regelung des Lehrlingswesens erlassenen und der sonstigen gesetzlichen und statutarischen Bestimmungen in den zur Innung gehörigen Betrieben zu überwachen.

Sie werden hierfür durch eine vom Innungsvorstand ausgestellte Vollmacht legitimirt. Die Innungsmitglieder haben den legitimirten

Beauftragten Auskunft über alle Gegenstände zu geben, welche für die Erfüllung ihres Auftrags von Bedeutung sind, und ihnen auf Erfordern während der Betriebszeit den Zutritt zu den Werkstätten und Unterkunftsräumen, sowie zu den sonst in Betracht kommenden Räumlichkeiten zu gestatten; sie können hierzu auf Antrag der Beauftragten von der Ortspolizeibehörde angehalten werden. Auf Räume, welche Bestandtheile landwirthschaftlicher oder fabrikmäßiger Betriebe sind, finden diese Bestimmungen keine Anwendung.

Die Beauftragten sollen sich von Zeit zu Zeit von der Art der Beschäftigung der Lehrlinge in den Werkstätten und von der Einrichtung der für die Unterkunft der Lehrlinge bestimmten Räume Kenntniß verschaffen. Sie sollen sich einmal im Jahre hinsichtlich aller Lehrlinge davon überzeugen, ob dieselben den ihrer Lehrzeit angemessenen Stand der Ausbildung erreicht haben.

Eine besondere Beachtung haben sie den nicht bei ihren Lehrherren untergebrachten Lehrlingen zu schenken, sich von der Beschaffenheit der Logir- und Kosthäuser, in denen sie etwa untergebracht sind, Kenntniß zu verschaffen und wenn sie finden, daß aus der Unterbringung in solchen Häusern Gefahren für das leibliche oder sittliche Wohl des Lehrlings erwachsen, durch Verhandlung mit dem Lehrherrn und den Eltern oder Vormündern des Lehrlinges auf Beschaffung eines anderweiten, den Anforderungen entsprechenden Unterkommens hinzuwirken.

Die Beauftragten haben sich der Besichtigung solcher Betriebe, deren Unternehmer auf Grund des §. 94c Absatz 5 der Gewerbeordnung die Besichtigung durch andere Sachverständige beanspruchen, nach näherer Anweisung des Innungsvorstandes zu enthalten.

Gemeinsame Bestimmungen für Innungsämter.

§. 40.

Wählbar zu Mitgliedern des Vorstandes und der Ausschüsse sind nur solche [nach §. 17 in der Innungsversammlung stimmberechtigte] [nach §. 17 Absatz 2 zur Wahl der Vertreter zur Innungsversammlung berechtigte] Innungsmitglieder, welche zum Amte eines Schöffen fähig sind (§§. 31, 32 des Gerichtsverfassungsgesetzes).*)

Die Mitglieder des Vorstandes und der Ausschüsse verwalten ihr

*) Diese Paragraphen können hier in einer Anmerkung abgedruckt werden.

Amt als Ehrenamt unentgeltlich; doch werden denselben die baaren Auslagen ersetzt. [Außerdem erhält der Vorsitzende [Obermeister] [der Schriftführer] [der Kassenführer] eine Entschädigung für Zeitversäumniß im Betrage von . Mark jährlich [monatlich].*)

Gesellenausschuß.

§. 41.

Zur Mitwirkung bei den Geschäften der Innung, soweit sie durch Gesetz oder Statut vorgesehen ist, wird ein Gesellenausschuß von [3] [5] Mitgliedern und .. Ersatzmännern gewählt.

Wahlberechtigt sind die bei einem Innungsmitgliede beschäftigten volljährigen Gesellen (Gehülfen), welche sich im Besitze der bürgerlichen Ehrenrechte befinden.

Wählbar ist jeder Geselle, welcher

1. volljährig ist und sich im Besitze der bürgerlichen Ehrenrechte befindet,
2. zum Amte eines Schöffen fähig ist (§§. 31, 32 des Gerichtsverfassungsgesetzes),
3. im Uebrigen den Anforderungen des §. 129 der Gewerbeordnung entspricht.

Bis zum Ablaufe von 6 Jahren nach dem Inkrafttreten des §. 100r a. a. O. sind Gesellen (Gehülfen) auch dann wählbar, wenn sie den Anforderungen unter Ziffer 1 und 2 genügen und eine Lehrzeit von mindestens 2 Jahren zurückgelegt haben.

Die Wahl wird vom Vorsitzenden [Obermeister] oder einem Mitgliede des Innungsvorstandes, wenn ein solches nicht vorhanden ist, von einem Vertreter der Aufsichtsbehörde geleitet. Zur Wahl sind alle Wahlberechtigten mindestens [24] Stunden vor dem Wahltermin einzuladen.

Die Wahl erfolgt durch Stimmzettel; sie kann auch durch Zuruf erfolgen, wenn keiner der Erschienenen widerspricht. Die Mitglieder und die Ersatzmänner sind je in einem besonderen Wahlgange zu wählen. Jeder Wahlberechtigte hat so viele Namen zu bezeichnen, als Personen zu wählen sind. Gewählt sind bei jedem Wahlgange diejenigen, auf welche die meisten Stimmen fallen. Bei Stimmengleichheit entscheidet das Loos.

---

*) Sofern auch Inhabern von anderen Aemtern Entschädigungen gewährt werden sollen, sind diese im Statut (Nebenstatut) festzusetzen.

Alle zwei Jahre scheidet die Hälfte der Mitglieder und der Ersatzmänner aus. Die Ausscheidenden werden das erste Mal durch das Loos, demnächst durch die Dienstzeit bestimmt. Die Ausscheidenden sind wieder wählbar.

Die Mitglieder behalten, auch wenn sie nicht mehr bei Innungsmitgliedern beschäftigt sind, solange sie im Bezirke der Innung verbleiben, die Mitgliedschaft noch während dreier Monate seit dem Austritt aus der Beschäftigung bei Innungsmitgliedern.

Für die Mitglieder treten die Ersatzmänner in Behinderungsfällen oder im Falle des Ausscheidens für den Rest der Wahlperiode in der Reihenfolge der Stimmenzahl ein, welche bei der Wahl auf sie gefallen ist. Wird dessen ungeachtet der Ausschuß nicht vollzählig, so hat er sich für den Rest der Wahlzeit durch Zuwahl zu ergänzen.

§. 42.

Die Mitglieder des Gesellenausschusses verwalten ihr Amt als Ehrenamt unentgeltlich, doch wird ihnen der Ersatz baarer Auslagen und eine Entschädigung für Zeitversäumniß von .... für jede Sitzung gewährt.

Wegen der Verpflichtung der Uebernahme des Amtes finden die Bestimmungen des §. 11 Absatz 2 entsprechende Anwendung.

§. 43.

Der Gesellenausschuß wählt aus seiner Mitte alle zwei Jahre einen Vorsitzenden (Altgesellen), einen Schriftführer und deren Stellvertreter.

Der Altgeselle oder sein Stellvertreter soll in der Regel den Verhandlungen des Innungsvorstandes, zu welchen ein Mitglied des Gesellenausschusses zugezogen wird, beiwohnen. Im Falle der Behinderung bestimmt er hierzu ein anderes Mitglied des Gesellenausschusses.

Der Altgeselle beruft, leitet und schließt die Versammlungen des Ausschusses.

Der Ausschuß ist beschlußfähig, wenn mehr als die Hälfte seiner Mitglieder versammelt sind. Die Beschlüsse werden mit Stimmenmehrheit der Anwesenden gefaßt. Bei Stimmengleichheit entscheidet der Vorsitzende.

Die Beschlüsse werden vom Schriftführer in ein Protokollbuch eingetragen und von ihm und dem Altgesellen unterzeichnet.

Im Uebrigen kann der Gesellenausschuß seine Geschäftsordnung durch eigene Beschlüsse regeln.

§. 44.

Dem Gesellenausschusse liegt insbesondere ob, bei der Wahl der Mitglieder des Gesellenausschusses für die Handwerkskammer mitzuwirken (§. 103i der Gewerbeordnung), die aus der Gesellenschaft zu bestellenden Mitglieder der Ausschüsse zu wählen, bei der Regelung des Lehrlingswesens, sowie bei der Begründung und Verwaltung aller Einrichtungen theil zu nehmen, für welche die Gesellen (Gehülfen) Beiträge entrichten oder eine besondere Mühewaltung übernehmen oder die zu ihrer Unterstützung bestimmt sind. Die entsprechenden Befugnisse und Obliegenheiten des Gesellenausschusses werden durch die besonderen Bestimmungen dieses Statuts und der Nebenstatuten geregelt.

§. 45.

Entstehen zwischen den Mitgliedern der Innung und der Gesellenschaft Streitigkeiten über die Regelung des gegenseitigen Verhältnisses, namentlich über Arbeitsbedingungen, Arbeitszeit und Lohnsätze, so soll durch gemeinsame Berathung des Innungsvorstandes und des Gesellenausschusses eine Einigung darüber versucht werden.

Gesellen- und Herbergswesen. Arbeitsnachweis.

§. 46.

Die Wahl der Gesellenherberge wird von dem Ausschusse für das Gesellen- und Herbergswesen getroffen und unterliegt der Genehmigung der Innungsversammlung.

§. 46a.

Der Ausschuß für das Gesellen- und Herbergswesen errichtet für die Gesellen, die [sich vorschriftsmäßig ausweisen und] bei einem Innungsmitglied in Arbeit treten wollen, eine Geschäftsstelle für Nachweisung von Gesellenarbeit. In der Herberge ist durch Aushang bekannt zu machen, wo sich diese Stelle befindet.

Die näheren Bestimmungen über die Einrichtung der Geschäftsstelle bleiben dem Ausschuß überlassen und bedürfen der Zustimmung der Innungsversammlung.

§. 46b.

Gesellen, die bei Innungsmitgliedern Beschäftigung suchen wollen, haben sich bei der Geschäftsstelle für Arbeitsnachweis zu melden und erhalten [, wenn sie sich vorschriftsmäßig legitimiren,] hierüber eine Bescheinigung ausgestellt und die für sie passenden Arbeitsstellen nachgewiesen.

[Die zur Legitimation eines Gesellen erforderlichen Ausweise werden durch Innungsbeschluß festgestellt.]

oder

§. 46.

Die Innung errichtet für die bei den Innungsmitgliedern in Arbeit stehenden und die zuwandernden [, vorschriftsmäßig legitimirten] Gesellen [in Gemeinschaft mit der Innung] eine für ihre Rechnung unter Aufsicht des Ausschusses für das Gesellen- und Herbergswesen zu verwaltende Herberge. Für die Verwaltung wird vom Innungsvorstand ein Herbergsvater angenommen.

Die Herbergsordnung wird von dem Innungsvorstande festgesetzt.

oder

[Als Herberge für die bei den Innungsmitgliedern in Arbeit stehenden und die zuwandernden [, vorschriftsmäßig legitimirten] .... .. Gesellen benutzt die Innung [nach Bedürfniß] nach den darüber abgeschlossenen Verträgen eine Herberge [Herbergen] [die hier bestehende „Herberge zur Heimath"], deren Hausordnung auch für die bezeichneten Gesellen gültig ist, soweit nicht die Innungsversammlung eine besondere Herbergsordnung feststellt.]

§. 46a.

Zuwandernde Gesellen, welche bei Innungsmitgliedern Beschäftigung suchen wollen, haben sich auf der Herberge zu melden, und erhalten über die Meldung [nach vorschriftsmäßiger Legitimation] eine [von einem Mitgliede des Ausschusses für das Gesellen- und Herbergswesen] [im Auftrage des Ausschusses für das Gesellen- und Herbergswesen vom Herbergsvater] zu unterzeichnende Bescheinigung.

[Zweifel, welche über die Legitimation eines Gesellen entstehen, sind schleunigst zur Entscheidung des Vorsitzenden des Ausschusses für das Gesellen- und Herbergswesen zu bringen.

Die zur Legitimation eines Gesellen erforderlichen Ausweise und die Form derselben, sowie die Voraussetzungen, unter denen der Ausschuß von einzelnen Erfordernissen Abstand nehmen kann, werden durch Beschluß der Innungsversammlung festgestellt.]

§. 46b.

Die Mitglieder der Innung, welche Gesellen suchen, haben dies bei dem Ausschusse für das Gesellen- und Herbergswesen anzumelden. [Die Namen derselben und ihre Wohnungen sind von dem dienstthabenden Mitgliede des Ausschusses [vom Herbergsvater] in ein auf der Herberge aufzuhängendes Verzeichniß nach der Reihenfolge der Anmeldungen einzutragen.]

§. 46c.

Jedes Innungsmitglied, welches einen Gesellen in Arbeit nimmt, hat ihn binnen [3] Tagen bei dem Ausschusse für das Gesellen- und Herbergswesen behufs Eintragung in die Gesellenrolle anzumelden und bei Lösung des Arbeitsverhältnisses in der gleichen Zeit abzumelden.

Für Gesellen, welche das 21. Lebensjahr noch nicht vollendet haben, ist bei der Anmeldung das gesetzlich vorgeschriebene, vom Innungsmitgliede vorher mit dem vorgeschriebenen Eintrage zu versehende Arbeitsbuch (§§. 107 und 111 der Gewerbeordnung) [, für Gesellen, welche von auswärts verschrieben sind, deren Legitimation] beizufügen.

Vermögensverwaltung, Kassen- und Rechnungsführung.

§. 47.

Alljährlich hat der Innungsvorstand über den zur Erfüllung der gesetzlichen und statutarischen Aufgaben der Innung erforderlichen Kostenaufwand einen Haushaltsplan für das folgende Rechnungsjahr [Kalenderjahr] aufzustellen. Der Haushaltsplan ist der Innungsversammlung in der letzten ordentlichen Sitzung des Vorjahrs zur Beschlußfassung vorzulegen und vorher während einer Woche zur Einsicht der Innungsmitglieder auszulegen.

Der Vorstand hat eine Abschrift des beschlossenen Haushaltsplans der Aufsichtsbehörde einzureichen. Hat in der Innungsversammlung mindestens ein Viertel der stimmberechtigten Innungsmitglieder ausdrücklichen Widerspruch gegen den Haushaltsplan oder einzelne Posten desselben erhoben, so hat der Vorstand die Entscheidung der Aufsichtsbehörde einzuholen. Diese Entscheidung kann binnen vier Wochen mit der Beschwerde bei der vorgesetzten Behörde angefochten werden; die Beschwerde hat keine aufschiebende Wirkung.

Der Vorstand ist bei seiner Geschäftsführung an den festgestellten Haushaltsplan gebunden. Ausgaben, welche nicht in demselben vorgesehen sind, bedürfen der Genehmigung der Innungsversammlung.

Wenn die Innungsversammlung Aufwendungen für solche Zwecke beschließt, welche im Haushaltsplane nicht vorgesehen sind, so finden auf diese Beschlüsse die Bestimmungen des Absatzes 2 entsprechende Anwendung.

§. 48.

Die Genehmigung der Innungsversammlung ist erforderlich:

zum Erwerbe, zur Veräußerung oder dinglichen Belastung von Grundeigenthum;

zur Veräußerung von Gegenständen, welche einen geschichtlichen, wissenschaftlichen oder Kunstwerth haben;

zu Mieth- und Pachtverträgen;

zur dauernden Belegung von Kapitalien und zur Kündigung von dauernd belegten Kapitalien;

zur Aufnahme von Anleihen;

zum Abschlusse von Verträgen, durch welche der Innung fortlaufende Verpflichtungen auferlegt werden;

zur Anstellung von Prozessen und zum Abschlusse von Vergleichen.

Die Bestimmungen gelten auch für die durch Nebenstatuten begründeten Nebenkassen der Innung, soweit nicht durch das Nebenstatut etwas Anderes bestimmt wird.

§. 49.

Zur Besorgung der Kassen- und Rechnungsgeschäfte kann [soll] dem Kassenführer ein vom Innungsvorstand anzunehmender Rechnungsführer beigegeben werden, welcher nicht Mitglied der Innung zu sein braucht.

Die demselben zu gewährende Vergütung [und die Höhe der von ihm zu stellenden Kaution] wird durch eine mit ihm vom Innungsvorstand abzuschließende, von der Innungsversammlung zu genehmigende Vereinbarung bestimmt.

§. 50.

Der Kassenführer hat alle Einnahmen und Ausgaben der Innungskasse und, soweit die Nebenstatuten nicht etwas Anderes bestimmen, auch der Nebenkassen zu bewirken.

Für alle Vereinnahmungen und Zahlungen, für welche nicht durch Beschluß des Vorstandes oder durch die Nebenstatuten etwas Anderes bestimmt ist, bedarf es einer schriftlichen Anweisung des Vorstandes [Obermeisters].

§. 51.

Der Kassenführer erhebt die Beiträge der Innungsmitglieder nach einer von ihm aufzustellenden und vom Obermeister zu genehmigenden Hebungsliste.

Ueber jede gegen ein Innungsmitglied erkannte Geldstrafe ertheilt der Obermeister dem Kassenführer eine schriftliche Anweisung unter Angabe der Zahlungsfrist. Vierteljährlich [halbjährlich, jährlich] hat der Kassenführer ein Verzeichniß der rückständigen Beiträge [, Gebühren] und Geldstrafen dem Obermeister vorzulegen; dasselbe wird von dem Innungsvorstande vollzogen und der Gemeindebehörde [zuständigen Behörde] mit dem Antrag auf Beitreibung vorgelegt.

§. 52.

Die Einnahmen und Ausgaben der Innungskasse sowie der Nebenkassen hat der Kassenführer gesondert von allen den Zwecken der betreffenden Kassen fremden Einnahmen und Ausgaben zu verrechnen. Die Bestände jeder Kasse sind gesondert aufzubewahren. Bestände, welche einen bestimmten, vom Vorstande festzustellenden Betrag übersteigen, sind nach §§. 1807 und 1808 des Bürgerlichen Gesetzbuchs [oder nach Artikel 212 des Einführungsgesetzes zum Bürgerlichen Gesetzbuche] mündelsicher zu belegen.

Ueber die Aufbewahrung der Werthpapiere trifft die Aufsichtsbehörde Anordnung.

§. 53.

Die Kasse ist durch den Obermeister jährlich mindestens einmal unvermuthet zu prüfen. Die Prüfung hat sich jedesmal auch auf die vorschriftsmäßige Belegung des Innungsvermögens und auf die Aufbewahrung der Beläge über die Niederlegung der Werthpapiere zu erstrecken.

§. 54.

Bis zum . . . . jeden Jahres hat der Kassenführer für die Innungskasse sowie für jede von ihm verwaltete Nebenkasse eine gesonderte Rechnung für das abgelaufene Jahr zu legen. Dieselbe muß sämmtliche Einnahmen und Ausgaben der Kasse nachweisen und mit den erforderlichen Belägen versehen sein.

Der Innungsvorstand hat die Rechnung zu prüfen und sammt den Belägen mit den von ihm gestellten und nicht erledigten Erinnerungen [14] Tage vor der zur Abnahme der Rechnung bestimmten

Sitzung der Innungsversammlung zur Einsicht der Innungsmitglieder auszulegen.

Die Abnahme der Rechnung erfolgt durch die Innungsversammlung. Dieselbe kann beschließen, die Rechnung vorher durch einen von ihr zu wählenden Ausschuß von [3] Mitgliedern einer nochmaligen Prüfung unterziehen zu lassen.

Dieser Ausschuß, welchem vom Vorstand und dem Kassenführer jede von ihm gewünschte Auskunft zu ertheilen ist, hat in der nächsten Sitzung der Innungsversammlung Bericht zu erstatten, worauf die letztere über die noch nicht erledigten Erinnerungen beschließt und vorbehaltlich der aufrechterhaltenen Erinnerungen die Abnahme der Rechnung vollzieht.

Der Innungsvorstand hat [eine Abschrift der] [die] Jahresrechnung der Aufsichtsbehörde einzureichen.

Abänderung des Innungsstatuts und Anträge auf Zurücknahme der Anordnung wegen Errichtung der Zwangsinnung.

§. 55.

Anträge auf Abänderung des Innungsstatuts und der Nebenstatuten sind beim Vorstande schriftlich anzubringen.

Zur Verhandlung über dieselben ist eine [außerordentliche, nur zu diesem Zwecke bestimmte] Sitzung der Innungsversammlung zu berufen, zu welcher alle Mitglieder mindestens 14 Tage vorher schriftlich [mittelst öffentlicher Bekanntmachung] unter Mittheilung der Anträge einzuladen sind. Gleichzeitig mit der Einladung ist bei der Aufsichtsbehörde Anzeige zu machen und die Entsendung eines Vertreters in die Versammlung zu beantragen.

Die Innungsversammlung kann über die Anträge nur im Beisein eines Vertreters der Aufsichtsbehörde und nur dann beschließen, wenn [$^3/_4$] ihrer stimmberechtigten Mitglieder erschienen sind. Ist diese Zahl in der ersten zu dem fraglichen Zwecke angesetzten Versammlung nicht erschienen, so hat der Innungsvorstand zur Abstimmung über den Antrag binnen vier Wochen eine zweite Versammlung zu berufen, in welcher die Abstimmung ohne Rücksicht auf die Zahl der Anwesenden erfolgt. Hierauf ist bei der Anberaumung dieser zweiten Versammlung ausdrücklich hinzuweisen.

Die Beschlüsse können nur mit einer Mehrheit von [$^2/_3$] der erschienenen Stimmberechtigten gefaßt werden.

§. 56.

Ueber Anträge auf Zurücknahme der Anordnung wegen Errichtung der Zwangsinnung kann [die Innungsversammlung einen gültigen Beschluß nur fassen,]*) [nur in einer Versammlung Beschluß gefaßt werden, zu welcher sämmtliche nach §. 17 zur Wahl der Vertreter berechtigte Innungsmitglieder eingeladen sind, und zwar nur dann,] wenn

1. die Herbeiführung dieses Beschlusses von mindestens einem Viertel derjenigen stimmberechtigten Mitglieder, welche der Innung auf Grund des §. 4 angehören, bei dem Vorstande beantragt worden ist,
2. die Einladung zu der Innungsversammlung, in der die Abstimmung über den Antrag erfolgen soll, mindestens vier Wochen vorher schriftlich [mittelst öffentlicher Bekanntmachung] unter Angabe des Zweckes ergangen ist,
3. drei Viertel der in Ziffer 1 bezeichneten Innungsmitglieder dem Antrage zustimmen.

Waren in der Innungsversammlung, in welcher die Abstimmung über den Antrag erfolgen soll, weniger als drei Viertel der im Absatz 1 Ziffer 1 bezeichneten Innungsmitglieder erschienen, so hat der Innungsvorstand zur Abstimmung über den Antrag binnen vier Wochen eine zweite Innungsversammlung einzuberufen, in welcher die Zurücknahme von drei Viertel der im Absatz 1 Ziffer 1 bezeichneten und erschienenen Mitglieder beschlossen werden kann. Auf diese Folge ist bei der Einberufung hinzuweisen.

Im Uebrigen findet die Bestimmung des §. 55 Absatz 2 entsprechende Anwendung.

§. 57.

Im Falle der Auflösung oder Schließung der Innung sind die Innungsmitglieder verpflichtet, die ordentlichen Beiträge für das laufende Vierteljahr [Halbjahr, Jahr], sowie die bereits umgelegten außerordentlichen Beiträge an Diejenigen zu zahlen, welchen die Abwickelung der Geschäfte der Innung obliegt (§. 98 der Gewerbeordnung).

---

*) Der Inhalt der ersten Klammer gilt für den Fall, daß die Innungsversammlung nicht aus Vertretern besteht (§. 17 erste Fassung).

Die Verwendung des Innungsvermögens erfolgt nach den Vorschriften des §. 98a der Gewerbeordnung mit der Maßgabe, daß eine Vertheilung von Reinvermögen unter die bisherigen Mitglieder unstatthaft ist, und der Rest des Vermögens nach Bestimmung der Aufsichtsbehörde entweder den bei der Innung bisher vorhandenen Unterstützungskassen oder einer freien Innung, welche für die an der bisherigen Zwangsinnung betheiligten Gewerbszweige errichtet wird, oder der Handwerkskammer zu überweisen ist.

Bekanntmachungen.

§. 58.

Alle die Innung betreffenden Bekanntmachungen werden bis zu anderweiter Beschlußfassung der Innungsversammlung in [Namen des Blattes] erlassen.

Beaufsichtigung der Innung.

§. 59.

Die Aufsicht über die Innung wird von d
zu wahrgenommen.

II.

Entwurf eines Beschlusses der Innungsversammlung,

betreffend

Vorschriften zur Regelung des Lehrlingswesens.

(Centralbl. für das Deutsche Reich 1898 S. 188.)

Vorbemerkung.

Eine der wichtigsten Aufgaben der Innung ist die nähere Regelung des Lehrlingswesens. Die hierzu erforderlichen Vorschriften zu erlassen, liegt der Innungsversammlung ob.

Der Entwurf soll für eine entsprechende Beschlußfassung sowohl den freien Innungen als den Zwangsinnungen eine unverbindliche Anleitung geben.

Zur Regelung des Lehrlingswesens werden für die Innungsmitglieder folgende Vorschriften erlassen:

§. 1.

Mitglieder der Innung dürfen Lehrlinge nur annehmen, wenn sie

1. nach Maßgabe der §§. 126 und 126a der Gewerbeordnung die Befugniß besitzen, Lehrlinge zu halten, und
2. nach Maßgabe der §§. 126a, 129, 129a daselbst und des Artikels 7 des Gesetzes vom 26. Juli 1897 die Befugniß besitzen, Lehrlinge in dem ... . Gewerbe anzuleiten.

Innungsmitgliedern, welche für ihre Person den Erfordernissen zu Ziffer 2 nicht genügen, ist jedoch die Annahme von Lehrlingen gestattet, sofern sie deren Anleitung einem Vertreter übertragen, welcher allen gesetzlichen Anforderungen entspricht. Das Gleiche gilt bei Fortsetzung des Gewerbebetriebs nach dem Tode eines Innungsmitglieds für Rechnung der Wittwe oder minderjähriger Erben.*)

§. 2.

Als Lehrlinge dürfen von den Innungsmitgliedern nur solche Personen angenommen werden, welche die erforderlichen Schulkenntnisse besitzen und nicht an körperlichen oder geistigen Gebrechen leiden, die sie zur Erlernung des Gewerbes [Handwerkes] untüchtig machen.

§. 3.

Die Annahme eines Lehrlinges erfolgt durch Abschluß eines schriftlichen Lehrvertrags und durch Einschreiben des Lehrlinges in die Lehrlingsrolle.

Der Lehrvertrag, welcher nach einem in den wesentlichen Punkten vom Innungsvorstande festgestellten [, von der Innungsversammlung zu genehmigenden] Formulare abzuschließen ist, muß enthalten:

1. die Bezeichnung des Gewerbes oder des Zweiges der gewerblichen Thätigkeit, in welchem die Ausbildung erfolgen soll;
2. die Angabe der Dauer der Lehrzeit;
3. die Angabe der gegenseitigen Leistungen;
4. die gesetzlichen und sonstigen Voraussetzungen, unter welchen die einseitige Auflösung des Vertrags zulässig ist.

In dem Vertrag ist die Dauer der Lehrzeit im Anschluß an die von der Handwerkskammer auf Grund des §. 130a der Gewerbeordnung für das . . Gewerbe getroffene Bestimmung und, solange eine solche Bestimmung nicht getroffen ist, auf [3] Jahre festzustellen.**)

§. 4.

Das Innungsmitglied, welches einen Lehrling annehmen will, hat denselben bei dem Innungsvorstand unter Einreichung des für ihn ausgestellten Arbeitsbuchs (§. 107 der Gewerbeordnung) und des abzuschließenden Lehrvertrags anzumelden.

---

*) Der §. 1 Absatz 1 Ziffer 2 und Absatz 2 gilt nicht für Nichthandwerker. Die in Absatz 1 erwähnten Paragraphen können hier in einer Anmerkung abgedruckt werden.

**) Weitere Vorschriften über den Inhalt des Lehrvertrags können für Handwerke von der Handwerkskammer getroffen werden.

Entstehen Zweifel über das Vorhandensein der erforderlichen Voraussetzungen für die Annahme des Lehrlinges, so entscheidet der Vorstand nach Anhörung des Ausschusses für das Lehrlingswesen, vorbehaltlich etwaiger Entscheidungen der zuständigen Behörden, über die Zulässigkeit der Annahme.

Wird die Annahme des Lehrlinges nicht beanstandet, [so hat der Lehrherr eine Abschrift des von ihm oder seinem Stellvertreter, dem Lehrling und dem Vater oder Vormund des Lehrlinges zu unterschreibenden Lehrvertrags binnen 14 Tagen nach dessen Abschluß dem Innungsvorstand einzureichen. Hierauf erfolgt die Einschreibung des Lehrlinges in die Lehrlingsrolle der Innung (§. 3).

Außerdem hat der Lehrherr den Lehrvertrag in einem Exemplare dem Vater oder Vormunde des Lehrlinges auszuhändigen.]
[so erfolgt in einem vom Vorstand anzusetzenden Termine, zu welchem auch der Ausschuß für das Lehrlingswesen einzuladen ist, die Vorstellung des Lehrlinges, die Unterzeichnung des Lehrvertrags durch den Lehrherrn oder seinen Stellvertreter, den Lehrling sowie seinen Vater oder Vormund und hierauf die Einschreibung des Lehrlinges in die Lehrlingsrolle der Innung (§ 3). Der Lehrherr und der Vater oder Vormund des Lehrlinges erhalten Abschrift der Lehrvertrags.

Für das Erscheinen des Vaters oder Vormundes des Lehrlings hat der Lehrherr Sorge zu tragen. Im Falle des Nichterscheinens des Vaters oder Vormundes hat er die vorgängige Unterzeichnung des Lehrvertrags durch denselben herbeizuführen.]

§. 5.

Die Lehrherren haben ihre Lehrlinge in den bei ihren Betrieben vorkommenden Arbeiten des Gewerbes dem Zwecke der Ausbildung entsprechend zu unterweisen; sie haben dieselben zum fleißigen Besuche des öffentlichen Gottesdienstes sowie zum regelmäßigen und pünktlichen Besuche der Fortbildungs- und Fachschule anzuhalten.

Den Lehrlingen unter 16 Jahren ist der Besuch von Schank- und anderen öffentlichen Lokalen nur in Begleitung erwachsener Angehöriger, des Lehrherrn oder seines die Ausbildung leitenden Vertreters gestattet. [Am Sonntag Nachmittag und Abend wird ihnen in dazu hergerichteten besonderen Räumen, für welche die vorstehende Beschränkung nicht gilt, Gelegenheit zur Unterhaltung und Belehrung geboten werden.]

§. 6.

Die Lehrherren sind verpflichtet, Lehrlingen, welche vor den Ausschuß für das Lehrlingswesen geladen werden, die zur Befolgung dieser Ladung erforderliche Zeit zu gewähren.

Wird das Lehrverhältniß aufgelöst, so hat der Lehrherr dem Ausschusse binnen einer Woche Anzeige zu machen.

§. 7.

Lehrherren, welche ihre Pflichten den Lehrlingen gegenüber versäumen, sind auf Antrag des Ausschusses für das Lehrlingswesen durch den Vorstand auf geeignete Weise zu gewissenhafter Erfüllung ihrer Verpflichtungen zu ermahnen. Bleibt dies unwirksam, so hat der Vorstand die Bestrafung des Lehrherrn herbeizuführen.

Haben sich Innungsmitglieder oder deren zur Ausbildung des Lehrlinges berufene Vertreter wiederholt grober Pflichtverletzungen gegen die ihnen anvertrauten Lehrlinge schuldig gemacht, oder liegen gegen sie Thatsachen vor, welche sie in sittlicher Beziehung zum Halten oder zur Anleitung von Lehrlingen ungeeignet erscheinen lassen, so hat der Vorstand bei der unteren Verwaltungsbehörde die Entziehung der Befugniß zum Halten und zur Anleitung von Lehrlingen zu beantragen. In gleicher Weise ist die Entziehung der Befugniß zur Anleitung von Lehrlingen hinsichtlich solcher Personen zu beantragen, welche wegen geistiger oder körperlicher Gebrechen zur sachgemäßen Anleitung eines Lehrlinges nicht geeignet sind (§. 126a der Gewerbeordnung).

Wenn Innungsmitglieder den Vorschriften zuwider Lehrlinge halten, anleiten oder anleiten lassen, so hat der Vorstand auf Antrag oder nach Anhörung des Ausschusses für das Lehrlingswesen geeignetenfalls die Anwendung der gesetzlichen Straf- und Zwangsmittel herbeizuführen (§§. 148 Ziffer 9a und 9b, 128 Absatz 1, 144a der Gewerbeordnung).

§. 8.

Wird der Lehrherr zur Erfüllung der ihm vertragsmäßig obliegenden Verpflichtungen unfähig, so hat der Ausschuß für das Lehrlingswesen dem Vater oder dem Vormunde hiervon mit der Aufforderung Kenntniß zu geben, die Auflösung des Lehrverhaltnisses herbeizuführen.

Das Gleiche hat zu geschehen, wenn der Lehrherr verstirbt und nicht innerhalb vier Wochen die Fortsetzung des Gewerbes nach Maßgabe des §. 1 Absatz 2 geregelt wird.

In diesen Fällen, sowie in sonstigen Fällen, in welchen das Lehrlingsverhältniß auf Grund des §. 127b der Gewerbeordnung aufgelöst wird, hat der Ausschuß, sofern der Vater oder Vormund des Lehrlinges dies wünschen, seine Vermittelung dafür eintreten zu lassen, daß der Lehrling für den Rest der Lehrzeit bei einem anderen Innungsmitglied untergebracht wird.

§. 9.

Die Innung stellt dem Lehrling über die Zurücklegung der ordnungsmäßigen Lehrzeit, über die während derselben erworbenen Kenntnisse und Fertigkeiten sowie über sein Betragen den Lehrbrief aus. [Für Ausstellung desselben ist ein Betrag von 1,50 Mark an die Innungskasse zu zahlen.]

Der Lehrling soll von dem Lehrherrn und dem Ausschusse für das Lehrlingswesen angehalten werden, sich nach Beendigung des Lehrverhältnisses der Gesellenprüfung zu unterziehen.

Die Gesellenprüfung findet in der Regel erst nach Ablauf der im §. 3 Absatz 3 vorgesehenen Dauer der Lehrzeit statt. Die Handwerkskammer kann in Einzelfällen Lehrlinge von der Innehaltung der von ihr festgesetzten Lehrzeit entbinden; solange sie die Dauer der Lehrzeit nicht festgesetzt hat, kann der Ausschuß für das Lehrlingswesen einen Erlaß an der Lehrzeit gewähren.

III.

Entwurf des Statuts einer freien Innung

nach §§. 81 bis 99 der Gewerbeordnung in der Fassung des Gesetzes vom 26. Juli 1897 (Reichs-Gesetzbl. S. 663).

(Zentralbl. für das Deutsche Reich 1898 S. 156.)

Vorbemerkungen.

1. Wenn Gewerbetreibende freiwillig zu einer Innung zusammentreten, haben sie fortan ein den Vorschriften der §§. 81 bis 99 der Gewerbeordnung in der Fassung des Gesetzes vom 26. Juli 1897 entsprechendes Innungsstatut aufzustellen, und wenn bestehende Innungen als freie Innungen fortbestehen wollen, haben sie innerhalb der im Artikel 6 Ziffer 1 des Gesetzes bezeichneten Frist ihr bisheriges Statut jenen Vorschriften entsprechend umzugestalten. Der Entwurf soll hierfür eine Anleitung geben. Sein Inhalt ist weder für diejenigen, welchen die Aufstellung oder Umarbeitung des Innungsstatuts obliegt, noch für die Behörden, welchen die Genehmigung zusteht, verbindlich.

2. Ein Entwurf, welcher ohne Aenderungen für jede Innung verwendbar wäre, kann bei der großen Verschiedenheit der Verhältnisse nicht gegeben werden. Es ist daher nothwendig, im einzelnen Falle die Bestimmungen darauf zu prüfen, ob sie für die betreffende Innung passen; soweit dies nicht der Fall ist, müssen dann die zweckmäßig erscheinenden Aenderungen und Ergänzungen vorgenommen werden

Die Abweichungen von dem Entwurfe müssen aber mit dem Gesetz im Einklange bleiben. Das Statut hat über alle im §. 83 der Gewerbeordnung bezeichneten Punkte Bestimmung zu treffen und bei den einzelnen Punkten die einschlägigen gesetzlichen Vorschriften zu berücksichtigen.

3. Was durch gesetzliche Vorschrift in der Weise geregelt ist, daß den einzelnen Innungsstatuten ein Spielraum für besondere Be-

stimmungen nicht gelassen wird, ist in den Entwurf nur soweit aufgenommen, als es nothwendig erschien, um das Verständniß der getroffenen Bestimmungen zu sichern, oder den Innungsmitgliedern eine ausreichende Kenntniß ihrer Rechte und Pflichten zu vermitteln. Den Betheiligten ist überlassen, in dieser Beziehung das Innungsstatut zu vervollständigen oder zu vereinfachen.

4. Die im Entwurfe vorkommenden Klammern [ ] deuten, soweit sie nicht durch Bemerkungen besonders erläutert sind, an, daß die eingeklammerten Worte nach den Umständen beibehalten oder gestrichen werden können, oder daß unter den mehreren in Klammern eingeschlossenen Fassungen unter Berücksichtigung der Verhältnisse die Wahl zu treffen ist.

Auf Grund der §§. 81 bis 99 der Gewerbeordnung in der Fassung des Gesetzes vom 26. Juli 1897 (Reichs-Gesetzbl. S. 663) und der nachfolgenden Bestimmungen treten die Unterzeichneten zu einer Innung zusammen.

[Auf Grund der §§. 81 bis 99 der Gewerbeordnung in der Fassung des Gesetzes vom 26. Juli 1897 (Reichs-Gesetzbl. S. 663) wird für die .... Innung zu N. auf Beschluß der Innungsversammlung das nachfolgende revidirte Statut erlassen. Dasselbe tritt vom .... 1 . ab an die Stelle des bisherigen Innungsstatuts vom ....]

Name, Sitz und Umfang der Innung.

§. 1.

Die Innung führt den Namen .... Innung zu N. Ihr Sitz ist zu N.

Ihr Bezirk umfaßt den Bezirk der Gemeinde [des Amtsbezirkes, des Kreises] N., [sowie der Gemeinden A., B., C. u. s. w.].

Sie besteht für das . . . . . Gewerbe.

Aufgaben der Innung.

§. 2.

Aufgabe der Innung ist:

1. die Pflege des Gemeingeistes sowie die Aufrechterhaltung und Stärkung der Standesehre unter den Innungsmitgliedern;

2. die Förderung eines gedeihlichen Verhältnisses zwischen Meistern und Gesellen (Gehülfen) sowie die Fürsorge für das Herbergswesen und den Arbeitsnachweis;
3. die nähere Regelung des Lehrlingswesens und die Fürsorge für die technische, gewerbliche und sittliche Ausbildung der Lehrlinge, vorbehaltlich der Bestimmungen der §§. 103e, 126 bis 132a der Gewerbeordnung;
4. die Entscheidung von Streitigkeiten der im §. 3 des Gewerbegerichtsgesetzes vom 29. Juli 1890 und im §. 53a des Krankenversicherungsgesetzes bezeichneten Art zwischen den Innungsmitgliedern und ihren Lehrlingen.

§. 3.

Außerdem wird die Innung folgende Zwecke verfolgen:*)

1. ....;
2. ....;
3. ....

*) Hier sind die Zwecke anzugeben, welche die Innung auf Grund des §. 81b der Gewerbeordnung verfolgen will:

§. 81b.

„Die Innungen sind befugt, ihre Wirksamkeit auf andere, den Innungsmitgliedern gemeinsame gewerbliche Interessen als die im §. 81a bezeichneten auszudehnen. Insbesondere steht ihnen zu:

1. Veranstaltungen zur Förderung der gewerblichen, technischen und sittlichen Ausbildung der Meister, Gesellen (Gehülfen) und Lehrlinge zu treffen, insbesondere Schulen zu unterstützen, zu errichten und zu leiten, sowie über die Benutzung und den Besuch der von ihnen errichteten Schulen Vorschriften zu erlassen;
2. Gesellen- und Meisterprüfungen zu veranstalten und über die Prüfungen Zeugnisse auszustellen;
3. zur Unterstützung ihrer Mitglieder und deren Angehörigen, ihrer Gesellen (Gehülfen), Lehrlinge und Arbeiter in Fällen der Krankheit, des Todes, der Arbeitsunfähigkeit oder sonstiger Bedürftigkeit Kassen zu errichten;
4. Schiedsgerichte zu errichten, welche berufen sind, Streitigkeiten der im §. 3 des Gewerbegerichtsgesetzes und im §. 53a des Krankenversicherungsgesetzes bezeichneten Art zwischen den Innungsmitgliedern und ihren Gesellen (Gehülfen) und Arbeitern an Stelle der sonst zuständigen Behörden zu entscheiden;

Mitgliedschaft.

§. 4.

Zum Eintritt in die Innung ist jeder [Volljährige] berechtigt, welcher

a) das .. .. Gewerbe [eines der Gewerbe, für welche die Innung errichtet ist] innerhalb des Innungsbezirkes selbstständig betreibt,

[b) sich im Besitze der bürgerlichen Ehrenrechte befindet,

c) nicht durch gerichtliche Anordnung in der Verfügung über sein Vermögen beschränkt ist,

d) den an die Mitglieder der Innung in Bezug auf ehrenhaften Lebenswandel und ordnungsmäßigen Gewerbebetrieb zu stellenden Anforderungen genügt,] wenn er

1. nach Zurücklegung einer ordnungsmäßigen Lehrzeit die Gesellenprüfung bei einer Innung oder vor einem von der Handwerkskammer errichteten Prüfungsausschuß oder eine nach Vorschriften der Landes-Centralbehörde gemäß §. 132a der Gewerbeordnung geordnete Gesellenprüfung [oder vor der Geltung der §§. 131—132a der Gewerbeordnung eine landesrechtlich geregelte Gesellenprüfung [Lehrlingsprüfung]] bestanden hat und mindestens [3] Jahre als Geselle oder Gehülfe im .... Gewerbe beschäftigt gewesen ist,

[2. oder mindestens [2] Jahre lang das .... Gewerbe selbständig [mit Gehülfen] betrieben hat,]

[3. oder die Berechtigung zur Führung des Meistertitels für das . Gewerbe erworben hat,]

[4. oder die Aufnahmeprüfung vor dieser oder einer anderen . . . . Innung abgelegt hat.]

Für diejenigen, welche das Gewerbe an einem Orte erlernt haben, wo sie bei Ablauf der Lehrzeit keine Gelegenheit zur Ablegung der Gesellenprüfung hatten, tritt an die Stelle der Erfordernisse unter Ziffer 1 die Beibringung eines beglaubigten Zeugnisses, durch welches die erfolgreiche Zurücklegung einer mindestens [3] jährigen Lehrzeit

---

5. zur Förderung des Gewerbebetriebs der Innungsmitglieder einen gemeinschaftlichen Geschäftsbetrieb einzurichten."

Bestimmungen über Einrichtungen der im §. 81b Ziffer 3, 4 und 5 bezeichneten Art dürfen nicht in das Innungsstatut aufgenommen werden, sondern sind in Nebenstatuten zusammenzufassen (§. 83 Absatz 4, §. 85 der Gewerbeordnung).

nachgewiesen wird, und der Nachweis mindestens [3] jähriger Beschäftigung als Geselle oder Gehülfe im .... Gewerbe.

[Für diejenigen, welche zur Zeit des Erlasses dieses Statuts das .... Gewerbe innerhalb des Innungsbezirkes selbständig betreiben und sich binnen [2, 4, 6] Monaten zum Eintritt in die Innung melden, kommen die unter Ziffer 1 bis 4 aufgestellten Erfordernisse in Wegfall.]

§. 5.

Die Aufnahmeprüfung wird nach Maßgabe der folgenden Bestimmungen abgenommen.*)

§. 6.

Die Innung kann außerdem als Mitglieder aufnehmen:

1. diejenigen, welche als Werkmeister oder in ähnlicher Stellung bei einem innerhalb des Innungsbezirkes bestehenden Großbetriebe für Arbeiten beschäftigt sind;
2. diejenigen im Innungsbezirke wohnenden Personen, welche in dem Gewerbe als selbständige Gewerbetreibende oder als Werkmeister oder in ähnlicher Stellung thätig gewesen sind, diese Thätigkeit aber aufgegeben haben und eine andere gewerbliche Thätigkeit nicht ausüben;
3. die innerhalb des Innungsbezirkes in landwirthschaftlichen oder gewerblichen Betrieben gegen Entgelt mit Arbeiten beschäftigten Handwerker,

wenn sie den Erfordernissen des §. 4 mit Ausnahme desjenigen unter a entsprechen.

§. 7.

Ueber die Aufnahme entscheidet der Vorstand. Gegen den Beschluß des Vorstandes steht dem Antragsteller die Berufung an die Innungsversammlung zu. Gegen einen ablehnenden Beschluß der letzteren ist Beschwerde an die Aufsichtsbehörde zulässig.

Den Innungsmitgliedern ist ein Abdruck des Statuts und der etwaigen Nachträge zum Statut auszuhändigen.

*) Hier sind die Gegenstände, auf welche sich die Prüfung erstrecken soll, sowie Art und Umfang der zu fordernden Leistungen anzugeben, wobei zu beachten, daß nach §. 87 Absatz 3 der Gewerbeordnung nur der Nachweis der Befähigung zur selbständigen Ausführung der gewöhnlichen Arbeiten des Gewerbes gefordert werden darf.

§. 8.

Jedes neu eintretende Mitglied hat ein Eintrittsgeld von .... Mark in die Innungskasse zu zahlen. Eine Erhöhung oder Herabsetzung des Eintrittsgeldes kann von der Innungsversammlung beschlossen werden. Ein solcher Beschluß hat nur für diejenigen Wirkung, welche sich erst nach demselben zur Aufnahme gemeldet haben.

§. 9.

Wird nach dem Tode eines Innungsmitglieds dessen Gewerbebetrieb für Rechnung der Wittwe oder minderjähriger Erben fortgesetzt, so gehen die Befugnisse und Obliegenheiten des Verstorbenen [mit Ausnahme des Stimmrechts auf die Wittwe während die Wittwenstandes oder auf die minderjährigen Erben für die Dauer der Minderjährigkeit] über. [auf die Wittwe während des Wittwenstandes oder auf die minderjährigen Erben für die Dauer der Minderjährigkeit mit der Maßgabe über, daß das Stimmrecht [von der Wittwe oder] von einem zur Fortführung des Gewerbebetriebs angenommenen Stellvertreter, welcher den Anforderungen des §. 4 mit Ausnahme derjenigen unter a entspricht, auszuüben ist.]

§. 10.

Durch Beschluß der Innungsversammlung können andere als die in §§. 4 und 6 bezeichneten Personen, welche sich um das Gewerbe oder die Innung verdient gemacht haben, zu Ehrenmitgliedern der Innung ernannt werden. Dieselben sind berechtigt, an den Innungsversammlungen und auf an sie ergehende Einladung an den Verhandlungen des Vorstandes und der Ausschüsse mit berathender Stimme Theil zu nehmen.

Allgemeine Rechte und Pflichten der Innungsmitglieder.

§. 11.

Jedem Innungsmitgliede steht das Recht auf Theilnahme an dem Vermögen und den Einrichtungen der Innung, sowie auf Benutzung ihrer gemeinsamen Anstalten nach Maßgabe dieses Statuts, der Nebenstatuten und der Beschlüsse der Innungsversammlung zu.

§. 12.

Jedes Mitglied der Innung ist verpflichtet, zur Förderung der gemeinsamen gewerblichen Interessen nach Maßgabe dieses Statuts mitzuwirken, den Vorschriften des letzteren, den Beschlüssen der Innungsversammlungen und den Anordnungen, welche vom Vorstand und den

Ausschüssen der Innung innerhalb ihrer Zuständigkeit getroffen werden, Folge zu leisten.

Zuwiderhandlungen gegen die vorbezeichneten Vorschriften, Beschlüsse und Anordnungen werden, soweit sie nicht besonderen Strafbestimmungen unterliegen, vom Innungsvorstande mit Ordnungsstrafen, insbesondere Geldstrafen bis zu 20 Mark geahndet.

§. 13.

Jedes Mitglied der Innung ist verpflichtet, die Wahl zum Mitgliede des Innungsvorstandes oder eines Ausschusses anzunehmen.

Die Annahme kann nur aus Gründen verweigert werden, welche zur Ablehnung [eines unbesoldeten Gemeindeamts] [des Amtes eines Vormundes]*) berechtigen, oder wenn der Gewählte ein Innungsamt 6 Jahre versehen hat, während der nächsten 6 Jahre. Ablehnungsgründe des Gewählten sind nur zu berücksichtigen, wenn sie binnen 2 Wochen, nachdem der Gewählte von seiner Wahl in Kenntniß gesetzt ist, schriftlich geltend gemacht werden. Ueber den Ablehnungsantrag entscheidet die Aufsichtsbehörde endgültig.

Gegen Innungsmitglieder, welche die Annahme der Wahlen aus unzulässigen Gründen ablehnen, kann der Innungsvorstand Geldstrafen bis zu 20 Mark verhängen.

§. 14.

Kommen unter den Innungsgenossen Beleidigungen oder Streitigkeiten, welche sich auf gewerbliche Angelegenheiten beziehen, vor, so hat der Vorstand auf Antrag eines derselben beide Theile vorzuladen und einen Vergleich oder eine Aussöhnung unter ihnen zu versuchen.

Innungsmitglieder, welche Streitigkeiten dieser Art ohne vorgängigen Sühneversuch vor dem Vorstande gerichtlich anhängig machen, verwirken eine vom Innungsvorstande festzusetzende Geldstrafe bis zu [10] Mark.

§. 15.

Jedes Innungsmitglied ist verpflichtet, den zum Zwecke seiner Vernehmung in Innungsangelegenheiten an ihn ergehenden Vorladungen nachzukommen.

---

*) Der Inhalt der zweiten Klammer ist zu wählen, soweit landesgesetzliche Bestimmungen über die zur Ablehnung von Gemeindeämtern berechtigenden Gründe nicht bestehen. Die maßgebenden Bestimmungen können in einer Anmerkung wiedergegeben werden.

Bei [In] der Vorladung, [welche schriftlich zu erlassen ist,] muß der Zweck derselben angegeben werden. Sie kann unter schriftlicher Androhung einer Geldstrafe bis zu [6] Mark erfolgen.

§. 16.

Die Innungsmitglieder sind verpflichtet, die aus der Errichtung und Thätigkeit der Innung und ihres Gesellenausschusses (§§. 43 ff.) erwachsenden Kosten, soweit sie aus den Erträgen des vorhandenen Vermögens oder aus anderen Einnahmen keine Deckung finden, durch Beiträge aufzubringen.

[Jedes Mitglied der Innung hat [viertel=, halb=] jährlich einen ordentlichen Beitrag von .... Mark zu zahlen. [Vergl. §. 49.]

Durch Beschluß der Innungsversammlung können außerordentliche Beiträge ausgeschrieben werden.]

[Die von den Mitgliedern der Innung [viertel=, halb=] jährlich zu zahlenden Beiträge werden bei der Feststellung des Haushaltsplans von der Innungsversammlung alljährlich festgesetzt. Bis zu anderweiter Festsetzung sind die Beiträge in der bisherigen Höhe weiter zu entrichten.]

Die Verpflichtuug zur Zahlung der Beiträge und des Eintrittsgeldes (§. 8) beginnt mit dem Anfange des auf den Eintritt folgenden Monats.

Streitigkeiten wegen Entrichtung von Beiträgen und Eintrittsgeldern entscheidet die Aufsichtsbehörde. Die Entscheidung kann binnen 2 Wochen durch Beschwerde bei der höheren Verwaltungsbehörde angefochten werden; diese entscheidet endgültig.

Austritt aus der Innung.

§. 17.

Der Austritt eines Mitglieds aus der Innung ist nur mit dem Schlusse jedes Rechnungsjahrs [Kalenderjahrs] zulässig und muß [mindestens 3] Monate vorher dem Innungsvorstande durch schriftliche Erklärung angezeigt werden.

Ausscheidende Mitglieder verlieren alle Ansprüche an das Innungsvermögen und — vorbehaltlich abweichender Bestimmungen der Nebenstatuten — an die von der Innung errichteten Nebenkassen und Anstalten. Sie bleiben zur Zahlung derjenigen Beiträge verpflichtet, deren Umlegung am Tage ihres Austritts bereits erfolgt war.

Vertragsmäßige Verbindlichkeiten, welche sie der Innung gegenüber eingegangen sind, werden durch den Austritt nicht berührt.

Ausschluß aus der Innung.

§. 18.

Durch Beschluß der Innungsversammlung können aus der Innung ausgeschlossen werden:

1. diejenigen, welche die bürgerlichen Ehrenrechte verloren haben oder durch gerichtliche Anordnung in der Verfügung über ihr Vermögen beschränkt sind;
2. diejenigen, welche sich trotz voraufgegangener wiederholter Ordnungsstrafen von Neuem einer Verletzung der ihnen als Mitglieder der Innung obliegenden Verpflichtungen schuldig machen;
3. diejenigen, welche durch unehrenhafte Handlungen oder lasterhaften Lebenswandel in schlechten Ruf gerathen sind;
4. diejenigen, welche während zweier auf einander folgender Jahre das Gewerbe nicht mehr selbständig betrieben haben, sofern ihre Aufnahme in die Innung nicht auf Grund des §. 6 Ziffer 2 erfolgt war;
5. diejenigen, welche ungeachtet wiederholter Mahnung [ein] Jahr mit ihren Beiträgen oder mit Strafgeldern im Rückstande geblieben sind.

Ein Antrag auf Ausschließung eines Mitglieds kann in der Innungsversammlung nur zur Verhandlung gebracht werden, wenn er vom Innungsvorstande gestellt, oder bei diesem schriftlich unter Angabe des Ausschließungsgrundes und, von mindestens [5] [einem tel der] stimmberechtigten Mitglieder[n] unterzeichnet, spätestens 14 Tage vor der Versammlung eingebracht ist.

Der Antrag ist dem betreffenden Innungsmitgliede spätestens eine Woche vor der Innungsversammlung, in welcher er zur Verhandlung kommen soll, unter Angabe des Ausschließungsgrundes schriftlich mitzutheilen.

Eine Beschlußfassung darf nicht erfolgen, bevor nicht dem Betreffenden Gelegenheit gegeben ist, sich vor der Innungsversammlung zu vertheidigen. Beruft sich derselbe für Thatsachen, welche er zu seiner Vertheidigung vorbringt, auf Zeugen oder sonstige Beweismittel, welche nicht zur Stelle sind, so ist auf seinen Antrag die Beschlußfassung auf eine spätere Versammlung zu verschieben. Erscheint er in einer der beiden Versammlungen ohne genügende Entschuldigung nicht, so erfolgt die Beschlußfassung in seiner Abwesenheit.

Ausschließungen, welche unter Nichtbeachtung der vorstehenden Vorschriften vorgenommen werden, sind nichtig.

Hinsichtlich der Rechte und Pflichten der Ausgeschlossenen greifen die Bestimmungen des §. 17 Absatz 2 Platz.

Innungsversammlung.

§. 19.

Die Innungsversammlung besteht aus allen volljährigen Mitgliedern der Innung, welche sich im Besitze der bürgerlichen Ehrenrechte befinden und nicht durch gerichtliche Anordnung in der Verfügung über ihr Vermögen beschränkt sind.

[Für diejenigen, welche mit Innungsbeiträgen wiederholt länger als ein halbes Jahr im Rückstande verblieben sind, ruht das Stimmrecht bis zur Entrichtung aller rückständigen Beiträge.]

oder

§. 19.

Die Innungsversammlung besteht aus Vertretern, welche von den Innungsmitgliedern aus ihrer Mitte auf [4] Jahre gewählt werden.

Wahlberechtigt und wählbar sind diejenigen volljährigen Mitglieder, welche sich im Besitze der bürgerlichen Ehrenrechte befinden und nicht durch gerichtliche Anordnung in der Verfügung über ihr Vermögen beschränkt sind. [Für diejenigen, welche mit Innungsbeiträgen wiederholt länger als ein halbes Jahr im Rückstande geblieben sind, ruhen Wahlrecht und Wählbarkeit bis zur Entrichtung aller rückständigen Beiträge.]

Für je 10 [20, 30 u. s. w.] Innungsmitglieder wird ein Vertreter gewählt; ist die Zahl der Innungsmitglieder nicht durch 10 [20, 30 u. s. w.] theilbar, so ist für die überschießende Zahl, wenn dieselbe 5 [10, 15] oder mehr beträgt, ein weiterer Vertreter zu wählen.*)

*) Bei Innungen mit großer Mitgliederzahl oder mit großem Bezirke wird sich eine Wahl nach örtlichen Bezirken, bei Innungen, die für mehrere Gewerbe errichtet sind, eine Wahl nach Abtheilungen, die unter Berücksichtigung der verschiedenen Gewerbe gebildet sind, empfehlen.

§. 19 a.

Die Wahlberechtigten sind zur Wahl mindestens [3 Tage] vorher [schriftlich] [mittelst Bekanntmachung in dem im §. 61 bezeichneten Blatte] einzuladen; in der Einladung ist die Zahl der zu wählenden Vertreter anzugeben.

Die Wahl wird durch Stimmzettel in einem Wahlgang in der Weise vorgenommen, daß jeder Wahlberechtigte soviel Namen auf den Stimmzettel schreibt, wie Vertreter zu wählen sind. Gewählt sind diejenigen, welche die meisten Stimmen erhalten. Bei Stimmengleichheit entscheidet das Loos, welches von dem die Wahl Leitenden gezogen wird. Im Uebrigen finden die Bestimmungen der §§. 27 und 31 Absatz 1 entsprechende Anwendung.

Scheiden Vertreter während der Amtsdauer aus, so kann sich die Innungsversammlung durch Zuwahl für den Rest der Wahlzeit ergänzen.

§. 20.

Der Innungsversammlung liegt außer den ihr durch besondere Bestimmungen vorbehaltenen Angelegenheiten ob:

1. die Feststellung des Haushaltsplans der Innung und die Bewilligung von Ausgaben, welche im Haushaltsplane nicht vorgesehen sind;
2. die Prüfung und Abnahme der Jahresrechnung;
3. die Beschlußfassung über die Verfolgung von Ansprüchen, welche der Innung gegen Vorstandsmitglieder aus deren Amtsführung erwachsen sind, und die Wahl der damit zu Beauftragenden;
4. der Erlaß der Vorschriften zur näheren Regelung des Lehrlingswesens;*)
5. die Beschlußfassung über Errichtung und Abänderung von Nebenstatuten und über alle Einrichtungen, welche zur Erfüllung der Aufgaben der Innung getroffen werden sollen;
6. die Beschlußfassung über Abanderung des Statuts und Auflösung der Innung;
7. die Einsetzung besonderer Ausschüsse zur Vorberathung einzelner Angelegenheiten und zur Verwaltung einzelner Innungseinrichtungen;
8. die Beschlußfassung über Anträge von Mitgliedern und uber

*) Bei Innungen von Handwerkern nur vorbehaltlich der Regelung durch die Handwerkskammer.

Beschwerden gegen die Geschäftsführung des Vorstandes und der Ausschüsse;

9. die Berathung und Beschlußfassung über alle Angelegenheiten, welche ihr zu diesem Zwecke von dem Vorstand und von der Aufsichtsbehörde vorgelegt werden.

§. 21.

Zur Berathung und Beschlußfassung der Innungsversammlung über die Regelung des Lehrlingswesens, über die Gesellenprüfung und über die Begründung und Verwaltung solcher Einrichtungen, für welche die Gesellen (Gehülfen) Beiträge zu entrichten oder eine besondere Mühewaltung zu übernehmen haben, oder welche zu ihrer Unterstützung bestimmt sind, sind sämmtliche Mitglieder des Gesellenausschusses einzuladen und mit vollem Stimmrechte zur Theilnahme zuzulassen.

Die Ausführung von Beschlüssen der Innungsversammlung in diesen Angelegenheiten darf nur mit Zustimmung des Gesellenausschusses erfolgen; wird die Zustimmung versagt, so kann sie durch die Aufsichtsbehörde ergänzt werden (vergl. §. 34 Absatz 2).

War bei der Beschlußfassung der Innungsversammlung mehr als die Hälfte der Mitglieder des Gesellenausschusses anwesend, so gilt die Zustimmung des letzteren zur Ausführung des Beschlusses als ertheilt oder als versagt, je nachdem die Mehrheit seiner Mitglieder dem Beschlusse zugestimmt hat oder nicht. Das Protokollbuch (§. 26 Absatz 3) muß die Abstimmung der Mitglieder des Gesellenausschusses ergeben.

§. 22.

Vierteljährlich und zwar im Laufe der Monate Januar, April Juli, Oktober [Halbjährlich] findet eine ordentliche Sitzung der Innungsversammlung statt.

Die Abhaltung außerordentlicher Sitzungen kann vom Vorstande beschlossen werden. Eine solche muß stattfinden, wenn sie von dem [vierten] Theil der stimmberechtigten Mitglieder schriftlich unter Angabe des Zweckes beim Vorstande beantragt wird.

§. 23.

Der Vorsitzende des Innungsvorstandes [der Obermeister] hat zu der Sitzung — in den Fällen des §. 22 Absatz 2 spätestens 14 Tage nach der Beschlußfassung des Vorstandes oder nach dem Eingange des Antrags — [schriftlich] [mittelst Bekanntmachung in dem in §. 61 bezeichneten Blatte, — Ansage durch den Innungsboten —] einzuladen. Die Einladung muß Ort, Tag und Stunde der Versammlung sowie die Gegenstände der Verhandlung angeben und [jedem Mitgliede so zeitig zugestellt werden, daß es] [so zeitig erfolgen, daß jedes Mitglied] mindestens 48 Stunden vor Beginn der Sitzung Kenntniß davon erhält.

Unterläßt der Vorsitzende des Innungsvorstandes die rechtzeitige Berufung der Sitzung, so hat der Vorstand dieselbe durch eines seiner Mitglieder vorzunehmen, welches die Einladung Namens des Vorstandes erläßt und den Vorsitzenden hiervon benachrichtigt. Kommt der Vorstand dieser Verpflichtung nicht nach, so ist jedes Mitglied der Innung berechtigt, das Einschreiten der Aufsichtsbehörde auf Grund des §. 96 Absatz 5 der Gewerbeordnung anzurufen.

§. 24.

Jedes stimmberechtigte Mitglied der Innungsversammlung ist verpflichtet, in den Sitzungen rechtzeitig zu erscheinen, [sofern es nicht durch Abwesenheit, Krankheit oder andere unvermeidliche Abhaltungen verhindert ist.] [oder im Falle seiner Verhinderung auf Grund schriftlicher Vollmacht durch ein anderes stimmberechtigtes Mitglied sich vertreten zu lassen. Mehr als [3] Vertretungen darf kein Mitglied führen.]

Wer ohne genügende Entschuldigung ausbleibt oder verspätet in der Innungsversammlung erscheint [oder sich nicht vertreten läßt], verwirkt eine vom Innungsvorstande zu verhängende Geldstrafe, welche bis zu anderweiter Feststellung durch Beschluß der Innungsversammlung [50] Pfennig beträgt.

§. 25.

Den Vorsitz in der Innungsversammlung führt der Vorsitzende des Innungsvorstandes [Obermeister], in dessen Verhinderung sein Stellvertreter oder ein anderes Vorstandsmitglied, in den Fällen, wo die Berufung der Innungsversammlung durch die Aufsichtsbehörde erfolgt ist, der Vertreter der Aufsichtsbehörde.

Der Vorsitzende eröffnet, leitet und schließt die Sitzung. Er hat das Recht, Mitglieder der Innungsversammlung und gemäß §. 21 zugezogene Mitglieder des Gesellenausschusses, welche seinen zur Leitung der Verhandlungen getroffenen Anordnungen nicht Folge leisten, oder sich sonst ungebührlich benehmen, aus dem Versammlungsraum auszuweisen.

§. 26.

Beschlüsse der Innungsversammlung werden vorbehaltlich der Bestimmungen im §. 59 mit einfacher Mehrheit der erschienenen stimmberechtigten Mitglieder gefaßt.

Beschlüsse können von der Innungsversammlung nur über solche Angelegenheiten gefaßt werden, welche bei ihrer Berufung als Gegenstände der Verhandlung bezeichnet sind oder mit Zustimmung aller anwesenden Stimmberechtigten vom Vorsitzenden zur Verhandlung gestellt werden. Auf dem letzteren Wege können jedoch die im §. 21 bezeichneten Angelegenheiten nur dann zur Beschlußfassung gelangen, wenn mehr als die Hälfte der Mitglieder des Gesellenausschusses anwesend ist und alle anwesenden Mitglieder mit der Verhandlung des Gegenstandes einverstanden sind.

Die von der Innungsversammlung gefaßten Beschlüsse sind von dem Schriftführer des Innungsvorstandes oder dessen Stellvertreter in ein Protokollbuch einzutragen und von dem Vorsitzenden der Versammlung sowie von dem Schriftführer oder dessen Stellvertreter zu unterzeichnen.

§. 27.

Die von der Innungsversammlung vorzunehmenden Wahlen sind geheim und erfolgen durch Stimmzettel. Bei Stimmengleichheit entscheidet das Loos. Wahlen durch Zuruf sind zulässig, wenn Niemand widerspricht.

Ueber die Wahlhandlung ist ein Protokoll aufzunehmen.

§. 28.

Die Geschäftsordnung der Innungsversammlung wird, soweit das Statut darüber keine Vorschriften enthält, durch Beschlüsse der Innungsversammlung näher geregelt.

Innungsvorstand.

§. 29.

Der Vorstand, der aus dem Vorsitzenden [Obermeister] und [4] Mitgliedern besteht, wird von der Innungsversammlung aus den nach §. 42 Absatz 1 wählbaren Innungsmitgliedern und zwar der Vorsitzende [Obermeister] in einem besonderen Wahlgange mit absoluter, die übrigen gemeinschaftlich mit einfacher Stimmenmehrheit gewählt. Soweit bei der Wahl des Vorsitzenden [Obermeisters] die Mehrzahl der abgegebenen

Stimmen nicht auf eine Person fällt, findet eine engere Wahl unter denjenigen beiden Personen statt, welche im ersten Wahlgange die meisten Stimmen erhalten haben.

§. 30.

Der Vorsitzende [Obermeister] wird auf [3] Jahre gewählt.

Von den Mitgliedern scheidet alljährlich eines [die Hälfte] aus. Die Reihenfolge des Ausscheidens wird während der ersten [3] Jahre [das erste Mal] durch das Loos, demnächst durch das Dienstalter bestimmt.

Die Ausscheidenden sind wieder wählbar.

Die Neuwahl für die Ausscheidenden ist unter Bezeichnung der Ausscheidenden auf die Tagesordnung der ersten ordentlichen Sitzung der Innungsversammlung des Jahres zu setzen.

Die Ausscheidenden bleiben so lange im Amte, bis ihre Nachfolger in den Vorstand eingetreten sind.

Scheidet der Vorsitzende [Obermeister] [oder ein Mitglied des Vorstandes] vor Ablauf seiner Wahlzeit aus, so ist binnen [4] Wochen eine Neuwahl für den Rest der Wahlzeit vorzunehmen. [Scheiden Mitglieder des Vorstandes vor Ablauf ihrer Wahlzeit aus, so ist in der nächsten Innungsversammlung eine Neuwahl für den Rest der Wahlzeit vorzunehmen.]

§. 31.

Die Wahl findet unter Leitung des Vorstandes statt. Die erste Wahl nach Errichtung der Innung, sowie spätere Wahlen, bei denen ein Vorstand nicht vorhanden ist, werden von einem Beauftragten der Aufsichtsbehörde geleitet.

Der Vorstand hat über jede Aenderung in seiner Zusammensetzung und über das Ergebniß jeder Wahl der Aufsichtsbehörde binnen einer Woche Anzeige zu erstatten.

§. 32.

Der Vorstand wählt aus seiner Mitte auf die Dauer eines Jahres einen Stellvertreter des Vorsitzenden [Obermeisters], einen Schriftführer und einen Kassenführer.

Der Vorsitzende [Obermeister], bei dessen Behinderung sein Stellvertreter oder, sofern auch dieser verhindert sein sollte, das dienstälteste Mitglied des Vorstandes, beruft und leitet die Sitzungen des Vorstandes. An diesen ist jedes Vorstandsmitglied, abgesehen von Fällen dringender

Behinderung, bei Vermeidung einer Geldstrafe von [50] Pfennig Theil zu nehmen verpflichtet. Ueber die Verhängung dieser Strafe beschließt der Vorstand in Abwesenheit des betreffenden Mitglieds.

Der Vorsitzende [Obermeister] ist verpflichtet, innerhalb einer Frist von [2] Wochen eine Sitzung des Vorstandes abzuhalten, wenn solches von der Mehrheit der Vorstandsmitglieder beantragt wird.

Zur Berathung und Beschlußfassung des Vorstandes über die im §. 21 bezeichneten Angelegenheiten ist der Altgeselle (§. 45) in derselben Weise wie die Vorstandsmitglieder einzuladen und mit vollem Stimmrechte zuzulassen. Der Vorstand ist beschlußfähig, wenn einschließlich des Vorsitzenden [Obermeisters] oder seines Stellvertreters mehr als die Hälfte der Mitglieder anwesend ist. Die Beschlüsse werden mit Stimmenmehrheit gefaßt; bei Stimmengleichheit entscheidet der Vorsitzende.

Die Beschlüsse des Vorstandes werden von dem Schriftführer oder dessen Stellvertreter in ein Vorstands-Protokollbuch eingetragen und von dem Vorsitzenden sowie von dem Schriftführer oder dessen Stellvertreter unterzeichnet.

§. 33.

Der Vorstand vertritt die Innung nach außen in allen gerichtlichen und außergerichtlichen Verhandlungen.

Schriftliche Willenserklärungen des Vorstandes müssen im Namen desselben ausgestellt und von dem Vorsitzenden [Obermeister] oder dessen Stellvertreter und einem zweiten Vorstandsmitglied unterschrieben sein. Eine in dieser Form ausgestellte Erklärung gilt Dritten gegenüber als eine die Innung verpflichtende Willenserklärung des Vorstandes. Die Vorstandsmitglieder dürfen indessen bei eigener Verantwortung eine solche Erklärung nur auf Grund eines vorschriftsmäßig gefaßten Vorstandsbeschlusses ausstellen.

§. 34.

Der Vorstand hat die gesammte Verwaltung der Innungsangelegenheiten, insonderheit auch der Vermögensangelegenheit wahrzunehmen, soweit sie nicht gesetzlich oder durch Bestimmungen dieses Statuts oder der Nebenstatuten der Innungsversammlung vorbehalten oder auf andere Organe oder Beauftragte der Innung übertragen ist.

Der Vorstand hat die Verhandlungen der Innungsversammlung vorzubereiten und ihre Beschlüsse auszuführen. Ist in den Fällen des §. 21 in der Innungsversammlung selbst die Zustimmung des Gesellenausschusses weder ertheilt, noch versagt worden,*) so hat der Vorstand diese Zustimmung einzuholen und, wenn dieselbe versagt oder binnen [3] Tagen nicht ertheilt wird, deren Ergänzung bei der Aufsichtsbehörde zu beantragen. Den gleichen Antrag hat er bei der Aufsichtsbehörde zu stellen, wenn die Zustimmung des Gesellenausschusses schon in der Innungsversammlung versagt worden ist.

Die Mitglieder des Vorstandes haften der Innung für pflichtmäßige Verwaltung wie Vormünder ihren Mündeln.

§. 35.

Die dem Vorstande nach den statutarischen Bestimmungen zustehende Verhängung von Ordnungsstrafen über Innungsmitglieder hat schriftlich zu erfolgen. In dem Schreiben ist anzugeben, auf Grund welcher Vorschrift des Statuts die Strafe verhängt wird, wodurch das Innungsmitglied diese Vorschrift verletzt hat, und binnen welcher Frist die Geldstrafe an die Innungskasse zu zahlen ist. Ueber Beschwerden der Innungsmitglieder entscheidet die Aufsichtsbehörde.

§. 36.

Soweit dieses Statut nicht Bestimmungen darüber enthält, kann der Vorstand seine Geschäftsordnung und die Vertheilung der Verwaltungsgeschäfte unter seinen Mitgliedern durch eigene Beschlüsse regeln.

Ausschuß für das Gesellen- und Herbergswesen.

§. 37.

Die Innung errichtet zur Verwaltung der Gesellen- und Herbergsangelegenheiten, sowie des Arbeitsnachweises einen „Ausschuß für das Gesellen- und Herbergswesen".

Er besteht aus dem Vorsitzenden des Innungsvorstandes [Obermeister] oder einem vom Innungsvorstande [aus seiner Mitte] zu wählenden Stellvertreter als Vorsitzenden und [4] Mitgliedern, von denen die Hälfte von der Innungsversammlung aus den nach §. 12 Absatz 1 wählbaren Innungsmitgliedern, die andere Hälfte aber von dem Gesellenausschuß aus der Zahl derjenigen volljährigen Gesellen, welche seit mindestens [3 Monaten] bei Innungsmitgliedern in Arbeit stehen und sich im Besitze der bürgerlichen Ehrenrechte befinden, gewählt werden.

*) Die Zustimmung kann unter den Voraussetzungen des §. 21 Absatz 3 schon in der Innungsversammlung ertheilt oder versagt werden.

Jedes Jahr scheiden zwei Mitglieder und zwar ein Innungsmitglied und ein Geselle aus, welche erstmalig durch das Loos, demnächst durch das Dienstalter bestimmt werden.

Im Uebrigen finden auf die Wahlen zum Ausschusse die Bestimmungen der §§. 29 und 30 entsprechende Anwendung.

Ausschuß für das Lehrlingswesen.

§. 38.

Die Innung errichtet für die Lehrlingsangelegenheiten einen „Ausschuß für das Lehrlingswesen". Ihm liegt insbesondere ob, als Organ der Innung Streitigkeiten der im §. 39 bezeichneten Art zwischen Innungsmitgliedern und ihren Lehrlingen zu entscheiden [und bis zum Inkrafttreten der §§. 131 ff. der Gewerbeordnung in der Fassung des Gesetzes vom 26. Juli 1897 die Gesellenprüfung abzunehmen].*)

Der Ausschuß besteht aus dem Vorsitzenden des Innungsvorstandes [Obermeister] oder einem von dem letzteren [vom Innungsvorstande aus seiner Mitte] zu wählenden Stellvertreter als Vorsitzenden und [4] Mitgliedern, von denen die Hälfte aus den Innungsmitgliedern, die andere Hälfte aus den Gesellen zu wählen sind. Im Uebrigen gelten die Vorschriften des §. 37 Absatz 3 und 4.

§. 39.

Der Entscheidung des Ausschusses für das Lehrlingswesen unterliegen Streitigkeiten zwischen Innungsmitgliedern und ihren Lehrlingen

1. über den Antritt, die Fortsetzung oder die Auflösung des Lehrverhältnisses, sowie über die Aushändigung oder den Inhalt des Arbeitsbuchs oder Zeugnisses;
2. über die Leistungen und Entschädigungsansprüche aus dem Lehrverhältnisse, sowie über eine in Beziehung auf dasselbe bedungene Konventionalstrafe, soweit es sich nicht um die im §. 3 Absatz 2 des Gewerbegerichtsgesetzes vom 29. Juli 1890 bezeichneten Konventionalstrafen handelt;

---

*) Die Klammer enthält eine Uebergangsbestimmung für die Zeit bis zum Inkrafttreten der §§. 131 ff. des Gesetzes vom 26. Juli 1897. Nach diesem Zeitpunkte wird die Gesellenprüfung des Handwerkes, soweit nicht auf Grund des §. 132a a. a. O. durch die Landes-Centralbehörde eine abweichende Regelung erfolgt, durch den von der Handwerkskammer errichteten oder mit deren Ermächtigung bei der Innung gebildeten „Prüfungsausschuß" abgenommen.

3. über die Berechnung und Anrechnung der von den Lehrlingen auf Grund des Krankenversicherungsgesetzes zu leistenden Beiträge und Eintrittsgelder.

Nach Anrufung seiner Entscheidung hat der Ausschuß den Parteien alsbald Gelegenheit zu geben, ihre Ausführungen und Beweismittel in einem Termine mündlich vorzubringen. Die Vertretung durch Personen, die sich berufs- oder gewerbsmäßig mit der Besorgung fremder Rechtsangelegenheiten befassen, ist ausgeschlossen.

Kommt ein Vergleich zu Stande, so ist ein Protokoll darüber aufzunehmen und von den Parteien und dem Vorsitzenden des Ausschusses zu unterschreiben.

§. 40.

Die Entscheidung des Ausschusses, bei welcher außer dem Vorsitzenden oder seinem Stellvertreter mindestens [2] Mitglieder mitwirken müssen, erfolgt nach Stimmenmehrheit; bei Stimmengleichheit giebt der Vorsitzende den Ausschlag.

Die Entscheidung ist schriftlich abzufassen; sie geht in Rechtskraft über, wenn nicht binnen einer Nothfrist von einem Monat eine Partei Klage bei dem ordentlichen Gericht erhebt. Die Frist beginnt gegen eine bei der Verkündigung nicht anwesende Partei mit der Behändigung der Entscheidung.

Wegen der Vollstreckung der Entscheidungen oder Vergleiche gelten die Bestimmungen des §. 91b Absatz 2 bis 6 der Gewerbeordnung.

Beauftragte.

§. 41.

|Die dem Ausschusse für das Lehrlingswesen angehörenden Innungsmitglieder haben als Beauftragte der Innung| |Einer oder mehrere von der Innungsversammlung gewählte Beauftragte haben| die Befolgung der für die Beschäftigung der Gesellen (Gehülfen), Lehrlinge und Arbeiter, den Besuch der Fortbildungs- oder Fachschule und die Regelung des Lehrlingswesens erlassenen und der sonstigen gesetzlichen und statutarischen Bestimmungen in den zur Innung gehörigen Betrieben zu überwachen.

Sie werden hierfür durch eine vom Innungsvorstand ausgestellte Vollmacht legitimirt. Die Innungsmitglieder haben den legitimirten Beauftragten Auskunft über alle Gegenstände zu geben, welche für die Erfüllung ihres Auftrags von Bedeutung sind, und ihnen auf Erfordern während der Betriebszeit den Zutritt zu den Werkstätten und Unterkunftsräumen, sowie zu den sonst in Betracht kommenden Räumlichkeiten zu gestatten; sie können hierzu auf Antrag der Beauftragten von der Ortspolizeibehörde angehalten werden. Auf Räume, welche Bestandtheile landwirthschaftlicher oder fabrikmäßiger Betriebe sind, finden diese Bestimmungen keine Anwendung.

Die Beauftragten sollen sich von Zeit zu Zeit von der Art der Beschäftigung der Lehrlinge in den Werkstätten und von der Einrichtung der für die Unterkunft der Lehrlinge bestimmten Räume Kenntniß verschaffen. Sie sollen sich einmal im Jahre hinsichtlich aller Lehrlinge davon überzeugen, ob dieselben den ihrer Lehrzeit angemessenen Stand der Ausbildung erreicht haben.

Eine besondere Beachtung haben sie den nicht bei ihren Lehrherren untergebrachten Lehrlingen zu schenken, sich von der Beschaffenheit der Logir- und Kosthäuser, in denen sie etwa untergebracht sind, Kenntniß zu verschaffen, und wenn sie finden, daß aus der Unterbringung in solchen Häusern Gefahren für das leibliche oder sittliche Wohl des Lehrlings erwachsen, durch Verhandlung mit dem Lehrherrn und den Eltern oder Vormündern des Lehrlings auf Beschaffung eines anderweiten, den Anforderungen entsprechenden Unterkommens hinzuwirken.

Die Beauftragten haben sich der Besichtigung solcher Betriebe, deren Unternehmer auf Grund des §. 94c Absatz 5 der Gewerbeordnung die Besichtigung durch andere Sachverständige beanspruchen, nach näherer Anweisung des Innungsvorstandes zu enthalten.

Gemeinsame Bestimmungen für Innungsämter.

§. 42.

Wählbar zu Mitgliedern des Vorstandes und der Ausschüsse sind nur solche [nach §. 19 in der Innungsversammlung stimmberechtigte] [nach §. 19 Absatz 2 zur Wahl der Vertreter zur Innungsversammlung berechtigte] Innungsmitglieder, welche zum Amte eines Schöffen fähig sind (§§. 31, 32 des Gerichtsverfassungsgesetzes).*)

Die Mitglieder des Vorstandes und der Ausschüsse verwalten ihr Amt als Ehrenamt unentgeltlich; jedoch werden denselben die baaren Auslagen ersetzt. [Außerdem erhält der Vorsitzende [Obermeister] [der

---

*) Diese Paragraphen können hier in einer Anmerkung abgedruckt werden.

Schriftführer] [der Kassenführer] eine Entschädigung für Zeitversäumniß im Betrage von .. Mark jährlich [monatlich]].*)

Gesellenausschuß.

§. 43.

Zur Mitwirkung bei den Geschäften der Innung, soweit sie durch Gesetz oder Statut vorgesehen ist, wird ein Gesellenausschuß von [3] [5] Mitgliedern und . . . Ersatzmännern gewählt.

Wahlberechtigt sind die bei einem Innungsmitgliede beschäftigten volljährigen Gesellen (Gehülfen), welche sich im Besitze der bürgerlichen Ehrenrechte befinden. Wählbar ist jeder wahlberechtigte Geselle, welcher zum Amte eines Schöffen fähig ist (§§. 31, 32 des Gerichtsverfassungsgesetzes).

Die Wahl wird vom Vorsitzenden [Obermeister] oder einem Mitgliede des Innungsvorstandes, wenn ein solches nicht vorhanden ist, von einem Vertreter der Aufsichtsbehörde geleitet. Zur Wahl sind alle Wahlberechtigten mindestens [24] Stunden vor dem Wahltermin einzuladen.

Die Wahl erfolgt durch Stimmzettel; sie kann auch durch Zuruf erfolgen, wenn keiner der Erschienenen widerspricht. Die Mitglieder und die Ersatzmänner sind je in einem besonderen Wahlgange zu wählen. Jeder Wahlberechtigte hat so viele Namen zu bezeichnen, als Personen zu wählen sind. Gewählt sind bei jedem Wahlgange diejenigen, auf welche die meisten Stimmen fallen. Bei Stimmengleichheit entscheidet das Loos.

Alle zwei Jahre scheidet die Hälfte der Mitglieder und der Ersatzmänner aus. Die Ausscheidenden werden das erste Mal durch das Loos, demnächst durch die Dienstzeit bestimmt. Die Ausscheidenden sind wieder wählbar.

Die Mitglieder behalten, auch wenn sie nicht mehr bei Innungsmitgliedern beschäftigt sind, solange sie im Bezirke der Innung verbleiben, die Mitgliedschaft noch während dreier Monate seit dem Austritt aus der Beschäftigung bei Innungsmitgliedern.

Für die Mitglieder treten deren Ersatzmänner in Behinderungsfällen oder im Falle des Ausscheidens für den Rest der Wahlperiode

*) Sofern auch Inhabern von anderen Aemtern Entschädigungen gewährt werden sollen, sind diese im Statut (Nebenstatut) festzusetzen.

in der Reihenfolge der Stimmenzahl ein, welche bei der Wahl auf sie gefallen ist. Wird dessen ungeachtet der Ausschuß nicht vollzählig, so hat er sich für den Rest der Wahlzeit durch Zuwahl zu ergänzen.

§. 44.

Die Mitglieder des Gesellenausschusses verwalten ihr Amt als Ehrenamt unentgeltlich, doch wird ihnen der Ersatz baarer Auslagen und eine Entschädigung für Zeitversäumniß von .... für jede Sitzung gewährt.

Wegen der Verpflichtung zur Uebernahme des Amtes finden die Bestimmungen des §. 13 Abs. 2 entsprechende Anwendung.

§. 45.

Der Gesellenausschuß wählt aus seiner Mitte alle zwei Jahre einen Vorsitzenden (Altgesellen), einen Schriftführer und deren Stellvertreter.

Der Altgeselle oder sein Stellvertreter soll in der Regel den Verhandlungen des Innungsvorstandes, zu welchen ein Mitglied des Gesellenausschusses zugezogen wird, beiwohnen. Im Falle der Behinderung bestimmt er hierzu ein anderes Mitglied des Gesellenausschusses.

Der Altgeselle beruft, leitet und schließt die Versammlungen des Ausschusses.

Der Ausschuß ist beschlußfähig, wenn mehr als die Hälfte seiner Mitglieder versammelt sind. Die Beschlüsse werden mit Stimmenmehrheit der Anwesenden gefaßt. Bei Stimmengleichheit entscheidet der Vorsitzende.

Die Beschlüsse werden vom Schriftführer in ein Protokollbuch eingetragen und von ihm und dem Altgesellen unterzeichnet.

Im Uebrigen kann der Gesellenausschuß seine Geschäftsordnung durch eigene Beschlüsse regeln.

§. 46.

Dem Gesellenausschusse liegt insbesondere ob, bei der Wahl der Mitglieder des Gesellenausschusses für die Handwerkskammer mitzuwirken (§. 103i der Gewerbeordnung), die aus der Gesellenschaft zu bestellenden Mitglieder der Ausschüsse zu wählen, bei der Regelung des Lehrlingswesens, sowie bei der Begründung und Verwaltung aller Einrichtungen Theil zu nehmen, für welche die Gesellen (Gehülfen) Beiträge entrichten oder eine besondere Mühewaltung übernehmen oder die zu ihrer Unterstützung bestimmt sind. Die entsprechenden Befugnisse und Obliegenheiten des Gesellenausschusses werden durch die besonderen Bestimmungen dieses Statuts und der Nebenstatuten geregelt.

§. 47.

Entstehen zwischen den Mitgliedern der Innung und der Gesellenschaft Streitigkeiten über die Regelung des gegenseitigen Verhältnisses, namentlich über Arbeitsbedingungen, Arbeitszeit und Lohnsätze, so soll durch gemeinsame Berathung des Innungsvorstandes und des Gesellenausschusses eine Einigung darüber versucht werden.

Gesellen- und Herbergswesen, Arbeitsnachweis.

§. 48.

Die Wahl der Gesellenherberge wird von dem Ausschusse für das Gesellen- und Herbergswesen getroffen und unterliegt der Genehmigung der Innungsversammlung.

§. 48a.

Der Ausschuß für das Gesellen- und Herbergswesen errichtet für die Gesellen, die sich vorschriftsmäßig ausweisen und bei einem Innungsmitglied in Arbeit treten wollen, eine Geschäftsstelle für Nachweisung von Gesellenarbeit. In der Herberge ist durch Aushang bekannt zu machen, wo sich diese Stelle befindet.

Die näheren Bestimmungen über die Einrichtung der Geschäftsstelle bleiben dem Ausschuß überlassen und bedürfen der Zustimmung der Innungsversammlung.

§. 48b.

Gesellen, die bei Innungsmitgliedern Beschäftigung suchen wollen, haben sich bei der Geschäftsstelle für Arbeitsnachweis zu melden und erhalten, wenn sie sich vorschriftsmäßig legitimiren, hierüber eine Bescheinigung ausgestellt und die für sie passenden Arbeitsstellen nachgewiesen.

Die zur Legitimation eines Gesellen erforderlichen Ausweise werden durch Innungsbeschluß festgestellt.

oder

§. 48.

Die Innung errichtet für die bei den Innungsmitgliedern in Arbeit stehenden und die zuwandrenden, vorschriftsmäßig legitimirten Gesellen [in Gemeinschaft mit der . Innung] eine für ihre Rechnung unter Aufsicht des Ausschusses für das Gesellen- und Herbergswesen zu verwaltende Herberge. Für die Verwaltung wird vom Innungsvorstand ein Herbergsvater angenommen.

Die Herbergsordnung wird von dem Innungsvorstande festgesetzt.

oder

[Als Herberge für die bei den Innungsmitgliedern in Arbeit stehenden und die zuwandernden, vorschriftsmäßig legitimirten

Gesellen benutzt die Innung [nach Bedürfniß] nach den darüber abgeschlossenen Verträgen eine Herberge [Herbergen] [die hier bestehende „Herberge zur Heimath"], deren Hausordnung auch für die bezeichneten Gesellen gültig ist, soweit nicht die Innungsversammlung eine besondere Herbergsordnung feststellt.]

§. 48a.

Zuwandernde . . . Gesellen, welche bei Innungsmitgliedern Beschäftigung suchen wollen, haben sich auf der Herberge zu melden, und erhalten über die Meldung nach vorschriftsmäßiger Legitimation eine [von einem Mitgliede des Ausschusses für das Gesellen- und Herbergswesen] [im Auftrage des Ausschusses für das Gesellen- und Herbergswesen vom Herbergsvater] zu unterzeichnende Bescheinigung.

Zweifel, welche über die Legitimation eines Gesellen entstehen, sind schleunigst zur Entscheidung des Vorsitzenden des Ausschusses für das Gesellen- und Herbergswesen zu bringen.

Die zur Legitimation eines Gesellen erforderlichen Ausweise und die Form derselben, sowie die Voraussetzungen, unter denen der Ausschuß von einzelnen Erfordernissen Abstand nehmen kann, werden durch Beschluß der Innungsversammlung festgestellt.

§. 48b.

Die Mitglieder der Innung, welche Gesellen suchen, haben dies bei dem Ausschusse für das Gesellen- und Herbergswesen anzumelden. [Die Namen derselben und ihre Wohnungen sind von dem diensthabenden Mitgliede des Ausschusses [vom Herbergsvater] in ein auf der Herberge aufzuhängendes Verzeichniß nach der Reihenfolge der Anmeldungen einzutragen.]

§ 48c.

Die Mitglieder der Innung dürfen nur Gesellen in Arbeit nehmen, welche die im §. 48a vorgeschriebene Bescheinigung vorzeigen.

[Eine Ausnahme von dieser Vorschrift greift nur hinsichtlich der bisher schon bei Innungsmitgliedern beschäftigten und von diesen ordnungsmäßig entlassenen, sowie hinsichtlich der bisher außerhalb des Bezirkes der Innung beschäftigt gewesenen Gesellen Platz, welchen ein Innungsmitglied schriftlich Beschäftigung zugesichert hat.]

Andere Gesellen, welche bei einem Innungsmitglied Arbeit suchen, sind von diesem nach der Herberge zu verweisen.]

§. 48d.

Jedes Innungsmitglied, welches einen Gesellen in Arbeit nimmt, hat ihn binnen [3] Tagen bei dem Ausschusse für das Gesellen- und Herbergswesen behufs Eintragung in die Gesellenrolle anzumelden und bei Lösung des Arbeitsverhältnisses in der gleichen Zeit abzumelden.

Für Gesellen, welche das 21. Lebensjahr noch nicht vollendet haben, ist bei der Anmeldung das gesetzlich vorgeschriebene, vom Innungsmitgliede vorher mit dem vorgeschriebenen Eintrage zu versehende Arbeitsbuch (§§. 107 und 111 der Gewerbeordnung), [für Gesellen, welche von auswärts verschrieben sind, deren Legitimation] beizufügen.

§. 48e.

[Innungsmitglieder, welche Gesellen unter Verletzung der Vorschriften dieses Statuts in Arbeit nehmen, oder in Arbeit behalten, verfallen in eine auf Antrag des Ausschusses für das Gesellen- und Herbergswesen vom Innungsvorstande festzusetzende Geldstrafe bis zu [10] Mark.]

§. 49.

[Als Beitrag zu den Kosten des Herbergswesens hat jedes Innungsmitglied für jeden wenigstens 4 Wochen lang von ihm beschäftigten Gesellen einen [monatlichen Beitrag von [50] Pfennig] [alljährlich bei Feststellung des Haushaltsplans von der Innungsversammlung festzusetzenden Beitrag] zu entrichten.]

Vermögensverwaltung, Kassen- und Rechnungsführung.

§. 50.

Alljährlich hat der Innungsvorstand für die Verwaltung des Innungsvermögens und, soweit durch die Nebenstatuten nicht etwas Anderes bestimmt ist, für die Verwaltung der Nebenkassen unter Beachtung der Vorschrift des §. 88 Abs. 2 der Gewerbeordnung einen Haushaltsplan für das folgende Rechnungsjahr [Kalenderjahr] aufzustellen. Derselbe ist der Innungsversammlung, und zwar in der Regel in der letzten ordentlichen Sitzung des Vorjahrs zur Beschlußnahme vorzulegen und vorher während einer Woche zur Einsicht der Innungsmitglieder auszulegen.

Der Vorstand ist bei seiner Geschäftsführung an den von der Innungsversammlung festgestellten Haushaltsplan gebunden. Ausgaben, welche nicht in demselben vorgesehen sind, bedürfen der Genehmigung der Innungsversammlung.

§. 51.

Die Genehmigung der Innungsversammlung ist erforderlich:

zum Erwerbe, zur Veräußerung oder dinglichen Belastung von Grundeigenthum;

zur Veräußerung von Gegenständen, welche einen geschichtlichen, wissenschaftlichen oder Kunstwerth haben;

zu Mieth- und Pachtverträgen;

zur dauernden Belegung von Kapitalien und zur Kündigung von dauernd belegten Kapitalien;

zur Aufnahme von Anleihen;

zum Abschlusse von Verträgen, durch welche der Innung fortlaufende Verpflichtungen auferlegt werden;

zur Anstellung von Prozessen und zum Abschlusse von Vergleichen.

Diese Bestimmungen gelten auch für die durch Nebenstatuten begründeten Nebenkassen der Innung, soweit nicht durch das Nebenstatut etwas Anderes bestimmt wird.

§. 52.

Zur Besorgung der Kassen- und Rechnungsgeschäfte kann [soll] dem Kassenführer ein vom Innungsvorstand anzunehmender Rechnungsführer beigegeben werden, welcher nicht Mitglied der Innung zu sein braucht.

Die demselben zu gewährende Vergütung [und die Höhe der von ihm zu stellenden Kaution] wird durch eine mit ihm vom Innungsvorstand abzuschließende, von der Innungsversammlung zu genehmigende Vereinbarung bestimmt.

§. 53.

Der Kassenführer hat alle Einnahmen und Ausgaben der Innungskasse und, soweit die Nebenstatuten nicht etwas Anderes bestimmen, auch der Nebenkassen zu bewirken.

Für alle Vereinnahmungen und Zahlungen, für welche nicht durch Beschluß des Vorstandes oder durch die Nebenstatuten etwas Anderes bestimmt ist, bedarf es einer schriftlichen Anweisung des Vorstandes (Obermeisters).

§. 54.

Der Kassenführer erhebt die Beiträge der Innungsmitglieder nach einer von ihm aufzustellenden und vom Obermeister zu genehmigenden Hebungsliste.

Ueber jede gegen ein Innungsmitglied erkannte Geldstrafe ertheilt der Obermeister dem Kassenführer eine schriftliche Anweisung unter Angabe der Zahlungsfrist. Vierteljährlich (halbjährlich, jährlich) hat der Kassenführer ein Verzeichniß der rückständigen Beiträge (, Gebühren) und Geldstrafen dem Obermeister vorzulegen; dasselbe wird von dem Innungsvorstande vollzogen und der Gemeindebehörde (zuständigen Behörde) mit dem Antrag auf Beitreibung vorgelegt.

§. 55.

Die Einnahmen und Ausgaben der Innungskasse sowie der Nebenkassen hat der Kassenführer gesondert von allen den Zwecken der betreffenden Kassen fremden Einnahmen und Ausgaben zu verrechnen. Die Bestände jeder Kasse sind gesondert aufzubewahren. Bestände, welche einen bestimmten vom Vorstande festzustellenden Betrag übersteigen, sind nach §§. 1807, 1808 des Bürgerlichen Gesetzbuchs (oder nach Art. 212 des Einführungsgesetzes zum Bürgerlichen Gesetzbuche) mündelsicher zu belegen.

Ueber die Aufbewahrung der Werthpapiere trifft die Aufsichtsbehörde Anordnung.

§. 56.

Die Kasse ist durch den Obermeister jährlich mindestens einmal unvermuthet zu prüfen. Die Prüfung hat sich jedesmal auch auf die vorschriftsmäßige Belegung des Innungsvermögens und auf die Aufbewahrung der Belage über die Niederlegung der Werthpapiere zu erstrecken.

§. 57.

Bis zum   jeden Jahres hat der Kassenführer für die Innungskasse sowie für jede von ihm verwaltete Nebenkasse eine gesonderte Rechnung für das abgelaufene Jahr zu legen. Dieselbe muß sämmtliche Einnahmen und Ausgaben der Kasse nachweisen und mit den erforderlichen Belägen versehen sein.

Der Innungsvorstand hat die Rechnung zu prüfen und sammt den Belägen mit den von ihm gestellten und nicht erledigten Erinnerungen [14] Tage vor der zur Abnahme der Rechnung bestimmten Sitzung der Innungsversammlung zur Einsicht der Innungsmitglieder auszulegen.

Die Abnahme der Rechnung erfolgt durch die Innungsversammlung. Dieselbe kann beschließen, die Rechnung vorher durch einen von ihr zu wählenden Ausschuß von [3] Mitgliedern einer nochmaligen Prüfung unterziehen zu lassen.

Dieser Ausschuß, welchem vom Vorstand und dem Kassenführer jede von ihm gewünschte Auskunft zu ertheilen ist, hat in der nächsten Sitzung der Innungsversammlung Bericht zu erstatten, worauf die letztere über die noch nicht erledigten Erinnerungen beschließt und vorbehaltlich der aufrechterhaltenen Erinnerungen die Abnahme der Rechnung vollzieht.

Abänderung des Innungsstatuts und Auflösung der Innung.

§. 58.

Anträge auf Abänderung des Innungsstatuts und der Nebenstatuten sowie auf Auflösung der Innung sind beim Vorstande schriftlich einzubringen.

Zur Verhandlung über dieselben ist eine [außerordentliche, nur zu diesem Zwecke bestimmte] Sitzung der Innungsversammlung zu berufen, zu welcher alle Mitglieder mindestens 14 Tage vorher schriftlich [mittelst öffentlicher Bekanntmachung] unter Angabe des Zweckes, und falls es sich um Abänderung des Statuts handelt, unter Mittheilung der gestellten Abänderungsanträge einzuladen sind. Gleichzeitig ist der Aufsichtsbehörde mit dem Antrag auf Entsendung eines Vertreters in die Versammlung Anzeige zu machen.

Die Schließung der Innung durch die höhere Verwaltungsbehörde erfolgt unter den in §§. 97, 100b Abs. 4 der Gewerbeordnung bezeichneten Voraussetzungen.

§. 59.

Die Innungsversammlung kann über Anträge auf Abänderung der Statuten oder Auflösung der Innung nur im Beisein eines Vertreters der Aufsichtsbehörde und nur dann beschließen, wenn [$^3/_4$] ihrer stimmberechtigten Mitglieder erschienen sind. Ist bei Abänderungsanträgen diese Zahl in der ersten zu dem fraglichen Zwecke angesetzten Versammlung nicht erschienen, so hat der Innungsvorstand zur Abstimmung über den Antrag binnen vier Wochen eine zweite Versammlung zu berufen, in welcher die Beschlußfassung ohne Rücksicht au die Zahl der Anwesenden erfolgt. Hierauf ist bei der Anberaumung dieser zweiten Versammlung ausdrücklich hinzuweisen.

Beschlüsse auf Abänderung der Statuten können nur mit einer Mehrheit von $^2/_3$, der Auflösungsbeschluß nur mit einer Mehrheit von $^3/_4$ der erschienenen Stimmberechtigten gefaßt werden.

§. 60.

Im Falle der Auflösung oder Schließung der Innung sind die Innungsmitglieder verpflichtet, die ordentlichen Beiträge für das laufende Vierteljahr [Halbjahr, Jahr], sowie die bereits umgelegten außerordentlichen Beiträge an Diejenigen zu zahlen, welchen die Abwickelung der Geschäfte der Innung obliegt (§. 98 der Gewerbeordnung).

Die Verwendung des Innungsvermögens erfolgt nach den Vorschriften der §§. 98a, 100k der Gewerbeordnung.

[Der verbleibende Rest des Vermögens fällt der Gemeinde (N.) mit der Bestimmung zu, daß dasselbe zur Förderung des [Lehrlingswesens des] Gewerbes in (N.) zu verwenden ist.]

Bekanntmachungen.

§. 61.

Alle die Innung betreffenden Bekanntmachungen werden bis zu anderweiter Beschlußfassung der Innungsversammlung in [Name des Blatts] erlassen.

Beaufsichtigung der Innung.

§. 62.

Die Aufsicht über die Innung wird von d
zu wahrgenommen.

IV.

Entwurf des Statuts einer Handwerkskammer.

Auf Grund von §. 103m Abs. 1 der Gewerbeordnung in der Fassung des Reichsgesetzes vom 26. Juli 1897 (Reichs-Gesetzbl. S. 663) erlasse ich für die Handwerkskammer zu .. . das nachfolgende Statut:

Name, Sitz und Bezirk der Handwerkskammer.

§. 1.

Die Handwerkskammer führt den Namen:

Handwerkskammer zu

ihr Sitz ist , ihr Bezirk umfaßt ....

Zusammensetzung der Handwerkskammer.

§. 2.

Die Zahl der Mitglieder der Handwerkskammer — vorbehaltlich der nach §. 5 Zuzuwählenden — beträgt

Ihre Vertheilung auf die Wahlkörper sowie das Wahlverfahren regelt die Wahlordnung. Die Wahlen zur Handwerkskammer erfolgen auf 6 Jahre.

Alle 3 Jahr scheidet die Hälfte der Gewählten aus. Die Ausscheidenden werden das erste Mal durch das Loos, demnächst durch die Amtsdauer bestimmt. Sie bleiben solange im Amt, bis die Neugewählten ihr Amt angetreten haben.

Wiederwahl ist zulässig.

§. 3

Die Mitglieder der Kammer und des Gesellenausschusses verwalten ihr Amt als Ehrenamt unentgeltlich, doch werden ihnen

a) als Reisekosten:

bei Eisenbahn- und Dampfschifffahrten 4 Pf. für das Kilometer,
in anderen Fällen . . . . . . 40 Pf. „ „ „

b) für Zeitversäumniß:

bei Sitzungen am Wohnort . . . . 3 Mark für den Tag,

„ „ außerhalb des Wohnorts 6 Mark „ „ „

gewährt. Durch Beschluß der Kammer können diese Sätze mit Genehmigung der Aufsichtsbehörde abgeändert werden.

Den Mitgliedern des Vorstands und der von der Kammer gebildeten Ausschüsse sowie dem Vorsitzenden des Gesellenausschusses kann mit Genehmigung der Aufsichtsbehörde für die Wahrnehmung der Geschäfte an ihrem Wohnort statt der besonderen Vergütungen eine jährliche Entschädigung zugebilligt werden.

Mitglieder der Handwerkskammer oder des Gesellenausschusses, hinsichtlich deren Umstände eintreten oder bekannt werden, welche die Wählbarkeit ausschließen, haben aus dem Amt auszuscheiden.

Im Fall der Weigerung wird der Betheiligte nach Maßgabe des §. 94 b der Gew.O. seines Amts enthoben.

§. 4.

Für jedes Mitglied wird ein Ersatzmann gewählt. Die Ersatzmänner treten in den Sitzungen der Kammer für den Rest der Wahlperiode an die Stelle ausgeschiedener Mitglieder. Wann in einzelnen Behinderungsfällen ein Ersatzmann einzuberufen ist, entscheidet der Vorsitzende der Kammer.

Zuwahl von Mitgliedern.

§. 5.

Die Handwerkskammer kann sich durch Zuwahl von höchstens sachverständigen Personen, die nicht dem Handwerkerstand anzugehören brauchen, ergänzen.

Beschwerden gegen die Rechtsgiltigkeit der Zuwahl sind innerhalb 2 Wochen nach der Wahl bei der Aufsichtsbehörde einzureichen, welche endgiltig entscheidet. Die Zugewählten sind zur Annahme der Wahl nicht verpflichtet.

Die Zuwahl erfolgt auf längstens sechs Jahre. Wiederwahl ist zulässig.

Die Zugewählten haben dieselben Rechte und Pflichten wie die übrigen Mitglieder der Handwerkskammer.

Zuziehung von Sachverständigen.

§. 6.

Abgesehen von den zugewählten Personen (§. 5) kann die Handwerkskammer auch andere Sachverständige zu ihren Verhandlungen zuziehen. Das gleiche Recht steht den Ausschüssen zu. Diese Sachverständigen haben nur berathende Stimme. Ihre Entschädigung für Reisekosten und Zeitversäumniß setzt der Vorsitzende der Handwerkskammer fest.

Aufgaben und Befugnisse der Handwerkskammer.

§. 7.

Die Handwerkskammer vertritt die Interessen des Handwerks in ihrem Bezirk. Insbesondere liegt ihr ob:

1. das Lehrlingswesen näher zu regeln,
2. die Durchführung der für das Lehrlingswesen geltenden Vorschriften zu überwachen,
3. die Staats- und Gemeindebehörden in der Förderung des Handwerks durch thatsächliche Mittheilungen und Erstattung von Gutachten über Fragen zu unterstützen, welche die Verhältnisse des Handwerks berühren,
4. Wünsche und Anträge, welche die Verhältnisse des Handwerks berühren, zu berathen und den Behörden vorzulegen, sowie Jahresberichte über ihre die Verhältnisse des Handwerks betreffenden Wahrnehmungen zu erstatten,
5. Prüfungsausschüsse zur Abnahme der Gesellenprüfung (§. 131 Abs. 2 der Gew.O.) und
6. einen Ausschuß zur Entscheidung über Beanstandungen von Beschlüssen der Prüfungsausschüsse (§. 132 der Gew.O.) — Berufungsausschuß — zu bilden.

Die Handwerkskammer soll in allen wichtigen, die Gesammtinteressen des Handwerks oder die Interessen einzelner Handwerkszweige berührenden Angelegenheiten gehört werden.

Sie ist befugt, Veranstaltungen zur Förderung der gewerblichen, technischen und sittlichen Ausbildung der Meister, Gesellen (Gehilfen) und Lehrlinge zu treffen.

Zu diesen Aufgaben sind namentlich zu rechnen: die Errichtung und Unterstützung von Fachschulen, die Einrichtung von Meisterkursen zur weiteren Ausbildung von Handwerksmeistern, die Veranstaltung von

Ausstellungen mustergiltiger Maschinen und Werkzeuge, die Errichtung von gewerblichen Auskunftsstellen, die Anregung zur Bildung von Kredit-, Rohstoff-, Werk- und Magazin-Genossenschaften, sowie die Herausgabe einer Zeitschrift.

§. 8.

Die Handwerkskammer kann unter ihrem Namen Rechte erwerben und Verbindlichkeiten eingehen, vor Gericht klagen und verklagt werden. Für ihre Verbindlichkeiten haftet den Gläubigern nur ihr Vermögen.

Der Vollversammlung der Handwerkskammer vorbehaltene Aufgaben.

§. 9.

Der Vollversammlung der Handwerkskammer ist vorbehalten:

1. die Wahl des Vorstandes und der Ausschüsse,
2. die Zuwahl der sachverständigen Personen (§. 5),
3. die Feststellung des Haushaltsplans, die Prüfung und Abnahme der Jahresrechnung, die Bewilligung von Ausgaben, welche nicht im Haushaltsplan vorgesehen sind, sowie die Aufnahme von Anleihen,
4. die Beschlußfassung über Erwerbung, Veräußerung oder dingliche Belastung von Grundeigenthum,
5. die Abgabe von Gutachten und die Anbringung von Anträgen bei den Behörden und gesetzgebenden Körperschaften über Gegenstände, welche die Gesammtinteressen, insbesondere die Gesetzgebung über die Verhaltnisse des Handwerks betreffen,
6. der Erlaß von Vorschriften über die Regelung des Lehrlingswesens,
7. die Wahl des Sekretärs,
8. die Beschlußfassung über Aenderungen des Statuts,
9. die Bestimmung der verwandten Gewerbe (§. 129a Abs. 3 der Gew.O.),
10. die Mitwirkung beim Erlaß von Prüfungsordnungen für die Gesellenprüfung (§. 131b Abs. 2 der Gew.O.),
11. der Erlaß der Prüfungsordnung für die Meisterprüfung (§. 133 Abs. 4 der Gew.O.).

Die Vorschriften zur Regelung des Lehrlingswesens, sowie die Prüfungsordnung für die Meisterprüfung bedürfen der Genehmigung des Ministers für Handel und Gewerbe und sind in den für die Bekanntmachungen der Handwerkskammer bestimmten Blättern zu veröffentlichen.

§. 10.

Zur Berathung und Beschlußfassung

1. über Vorschriften, welche das Lehrlingswesen regeln,
2. über Gutachten und Berichte, welche die Verhältnisse der Gesellen (Gehilfen) und Lehrlinge betreffen,

sind sämmtliche Mitglieder des Gesellenausschusses einzuladen und mit vollem Stimmrecht zur Theilnahme zuzulassen. Im Fall der Ziff. 2 darf der Gesellenausschuß ein besonderes Gutachten abgeben oder einen besonderen Bericht erstatten.

Vorstand.

§. 11.

Der Vorstand der Handwerkskammer besteht aus dem Vorsitzenden und vier Mitgliedern.

Mit Genehmigung der Aufsichtsbehörde kann die Zahl der letzteren durch Beschluß der Handwerkskammer nach Bedarf erhöht werden.

§. 12.

Der Vorsitzende wird in einem besonderen Wahlgang mit absoluter Stimmenmehrheit gewählt. Fällt die Mehrzahl der Stimmen nicht auf eine Person, so findet eine engere Wahl zwischen denjenigen beiden Personen statt, die die meisten Stimmen erhalten haben. Die Mitglieder des Vorstandes werden gemeinschaftlich mit einfacher Stimmenmehrheit gewählt, die erste Wahl nach Errichtung der Handwerkskammer sowie spätere Wahlen, bei denen kein Vorstand vorhanden ist, leitet der Kommissar der Aufsichtsbehörde.

§. 13.

Scheiden Mitglieder des Vorstandes aus, so haben die Neuwahlen in der nächsten Sitzung der Kammer stattzufinden; bis dahin ergänzt sich der Vorstand durch Zuwahl. Aenderungen in der Zusammensetzung des Vorstandes und das Ergebniß jeder Wahl sind der Aufsichtsbehörde binnen einer Woche anzuzeigen. Zur Legitimation des Vorstandes genügt bei allen Rechtsgeschäften die Bescheinigung der Aufsichtsbehörde, daß die darin bezeichneten Personen zur Zeit den Vorstand bilden.

§. 14.

Der Vorstand wählt aus seiner Mitte einen stellvertretenden Vorsitzenden und einen Kassenführer.

§. 15.

Der Vorstand führt die laufende Verwaltung, insonderheit auch der Vermögensangelegenheiten, soweit Gesetz oder Statut nichts anderes bestimmen, er bereitet die Verhandlungen der Handwerkskammer vor und führt ihre Beschlüsse aus. Die Mitglieder des Vorstandes haften der Handwerkskammer für pflichtmäßige Verwaltung, wie Vormünder ihren Mündeln.

§. 16.

Sitzungen des Vorstandes finden nach Bedarf statt und müssen auf Antrag von mindestens zwei Vorstandsmitgliedern oder auf Verlangen des Kommissars berufen werden.

Der Vorstand ist beschlußfähig, wenn einschließlich des Vorsitzenden oder seines Stellvertreters mindestens drei Mitglieder anwesend sind.

Die Beschlüsse werden mit Stimmenmehrheit gefaßt; bei Stimmengleichheit entscheidet der Vorsitzende.

In schleunigen Sachen kann ein Vorstandsbeschluß, wenn kein Mitglied widerspricht, auch durch schriftliche Umfrage bei den Mitgliedern herbeigeführt werden. Vor der Ausführung soll der Beschluß dem Kommissar mitgetheilt werden.

An der Berathung und Beschlußfassung des Vorstandes, soweit sie die Regelung des Lehrlingswesens und der Gesellenprüfungen, oder die Begründung und Verwaltung von Einrichtungen betrifft, für welche die Gesellen (Gehilfen) Beiträge entrichten oder eine besondere Mühewaltung übernehmen, hat der Vorsitzende des Gesellenausschusses oder sein Stellvertreter mit vollem Stimmrecht theilzunehmen.

Die Beschlüsse des Vorstandes werden in ein Protokollbuch eingetragen und von dem Vorsitzenden sowie dem Protokollführer unterzeichnet.

§. 17.

Der Vorsitzende beruft und leitet die Sitzungen des Vorstandes, er ist der Dienstvorgesetzte der Beamten der Kammer.

Die gleichen Befugnisse stehen, wenn der Vorsitzende verhindert ist, seinem Stellvertreter zu.

§. 18.

Der Vorstand vertritt die Handwerkskammer nach außen in allen gerichtlichen und außergerichtlichen Angelegenheiten. Schriftliche Willenserklärungen des Vorstandes müssen in dessen Namen ausgestellt, von dem Vorsitzenden oder seinem Stellvertreter und einem zweiten Vorstandsmitglied unterzeichnet und von dem Sekretär beglaubigt sein.

Eine in solcher Form ausgestellte Erklärung gilt Dritten gegenüber als eine die Handwerkskammer verpflichtende Willenserklärung des Vorstands.

Die Vorstandsmitglieder dürfen indessen bei eigener Verantwortung eine solche Erklärung nur auf Grund eines vorschriftsmäßig gefaßten Beschlusses ausstellen.

§. 19.

Der Kassenführer besorgt die aus der Führung der Kasse sich ergebenden Geschäfte nach den Anweisungen des Vorstands; insbesondere hat er den Haushaltsplan zu entwerfen.

§. 20.

Soweit dieses Statut nicht abweichende Bestimmungen enthält, kann der Vorstand seine Geschäftsordnung und die Vertheilung der Verwaltungsgeschäfte unter seine Mitglieder durch eigene Beschlüsse regeln. Der Vorstand darf nur solche Aufwendungen machen, die im genehmigten Haushaltsplan vorgesehen sind; Ueberschreitungen bedürfen der Genehmigung der Aufsichtsbehörde.

Sekretär.

§. 21.

Der Sekretär hat den Vorstand nach näherer Anweisung des Vorsitzenden bei den laufenden Verwaltungsgeschäften zu unterstützen. Er darf nicht Mitglied der Kammer sein.

Soll mit ihm ein Dienstvertrag auf länger als 6 Jahre geschlossen werden, so ist hierzu die Genehmigung der Aufsichtsbehörde einzuholen.

Sitzungen.

§. 22.

Die Handwerkskammer hält jährlich eine ordentliche Sitzung ab. Außerordentliche Sitzungen finden, soweit im Haushaltsplan keine Mittel dafür ausgeworfen sind, mit Genehmigung der Aufsichtsbehörde statt, wenn der Vorstand sie beschließt oder sie von dem Kommissar oder von mindestens zehn Mitgliedern unter Angabe des Zwecks bei dem Vorsitzenden beantragt werden. Die Sitzungen sind in der Regel öffentlich, doch kann die Oeffentlichkeit durch Beschluß der Kammer jederzeit ausgeschlossen werden.

§. 23.

Die Einladungen zu den Sitzungen erläßt der Vorsitzende des Vorstands unter Mittheilung der Tagesordnung, und zwar so zeitig, daß die Mitglieder der Handwerkskammer und des Gesellenausschusses mindestens eine Woche vor der Sitzung davon Kenntniß erhalten.

Die Einladung erfolgt schriftlich und ist außerdem in den zur Aufnahme der Bekanntmachung der Handwerkskammer bestimmten Blättern abzudrucken. Die Bekanntmachung genügt als Beleg für die ordnungsmäßige Einladung. Wer verhindert ist, der Sitzung beizuwohnen, muß dies sofort dem Vorsitzenden der Handwerkskammer zur Einberufung des Ersatzmanns anzeigen.

Unterläßt der Vorsitzende die ihm obliegende Berufung der Versammlung, so hat die Aufsichtsbehörde das Erforderliche zu veranlassen.

§. 24.

Den Vorsitz führt der Vorsitzende des Vorstands oder sein Stellvertreter; er eröffnet, leitet und schließt die Versammlung. Er hat das Recht, Mitglieder der Handwerkskammer oder des Gesellenausschusses, die seinen zur Leitung der Versammlung getroffenen Anordnungen nicht Folge leisten, oder sich sonst ungebührlich benehmen, aus dem Versammlungsraum hinauszuweisen.

§. 25.

Die Vollversammlung ist beschlußfähig, wenn mindestens 16 Kammermitglieder (Ersatzmänner) anwesend sind. Die Beschlüsse werden mit einfacher Stimmenmehrheit gefaßt. Bei Stimmengleichheit gilt ein Antrag als abgelehnt. Ueber Anträge auf Abänderung des Statuts darf nur im Beisein des Kommissars beschlossen werden. Beschlüsse dieser Art bedürfen der Zustimmung von mindestens drei Vierteln der erschienenen Mitglieder (Ersatzmänner) und der Genehmigung des Ministers für Handel und Gewerbe.

§. 26.

Anträge, die nicht auf der Tagesordnung stehen, kann der Vorsitzende nur mit Zustimmung aller Anwesenden zur Beschlußfassung stellen.

Die Beschlüsse sind zu protokolliren und von dem Vorsitzenden, sowie dem Protokollführer zu unterzeichnen.

§. 27.

Von der Versammlung vorzunehmende Wahlen sind geheim und erfolgen durch Stimmzettel. Bei Stimmengleichheit entscheidet das Loos. Wahlen durch Zuruf sind zulässig, wenn Niemand widerspricht. Ueber die Wahlhandlung ist ein Protokoll aufzunehmen.

§. 28.

Im Uebrigen regelt die Handwerkskammer ihre Geschäftsordnung durch Beschluß.

Ausschüsse im Allgemeinen.

§. 29.

Die Handwerkskammer bildet ständige Ausschüsse; außerdem können für einzelne Fälle außerordentliche Ausschüsse gebildet werden.

Die Ausschüsse verkehren mit den Behörden in der Regel durch Vermittelung des Vorstands der Kammer. Sie haben die in ihren Geschäftskreis fallenden Gegenstände vorzuberathen und über das Ergebniß ihrer Berathungen an die Kammer zu berichten. Die Berichte werden der Kammer zur Beschlußfassung vorgelegt. Die Ausführung der von den Ausschüssen gefaßten Beschlüsse ist, soweit dies Statut oder die Prüfungsordnungen nichts Anderes vorschreiben, Sache des Vorstands, der davon in der nächsten Sitzung der Kammer Mittheilung zu machen hat.

In der Regel dient der Sekretär der Kammer in den Ausschüssen als Schriftführer.

§. 30.

Der Vorsitzende und die Mitglieder der ständigen Ausschüsse werden von der Handwerkskammer in der ersten Sitzung des Jahres gewählt und haben bis zu der ersten Sitzung des nächsten Jahres, in der die Neuwahlen stattfinden, ihre Thätigkeit auszuüben. Wiederwahl ist statthaft. Der Vorsitzende der Handwerkskammer ist berechtigt, an den Sitzungen der Ausschüsse, denen er nicht selbst angehört, mit berathender Stimme theilzunehmen oder sich durch ein anderes Vorstandsmitglied vertreten zu lassen.

§. 31.

Die Ausschüsse sind beschlußfähig, wenn einschließlich des Vorsitzenden mindestens die Hälfte der Mitglieder anwesend ist. Die Beschlüsse werden mit Stimmenmehrheit gefaßt.

1. Ausschuß für das Lehrlingswesen.

Ständige Ausschüsse.

§. 32.

Der Ausschuß besteht aus dem Vorsitzenden der Handwerkskammer oder seinem Stellvertreter und 6 Mitgliedern.

Dieser Ausschuß hat die das Lehrlingswesen betreffenden Angelegenheiten und insbesondere folgende Gegenstände vorzuberathen:

a) den Erlaß näherer Bestimmungen über Form und Inhalt der Lehrverträge,

b) den Erlaß von Bestimmungen über die Höchstzahl von Lehrlingen in den Fällen des §. 130 der Gew.O.,

c) die Festsetzung der Dauer der Lehrzeit (§. 130a Abs. 2 der Gew.O.),

d) die Bildung der Prüfungsausschüsse und ihre Besetzung, soweit sie der Handwerkskammer zusteht,

e) die Frage, ob eine freie Innung zur Abnahme der Prüfung zu ermächtigen ist (§. 131 Abs. 2 der Gew.O.),

f) die Vorschriften zur Ueberwachung der Durchführung der für das Lehrlingswesen geltenden Vorschriften,

g) die Bestimmung derjenigen Gewerbe, welche als verwandte im Sinne des §. 129a Abs. 3 der Gew.O. anzusehen sind.

2. Berufungsausschuß (§. 7 Abs. 1 Ziff. 6).

§. 33.

Der Ausschuß besteht aus einem Vorstandsmitglied als Vorsitzendem und 6 Beisitzern. Drei von ihnen wählt die Handwerkskammer aus ihrer Mitte, die anderen der Gesellenausschuß aus seiner Mitte. Für jeden Beisitzer ist ein Ersatzmann zu bestellen.

§. 34.

Der Ausschuß ist beschlußfähig, wenn außer dem Vorsitzenden mindestens 4 Beisitzer und zwar 2 Kammermitglieder und 2 Gesellen anwesend sind.

Falls nicht mindestens 1 von den Mitgliedern des Ausschusses dem Gewerbe angehört, für welches der Prüfungsausschuß, dessen Beschluß beanstandet ist, gebildet war, so ist 1 Sachverständiger, welchen der Vorstand der Handwerkskammer bestimmt, mit berathender Stimme zuzuziehen.

§. 35.

Die Entscheidungen des Ausschusses erfolgen mit einfacher Stimmenmehrheit, bei Stimmengleichheit entscheidet die Stimme des Vorsitzenden. Ueber die Verhandlungen ist ein Protokoll aufzunehmen, welches das Ergebniß der Abstimmung und die Entscheidung mit einer kurzen Begründung enthalten und von sämmtlichen Theilnehmern der Sitzung unterzeichnet werden muß.

Der Vorsitzende des Prüfungsausschusses, von dem die Beanstandung ausgegangen war, erhält Abschrift der Entscheidung nebst Begründung.

3. Rechnungsausschuß.

§. 36.

Dieser Ausschuß hat die Rechnung der Handwerkskammer zu prüfen und darüber an die Kammer zu berichten.

Er besteht aus 3 Mitgliedern.

Gesellenausschuß.

§. 37.

Zur Mitwirkung bei den Geschäften der Handwerkskammer wird nach Maßgabe der Wahlordnung ein aus .. Mitgliedern bestehender Gesellenausschuß gebildet. Ersatzmänner sind in gleicher Anzahl zu bestellen. Ihre Einberufung regelt sich nach §. 4.

§. 38.

Hinsichtlich der Amtsdauer findet §. 2 sinngemäße Anwendung, doch behalten die Mitglieder des Gesellenausschusses, auch wenn sie nicht mehr bei Mitgliedern einer Handwerkerinnung beschäftigt sind, so lange sie im Bezirk der Handwerkskammer verbleiben und keinen selbständigen Gewerbebetrieb beginnen, die Mitgliedschaft noch während dreier Monate nach dem Austritt aus ihrer bisherigen Beschäftigung.

§. 39.

Kommt die Wahl eines Gesellenausschusses nicht zu Stande, so ernennt die Aufsichtsbehörde die erforderlichen Mitglieder. Verweigern die Gewählten oder Ernannten fortgesetzt die Dienstleistung, so erledigt die Handwerkskammer ihre Geschäfte ohne Zuziehung des Gesellenausschusses.

§. 40.

Der Gesellenausschuß tritt auf Berufung durch den Vorsitzenden der Handwerkskammer in der Regel mit dieser zusammen.

Er wählt aus seiner Mitte alle 3 Jahre einen Vorsitzenden, einen Schriftführer und deren Stellvertreter; hierbei finden §§. 12 und 13 sinngemäße Anwendung.

Der Handwerkskammer und ihrem Vorstand bleibt es überlassen, den Gesellenausschuß oder Vertreter desselben auch in anderen als den in §. 10 bezeichneten Angelegenheiten zuzuziehen.

Die Mitglieder des Gesellenausschusses nehmen an den gemeinsamen Berathungen mit vollem Stimmrecht Theil und sind der Geschäftsordnung für die Handwerkskammer gleich deren Mitgliedern unterworfen.

§. 41.

Der Gesellenausschuß ist berechtigt, während der Tagung der Handwerkskammer zu Verhandlungen zusammenzutreten, insbesondere zum Zweck der erforderlichen Wahlen und zur Berathung und Beschlußfassung über Gutachten und Berichte, welche die Verhältnisse der Gesellen und Lehrlinge betreffen.

§. 42.

Diese gesonderten Verhandlungen leitet der Vorsitzende des Gesellenausschusses. Das Ergebniß der Wahlen sowie die Beschlüsse werden vom Schriftführer in ein Protokollbuch eingetragen und von ihm und dem Vorsitzenden unterzeichnet. Eine Ausfertigung des Protokolls, sowie der beschlossenen Gutachten und erstatteten Berichte ist dem Vorsitzenden der Handwerkskammer mitzutheilen.

§. 43.

Der Gesellenausschuß ist für seine gesonderten Verhandlungen beschlußfähig, wenn einschließlich des Vorsitzenden und des Schriftführers mehr als die Hälfte seiner Mitglieder versammelt ist.

Die Beschlüsse werden mit Stimmenmehrheit der Anwesenden gefaßt. Bei Stimmengleichheit entscheidet über Wahlen das Loos, im übrigen die Stimme des Vorsitzenden.

An den besonderen Verhandlungen des Gesellenausschusses kann der Vorsitzende oder ein anderes Vorstandsmitglied der Handwerkskammer mit berathender Stimme theilnehmen.

Beauftragte.

§. 44.

Die Kammer ist befugt, durch Beauftragte die Befolgung der gesetzlichen und statutarischen Vorschriften in den Betrieben ihres Bezirks zu überwachen und von der Einrichtung der Betriebsräume und der für die Unterkunft der Lehrlinge bestimmten Räume Kenntniß zu nehmen. Die Beauftragten werden nach Maßgabe der von der Handwerkskammer beschlossenen Grundsätze von dem Vorstand angestellt und mit Dienstanweisung versehen. Zu ihrer Legitimation erhalten sie eine vom Vorsitzenden des Vorstandes vollzogene Ausweiskarte.

Bildung von Ausschüssen für die Gesellenprüfung.

§. 45.

Bei jeder Zwangsinnung wird ein Prüfungsausschuß bestellt.

Freie Innungen, die für ein Gewerbe oder für verwandte Gewerbe bestehen, können zur Bildung von Prüfungsausschüssen widerruflich ermächtigt werden, wenn durch das Statut Vorsorge getroffen ist, daß die bei den Innungsmitgliedern beschäftigten Lehrlinge die etwa bestehende Fortbildungs- oder Fachschule regelmäßig besuchen.

Die Zuständigkeit des von einer freien Innung gebildeten Prüfungsausschusses kann auf alle im Innungsbezirk vorhandenen Lehrlinge der betreffenden Gewerbe ausgedehnt werden, wenn zwei Drittel der betheiligten Handwerker des Innungsbezirks, welche Lehrlinge halten, der Innung angehören.

§. 46.

Soweit für die Gesellenprüfungen nicht durch Prüfungsausschüsse der Innungen oder die im §. 129 Abs. 4 der Gew.O. bezeichneten Lehrwerkstätten, gewerblichen Unterrichtsanstalten und Prüfungsbehörden gesorgt ist, errichtet die Handwerkskammer die erforderlichen Prüfungsausschüsse.

§. 47.

Die Prüfungsausschüsse bestehen aus einem Vorsitzenden, für den auch 1 Stellvertreter zu bestellen ist, und mindestens 2 Beisitzern.

Die Beisitzer müssen den Gewerben, für welche der Prüfungsausschuß errichtet ist, angehören und zur einen Hälfte Handwerker sein, die den Anforderungen des §. 103b der Gew.O. entsprechen, zur anderen Hälfte Gesellen, die zu Mitgliedern des Gesellenausschusses wählbar sind, und die Gesellenprüfung abgelegt haben. Während der ersten 6 Jahre nach dem Inkrafttreten der §§. 126 bis 132a der Gew.O. können auch Gesellen (Gehilfen), welche die Gesellenprüfung nicht abgelegt haben, gewählt werden, wenn sie eine Lehrzeit von mindestens zwei Jahren zurückgelegt haben.

Zu Vorsitzenden und stellvertretenden Vorsitzenden können auch Personen bestellt werden, welche nicht Handwerker sind, soweit sie die erforderliche Sachkunde besitzen. Falls die Prüfung auch in der Buch- und Rechnungsführung erfolgt (§. 131b Abs. 3 der Gew.O.) ist der Ausschuß befugt, einen besonderen Sachverständigen zuzuziehen, der mit vollem Stimmrecht an der Prüfung theilnimmt. Bei Stimmengleichheit entscheidet die Stimme des Vorsitzenden.

§. 48.

Der Vorstand der Handwerkskammer bestellt die Vorsitzenden aller Prüfungsausschüsse sowie die Beisitzer der von der Kammer errichteten Prüfungsausschüsse (§. 46).

Die Beisitzer der in §. 45 bezeichneten Ausschüsse werden von den Vorständen und soweit sie dem Gesellenstand angehören müssen, von den Gesellenausschüssen der Innungen gewählt.

Die Amtsdauer beträgt drei Jahre.

§. 49.

Die Prüfungsausschüsse sind bei Anwesenheit des Vorsitzenden und zweier Beisitzer beschlußfähig.

Die Prüfung hat den Nachweis zu erbringen, daß der Lehrling die in seinem Gewerbe gebräuchlichen Handgriffe und Fertigkeiten mit genügender Sicherheit ausübt und sowohl über den Werth, die Beschaffung, Aufbewahrung und Behandlung der zu verarbeitenden Rohmaterialien, als auch über die Kennzeichen ihrer guten oder schlechten Beschaffenheit unterrichtet ist. Die Ergebnisse der Prüfung sind sogleich zu protokolliren. — Im Uebrigen wird das Verfahren vor dem Prüfungsausschuß, der Gang der Prüfung und die Höhe der Prüfungsgebühren durch eine Prüfungsordnung geregelt, die die höhere Verwaltungsbehörde im Einvernehmen mit der Handwerkskammer erläßt. Kommt kein Einvernehmen zu Stande, so entscheidet der Minister für Handel und Gewerbe.

§. 50.

Der Vorsitzende des Prüfungsausschusses ist berechtigt, Beschlüsse des Ausschusses mit aufschiebender Wirkung zu beanstanden. Ueber die Beanstandung entscheidet der Berufungsausschuß (§. 33).

§. 51.

Die Kosten der Prüfung vor den Prüfungsausschüssen der Handwerkskammer trägt die Handwerkskammer, welcher auch die Prüfungsgebühren zufließen. Bei den in §. 45 bezeichneten Prüfungsausschüssen tragen die Innungen die Kosten und beziehen die Gebühren.

Ordnungsstrafen.

§. 52.

Die Handwerkskammer ist befugt, Zuwiderhandlungen gegen die von ihr erlassenen Vorschriften mit Geldstrafen bis zu 20 Mark zu bedrohen. Die unteren Verwaltungsbehörden setzen diese Geldstrafen auf Antrag des Vorstands der Handwerkskammer fest. Gegen die Festsetzung findet binnen 2 Wochen Beschwerde an die unmittelbar vorgesetzten Aufsichtsbehörden statt. Diese entscheiden endgültig.

Kommissar.

§. 53.

Der bei der Handwerkskammer von der Aufsichtsbehörde zu bestellende Kommissar ist zu jeder Sitzung der Handwerkskammer, ihres Vorstands und der Ausschüsse einschließlich des Gesellenausschusses durch Mittheilung der Tagesordnung einzuladen und muß auf Verlangen jederzeit gehört werden. Der Kommissar kann jederzeit von den Schriftstücken der Handwerkskammer und ihrer Organe Einsicht nehmen, Gegenstände zur Berathung stellen und die Einberufung der Handwerkskammer und ihrer Organe verlangen. Er kann Beschlüsse der Handwerkskammer und ihrer Organe, welche deren Befugnisse überschreiten oder die Gesetze verletzen, mit aufschiebender Wirkung beanstanden. Ueber die Beanstandung entscheidet nach Anhörung der Handwerkskammer oder ihrer Organe die Aufsichtsbehörde.

Haushalt.

§. 54.

Alljährlich hat der Vorstand über den zur Erfüllung der Aufgaben der Kammer erforderlichen Kostenaufwand einen Haushaltsplan aufzustellen. Das Rechnungsjahr läuft vom 1. April bis zum 31. März.

Der Haushaltsplan ist durch die Handwerkskammer festzustellen und bedarf der Genehmigung der Aufsichtsbehörde. Der Vorstand ist bei seiner Geschäftsführung an den festgestellten Haushaltsplan gebunden. Ausgaben, welche nicht darin vorgesehen sind, bedürfen der Genehmigung der Handwerkskammer und der Aufsichtsbehörde. Die besondere Genehmigung der letzteren ist ferner erforderlich bei:

1. der Erwerbung, Veräußerung oder dinglichen Belastung von Grundeigenthum,
2. Anleihen, sofern ihr Betrag nicht nur zur vorübergehenden Aushilfe dient und aus den Ueberschüssen der laufenden Einnahmen über die Ausgaben der Voranschlagperiode zurückerstattet werden kann.

Zu anderen Zwecken als der Erfüllung der durch Gesetz oder Statut bestimmten Aufgaben der Kammer sowie der Deckung der Verwaltungskosten dürfen weder Beiträge erhoben werden, noch Verwendungen aus dem Vermögen der Kammer erfolgen.

§. 55.

Der Kassenführer hat alljährlich bis zum 1. Juli über das verflossene Rechnungsjahr Rechnung zu legen. Die Jahresrechnung muß sämmtliche Einnahmen und Ausgaben, nach den Theilen des Haushaltsplans geordnet, enthalten und mit den erforderlichen Belegen versehen sein.

Die Jahresrechnung wird durch den Rechnungsausschuß geprüft. Der Vorstand legt sie sodann in dem Gutachten des Rechnungsausschusses der Kammer zur Entschließung vor.

§. 56.

Die Einnahmen und Ausgaben der Kasse sind gesondert von allen fremden Einnahmen und Ausgaben zu verrechnen, die Bestände sind gesondert aufzubewahren. Die Zahlungen hat der Vorsitzende der Handwerkskammer anzuweisen. Die Anlegung der Bestände und die Aufbewahrung der Werthpapiere erfolgt den Vorschriften des §. 89a der Gew.O. gemäß.

Ueber die im Haushaltsplan festgesetzten Beträge hinaus darf keine Zahlung geleistet werden, soweit nicht ein Beschluß der Handwerkskammer und die Genehmigung der Aufsichtsbehörde vorgelegt wird.

Bekanntmachungen.

§. 57.

Die Bekanntmachungen der Handwerkskammer sind in dem Amtsblatt der Königlichen Regierung in und sofern die Handwerkskammer ein eigenes Organ besitzt, in diesem zu erlassen.

Aufsicht.

§. 58.

Die Aufsicht über die Kammer führt der . ...= Präsident in ....

§. 59.

Abänderungen des Bezirks der Kammer sind der Verfügung des Ministers für Handel und Gewerbe vorbehalten.

Berlin, den . .. .

Der Minister für Handel und Gewerbe.

V.

Verfügung vom 26. Mai 1900,
betreffend die Aufbringung der Kosten der Handwerkskammern.

(Min.Bl. f. d. i. V. 1900 S. 216.)

I.

Von den mir durch §. 1031 Abs. 2 der Gewerbeordnung gegebenen Befugniß, die Aufbringung der aus der Errichtung und Thätigkeit der Handwerkskammern erwachsenden Kosten den weiteren Kommunalverbänden aufzuerlegen, werde ich zunächst keinen Gebrauch machen. Ich ersuche Eure ꝛc., der Provinzial-Verwaltung hiervon Mittheilung zu machen und auch die Vorstände der Handwerkskammern benachrichtigen zu lassen.

II.

Gemäß §. 1031 Abs. 1 der Gewerbeordnung sind hiernach bis auf Weiteres die Kosten der Handwerkskammern in Preußen von den Gemeinden des Handwerkskammerbezirkes nach näherer Bestimmung der höheren Verwaltungsbehörde zu tragen.

Die Höhe dieser Kosten wird durch den der Genehmigung der Aufsichtsbehörde unterliegenden Haushaltsplan der Handwerkskammern festgesetzt, ihre Vertheilung auf die Gemeinden erfolgt durch den Vorstand der Handwerkskammer.

Gemeinden, in denen kein Handwerksbetrieb besteht, bleiben von der Heranziehung zu den Kosten frei. Hierbei sind, ebenso wie bei der Vertheilung der Kosten auf die beitragspflichtigen Gemeinden und wie im Falle der Umlegung der Beiträge durch die Gemeinden auf die einzelnen Handwerksbetriebe, nur die Betriebe der selbständigen Handwerker, nicht die der im §. 87 unter Ziff. 2 und 4 bezeichneten Personen (Werkmeister, Guts- und Fabrikhandwerker) zu berücksichtigen.

Streitigkeiten wegen Entrichtung von Beiträgen für die Handwerkskammer durch die Gemeinden entscheidet gemäß §. 103n Abs. 1 in Verbindung mit §. 89 Abs. 4 der Gewerbeordnung die Aufsichtsbehörde der Handwerkskammer. Die Entscheidung kann binnen 2 Wochen durch Beschwerde bei mir angefochten werden.

Die höhere Verwaltungsbehörde, welche die näheren Bestimmungen über die Aufbringung der Kosten der Handwerkskammer zu treffen hat, ist der Regierungspräsident, in Berlin der Oberpräsident (Bekanntmachung vom 15. August 1897 II. 2.). Diese Behörden haben die Bestimmungen für jeden Handwerkskammerbezirk einheitlich zu regeln.

Soweit sich der Bezirk der Handwerkskammer über die Grenzen eines Regierungsbezirks hinaus erstreckt, hat sich der Regierungspräsident, in dessen Bezirk der Sitz der Kammer liegt, mit den übrigen betheiligten Regierungspräsidenten zur Herbeiführung einer einheitlichen Regelung in Verbindung zu setzen und, wenn er eine Einigung über den Erlaß gleichartiger Bestimmungen nicht erzielt, die Entscheidung des ihm vorgesetzten Oberpräsidenten einzuholen. Auf die zum Großherzogthum Oldenburg und zum Fürstenthum Waldeck-Pyrmont gehörenden Theile der Handwerkskammern in Altona, Saarbrücken, Kassel und Hannover erstreckt sich die Zuständigkeit der preußischen höheren Verwaltungsbehörden nicht. Wenn die in diesen Staaten zum Erlaß der Bestimmungen auf Grund des §. 103l Abs. 1 der Gewerbeordnung berufenen Behörden die Beitragspflicht der Gemeinden nicht entsprechend den für die preußischen Gebietstheile der Kammern erlassenen Vorschriften, die ihnen von den Regierungspräsidenten mitzutheilen sind, regeln, oder wenn die Centralbehörden dieser Staaten die Aufbringung der Kosten der Handwerkskammern weiteren Kommunalverbänden auferlegen, so muß der Antheil festgestellt werden, den die außerpreußischen Gebietstheile zu den Gesammtkosten der Handwerkskammern beizusteuern haben. Zur Vereinbarung der Höhe dieses Antheils, der wohl am zweckmäßigsten auf Grund der Bevölkerungszahl zu bemessen sein wird, wollen sich die betreffenden Regierungspräsidenten mit den Großherzoglich Oldenburgischen Regierungen in Birkenfeld und Eutin und dem Landesdirektor in Arolsen in Beziehung setzen. Letzterem sowie dem Großherzoglich Oldenburgischen Staatsministerium habe ich eine Abschrift dieses Erlasses übersandt.

Bei der Bestimmung des Maßstabes, der für die Vertheilung der Kosten auf die Gemeinden anzuwenden ist, sind folgende Gesichtspunkte zu beachten:

Der Maßstab ist so zu wählen, daß einerseits umständliche Erhebungen zur Festsetzung des Beitragsverhältnisses der einzelnen Gemeinden möglichst vermieden werden und andrerseits die Leistungsfähigkeit des Handwerks insoweit Berücksichtigung findet, daß im Falle einer Umlegung der Beträge durch die Gemeinden auf die Handwerksbetriebe letztere in den verschiedenen Gemeinden keiner zu ungleichen Belastung ausgesetzt sind. Der ersteren Forderung würde nicht genügt werden, wenn das Einkommen aus dem Handwerksbetriebe als Maßstab vorgeschrieben würde: denn zur Feststellung dieses Einkommens würden in zahlreichen Fällen schwierige Ermittelungen nöthig sein. Der letzteren Forderung würde nicht Rechnung getragen werden, wenn als Maßstab die Bevölkerungszahl oder der in den Gemeinden zur Hebung gelangende Betrag der Einkommen- oder Ergänzungssteuer gewählt würde; denn Zahl und Leistungsfähigkeit der Handwerker einer Gemeinde entsprechen keineswegs immer der Zahl und Steuerkraft der Gesammtbevölkerung.

Besser werden sich als Maßstab eignen:

die Zahl der selbständigen Handwerker in Verbindung mit dem Ertrage der Gewerbesteuer aus den Handwerksbetrieben, oder

der Ertrag der Gewerbesteuer aus dem Handwerksbetriebe unter Hinzurechnung fingirter Gewerbesteuerbeträge für die gewerbesteuerfreien Betriebe, oder

die Zahl der selbständigen Handwerker unter Berücksichtigung der Zahl ihrer Gehülfen und Lehrlinge,

denn in der Zahl der Handwerksbetriebe und der Höhe der von ihnen zu entrichtenden Gewerbesteuer oder der Anzahl der von ihnen beschäftigten Hülfskräfte wird die Leistungsfähigkeit des Handwerks in der einen Gemeinde im Vergleich zur Leistungsfähigkeit des Handwerks in den anderen Gemeinden in annähernd richtiger Weise zum Ausdruck gelangen. Auch wird sich die Bemessung der auf die Gemeinden entfallenden Antheile nach diesen Merkmalen verhältnißmäßig leicht ausführen lassen, namentlich wenn diejenigen Betriebe, deren Zugehörigkeit zum Handwerk zweifelhaft ist, unberücksichtigt gelassen werden. Letzteres wird angängig sein, da es nur darauf ankommt, das zwischen den verschiedenen Gemeinden hinsichtlich der Leistungsfähigkeit des darin vorhandenen Handwerks bestehende Verhältniß, nicht das Maß dieser Leistungsfähigkeit *an sich* festzustellen und die Fehler, die bei der Veranlagung der einzelnen Gemeinden durch Fortlassung der Betriebe entstehen, deren Zurechnung zum Handwerk zweifelhaft ist, sich untereinander annähernd ausgleichen werden. Für die Feststellung der Zahl der Handwerker werden Nachweisungen, wie sie von den Regierungspräsidenten im vergangenen Jahre aufgestellt sind, für die Berechnung der Gewerbesteuer Auszüge aus den Gewerbesteuerlisten der Gewerbesteuerklassen III und IV genügen.

Da das Verhältniß der Leistungsfähigkeit des Handwerks der einzelnen Gemeinde zu der Leistungsfähigkeit des Handwerks in den anderen Gemeinden keinem raschen Wechsel unterworfen ist, so wird das Beitragsverhältniß der Gemeinden unbedenklich für einen längeren Zeitraum, z. B. für 5 Jahre, festgestellt werden können.

Ob es sich der Vereinfachung wegen empfiehlt, die Gemeinden nach der Zahl der Handwerksbetriebe, dem Ertrage der Gewerbesteuer der handwerksmäßigen Betriebe oder der Zahl der Hülfskräfte in größere Gruppen zu theilen, wie in dem beiliegenden Entwurf A. (Anl. a.) vorgesehen ist, bleibt dem Ermessen der höheren Verwaltungsbehörden überlassen.

Eine Veranlagung der Gemeinden nach den vorstehenden Grundsätzen würde sich, da eine Feststellung der Leistungsfähigkeit des einzelnen Handwerksbetriebes dabei nicht stattfindet, für die Umlegung der auf die Gemeinden entfallenden Beträge auf die Handwerksbetriebe nicht verwerthen lassen. Wenn darauf Gewicht gelegt wird, bei der Bemessung der auf die Gemeinden entfallenden Antheile zugleich die nöthigen Unterlagen für ihre Umlegung auf die Handwerksbetriebe zu beschaffen und dadurch den Gemeinden diese Umlegung zu erleichtern, so wird durch die höheren Verwaltungsbehörden bestimmt werden müssen, daß für jeden Handwerksbetrieb nach einem bestimmten Maßstabe der für ihn zu einem Simplum zu entrichtende Betrag festgestellt und von jeder Gemeinde als Simplum die Summe der Beiträge erhoben werde, die für die in ihr vorhandenen Handwerksbetriebe ermittelt worden. Der Maßstab für die Feststellung der auf die einzelnen Betriebe entfallenden Beträge wird so zu wählen sein, daß er möglichst genau die Leistungsfähigkeit berücksichtigt. Am zweckmäßigsten dürfte dazu die Zahl der Hülfskräfte zu verwenden sein, wobei jedoch, da in einzelnen Gewerben die Zahl der Hülfskräfte in den verschiedenen Jahreszeiten sehr wechselt, die Zahl der im Durchschnitt des letzten Jahres beschäftigten Hülfskräfte würde zu Grunde gelegt werden müssen. Diese Abschätzung würde, da der Bestand und die Leistungsfähigkeit der einzelnen Handwerksbetriebe rasch wechseln, für jedes Etatsjahr erneuert werden müssen.

Eine Berechnung der Antheile der Gemeinden auf dieser Grundlage ist in dem anliegenden Entwurf B. (Anl. b.) vorgesehen.

III.

Abgesehen von den Bestimmungen über die Aufbringung der Kosten der Handwerkskammern durch die Gemeinden liegt den höheren Verwaltungsbehörden gemäß §. 1031 Abs. 1 der Gewerbeordnung ob, den Vertheilungsmaßstab zu bestimmen, den die Gemeinden anzuwenden haben, wenn sie von ihrem Rechte, die auf sie entfallenden Antheile an den Kosten auf die einzelnen Handwerksbetriebe umzulegen, Gebrauch machen. Soweit die Berechnung der Antheile der Gemeinden auf Grund einer Feststellung der für die einzelnen Handwerksbetriebe zu entrichtenden Beträge vorgenommen wird, ist der für diese Feststellung angewandte Maßstab auch für die Umlegung der Antheile allgemein vorzuschreiben.

Andernfalls ist es zulässig, für die verschiedenen Gemeinden verschiedene Maßstäbe zu bestimmen.

Hierbei sind folgende Gesichtspunkte zu berücksichtigen:

Der Vertheilungsmaßstab muß so gewählt werden, daß die Höhe der auf die einzelnen Betriebe entfallenden Beträge sich möglichst genau nach der Leistungsfähigkeit dieser Betriebe abstuft. Seine Anwendung darf jedoch nicht so umfangreiche Erhebungen voraussetzen, daß den Gemeinden die Gelegenheit, von ihrem Recht der Umlegung Gebrauch zu machen, allzusehr erschwert wird. Das Einkommen aus dem Betriebe, das den besten Maßstab für die Leistungsfähigkeit abgeben würde, wird im allgemeinen nur unter Aufwendung unverhältnißmäßiger Kosten festgestellt werden können; es wird deshalb, abgesehen von den Fällen, in denen die einzelne Gemeinde selbst dieses Merkmal für die Veranlagung der Betriebe anzuwenden wünscht, nur für kleinere Gemeinden, in denen der Gemeindevorstand die Einkommensverhältnisse leicht übersehen kann, vorgeschrieben werden dürfen. — Der Betrag der Gewerbesteuer bietet auch einen annähernd zuverlässigen Maßstab für die Leistungsfähigkeit der gewerbesteuerpflichtigen Betriebe, wird sich aber als Maßstab nur da eignen, wo der größere Theil der Handwerker zur Gewerbesteuer veranlagt ist und die Heranziehung der übrigen Handwerker mit einem fingirten Gewerbesteuersatze ohne große Schwierigkeiten erfolgen kann.

Die Zahl der Hülfskräfte bietet, da sie nach der Art der einzelnen Handwerkszweige sehr verschieden ist, nur einen unsicheren Anhaltspunkt für die Leistungsfähigkeit des Betriebes und wird daher in der Regel nur in Verbindung mit der Gewerbesteuer oder in solchen Gemeinden, in denen vielfach elementare Kraft in Handwerksbetrieben Verwendung findet, unter Auferlegung mäßiger Zuschläge für die einzelnen mit elementarer Kraft getriebenen Maschinen als Maßstab vorzuschreiben sein.

Die Befugniß der höheren Verwaltungsbehörden beschränkt sich hinsichtlich der Umlegung der Antheile der Gemeinden auf die Bestimmung des Maßstabes. Im Uebrigen wird die Festsetzung dieser Umlagen, ihre Erhebung sowie die Einlegung von Rechtsmitteln nach den für die Gemeindeabgaben geltenden Vorschriften zu erfolgen haben.

Eure ꝛc. ersuche ich, hiernach das Weitere zu veranlassen und mir demnächst je 2 Abdrücke der von den höheren Verwaltungsbehörden erlassenen Bestimmungen einzureichen.

Auch bitte ich, darauf hinzuwirken, daß die Regierungspräsidenten, die Landräthe, die Vorsitzenden der Steuerausschüsse und die Ortspolizeibehörden die Vorstände der Handwerkskammern bei der Vertheilung der Kosten auf die Gemeinden durch Mittheilung der nothwendigen Unterlagen unterstützen. Eine Betheiligung der Gemeindebehörden bei dieser Vertheilung wird kaum angängig sein, da es sich um Veranlagung der Gemeinden handelt.

Berlin, den 26. Mai 1900.

Der Minister für Handel und Gewerbe.
In Vertretung: Lohmann.

---

a.

A. Nähere Bestimmung über die Aufbringung der Kosten der Handwerkskammer in N. durch die Gemeinden.

Als Maßstab für die Vertheilung der Kosten der Handwerkskammer auf die Gemeinden ist die Zahl der Handwerksbetriebe in Verbindung mit dem Ertrage der Gewerbesteuer aus den Handwerksbetrieben in der Weise zu Grunde zu legen, daß auf jede Gemeinde für je 10 Handwerksbetriebe, die innerhalb ihres Bezirkes ihren Sitz haben, und für je 120 Mk. des von den Handwerksbetrieben ihres Bezirks zu entrichtenden jährlichen Gewerbesteuerbetrages je 1 Simplum entfällt. Gemeinden, in denen sich keine Handwerksbetriebe befinden, bleiben von der Heranziehung zu den Kosten frei; Gemeinden, deren Handwerksbetriebe die Zahl 10 nicht erreichen und keine Gewerbesteuer oder einen geringeren Steuerbetrag als 120 Mk. jährlich entrichten, sind für jeden Handwerksbetrieb zu $^1/_{10}$ des Simplums heranzuziehen.

Die Veranlagung der Gemeinden erfolgt durch den Vorstand der Handwerkskammer auf 5 Jahre.

Bei dieser Veranlagung sind für die Berechnung der Zahl der Handwerksbetriebe Nachweisungen der Anzahl der Handwerksbetriebe zu Grunde zu legen, die der Regierungspräsident in dem der Veranlagungsperiode voraufgehenden Jahre aufstellt und dem Vorstand der Handwerkskammer bis zum 1. Oktober übermittelt.

Die Berechnung der Gewerbesteuerbeträge erfolgt auf Grund der Gewerbesteuerlisten der Gewerbesteuerklassen III. und IV. für das der Veranlagungsperiode voraufgehende Steuerjahr in der Weise, daß die in diesen Listen aufgeführten Gewerbetreibenden, deren Zugehörigkeit zum Handwerk zweifelhaft ist, außer Berechnung bleiben. Das Ergebniß der Veranlagung ist den Gemeinden bis zum 15. Dezember mit der Bemerkung mitzutheilen, daß Beschwerden binnen 2 Wochen an den Regierungspräsidenten in N. (Oberpräsidenten) zu richten sind.

Die Höhe des Simplums wird alljährlich nach Genehmigung des Haushaltsplans von dem Vorstande der Handwerkskammer festgestellt und in den im § des Statuts der Handwerkskammer bezeichneten Blättern veröffentlicht.

---

b.

B. Als Maßstab für die Vertheilung der Kosten auf die Gemeinden gilt die Zahl der Handwerksbetriebe unter Berücksichtigung des in jedem Betrieb beschäftigten Hülfspersonals (Gesellen und Lehrlinge).

Für jeden Meister kommen . . . . [10,—] ℳ,
" " Gesellen " . . . . [5,—] "
" " Lehrling " . . . [2,50] "

in Ansatz, sodaß z. B. der Einheitssatz für einen Betrieb, der 4 Gesellen und 2 Lehrlinge beschäftigt, [10 + 20 + 5 = 35 ℳ] beträgt.

Der Etat der Handwerkskammer bestimmt, wieviel Prozent dieser Einheitssätze zur Hebung kommen sollen.

VI.

Verfügung vom 17. November 1900,

betreffend die Handwerkergesellen-Prüfungsordnungen.

(Min.Bl. f. d. i. V. 1901 S. 45).

Mit dem Erlaß vom 19. Januar 1900 habe ich den Aufsichtsbehörden der Handwerkskammern sowie einer Reihe von Innungsverbänden die Grundzüge zu einer Gesellenprüfungsordnung mitgetheilt. Nachdem die Prüfungsordnung unter Berücksichtigung der in den mir erstatteten Berichten gegebenen Anregungen in einzelnen Punkten abgeändert worden ist, lasse ich Ihnen beifolgend zwei Muster einer Prüfungsordnung zugehen (Anl. a u. b), von denen das eine sich mit der Forderung einer Arbeitsprobe begnügt, während das andere dem für eine Reihe von Handwerkszweigen geäußerten Wunsche der Beibehaltung des Gesellenstücks Rechnung trägt. Beiden Mustern der Prüfungsordnung sind Erläuterungen beigefügt, auf deren Beachtung Sie halten wollen.

Für die Wahl der Prüfungsgegenstände haben mir die Innungsverbände brauchbare Vorschläge für einzelne Gewerbe unterbreitet. Diese sind für die Gewerbe der Bäcker, Barbiere, Bauhandwerker, Schmiede, Schornsteinfeger und Tischler in den Anlagen III bis VIII (Anl. c bis h) niedergelegt und können als eine geeignete Grundlage beim Erlaß der Prüfungsordnungen in den bezeichneten Handwerkszweigen dienen. Für einige andere der häufiger vertretenen Handwerkszweige lasse ich Ihnen in der Anlage IX (Anl. i) Vorschläge über Prüfungsgegenstände zugehen, die von einzelnen Innungen aufgestellt und daher lediglich als Beispiele zu betrachten sind.

Ich ersuche Sie, nunmehr die erforderlichen Gesellenprüfungsordnungen gemäß §. 131 b der G.O. im Einvernehmen mit der Handwerkskammer zu erlassen. Bevor die Prüfungsordnungen der Handwerkskammer zur Beschlußfassung vorgelegt werden, wollen Sie dieselben durch Ihren Kommissar mit dem Ausschuß für das Lehrlingswesen berathen lassen. Soweit die verschiedenen Handwerkszweige in diesem Ausschuß nicht vertreten sind, wird es sich empfehlen, namentlich bei der Auswahl der Prüfungsgegenstände, die Mitwirkung berufsangehöriger Mitglieder der Handwerkskammer oder anderer angesehener Handwerker, sowie bedeutenderer Innungen und Innungsverbände in Anspruch zu nehmen.

Für jedes im Handwerkskammerbezirk vertretene Handwerk ist eine Prüfungsordnung zu erlassen. Eine gemeinsame Prüfungsordnung für verwandte Handwerke ist insoweit zulässig, als für diese Handwerke ein gemeinschaftlicher Prüfungsausschuß eingerichtet wird. Für jeden Innungsprüfungsausschuß darf nur eine Prüfungsordnung gelten. Sind daher in einer mit dem Prüfungsrecht ausgestatteten Innung (Nr. II und III des Erlasses vom 6. August 1900) andere Handwerke mit einander verbunden als in den von der Handwerkskammer errichteten Prüfungsausschüssen, so bedarf es für den Innungsprüfungsausschuß des Erlasses einer besonderen Prüfungsordnung, vor deren Erlaß die Innung zu hören ist.

Im Einzelnen bemerke ich zu den Bestimmungen der Prüfungsordnungen Folgendes:

1. Die Zuständigkeit der Prüfungsausschüsse regelt sich nach den Bestimmungen des Erlasses vom 6. August 1900. Hiernach ist für Lehrlinge der Prüfungsausschuß der Innung zuständig, welcher der Lehrherr angehört, sofern diese Innung zur Abnahme von Prüfungen befugt ist, im Uebrigen der von der Handwerkskammer errichtete oder mit der Abnahme von Prüfungen beauftragte Prüfungsausschuß, in dessen Bezirk der Betrieb des Lehrherrn gelegen ist. Der letztere Fall, die Beauftragung eines Prüfungsausschusses mit der Abnahme von Prüfungen, tritt nach Nr. III Abs. 2 des Erlasses vom 6. August 1900 dann ein, wenn die Zuständigkeit des Prüfungsausschusses einer freien Innung von der Handwerkskammer auf alle im Innungsbezirk vorhandenen Lehrlinge des betreffenden Gewerbes ausgedehnt wird. Für Gesellen und selbständige Gewerbetreibende, welche sich nachträglich der Prüfung unterziehen wollen, regelt sich die Zuständigkeit der Prüfungsausschüsse in entsprechender Weise.

Die aus dem Vorstehenden sich ergebende Zuständigkeit des einzelnen Prüfungsausschusses bedarf für jeden Prüfungsausschuß der besonderen Festsetzung. Sie wollen im Einvernehmen mit der Handwerkskammer jedem Prüfungsausschuß bei seiner Errichtung genau mittheilen, wie sich seine Zuständigkeit abgrenzt.

2. Die Prüfungsgebühr (§. 3 der Prüfungsordnung) ist in den einzelnen Prüfungsordnungen einheitlich für den ganzen Handwerkskammerbezirk im Einvernehmen mit der Handwerkskammer festzusetzen und hiernach der §. 3 der Prüfungsordnung entsprechend auszufüllen. Hierbei ist darauf Bedacht zu nehmen, daß die Gebühren möglichst gering bemessen werden, damit die Prüflinge, denen in manchen Fällen durch die Reise nach dem Prüfungsort und ihren Aufenthalt dort ohnehin Ausgaben entstehen, nicht durch die ihnen erwachsenden Kosten von der Ablegung der Prüfung abgehalten werden. In keinem Falle dürfen daher die Innungen oder Handwerkskammern aus der Erhebung von Prüfungsgebühren eine Einnahmequelle machen; vielmehr sollen die erhobenen Gebühren höchstens die der Innung oder der Handwerkskammer durch Entschädigung der Mitglieder des Prüfungsausschusses (§. 11 der Prüfungsordnungen) erwachsenden baaren Auslagen decken. Um eine thunlichst geringe Bemessung der Prüfungsgebühr zu ermöglichen, ist ferner in die Prüfungsordnung die Bestimmung aufgenommen worden, daß für einzelne Prüfungsausschüsse die Gebühr abweichend von dem durch §. 3 der Prüfungsordnung vorgesehenen Satze geregelt werden kann. Von dieser Befugniß ist insbesondere bei denjenigen Prüfungsausschüssen Gebrauch zu machen, bei welchen, weil alle Mitglieder am Prüfungsor wohnen, nur geringe Ausgaben entstehen — ein Fall, der namentlich bei einer Reihe von Innungsprüfungsausschüssen zutreffen wird. In Fällen dieser Art ist die Prüfungsgebühr, den Ausgaben entsprechend, niedrig zu bemessen. Auch soll es den Innungen freistehen, von den durch ihren Prüfungsausschuß geprüften Lehrlingen der Innungsmitglieder eine Gebühr nicht zu erheben.

Um den Lehrlingen die Last der Prüfungsgebühr thunlichst abzunehmen, wird es ferner Aufgabe der Innungen und Handwerkskammern sein, darauf hinzuwirken, daß die Entrichtung der Prüfungsgebühr durch eine entsprechende Bestimmung des Lehrvertrages von dem Lehrherrn übernommen wird.

3. Gegen die Beibehaltung des Gesellenstücks in den Handwerkszweigen, in denen es herkömmlich und zweckdienlich ist, habe ich nichts einzuwenden, indessen bleibt zu beachten, daß, wo nicht besondere Gründe für die Beibehaltung sprechen, im Interesse der Vereinfachung der Prüfung und der Vermeidung von Kosten die Beseitigung des

Gesellenstücks als erwünscht anzusehen ist. Im Falle der Beibehaltung ist bei der Festsetzung der entsprechenden Bestimmungen der Prüfungsordnung darauf zu halten, daß die Vorschriften der §§. 5ff. des beifolgenden Musters II beachtet werden, die eine Gewähr dafür schaffen sollen, daß der Prüfling das Gesellenstück selbständig anfertigt und daß ihm daraus kein erheblicher Zeit- und Kostenaufwand erwächst.

Im übrigen verweise ich, was den praktischen und theoretischen Theil der Prüfung und die dabei zu beachtenden Grundsätze betrifft, auf die den Mustern zur Prüfungsordnung beigefügten Erläuterungen. Insbesondere ersuche ich Sie, darauf hinzuwirken, daß eine dem §. 6a der beiden Muster entsprechende Vorschrift (vgl. Nr. 3 der Erläuterungen) in die Prüfungsordnung aufgenommen wird, und daß die Zusammensetzung des Prüfungsausschusses dementsprechend erfolgt.

4. Bei der Festsetzung der Gebühren der Mitglieder des Prüfungsausschusses (§. 11 der Prüfungsordnung) ist davon auszugehen, daß die Mitwirkung bei der Prüfung selbst von den Betheiligten als ein Ehrenamt angesehen werden muß, für dessen Wahrnehmung eine Vergütung nicht gewährt wird. Gleichwohl werden schon mit Rücksicht auf die Theilnahme von Gesellen an der Prüfung mindestens für diese gewisse, billig zu bemessende Entschädigungen für Zeitverlust zu gewähren sein. Ihre Festsetzung hat in den einzelnen Prüfungsordnungen einheitlich für den ganzen Handwerkskammerbezirk durch die höhere Verwaltungsbehörde im Einvernehmen mit der Handwerkskammer zu erfolgen. Hiernach ist der §. 11 der Prüfungsordnung entsprechend auszufüllen. Bei der Bemessung der Entschädigungen ist über die für die Mitglieder der Handwerkskammer in den Handwerkskammerstatuten für Zeitversäumniß festgestellten Sätze nicht hinauszugehen. Den nicht am Prüfungsort wohnenden Mitgliedern des Prüfungsausschusses ist außerdem Ersatz der durch die Reise erwachsenen baaren Auslagen zu leisten.

Bei Aufstellung der Prüfungsordnungen ist nach den vorstehenden Grundsätzen zu verfahren. Ueber die Zuziehung der Beisitzer wird die Prüfungsordnung nur dann Bestimmung zu treffen haben, wenn der Prüfungsausschuß nach den Bestimmungen des Erlasses vom 6. August cr. (Nr. II Abs. 2, Nr. III, Nr. V am Ende) für mehrere Gewerbe gebildet wird und sich die Nothwendigkeit ergiebt, bei Zuziehung der Beisitzer auf das Fach der angemeldeten Prüflinge Rücksicht zu nehmen. Im übrigen gehören Bestimmungen über die Zahl der Beisitzer nicht in die Prüfungsordnungen, sondern sind der Beschlußfassung der Innung oder der Handwerkskammer vorbehalten, durch die auch die Wahl der Beisitzer sowie die Bestimmung der Wahlperiode folgt (§. 131a Abs. 1 – 3). Die Handwerkskammer wird jedoch die Uebertragung der Prüfungsbefugniß an freie Innungen von der zweckentsprechenden Zusammensetzung der Prüfungsausschüsse abhängig machen und insbesondere auch darauf hinwirken können, daß bei umfangreichen Innungsbezirken den Prüflingen an mehreren Orten Gelegenheit zur Ablegung der Gesellenprüfung gegeben wird.

Die Wahl der Vorsitzenden der Prüfungsausschüsse steht allgemein den Handwerkskammern zu, die jedoch vor Ernennung der Vorsitzenden der Innungsprüfungsausschüsse zweckmäßiger Weise die Innungen hören werden. Im Interesse der Kostenersparniß wird es sich empfehlen, die Vorsitzenden und Mitglieder der Prüfungsausschüsse möglichst aus den am Prüfungsort wohnhaften selbständigen Handwerkern und Gesellen zu wählen.

Ich ersuche Sie, die Handwerkskammern und Innungen rechtzeitig zu den dem Vorstehenden entsprechenden Beschlüssen und Wahlen zu veranlassen.

Diese Beschlüsse und Wahlen, sowie der Erlaß der Prüfungsordnungen müssen bis zum 1. April 1901 erfolgt sein, da zu diesem Zeitpunkte die §§. 129 ff. der G.O. in Kraft treten. Ueber das hiernach Veranlaßte wollen Sie mir zum 1. April 1901 unter Einreichung der erlassenen Prüfungsordnungen Bericht erstatten.

Berlin, den 17. November 1900.

Der Minister für Handel und Gewerbe.
Brefeld.

---

a.

Anlage I zum Erlaß vom 17. November 1900.

Muster I (ohne Gesellenstück).

Gesellenprüfungsordnung für das .... Handwerk im Bezirke der Handwerkskammer zu

§. 1.

Das Gesuch um Zulassung zur Gesellenprüfung ist schriftlich an den zuständigen Prüfungsausschuß zu richten.

Zuständig für die Prüfung der Lehrlinge ist der Prüfungsausschuß der Innung, welcher der Lehrherr angehört, sofern diese Innung zur Abnahme von Prüfungen befugt ist, im Uebrigen der von der Handwerkskammer errichtete oder mit der Abnahme von Prüfungen beauftragte Prüfungsausschuß, in dessen Bezirk der Betrieb des Lehrherrn gelegen ist.

Die Abnahme der Prüfung von Gesellen, welche sich nachträglich der Prüfung unterziehen wollen, erfolgt durch den Prüfungsausschuß der Innung, welcher der Arbeitgeber angehört, sofern diese Innung zur Abnahme von Prüfungen befugt ist, im Uebrigen durch den von der Handwerkskammer errichteten oder mit der Abnahme von Prüfungen beauftragten Prüfungsausschuß, in dessen Bezirk sich der Geselle zuletzt mindestens einen Monat aufgehalten hat.

Für die Abnahme der Prüfung von selbständigen Gewerbtreibenden, die sich nachträglich der Prüfung unterziehen wollen, ist der Prüfungsausschuß der Innung zuständig, welcher der Gewerbtreibende angehört, sofern diese Innung zur Abnahme von Prüfungen befugt ist, im Uebrigen der von der Handwerkskammer errichtete oder mit der Abnahme von Prüfungen beauftragte Prüfungsausschuß, in dessen Bezirk der Betrieb des Gewerbtreibenden seinen Sitz hat.

Dem Gesuche um Zulassung sind beizufügen:

1. ein kurzer eigenhändig geschriebener Lebenslauf des Prüflings,
2. von Lehrlingen das Lehrzeugniß oder der Lehrbrief,
3. wenn der Lehrling zum Besuche einer Fortbildungs- oder Fachschule verpflichtet war, das Zeugniß über den Schulbesuch.

§. 2.

Die Prüfungstermine werden von dem Vorsitzenden des Prüfungsausschusses anberaumt. Auf Beschluß des Prüfungsausschusses oder auf Anordnung des Vorstandes der Handwerkskammer sind regelmäßig wiederkehrende Termine für die Prüfungen festzusetzen.

Der Vorsitzende hat die Mitglieder des Prüfungsausschusses und die zur Prüfung Zugelassenen zum Prüfungstermine zu laden. Nahe Verwandte, der Vormund und der Lehrherr eines Prüflings sind von der Mitwirkung bei der Prüfung ausgeschlossen.

Zu einem Prüfungstage sollen nicht mehr als   Prüflinge geladen werden.

Der Prüfungsausschuß ist beschlußfähig, wenn außer dem Vorsitzenden mindestens je ein Beisitzer aus dem Stande der selbständigen

Handwerker und aus dem Gesellenstande anwesend ist. Verweigern die Gesellen die Mitwirkung, so genügt die Anwesenheit zweier Beisitzer aus dem Stande der selbständigen Handwerker.

§. 3.

Jeder Prüfling hat vor dem Prüfungstermin eine Prüfungsgebühr von .... Mark, falls die Prüfung vor dem Prüfungsausschusse einer Innung stattfindet, an die Innung, andernfalls an die Kasse der Handwerkskammer einzuzahlen.

Eine geringere oder höhere Prüfungsgebühr als die vorstehende kann für einzelne Prüfungsausschüsse durch die höhere Verwaltungsbehörde im Einvernehmen mit der Handwerkskammer festgesetzt werden.

Die Innung kann beschließen, von den durch ihren Prüfungsausschuß geprüften Lehrlingen der Innungsmitglieder eine Gebühr nicht zu erheben.

Ueber Anträge auf Erlaß oder Stundung der Gebühr entscheidet bei Innungsprüfungsausschüssen der Innungsvorstand, im Uebrigen der Vorstand der Handwerkskammer.

Im Falle des Nichtbestehens hat der Geprüfte keinen Anspruch auf Rückerstattung der Prüfungsgebühr.

§. 4.

Die Prüfung soll eine praktische und eine theoretische sein.

§. 5.

Die praktische Prüfung besteht aus einer Arbeitsprobe und soll den Nachweis erbringen, daß der Prüfling die in seinem Handwerke gebräuchlichen Handgriffe und Fertigkeiten mit genügender Sicherheit ausübt.

Zu dem Ende hat er in einer vom Prüfungsausschusse hierzu bestimmten Werkstatt vor dem Prüfungsausschusse folgende (einige der folgenden) Arbeiten auszuführen: ....
....

§. 6.

Durch die theoretische Prüfung soll der Nachweis erbracht werden, daß der Prüfling über den Werth, die Beschaffung, Aufbewahrung, Verwendung und Behandlung der in seinem Gewerbe zur Verarbeitung gelangenden Roh- und Hülfsstoffe, über die Merkmale ihrer guten und schlechten Beschaffenheit, sowie über die Beschaffenheit und Behandlung der in dem Handwerk zur Verwendung gelangenden Werkzeuge und Arbeitsmaschinen genügend unterrichtet ist.

Sie beginnt in der Regel mit einer Besprechung der Arbeitsprobe und soll sich ferner namentlich auf folgende Fragen erstrecken: ......

§. 6 a.

Die Prüfung ist ferner darauf zu richten, ob der Prüfling sich [einige Fertigkeit im Zeichnen und] die nöthigsten für die Buch- und Rechnungsführung, sowie die sonstige Geschäftsführung grundlegenden allgemeinen Kenntnisse angeeignet hat. Die Prüfung in den letzteren erfolgt theils mündlich, theils schriftlich, und umfaßt namentlich folgende Gegenstände: Lesen, gewerblichen Aufsatz (z. B. Geschäftsempfehlungen, Arbeits- oder Preisangebote, Quittungen, Arbeitsbescheinigungen), Rechnen (Bekanntschaft mit Maß, Gewicht und Geld und den gewöhnlichen Rechnungsarten), das Wissenswerthe aus der Arbeiterversicherung [und einfache Buchführung].

Zu dem Ende kann an der Prüfung mit vollem Stimmrecht ein Sachverständiger theilnehmen, der von dem Vorsitzenden zu jedem Prüfungstermin aus der Mitte der vom Prüfungsausschuß dazu gewählten Personen berufen wird.

§. 7.

Nach Beendigung der Prüfung, über deren gesammten Verlauf eine schriftliche Verhandlung aufzunehmen ist, beschließt der Prüfungsausschuß mit Stimmenmehrheit, ob die Prüfung genügend, gut oder ausgezeichnet bestanden oder nicht bestanden ist. Bei Stimmengleichheit entscheidet der Vorsitzende.

Ist die Prüfung nicht bestanden, so hat der Prüfungsausschuß einen Zeitraum zu bestimmen, vor dessen Ablauf die Prüfung nicht wiederholt werden darf.

Das Ergebniß der Prüfung ist den Geprüften am Schlusse des Prüfungstermins durch den Vorsitzenden bekannt zu geben.

§. 8.

Der Vorsitzende ist berechtigt, Beschlüsse des Prüfungsausschusses mit aufschiebender Wirkung zu beanstanden. Macht er von diesem Rechte Gebrauch, so hat er die Bekanntgabe des Prüfungsergebnisses an den Geprüften zunächst auszusetzen und binnen kürzester Frist unter

Vorlegung der Prüfungsverhandlungen und Angabe der Gründe, aus denen die Beanstandung erfolgt, die Entscheidung des Berufungsausschusses der Handwerkskammer zu beantragen (§. 33 des Statuts der Handwerkskammer). Dieser entscheidet endgültig.

§. 9.

Das endgültige Ergebniß der Prüfung ist unter genauer Bezeichnung des Berufszweiges, in dem die Prüfung erfolgt ist, in das Lehrzeugniß oder den Lehrbrief der geprüften Lehrlinge einzutragen Für Gesellen und selbständige Gewerbtreibende, die sich nachträglich der Prüfung unterziehen, werden besondere Prüfungszeugnisse ausgefertigt.

Ist die Prüfung nicht bestanden, so ist auch der Zeitraum einzutragen, vor dessen Ablauf die Prüfung nicht wiederholt werden darf Mehr als zweimal darf die Prüfung nicht wiederholt werden.

Das Prüfungszeugniß ist kosten- und stempelfrei.

§. 10.

Die laufenden Geschäfte des Prüfungsausschusses erledigt der Vorsitzende.

Das Prüfungszeugniß ist von dem Vorsitzenden und mindestens zwei Mitgliedern des Prüfungsausschusses zu vollziehen.

Für alle übrigen Ausfertigungen genügt die Unterschrift des Vorsitzenden.

§. 11.

Die Mitglieder des Prüfungsausschusses verwalten ihr Amt als Ehrenamt unentgeltlich; doch werden ihnen für Zeitversäumniß bei Prüfungen am Wohnort .... Mk. für den Tag, bei Prüfungen außerhalb des Wohnorts .... Mk. für den Tag aus der Kasse der Innung oder der Handwerkskammer gewährt. Außerdem werden den nicht am Prüfungsort wohnenden Mitgliedern die ihnen durch die Reise erwachsenen nothwendigen baaren Auslagen aus den bezeichneten Kassen ersetzt.

Den Mitgliedern des Prüfungsausschusses kann durch Beschluß der Innung oder der Handwerkskammer mit Genehmigung der höheren Verwaltungsbehörde für die Wahrnehmung der Prüfungen an ihrem Wohnort statt der besonderen Vergütungen eine jährliche Entschädigung zugebilligt werden.

Zu Muster I (ohne Gesellenstück).

Erläuterungen zur Gesellenprüfungsordnung.

1. Die Prüfung ist so einzurichten, daß sie sich für jeden Prüfling an einem Tage erledigt. Liegen so viele Anmeldungen vor, daß die Prüfung aller Zugelassenen mehrere Tage in Anspruch nimmt, so sind die Prüflinge zu den verschiedenen Prüfungstagen in der Weise vorzuladen, daß keiner von ihnen mehr als einen Tag zur Ablegung der Prüfung aufzuwenden genöthigt ist.

2. Die Arbeitsprobe (§. 5 der Prüfungsordnung) ist am Prüfungstage selbst abzulegen. Es ist weniger der Zweck der Arbeitsprobe, daß ein fertiges Stück in dem betreffenden Handwerk geliefert wird, als daß sich der Prüfungsausschuß in der ihm am Prüfungstage zur Verfügung stehenden Zeit ausreichend davon überzeugt, ob der Lehrling sich die in seinem Handwerk gebräuchlichen Handgriffe und Fertigkeiten zu eigen gemacht hat. Die Werkstatt, in welcher die Arbeitsprobe auszuführen ist, wird im Einzelfalle vom Prüfungsausschuß selbst bestimmt werden können. Doch werden die Innungsvorstände oder die Handwerkskammern ihre Vermittelung dann eintreten lassen müssen, wenn bei der Auswahl der Werkstatt Schwierigkeiten entstehen.

3. Die theoretische Prüfung (§. 6 der Prüfungsordnung) wird in ihrem sachlichen Theil vielfach an die praktischen Arbeiten angeknüpft werden können. Neben den besonderen Fachkenntnissen sollen in der theoretischen Prüfung auch einige allgemeine Kenntnisse gefordert werden, welche für die Geschäftsführung einschließlich der Buch- und Rechnungsführung grundlegend sind (§. 6 a der Prüfungsordnung). Diese Forderung rechtfertigt sich in erster Linie dort, wo Fortbildungsschulen bestehen. Doch auch wo dies nicht der Fall ist, wird man zum mindesten verlangen können, daß der Lehrling die auf der Volksschule erworbenen Kenntnisse während der Lehrzeit insoweit festgehalten hat, als er ihrer zur Ausübung seines Handwerks nach den heutigen Verhältnissen bedarf. Es wird sich empfehlen, zu diesem Zwecke einen Fortbildungsschullehrer zu den Prüfungen hinzuzuziehen. Wo eine Fortbildungsschule nicht besteht, werden auch Volksschullehrer hinzugezogen werden können, welche für die Verhältnisse des Handwerks Interesse haben. Ob auch einige Fertigkeit im Zeichnen in der Prüfung zu fordern ist, richtet sich nach der Eigenart des betreffenden Handwerks.

4. Die Anforderungen, welche der Prüfungsausschuß auf Grund der Prüfungsordnung an den einzelnen Prüfling stellt, sind danach zu richten, was der Lehrling nach der Eigenart des Betriebes, sowie nach den örtlichen Verhältnissen, in denen er die Lehrzeit durchgemacht, hat lernen können. Die hierbei sich ergebenden Verschiedenheiten, insbesondere zwischen Stadt und Land, sind zu beachten. Es wird sich empfehlen, daß die Prüfungsausschüsse in der ersten Zeit nach Inkrafttreten der neuen Bestimmungen nicht zu hohe Anforderungen stellen. Es wird ihre Aufgabe sein, durch allmähliche Steigerung der Anforderungen die Lehrlinge und Meister zur vollen Ausnutzung der Lehrzeit zu erziehen.

5. Ergiebt sich bei nicht bestandener Prüfung, daß den Lehrherrn ein erhebliches Verschulden an der mangelhaften Ausbildung des Lehrlings trifft, so hat der Prüfungsausschuß und erforderlichenfalls die Innung oder die Handwerkskammer ihre Vermittelung dahin eintreten zu lassen, daß der Lehrling behufs Vollendung der Lehre bei einem anderen Lehrherrn untergebracht wird.

---

b.

Anlage II zum Erlaß vom 17. November 1900.

Muster II (mit Gesellenstück).

Gesellenprüfungsordnung für das ...... Handwerk im Bezirke der Handwerkskammer zu ...

§. 1.

Ebenso wie der bei Muster I abgedruckte §. 1.

§. 2.

Ebenso wie §. 2 Muster I, nur Satz 2 lautet abweichend:

Der Vorsitzende hat die Mitglieder des Prüfungsausschusses und die zur Prüfung Zugelassenen zum Prüfungstermine zu laden, und gleichzeitig über das Gesellenstück, sowie über Ort und Zeit seiner Anfertigung und Einlieferung Bestimmung zu treffen (vergl. §. 5a bis §. 5c). Nahe Verwandte, der Vormund und der Lehrherr eines Prüflings sind von der Mitwirkung bei der Prüfung ausgeschlossen.

§. 3.

Ebenso wie §. 3 von Muster I.

§. 4.

Ebenso wie §. 4 von Muster I.

§. 5.

Die praktische Prüfung besteht aus:

1. der Anfertigung eines Gesellenstücks,
2. der Arbeitsprobe.

§. 5a.

Die Bestimmung des Gesellenstücks erfolgt durch den Prüfungsausschuß.

Es ist so zu wählen, daß mit der Herstellung keine mit dem Charakter einer Gesellenprüfung unvereinbare Anforderung, sowie kein erheblicher Zeit- und Kostenaufwand verbunden ist. Durch das Gesellenstück soll der Prüfling darthun, daß er sich die in seinem Gewerbe gebräuchlichen Handgriffe und Fertigkeiten angeeignet hat. Vorschläge für die Wahl des Gesellenstücks können vom Lehrherrn unter thunlichster Berücksichtigung der Wünsche des Lehrlings und seines Ausbildungsgangs bei der Anmeldung zur Prüfung ausgesprochen werden, ebenso auch von den zur Prüfung sich meldenden Gesellen und selbständigen Gewerbtreibenden.

§. 5b.

Das Gesellenstück ist nach Bestimmung des Vorsitzenden des Prüfungsausschusses in der Werkstatt des Lehrherrn oder in der eines andern Handwerkers herzustellen.

Mit der Ueberwachung des Prüflings während der Anfertigung des Gesellenstücks hat der Vorsitzende des Prüfungsausschusses einzelne Mitglieder desselben oder, wenn kein Mitglied am Arbeitsort des Prüflings wohnt, andere geeignete selbständige Handwerker des gleichen Gewerbszweiges zu beauftragen.

§. 5c.

Der Prüfling hat das Gesellenstück nebst Werkzeichnung rechtzeitig an dem vom Vorsitzenden des Prüfungsausschusses bestimmten Ort abzuliefern. Gleichzeitig hat der Lehrherr oder derjenige, in dessen Werkstatt das Gesellenstück angefertigt ist, eine Bescheinigung darüber auszustellen, daß der Lehrling das Gesellenstück selbständig und ohne fremde Hülfe gemacht hat. Ist solche geleistet worden, so ist anzugeben, worin sie bestanden hat. Gesellen und selbständige Gewerbtreibende, welche sich der Prüfung unterziehen, haben eine gleiche Erklärung in Bezug auf das von ihnen angefertigte Gesellenstück abzugeben.

§. 5d.

Die Arbeitsprobe soll den Nachweis erbringen, daß der Prüfling die in seinem Handwerke gebräuchlichen Handgriffe und Fertigkeiten mit genügender Sicherheit ausübt.

Zu dem Ende hat er in einer vom Prüfungsausschuß hierzu bestimmten Werkstatt vor dem Prüfungsausschusse folgende (einige der folgenden) Arbeiten auszuführen: ....

....

§. 6.

Ebenso wie §. 6 Muster I, nur Satz 2 lautet abweichend: Sie beginnt in der Regel mit einer Besprechung der **Arbeitsprobe** und soll sich ferner namentlich auf folgende Fragen erstrecken: ....

....

Die §§. 6a bis 11 ebenso wie die §§. 6a bis 11 von Muster I.

Zu Muster II (mit Gesellenstück).

Erläuterungen zur Gesellenprüfungsordnung.

1. Die Prüfung ist so einzurichten, daß sie sich für jeden Prüfling, abgesehen von der Anfertigung des Gesellenstücks, **an einem Tage** erledigt. Liegen so viele Anmeldungen vor, daß die Prüfung aller Zugelassenen mehrere Tage in Anspruch nimmt, so sind die Prüflinge zu den verschiedenen Prüfungstagen in der Weise vorzuladen, daß keiner von ihnen mehr als einen Tag zur Ablegung der Prüfung aufzuwenden genöthigt ist.

2a. Bei der Bestimmung des **Gesellenstücks** (§. 5a der Prüfungsordnung) ist auf Einfachheit der Anfertigung und leichte Verkäuflichkeit besondere Rücksicht zu nehmen. Das Gesellenstück ist **vor** dem Prüfungstermin und in der Regel am Arbeitsort des Prüflings anzufertigen. Bei Lehrlingen wird in der Regel der Lehrherr, dem auch bei der Wahl des Gesellenstücks eine Mitwirkung eingeräumt ist (§. 5a der Prüfungsordnung), das Material dafür zu liefern haben; ihm fällt dementsprechend nach der Prüfung der angefertigte Gegenstand zu. Dem Lehrherrn liegt es ferner ob, dem Lehrling für die Anfertigung des Gesellenstücks die erforderliche Zeit zu gewähren, sowie falls das Gesellenstück in der

Werkstatt des Lehrherrn angefertigt wird, den Schaumeistern (§. 5b Abs. 2 der Prüfungsordnung) den Zutritt zur Werkstatt zu gestatten und die vorgeschriebene Bescheinigung über die selbständige Anfertigung des Gesellenstücks (§. 5c der Prüfungsordnung) auszustellen. Die Schaumeister (§. 5b Abs. 2 der Prüfungsordnung) haben sich von der selbständigen Anfertigung des Gesellenstücks durch Besuche der Werkstatt sowie durch Fragen über die darauf verwendete Arbeitszeit und über die Reihenfolge der Herstellung zu überzeugen.

Das Gesellenstück soll nicht die einzige praktische Leistung des Prüflings sein; vielmehr hat dieser seine praktischen Fähigkeiten außerdem noch durch die Arbeitsprobe vor dem Prüfungsausschuß darzuthun.

2b. Die Arbeitsprobe (§. 5d der Prüfungsordnung) ist am Prüfungstage selbst abzulegen. Es ist weniger der Zweck der Arbeitsprobe, daß ein fertiges Stück in dem betreffenden Handwerk geliefert wird, als daß sich der Prüfungsausschuß in der ihm am Prüfungstage zur Verfügung stehenden Zeit ausreichend davon überzeugt, ob der Prüfling sich die in seinem Handwerk gebräuchlichen Handgriffe und Fertigkeiten zu eigen gemacht hat. Die Werkstatt, in welcher die Arbeitsprobe auszuführen ist, wird im Einzelfalle vom Prüfungsausschuß selbst bestimmt werden können. Doch werden die Innungsvorstände oder die Handwerkskammern ihre Vermittlung dann eintreten lassen müssen, wenn bei der Auswahl der Werkstatt Schwierigkeiten entstehen.

3. Die theoretische Prüfung (§. 6 der Prüfungsordnung) wird in ihrem sachlichen Theil vielfach an die praktischen Arbeiten angeknüpft werden können. Neben den besonderen Fachkenntnissen sollen in der theoretischen Prüfung auch einige allgemeine Kenntnisse gefordert werden, welche für die Geschäftsführung einschließlich der Buch- und Rechnungsführung grundlegend sind (§. 6a der Prüfungsordnung). Diese Forderung rechtfertigt sich in erster Linie dort, wo Fortbildungsschulen bestehen. Doch auch wo dies nicht der Fall ist, wird man zum mindesten verlangen können, daß der Lehrling die auf der Volksschule erworbenen Kenntnisse während der Lehrzeit insoweit festgehalten hat, als er ihrer zur Ausübung seines Handwerks nach den heutigen Verhältnissen bedarf. Es wird sich empfehlen, zu diesem Zwecke einen Fortbildungsschullehrer zu den Prüfungen hinzuzuziehen. Wo eine Fortbildungsschule nicht besteht, werden auch Volksschullehrer hinzugezogen werden können, welche für die Verhältnisse des Handwerks

Interesse haben. Ob auch einige Fertigkeit im Zeichnen in der Prüfung zu fordern ist, richtet sich nach der Eigenart des betreffenden Handwerks.

Die §§. 4 und 5 stimmen mit den §§. 4 und 5 der Erläuterungen zu Muster I überein.

---

c.

Anlage III zum Erlaß vom 17. November 1900.

Bestimmungen über die nähere Regelung der Prüfung im Bäckerhandwerk.

An Stelle der §§. 5—6a des Musters I treten folgende Bestimmungen:

§. 5.

Die praktische Prüfung besteht aus einer Arbeitsprobe und soll den Nachweis erbringen, daß der Prüfling die in seinem Handwerke gebräuchlichen Handgriffe und Fertigkeiten mit genügender Sicherheit ausübt.

Zu dem Ende hat er in einer vom Prüfungsausschusse hierzu bestimmten Werkstatt vor dem Prüfungsausschusse einige der folgenden Arbeiten auszuführen:

1. Weizenteig machen. — 2. Aufmachen diverser Gebäcks. — 3. Brotteigmachen. — 4. Brotwirken 2c.

§. 6.

Durch die theoretische Prüfung soll der Nachweis erbracht werden, daß der Prüfling über den Werth, die Beschaffung, Aufbewahrung, Verwendung und Behandlung der in seinem Gewerbe zur Verarbeitung gelangenden Roh- und Hülfsstoffe, über die Merkmale ihrer guten und schlechten Beschaffenheit, sowie über die Beschaffenheit und Behandlung der in dem Handwerk zur Verwendung gelangenden Werkzeuge und Arbeitsmaschinen genügend unterrichtet ist.

Sie beginnt mit einer Besprechung der Arbeitsprobe und soll sich ferner namentlich auf folgende Gegenstände erstrecken:

1. Hygiene des Bäckergewerbes. — 2. Waarenkunde. — 3. Gährungsführung. — 4. Werkzeuge und Arbeitsmaschinen.

§. 6a.

Die Prüfung ist ferner darauf zu erstrecken, ob der Prüfling sich die nöthigsten für die Buch- und Rechnungsführung, sowie die sonstige Geschäftsführung grundlegenden allgemeinen Kenntnisse angeeignet hat. Die Prüfung in den letzteren erfolgt theils mündlich, theils schriftlich und umfaßt namentlich folgende Gegenstände: Lesen, gewerblichen Aufsatz (z. B. Geschäftsempfehlungen, Arbeits- oder Preisangebote, Quittungen, Arbeitsbescheinigungen), Rechnen (Bekanntschaft mit Maß, Gewicht und Geld und den gewöhnlichen Rechnungsarten), das Wissenswerthe aus der Arbeiterversicherung und einfache Buchführung.

Zu dem Ende kann an der Prüfung mit vollem Stimmrecht ein Sachverständiger Theil nehmen, der von dem Vorsitzenden zu jedem Prüfungstermin aus der Mitte der vom Prüfungsausschuß dazu gewählten Personen berufen wird.

---

d.

Anlage IV zum Erlaß vom 17. November 1900.

Bestimmungen über die nähere Regelung der Prüfung im Barbier-, Friseur- und Perrückenmacherhandwerk.

Im §. 2 Abs. 2 des Musters II ist hinter „zu laden" zu setzen:

[sowie gleichzeitig über die Gehilfenstücke und über Ort und Zeit ihrer Anfertigung Bestimmung zu treffen (vgl. §. 5a bis 5c)]. Nahe Verwandte ꝛc.

An Stelle der §§. 5—6a des Musters II treten folgende Bestimmungen.

§. 5.

Abs. 1 ebenso wie bei Anl. III.

Zu dem Ende hat er in einem vom Prüfungsausschusse hierzu bestimmten Lokale vor dem Prüfungsausschusse folgende Arbeiten auszuführen:

1. Messer abziehen. — 2. Barbieren. — 3. Haarschneiden. — 4. Einfaches Frisiren. — 5. Gebrannte Frisur.

§. 5 a.

[Außerdem*) hat der Prüfling zwei Gehülfenstücke im Perrückenfach anzufertigen und zwar:

1. eine Tressenarbeit, bestehend in Zopf oder Strähne;
2. eine Knüpfarbeit, bestehend in Toupet, oder Perrücke, oder Damenscheitel.

Die Bestimmung der Gehilfenstücke erfolgt durch den Prüfungsausschuß. Vorschläge inbetreff der Gehilfenstücke können jedoch vom Lehrherrn unter thunlichster Berücksichtigung der Wünsche des Lehrlings und seines Ausbildungsganges bei der Anmeldung zur Prüfung ausgesprochen werden, ebenso auch von den zur Prüfung sich meldenden Gehilfen und selbständigen Gewerbtreibenden.

§. 5 b.

Die Gehilfenstücke sind nach Bestimmung des Vorsitzenden des Prüfungsausschusses in der Werkstatt des Lehrherrn oder in der eines anderen Handwerksgenossen herzustellen.

Mit der Ueberwachung des Prüflings während der Anfertigung der Gehilfenstücke hat der Vorsitzende des Prüfungsausschusses einzelne Mitglieder desselben oder, wenn kein Mitglied am Arbeitsort des Prüflings wohnt, andere geeignete Meister zu beauftragen.

§. 5 c.

Der Prüfling hat die Gehilfenstücke zum Prüfungstermin mit zur Stelle zu bringen. Gleichzeitig ist eine Bescheinigung des Lehrherrn oder des Handwerksgenossen in dessen Werkstatt die Gehilfenstücke angefertigt sind, darüber vorzulegen, daß der Lehrling die Gehilfenstücke selbständig und ohne Hilfe gemacht hat. Ist solche geleistet worden, so ist anzugeben, worin sie bestanden hat. Gehilfen und selbständige Gewerbtreibende, welche sich der Prüfung unterziehen, haben eine gleiche Erklärung in Bezug auf die von ihnen gefertigten Gehilfenstücke abzugeben.]

Durch die theoretische Prüfung soll der Nachweis erbracht werden, daß der Prüfling über den Werth, die Beschaffung, Aufbewahrung, Verwendung und Behandlung der in seinem Gewerbe zur Verarbeitung gelangenden Roh- und Hülfsstoffe, über die Merkmale ihrer guten und

*) Das Verlangen der Anfertigung von Gehilfenstücken rechtfertigt sich vornehmlich in größeren Orten. Deshalb sind die auf die Anfertigung von Gehilfenstücken bezüglichen Bestimmungen (§§. 5 a – 5 c) im Text eingeklammert.

schlechten Beschaffenheit, sowie über die Beschaffenheit und Behandlung der in dem Handwerk zur Verwendung gelangenden Werkzeuge und Arbeitsmaschinen genügend unterrichtet ist. Sie beginnt mit einer Besprechung der Arbeitsprobe und soll sich ferner namentlich auf folgende Fragen erstrecken:

1. über den Werth und die Beurtheilung der Handwerkszeuge;
2. über den Werth und die Beschaffenheit der zum Gebrauch erforderlichen Materialien;
3. über die Art der Ausführung der praktischen Arbeiten.

§. 6a stimmt mit §. 6a der Anl. III überein.

---

e.

Anlage V zum Erlaß vom 17. November 1900.

Bestimmungen über die nähere Regelung der Prüfung im Maurer-, Zimmerer-, Steinmetz-, Dachdecker-, Brunnenbau-Handwerk.

An Stelle der §§. 5—6a des Musters I treten folgende Bestimmungen:

§. 5.

Abs. 1 ebenso wie bei Anl. III.

Zu dem Ende hat er in einer vom Prüfungs-Ausschusse hierzu bestimmten Werkstatt bezw. Baustelle vor dem Prüfungsausschusse eine der folgenden Arbeiten auszuführen:

a. für Maurer:

1. Aufmauern einer Hauptecke. — 2. Wölben eines Bogens oder Sturzes. — 3. Aufmauern eines freistehenden Pfeilers. — 4. Herstellen eines Gewölbetheiles, bezw. kleinen Gewölbes. — 5. Putzen eines Stücks Gesimses mit Verkröpfung. — 6. Fertigstellen eines glatten Stückes Decken- und Wandputzes.

b. für Zimmerer.

1. Fertigstellen eines Gebindes einer einfachen Dachkonstruktion. — 2. Anfertigung eines Rüstbockes. — 3. Anfertigung einer gestemmten Leiter. — 4. Anfertigung eines Kalkkastens. — 5. Anfertigung eines Theiles einer geraden Treppe. — 6. Zureißen und Anfertigen einer der verschiedenen Holzverbindungen (Zapfen, Anplattungen, Versatzung rc.).

c. für Steinmetze.

1. Herstellen eines Gesimsstückes mit Gliedern in Sandstein oder Granit. — 2. Herstellen einer profilirten Treppenstufe in Sandstein oder Granit. — 3. Herstellen einer Eckquader in Sandstein oder Granit.

d. für Dachdecker.

1. Anfertigung einer Kehle eines Schiefer- oder Ziegeldaches. — 2. Eindeckung eines Dachfensters oder Walengrades eines Schiefer- oder Ziegeldaches. — 3. Anlagen und Eindecken einer Dachrinne.

e. für Brunnenbauer.

1. Beschlagen, Abrunden und Kanneliren einer Holzpumpe. — 2. Herstellen eines Zuges (Eimers), eines Holzventils und einer gedrechselten Holztülle.

§. 6.

Abs. 1 ebenso wie im §. 6 der Anl. III.

Sie beginnt mit einer Besprechung der Arbeitsprobe und soll sich ferner namentlich auf Fragen erstrecken:

a. für Maurer.

1. Mörtelbereitung zu verschiedenen Arbeiten und aus verschiedenen Rohstoffen. — 2. Gerüst-Bau. — 3. Maurerverbände (unter Zuhilfenahme von Modellsteinen). — 4. Aufreißen einfacher Leerbögen. — 5. Vorbereitung, Abstecken u. s. w. für ganz einfache, rechtwinklige Bauten. — 6. Bauart einfacher Feuerungsanlagen (Waschherde, ländliche Backöfen, Vorkehrungen zum Schutze des Holzwerkes gegen Brandgefahr).

b. für Zimmerer.

1. Kenntniß der erforderlichen Holzstärken für alltäglich vorkommende, ganz einfache Holz-Konstruktionen. — 2. Vorbereitungen für Ramm-Arbeiten, Bezeichnung der hierzu erforderlichen Geräthe. — 3. Steigungsverhältnisse der Treppen. — 4. Gerüstbau. — 5. Absteifungsarbeiten gewöhnlicher Art. — 6. Verfahren beim Aufschnüren (Aufreißen) einfacher Dachverbände und Balkenlagen.

c. für Steinmetze.

1. Allgemeine Kenntnisse der äußerlich sichtbaren Fehler der gewöhnlich zur Verarbeitung gelangenden Gesteinarten. — 2. Kenntniß der Verwendbarkeit der verschiedenen Gesteine zu bestimmten Zwecken. — 3. Bezeichnung und Anwendung der verschiedenen gebräuchlichen Handwerkszeuge und Geräthe. — 4. Verfahren beim Transport, Aufziehen und Versetzen von Werkstücken.

d. für Dachdecker.

1. Kenntniß der Unterscheidungsmerkmale guten und schlechten Materials. — 2. Bezeichnung der verschiedenen Dachdeckungsarten. — 3. Benennung der verschiedenen Materialien. — 4. Benennung der verschiedenen Decksteine resp. Steinarten. — 5. Kenntniß der nothwendigen Vorarbeiten bei Eindeckung von Dächern. — 6. Rücksichtnahme auf anzubringende Fenster im Dache.

e. für Brunnenbauer.

Allgemeine Kenntnisse 1. über das Aufmauern und Senken eines Brunnenkessels, 2. über Erkennung und Beseitigung von Stickluft in Brunnenkesseln und Gruben, 3. über das Bohren von Holzröhren, 4. über die Größenverhältnisse eines Zuges und Ventiles, 5. über das Legen von Saugrohrleitungen.

§. 6a.

Die Prüfung ist ferner darauf zu erstrecken, ob der Prüfling sich einige Fertigkeit im Zeichnen und die nöthigsten für die Buch- und Rechnungsführung, sowie die sonstige Geschäftsführung grundlegenden allgemeinen Kenntnisse angeeignet hat. ꝛc. Der Schluß ebenso wie bei §. 6a Anl. III.

f.

Anlage VI zum Erlaß vom 17. November 1900.

Bestimmungen über die nähere Regelung der Prüfung im Schmiedehandwerk.

An Stelle der §§. 5—6a des Musters II treten folgende Bestimmungen:

1. Praktische Prüfung.

§. 5.

Die praktische Prüfung besteht aus:

1. der Anfertigung eines Gesellenstücks und
2. der Arbeitsprobe.

Das Gesellenstück.

§. 5a.

Die Bestimmung des Gesellenstücks erfolgt durch den Prüfungsausschuß. Dasselbe ist so zu wählen, daß mit seiner Herstellung keine mit dem Charakter einer Gesellenprüfung unvereinbare Anforderung sowie kein erheblicher Zeit- und Kostenaufwand verbunden ist. Durch seine Anfertigung soll der Prüfling darthun, daß er sich die im Schmiedehandwerk gebräuchlichen Handgriffe und Fertigkeiten angeeignet hat. Vorschläge in Betreff des Gesellenstücks können vom Lehrmeister unter thunlichster Berücksichtigung der Wünsche des Lehrlings und seines Ausbildungsgangs bei der Anmeldung zur Prüfung ausgesprochen werden, ebenso auch von den zur Prüfung sich meldenden Gesellen und selbständigen Gewerbtreibenden.

§. 5b.

Das Gesellenstück ist nach Bestimmung des Vorsitzenden des Prüfungsausschusses in der Werkstatt des Lehrherrn oder derjenigen eines anderen Handwerksgenossen herzustellen.

Mit der Ueberwachung des Prüflings während der Anfertigung des Gesellenstücks hat der Vorsitzende des Prüfungsausschusses einzelne Mitglieder desselben oder wenn kein Mitglied am Arbeitsort des Prüflings wohnt, andere geeignete Meister zu beauftragen.

§. 5c.

Der Prüfling hat das Gesellenstück nebst Werkzeichnung rechtzeitig an dem vom Vorsitzenden des Prüfungsausschusses bestimmten Ort abzuliefern. Gleichzeitig hat der Lehrherr oder derjenige, in dessen Werkstatt das Gesellenstück angefertigt ist, eine Bescheinigung darüber auszustellen, daß der Lehrling das Gesellenstück selbständig und ohne fremde Hülfe gemacht hat. Ist solche geleistet worden, so ist anzugeben, worin sie bestanden hat.

Gesellen oder selbständige Gewerbtreibende, welche sich der Prüfung unterziehen, haben eine gleiche Erklärung in Bezug auf das von ihnen angefertigte Gesellenstück abzugeben.

Die Arbeitsprobe.

§. 5d.

Die Arbeitsprobe erfolgt in Gegenwart des Prüfungsausschusses und hat sich auf die Handhabung der gebräuchlichsten Werkzeuge im Schmiedehandwerk sowie auf die Ausführung der darin täglich vorkommenden Arbeiten zu erstrecken und soll nachweisen, was der Prüfling sicher und selbständig zu leisten im Stande ist.

Zu dem Ende hat er in einer vom Prüfungsausschusse hierzu bestimmten Werkstatt vor diesem eine oder die andere der folgenden Arbeiten auszuführen:

a) Hufbeschlag: 1. die Abnahme des alten Eisens; 2. die Zurichtung des Hufes (das aufzuschlagende Eisen kann vom Meister resp. Schirrmeister zugerichtet und aufgepaßt werden); 3. das Aufschlagen des Hufeisens; 4. das Schmieden eines Hufeisens, das Anschmieden zweier Stollen und das Auflochen des betreffenden Eisens.

b) Wagenarbeiten: 5. das Schmieden einer Hauptlage mit Schuhen zu einer Oberfeder; 6. das Schmieden einer Stangentülle; 7. das Schmieden eines Streichstangenschuhes; 8. das Schmieden einer Gabel zu einem Hemmzeuge; 9. das Schmieden eines Deichselbeschlages; 10. das Schmieden einer Federtasche; 11. das Schmieden eines Schalbleches mit, auch ohne Tülle; 12. das Schmieden eines Kranzes; 13. das Schmieden eines Sprengwagentrittes; 14. das Schmieden eines Kastentrittes; 15. das Schmieden eines Radreifens; 16. das Schmieden eines Speich- oder Nabenringes; 17. das Schmieden eines Achsschenkels; 18. das Schmieden einer Achsmutter.

c) Andere Arbeiten: 19. das Schmieden einer Holzaxt (eines Beiles); 20. das Schmieden einer Streu- oder Dungforke; 21. das Schmieden eines Schneidemessers; 22. das Schmieden eines Spatens; 23. das Schmieden einer Pflugschaar; 24. das Schmieden und Schweißen eines Gelenkes in einer zerrissenen Ankerkette; 25. das Schmieden eines Hammers; 26. das Schmieden einer Zange; 27. das Schmieden eines Stückes aus landwirthschaftlichen Geräthen.

2. Theoretische Prüfung.

§. 6.

Durch die theoretische Prüfung soll der Nachweis erbracht werden, daß der Prüfling über den Werth, die Beschaffung, Aufbewahrung, Verwendung und Behandlung der im Schmiedehandwerk zur Verarbeitung gelangenden Roh- und Hülfsstoffe, über die Merkmale ihrer guten und schlechten Beschaffenheit, sowie über die Beschaffenheit und Behandlung der darin zur Verwendung gelangenden Werkzeuge und Arbeitsmaschinen genügend unterrichtet ist.

Sie beginnt mit einer Besprechung der Arbeitsprobe und des Gesellenstückes und soll sich sodann namentlich auf folgende Fragen erstrecken:

I. Mündlich.

a) Hufbeschlag: Dem Lehrling wird ein Pferd vorgestellt. 1. Wie steht das Pferd von der Seite gesehen? — 2. Wie steht das Pferd von vorn gesehen? — 3. Wie ist die Richtung der Fuß- zur Hufachse? — 4. Was ist zu machen, daß dies eine Linie wird? — 5. Wie ist der Huf gewinkelt? — 6. Wie ist der alte Beschlag beschaffen? — 7. War das Pferd gut beschlagen? — 8. Wie ist der Huf beschaffen? — 9. Welche Hufkrankheiten sind hier vielleicht vorhanden?

b) Wagenarbeiten: 10. Wie breit ist die landesübliche Spur? — 11. Wie wird an einem Wagen die Spur gemessen? — 12. Was bezeichnet man mit Oberachse? — 13. Wie viel Oberachse ist erforderlich bei einem Arbeitswagen, einer Droschke, einer Doppelkalesche, wie viel Vorder- und Hinterachse?

c) Im Allgemeinen: 14. Woran erkennt man eine gute Schmiedekohle? — 15. Woran erkennt man das Eisen, ob es hart, weich, zähe oder spröde ist?

II. Schriftlich.

1. Anfertigung eines Kostenanschlages über die gewöhnlich in den betreffenden Werkstätten der Lehrmeister vorgekommenen Arbeiten. — 2. Aufstellung einer Rechnung über die gewöhnlich in den betreffenden Werkstätten der Lehrmeister vorgekommenen Arbeiten. — 3. Wie stark muß eine Achse sein, wenn der Wagen 40 Ctr. Tragfähigkeit erhalten soll? — 4. Wie schwer muß jede Feder (6 Federn) wiegen, wenn der Wagen 40 Ctr. Tragfähigkeit erhalten soll? — 5. Wie viel Lagen muß jede Feder erhalten, wenn der Wagen (6 Federn) 40 Ctr. tragen soll, der Stahl 58 mm breit und 8 mm stark ist? — 6. Wie viel wiegt die mittlere Federlage (70 cm lang), wenn der Stahl 58 mm breit und 8 mm stark ist? — 7. Wie lang muß man einen Reifen abhauen, wenn das Eisen dazu 2 cm stark ist und das Holzrad 1,00 m im Durchmesser groß ist? — 8. Wie ist das spezifische Gewicht des Eisens und des Stahls? — 9. Was wiegt ein Radreifen, der 8 cm breit und 2 cm stark ist, wenn das Holzrad 1,00 m Durchmesser hat?

§. 6a.

Die Prüfung ist ferner darauf zu erstrecken, ob der Prüfling sich einige Fertigkeit im Zeichnen und 2c. der Schluß ebenso wie bei §. 6a der Anlage III.

---

g.

Anlage VII zum Erlaß vom 17. November 1900.

Bestimmungen über die nähere Regelung der Prüfung im Schornsteinfegerhandwerk.

An Stelle der §§. 5–6a des Musters I treten folgende Bestimmungen.

§. 5.

Abs. 1 ebenso wie §. 5 der Anlage III.

Zu dem Ende hat er in einigen von dem Prüfungsausschusse hierzu bestimmten Häusern vor diesem folgende Arbeiten auszuführen:

1. die Reinigung einiger besteigbarer und unbesteigbarer Schornsteine;
2. die Reinigung von Kochmaschinen und einigen anderen Feuerungsanlagen, deren Beschaffenheit und Feuersicherheit zu erklären ist.

§. 6.

Durch die theoretische Prüfung soll der Nachweis erbracht werden, daß der Prüfling über die in seinem Handwerk zur Anwendung gelangenden Arbeitsgeräthe, Handwerkszeuge sowie Materialien genau unterrichtet ist. Er soll darthun, daß er über die Beschaffung derselben, ihre Aufbewahrung und ihre Anwendung Bescheid weiß.

Die Prüfung soll sich namentlich auf folgende Fragen erstrecken:

1. auf die Kenntniß kleiner Feuerungsanlagen, welche zu erläutern und durch eine Handskizze anschaulich zu machen sind;
2. auf ein gewisses Maß von Kenntnissen über Brennmaterialien, die daraus entstehenden Rußarten und die damit verbundenen Brandgefahren, die verschiedenen Reinigungsarten;
3. auf Fragen über die Nothwendigkeit und Zweckmäßigkeit der Anbringung von Vorrichtungen zur Verhütung von Unfällen, über die erste Hilfeleistung bei solchen und über die Mitwirkung bei Schornsteinbränden;

4. auf Fragen über die gewissenhafte und ordnungsmäßige Ausführung aller in das Schornsteinfegerhandwerk einschlagenden Arbeiten und über die Gefahren, welche durch nicht ordnungsmäßige Ausführung entstehen.

§. 6 a.

Die Prüfung ist ferner darauf zu erstrecken, ob der Prüfling sich einige Fertigkeit im Zeichnen und ꝛc. der Schluß ebenso wie in §. 6 a Anlage III.

---

h.

Anlage VIII zum Erlaß vom 17. November 1900.

Bestimmungen über die nähere Regelung der Prüfung im Tischlerhandwerk.

An Stelle der §§. 5—6 a des Musters II treten folgende Bestimmungen.

A. Praktische Prüfung.

§. 5.

Die praktische Prüfung besteht aus:

1. der Anfertigung eines Gesellenstückes und — 2. der Arbeitsprobe.

B. Das Gesellenstück.

§. 5 a.

Die Bestimmung des Gesellenstückes erfolgt durch den Prüfungsausschuß. Dasselbe ist so zu wählen, daß mit seiner Herstellung keine mit dem Charakter einer Gesellenprüfung unvereinbare Anforderung sowie kein erheblicher Zeit- und Kostenaufwand verbunden ist. Durch seine Anfertigung soll der Prüfling darthun, daß er sich die im Tischlerhandwerk gebräuchlichen Handgriffe und Fertigkeiten angeeignet hat. Vorschläge in Betreff des Gesellenstückes können vom Lehrherrn unter thunlichster Berücksichtigung der Wünsche des Lehrlings und seines Ausbildungsganges bei der Anmeldung zur Prüfung ausgesprochen werden, ebenso auch von den zur Prüfung sich meldenden Gesellen und selbständigen Gewerbtreibenden.

§. 5 b.

Das Gesellenstück ist nach Bestimmung des Vorsitzenden des Prüfungsausschusses in der Werkstatt des Lehrherrn oder derjenigen eines anderen Handwerksgenossen herzustellen.

Mit der Ueberwachung des Prüflings während der Anfertigung des Gesellenstücks hat der Vorsitzende des Prüfungsausschusses einzelne Mitglieder desselben oder wenn kein Mitglied am Arbeitsort des Prüflings wohnt, andere geeignete Meister zu beauftragen.

§. 5 c.

Der Prüfling hat das Gesellenstück nebst Werkzeichnung rechtzeitig an dem vom Vorsitzenden des Prüfungsausschusses bestimmten Ort abzuliefern. Gleichzeitig hat der Lehrherr oder derjenige, in dessen Werkstatt das Gesellenstück angefertigt ist, eine Bescheinigung darüber auszustellen, daß der Lehrling das Gesellenstück selbständig und ohne fremde Hülfe gemacht hat. Ist solche geleistet worden, so ist anzugeben, worin sie bestanden hat. Gesellen und selbständige Gewerbtreibende, welche sich der Prüfung unterziehen, haben eine gleiche Erklärung in Bezug auf das von ihnen angefertigte Gesellenstück abzugeben.

Die Arbeitsprobe.

§. 5 d.

Die Arbeitsprobe hat sich auf die Handhabung der gebräuchlichsten Werkzeuge im Tischlerhandwerk sowie auf die Ausführung der darin täglich vorkommenden Arbeiten zu erstrecken und soll nachweisen, was der Prüfling sicher und selbständig zu leisten im Stande ist.

Zu dem Ende hat er in einer vom Prüfungsausschusse hierzu bestimmten Werkstatt eine Reihe der folgenden Arbeiten vor dem Prüfungsausschusse auszuführen:

1. Ein stumpfes Bankwerkzeug — den Satz Werkzeug, der zu jeder Hobelbank gehört — zum Gebrauch zurecht zu machen, zu schärfen.
2. Von einer 8 cm dicken Bohle drei Rahmenschenkel von je 1 m Länge, 26 mm Dicke und 8 cm Breite vor der Faust abzutrennen.
3. Zwei dieser Rahmenschenkel so zu behobeln, daß sie einen Querschnitt von 24 : 75 mm und ebene rechtwinklig zu einander gerichtete Flächen haben.

4. Den einen dieser behobelten Rahmenschenkel durch 5 Querschnitte in sechs gleiche Stücke zu zerschneiden und an jedem der sechs Stücke eine Endfläche rechtwinklig eben zu bestoßen.
5. Von diesen sechs Stücken je zwei, mit den bestoßenen Enden auf drei verschiedene Weisen zu einer Ecke zu verbinden:
   a. zwei zusammenzuschlitzen, — b. zwei zusammenzustemmen, — c. zwei auf Hobel und Gehrung zusammenzustemmen.
6. Den anderen behobelten Rahmenschenkel durch zwei Querschnitte so zu theilen, daß zwei Stücke von je 15 cm Länge und zwei Stücke von je 35 cm Länge entstehen.

   Die kürzeren Stücke über Ende rechtwinklig zu bestoßen und mittelst zweier Dübel so zu verbinden, daß die Seitenflächen, ohne nachzuputzen, bündig und in einer Richtung liegen.

   Die langen Stücke mittelst Hackenblatt ebenfalls so zu verbinden, daß, ohne nachzuputzen, die Seitenflächen bündig und in einer Richtung liegen.
7. Ein Brett so zu beschneiden und zu behobeln, daß eine ebene Platte von 1,60 m Länge, 15 cm Breite und 24 mm Dicke entsteht.
8. Diese Platte durch 9 rechtwinklige Querschnitte in 10 Stücke gleicher Länge zu theilen (zerlegen) und die 10 Stücke über Ende rechtwinklig zu bestoßen.
9. Je zwei dieser 10 Platten wie folgt zu rechtwinkligen Ecken zu verbinden:
   a. zwei einfach zusammenzuzinken, — b. zwei verdeckt zusammenzuzinken, — c. zwei auf Gehrung zusammenzuzinken, — d. zwei mittelst Grat zu verbinden, — e. zwei zusammenzuzapfen.
10. Von einer 8 cm Bohle ein Ringstück abzuschweifen und zu beputzen, das fertig 32 cm lang, 75 mm breit, 16 mm dick ist und dessen innere Fläche ein Theil einer Walzenfläche ist, deren Radius 80 cm mißt.
11. Eine Platte von 40 cm Höhe, 30 cm Breite und 25 mm Dicke aus gesperrtem Holz herzustellen, zweiseitig (die eine Seite mit Kreuzfuge) zu fourniren und eine Seite zu poliren.
12. Einen Kehlstoß herzustellen, zu poliren und in einen Rahmen zu verkröpfen.

B. Theoretische Prüfung.

Durch die theoretische Prüfung soll der Nachweis erbracht werden, daß der Prüfling über die Beschaffenheit und die Behandlung der im Tischlerhandwerk zur Verwendung gelangenden Rohstoffe und Werkzeuge genügend unterrichtet ist. Der Prüfling hat ferner darzuthun:

daß er einfache praktische Berechnungen nach gegebenen Aufgaben ausführen kann;

daß er einen einfachen Gegenstand — Bautischlerarbeit und Möbel – aufmessen und durch Zeichnung so darstellen kann, daß nach der Zeichnung ein Gegenstand gleicher Form, Größe und Konstruktion ausgeführt werden kann;

daß er eine gegebene Werkzeichnung so zu lesen versteht, daß er den dargestellten Gegenstand auszuführen vermag.

§. 6a.

Ebenso wie §. 6a der Anl. III.

---

i.

Anlage IX zum Erlaß vom 17. November 1900.

Vorschläge für die nähere Regelung der Prüfung der

1. Böttcher; 2. Buchbinder; 3. Buchdrucker; 4. Bürstenmacher; 5. Conditoren; 6. Gerber; 7. Glaser; 8. Goldschmiede; 9. Drechsler; 10. Klempner; 11. Korbmacher; 12. Kupferschmiede; 13. Kürschner und Mützenmacher; 14. Maler; 15. Müller; 16. Sattler; 17. Schlächter; 18. Schneider; 19. Schuhmacher; 20. Stellmacher; 21. Tapezierer; 22. Töpfer; 23. Uhrmacher.

1. Vorschläge für die nähere Regelung der Prüfung im Böttcher-Handwerk.

I. Aufgaben in der praktischen Prüfung:

1. ein ovales Faß, 2. $^1/_8$, $^1/_4$, $^1/_2$ Hektoliter, 3. eine Wasserstande, 4. eine Wanne.

II. Aufgaben in der theoretischen Prüfung:

1. Welche Hölzer werden von dem Böttcher verarbeitet und wie hat er nach der Art der zu fertigenden Gegenstände (Bier-, Lager-, Cementfässer, Wannen und dergl.) unter den Holzarten zu wählen?

2. Wie wird Kiefer-, Fichten-, Birken- und Eichenholz zubereitet und verarbeitet?
3. Welche Beschaffenheit müssen die zu verarbeitenden Hölzer haben, welche Fehler sind bei denselben hauptsächlich zu vermeiden und wie können dieselben erbaut werden?
4. Welche Werkzeuge stehen dem Böttcher zur Verfügung? Wie hat er diese Werkzeuge bei den verschiedenen Holzarten anzuwenden?

2. Vorschläge für die nähere Regelung der Prüfung im Buchbinder-Handwerk.

I. Aufgaben in der praktischen Prüfung:

1. einfacher 1/2 Leinenband, 2. einfacher 1/2 Lederband, 3. einfacher 1/2 franz. Band, 4. womöglich ein Gesangbuch mit Goldschnitt und ein gewöhnliches Geschäftsbuch 1/2 Moleskin.

II. Aufgaben in der theoretischen Prüfung:

1. Werkstatteinrichtung, 2. Bucheinband im Allgemeinen, 3. Verarbeitung von Leder, Calico rc., 4. Vergolden von Leder, Calico rc., 5. Vergoldegrund rc., 6. Klebemittel, 7. Hilfsmaschinen rc. rc.

3. Vorschläge für die nähere Regelung der Prüfung im Buchdrucker-Handwerk.

I. Aufgaben in der praktischen Prüfung:

1. Glatten Satz setzen. — 2. Allgemeine kaufmännische Accidenz setzen. — 3. Katalogsatz machen. — 4. Druck von Illustrationen. — 5. Handhabung der Schnellpresse. — 6. Schließen der Formen und deren Zurichtung. — 7. Mischen von Farben. — 8. Behandlung der Buntdrucksachen. — 9. Behandlung der Walzen. — 10. Druck von Stereotypplatten.

II. Aufgaben in der theoretischen Prüfung:

1. Fragen über die Gegenstände der praktischen Prüfung (vgl. oben). — 2. Fragen über Bau und Konstruktion einer Schnell- oder Tiegeldruckpresse. — 3. Fragen über Einwirkung von Farbe oder Druckstellung auf einen guten Druck. — 4. Fragen über die Grundlagen der Satztechnik, getrennt für die einzelnen Sätze.

4. Vorschläge für die nähere Regelung der Prüfung im Bürstenmacher-Handwerk.

I. Aufgaben in der praktischen Prüfung:

1. In vier Stunden 1000 Bündel einziehen. — 2. In vier Stunden 600 Bündel pechen. — 3. In vier Stunden 3 Pfund Zwickstoß putzen oder 3 Pfund Borsten mischen. — 4. Eine Kartätsche anfertigen. — 5. Einen Handbesen anfertigen — 6. Eine Wagenbürste anfertigen.

II. Aufgaben in der theoretischen Prüfung:

1. Arten des zu verwendenden Holzes. — 2. Arten der zu verwendenden Borsten. — 3. Arten der zu verwendenden Hilfsstoffe. — 4. Wieviel Material (Holz, Borsten, Hilfsstoffe) braucht man ungefähr zu den einzelnen Gegenständen? — 5. Welche Arten von Holz, Borsten und Hilfsstoffen eignen sich am besten für die verschiedenen Gegenstände? — 6. Fragen über die nöthigsten Handwerksgeräthe. — 7. Berechnung des Verkaufswerthes fertiger Erzeugnisse.

5. Vorschläge für die nähere Regelung der Prüfung im Conditor-Handwerk.

I. Aufgaben in der praktischen Prüfung:

1. Herstellung und Backen verschiedener Teigarten (Hefen-, Stärke-, Blätterteig, Torten, Makronen, Theegebäck). — 2. Belegen einer Torte. — 3. Die verschiedenen Zuckerproben zu Bonbons kochen und karmelliren. — 4. Einen Marzipansatz anfertigen. — 5. Einen Sud Rocks oder Maschinenbonbon fertig stellen. — 6. Fondantzucker fertig kochen und gießen.

II. Aufgaben in der theoretischen Prüfung:

1. Mit welchem Roh- und Hilfsstoffe hat der Conditor zu thun? Zu welcher Jahreszeit kann er sich die einzelnen Stoffe (Eier, Früchte, Kolonialwaaren) am besten besorgen und auf welche Art sie für längere Zeit aufbewahren?
2. In welcher Weise vollzieht sich die Anfertigung und das Backen der einzelnen Teige und was ist dabei besonders zu beachten?
3. Wie geschieht das Einkochen der Dekorationsfrüchte und die Anfertigung von Gelees und Marmeladen? Wie werden eingelegte Früchte konservirt?
4. Wie ist die gute Beschaffenheit der Rohstoffe, insbesondere von Butter, Eier und Mehl, im Rohzustande zu erkennen?

5. Was ist hinsichtlich der Behandlung der Werkzeuge und der Besorgung des Ofens zu beachten?
6. Wieviel Rohstoffe sind zu verwenden, um eine bestimmte Menge eines bestimmten Gebäcks zu erhalten?
7. Was ist bei der Zubereitung von Gefrorenem zu beachten?
8. Wie wird ein Baumkuchen hergestellt?

6. Vorschläge für die nähere Regelung der Prüfung im Gerber-Handwerk.

I. Aufgaben in der praktischen Prüfung:

1. Falzen, Scheeren und Reinmachen einer Haut oder 3 Kalbfelle.
2. Zurichten einer Bache- oder Rindshaut oder 3 Kalbfelle.

II. Aufgaben in der theoretischen Prüfung:

1. Erklärung des Nutzens und der Nachtheile bei der Verwendung des Kalkes.
2. Darlegung des Zwecks der Eichenrinde in der Gerberei.

7. Vorschläge für die nähere Regelung der Prüfung im Glaser-Handwerk.

I. Aufgaben in der praktischen Prüfung:

1. Verglasen eines Ovals in Blei. — 2. Anfertigen und Anschlagen eines Fensters mit Kämpfer, drei- oder vierflügelig. — 3. Vorschriftsmäßiges Einrahmen eines Bildes.

II. Aufgaben in der theoretischen Prüfung.

1. Fragen über die für den Glaser erforderlichen Werkzeuge. — 2. Fragen über Güte und Verwendbarkeit des zu gebrauchenden Holzes und Glases. — 3. Fragen über die Zusammensetzung des Kittes für ein Eisenfenster, für ein Holzfenster.

8. Vorschläge für die nähere Regelung der Prüfung im Goldschmiede-Handwerk.

I. Aufgaben in der praktischen Prüfung:

1. Legieren des Metalles eigener Ausrechnung. — 2. Herstellung eines fertigen Trauringes in echtem oder unechtem Metall. — 3. Anfertigung von Haken und Charnier mit Nadel, sowie sauberes Auflöthen hinter eine ausgekittete Brosche mit Zinn. — 4. Arbeiten an einer Brosche, einem Medaillon oder einem Armband. — 5. Herstellung eines Messerdrahtes und Biegen verschiedener Schnörkel daraus.

II. Aufgaben in der theoretischen Prüfung:

1. Nennung der verschiedenen Arten der Vergoldung und ihrer Anwendungen. — 2. Worauf ist bei der Bearbeitung des Goldes besonders zu achten, und was ist zu thun, wenn sich schiefrige Stellen zeigen? — 3. Kenntniß der im Beruf zu verwendenden Steine, Bestimmung vorgelegter Steine. — 4. Prüfung von Gold und Silber auf ihren Feingehalt; Unterscheidungsmerkmale der verschiedenen Metalle bei dieser Probe.

9. Vorschläge für die nähere Regelung der Prüfung im Drechsler-Handwerk.

I. Aufgaben in der praktischen Prüfung:

1. Anfertigung eines Treppenpfostens. — 2. Anfertigung einer Treppentraille. — 3. Anfertigung eines Tisch-, Bett- oder Stuhlfußes. — 4. Anfertigung einer Säule. — 5. Anfertigung einer Kernspitze. — 6. Anfertigung eines Tischleuchters. — 7. Anfertigung eines Stiefelziehers. — 8. Anfertigung eines Stock- oder Schirmgriffes. — 9. Anfertigung eines Pfeiffenzubehörtheils. — 10. Reparaturen.

II. Aufgaben in der theoretischen Prüfung:

1. Welche Arten von Holz und Horn verwendet der Drechsler, wie verhält sich der Werth der einzelnen Rohmaterialien?
2. Welche Eigenschaften haben die verschiedenen Arten der Rohmaterialien, und wie unterscheiden sich ihre Verwendungszwecke?
3. Beschreibung der Herstellung verschiedener in das Fach schlagender Gegenstände.

10. Vorschläge für die nähere Regelung der Prüfung im Klempner-Handwerk.

I. Aufgaben in der praktischen Prüfung:

1. Anfertigung eines eckigen Haus- oder Küchengeräthes (z. B. Blechkasten). — 2. Anfertigung eines runden Haus- oder Küchengeräthes (z. B. Blecheimer). — 3. Anfertigung einer Gießkanne. — 4. Anfertigung von einem Stück Dachrinne, eventuell mit Kopfstück und Ablaufröhren. — 5. Anfertigung einer Zeichnung nach gegebenen Maßen und Zuschneiden nach derselben. — 6. Anfertigung einer Schweiß- oder Treibarbeit. — 7. Herstellung eines Abzweiges von einer Wasser- oder Gas-Leitung.

II. Aufgaben in der theoretischen Prüfung:

1. Mit welchen Stoffen und Hülfsstoffen hat der Klempner zu thun? Wie unterscheiden sich insbesondere Neusilber, Messing, Weißblech und Zink in der Art ihrer Bearbeitung und Verwendung, sowie in ihrem Werthe?
2. Welche Fehler sind bei der Bearbeitung der einzelnen Metalle zu vermeiden? Was ist insbesondere beim Hämmern, Verzinnen und Poliren von Messing und Neusilberblechen, beim Runden, Falzen und Putzen von Weiß- und Zinkblechen zu beachten?
3. Welche Beschaffenheit müssen die brauchbaren Arbeitsstoffe haben, welche Fehler können bei ihnen vorhanden sein und woran erkennt man dieselben?
4. Wie wird Löthzinn gemischt? Arten des Löthens (hart und weich).
5. Wie werden Wasserleitungen angelegt, wie wird das Einfrieren derselben möglichst verhütet, wie werden Abflußrinnen angelegt?
6. Wie wird eine Gasleitung nach den Regeln der Kunst angelegt, wie werden Wasser- und Schmutzsäcke in der Leitung verhütet?
7. Wie werden die im Fach vorkommenden Sachen praktisch zugeschnitten, welche Eintheilungen von Dachrinnen und Abfallrohren unterscheidet man insbesondere?
8. Wie sind die Handwerkszeuge anzuwenden, zu behandeln, aufzubewahren und zu poliren?
9. Welche Unfallverhütungsvorschriften sind zu beachten?

11. Vorschläge für die nähere Regelung der Prüfung im Korbmacher-Handwerk.

I. Aufgaben in der praktischen Prüfung:

1. Den Rohstoff auszuwählen, zu sortiren und zurechtzumachen. — 2. Einen Reisekorb zu fertigen. — 3. Einen ovalen oder eckigen Wäschekorb zu fertigen. — 4. Einen Korbsessel oder einen Kinderstuhl zu fertigen. — 5. Einen Bauernkorb oder einen Eindeckelkorb zu fertigen.

II. Aufgaben in der theoretischen Prüfung:

1. Wie beschafft man sich die Rohstoffe, insbesondere Weiden, am vortheilhaftesten und wie werden dieselben aufbewahrt?
2. Welches Alter müssen die zu verwendenden Weiden haben?
3. Wie unterscheidet sich hartes und weiches Holz?

4. Wie lange müssen harte und wie lange weiche Weiden geweicht werden?
5. Wie werden im Uebrigen die Rohstoffe zubereitet und wie werden dieselben verwendet?
6. Was braucht man für Handwerkszeug?
7. Wie wird ein Wäschekorb gemacht, wenn nur die Bodenbreite angegeben wird?

12. Vorschläge für die nähere Regelung der Prüfung im Kupferschmiede-Handwerk.

I. Aufgaben in der praktischen Prüfung:

1. Anfertigung einer Bordscheibe, eines geraden Stutzens und zweier Hoch-Stutzen. — 2. Anfertigung eines Kaffeekessels. — 3. Anfertigung eines abgeschliffenen und polirten messingenen Pumpenkopfes.

II. Aufgaben in der theoretischen Prüfung:

1. Berechnung des Inhalts und der Oberfläche eines Körpers. — 2. Berechnung der Menge des dazu erforderlichen Materials. — 3. Vorlage und Besprechung einer einfachen Zeichnung.

13. Vorschläge für die nähere Regelung der Prüfung im Kürschner- und Mützenmacher-Handwerk.

I. Aufgaben in der praktischen Prüfung:

1. Eine Damenpelzgarnitur (Muff und Kragen) geringerer oder mittlerer Art anzufertigen. — 2. Eine Pelzjoppe oder Pelzjacke einzufuttern. — 3. Eine Herrenpelzmütze besserer Art anzufertigen. — 4. Eine Uniformmütze oder eine Beamtenmütze (für Post-, Steuer-, Eisenbahnbeamte) anzufertigen. — 5. Eine Fußtasche anzufertigen.

II. Aufgaben in der theoretischen Prüfung:

1. Welche Felle kommen in der Kürschnerwerkstatt zur Verarbeitung? Welchen Werth haben die einzelnen Arten der Felle gegeneinander und welche Auswahl ist unter ihnen nach dem Verwendungszweck zu treffen?
2. Welche verschiedene Bearbeitung hat das Fell durchzumachen vom Abziehen des Thieres bis zu seiner Verwendung als Kleidungs- oder Luxusstück?
3. Welche groben Fehler, die dem Felle den Werth rauben, müssen bei der Bearbeitung der Felle vermieden werden?

4. Welche Beschaffenheit müssen die gangbarsten Pelzarten haben und welche Fehler machen dieselben zur Bearbeitung ungeeignet?
5. Was ist bei der Aufbewahrung der Pelze zu beachten?

14. Vorschläge für die nähere Regelung der Prüfung im Maler-Handwerk.

I. Aufgaben in der praktischen Prüfung:

1. Ein größeres Möbelstück (Schrank, Bettstelle 2c.) holzartig mit Oelfarbe anzustreichen, zu adern und zu lackiren. — 2. Eine Fläche von mindestens 2 qm auf Papier, Wand oder Holz in Felder und Fries zu theilen und in Leim- oder Oelfarbe zu marmoriren, einschließlich Zurichtung der Fläche von Grund auf. — 3. Ein einfaches Dekorationsstück als Rosette, Ecke oder Mittelverzierung einer Decke, Wandmedaillon, Fries mit Leisten 2c. nach Pause ohne Schablone sauber anzufertigen.

II. Aufgaben in der theoretischen Prüfung:

1. Welches sind die gebräuchlichsten Bindemittel, um die Farben haftend zu machen, ohne daß sie abfärben?
2. Wie werden die anstrichfertigen Farben demnach hinsichtlich der bei der Zusammensetzung verwendeten Bindemittel unterschieden?
3. Wie verhalten sich die angeführten Bindemittel hinsichtlich des Preises zu einander, wie die damit hergestellten Anstrichfarben?
4. Gewinnung und Preis der bekanntesten Farbstoffe im trockenen Zustande?
5. Welche Geräthe, Materialien und Arbeiten sind der Reihenfolge nach nöthig, um einen holzartigen Anstrich mit Lackirung von Grund auf fertig zu stellen?
6. Welche Geräthe, Materialien und Arbeiten und in welcher Reihenfolge sind nöthig, um einen Wandanstrich mit Borde und Linien in Leimfarbe auf alten, schon gestrichenen Flächen herzustellen?
7. Wie müssen die bekanntesten anstrichfertigen Farben ihrer Zusammensetzung nach behandelt und aufbewahrt werden, damit sie nicht verderben?
8. Wie müssen die Pinsel gebraucht, behandelt und aufbewahrt werden?

15. Vorschläge für die nähere Regelung der Prüfung im Müller-Handwerk.

I. Aufgaben in der praktischen Prüfung:

1. Schärfen von Mühlensteinen. — 2. Anstellen eines Mahlganges bei Wassermühlen. — 3. Ermittelung der Windrichtung und Einrichtung des Flügelwerks nach Maßgabe der Windstärke. — 4. Ablehnen der Steine bei Windmühlen. — 5. Abfühlen der Mahlthätigkeit eines Walzenstuhls. — 6. Anstellen eines Vertikal- und eines Horizontalgatters bei Schneidemühlen. — 7. Abfühlung der richtigen Röstung des Preßgutes bei Oelmühlen.

II. Aufgaben in der theoretischen Prüfung:

1. Vollständige Beschreibung der Einrichtung eines Mahlganges und Darstellung des Mahlprozesses. — 2. Die verschiedenen Antriebskräfte. — 3. Die verschiedenen Arten der Kraftübertragung. — 4. Die verschiedenen Vorrichtungen zum Absichten des Mahlgutes. — 5. Beurtheilung vorgelegter Getreideproben nach Art und Qualität. — 6. Kenntniß der im Getreide vorkommenden Unkrautsämereien und deren schädliche Eigenschaften für das Mahlgut. — 7. Vorbereitung und Reinigung des Getreides zur Vermahlung. — 8. Mahlergebnisse von 1 Centner oder Sack Getreide an Mehl und Kleien, sowie vorkommende Gewichtsverluste (durch Verstaubung und Verdunstung), Pflege der gewonnenen Produkte. — 9. Vorsichtsmaßregeln zur Verhütung von Betriebsunfällen.

16. Vorschläge für die nähere Regelung der Prüfung im Sattler-Handwerk.

I. Aufgaben in der praktischen Prüfung:

1. Ein Theil eines Pferdegeschirres. — 2. Ein Theil eines Reitzeuges. — 3. Ein Theil eines Wagenausschlages. — 4. Ein Stück von Reisegeräthschaften rc., eventuell ein Stück Polsterarbeit.

II. Aufgaben in der theoretischen Prüfung:

1. Qualität und Beschaffenheit des Materials. — 2. Berechnung des angefertigten Stückes. — 3. Werkstatteinrichtung und Werkzeuge sowie Behandlung der letzteren.

17. Vorschläge für die nähere Regelung der Prüfung im Schlächter-Handwerk.

I. Aufgaben in der praktischen Prüfung:

Schlachten eines Kalbes, eines Hammels, eines Schweines.

II. Aufgaben in der theoretischen Prüfung:

1. Benennung der einzelnen Theile der zu schlachtenden Thiere. — 2. Fragen über den Werth und die Beschaffenheit der Schlachtthiere und ihrer Theile. — 3. Fragen über sichtbare Erkrankungen der Schlachtthiere im lebenden wie im geschlachteten Zustande.

18. Vorschläge für die nähere Regelung der Prüfung im Schneider-Handwerk.

I. Aufgaben in der praktischen Prüfung:

Es ist als Mindestleistung zu verlangen:

a) für Herrenschneider: die Anfertigung einer zugeschnittenen Hose und Weste,

b) für Damenschneider: die Anfertigung einer einfachen Taille.

II. Aufgaben in der theoretischen Prüfung:

1. Wie wird ein zugeschnittenes Stück angefangen?
2. Wie wird es in seiner weiteren Bearbeitung behandelt?
3. Wie werden die Werkzeuge zum Nähen und Bügeln gehandhabt?
4. Welche Arten von Stoffen zu Anzügen unterscheidet man, welches sind ihre Eigenthümlichkeiten und zu welchen Zwecken werden die einzelnen Stoffe daher insbesondere verwendet?

19. Vorschläge für die nähere Regelung der Prüfung im Schuhmacher-Handwerk.

I. Aufgaben in der praktischen Prüfung:

1. Anfertigung von 1 Paar Herren- oder Damenfußzeugböden. — 2. Anfertigung von 1 Paar mit der Hand genähten Damenpantoffeln. — 3. Anfertigung von 1 Paar Herren- oder Damenstiefeln, wozu jedoch der Zuschnitt des Oberleders und der dazu erforderliche Leisten dem Prüfling zu liefern ist, während letzterer den Unterboden selbst auszuführen hat.

II. Aufgaben in der theoretischen Prüfung:

1. Welche Materialien werden zu Herren- und Damenstiefeln verwandt, welches sind ihre Eigenthümlichkeiten, wie unterscheiden sich ihre Verwendungszwecke?
2. Welche Materialien werden zu Herren- und Damenpantoffeln verwandt, welches sind ihre Eigenthümlichkeiten, wie unterscheiden sich ihre Verwendungszwecke?

3. Fragen über die Anfertigung von Herren-, Damen-, Kinderstiefeln und -Schuhen und von Pantoffeln.

20. Vorschläge für die nähere Regelung der Prüfung im Stellmacher-Handwerk.

I. Aufgaben in der praktischen Prüfung:

1. Anfertigung eines Wagenrades. — 2. Anfertigung eines Untergestells zum Wagen. — 3. Anfertigung eines Schiebekarrenrades. — 4. Anfertigung eines Pflugrades. — 5. Anfertigung eines Waschbockes. — 6. Anfertigung eines Schmierbockes (Wagenhebers). — 7. Anfertigung einer Wagenscheere.

II. Fragen in der theoretischen Prüfung:

1. Ueber die zur Verwendung kommenden Hölzer und deren Werth. — 2. Ueber das Handwerkszeug und über Behandlung desselben. — 3. Ueber praktische Ausführung von Reparaturarbeiten.

21. Vorschläge für die nähere Regelung der Prüfung im Tapezierer-Handwerk.

I. Aufgaben in der praktischen Prüfung:

1. Ein Zimmer zu tapezieren. — 2. Einen Vorhang mit Zugvorrichtung aufzuhängen, oder einen Theil einer Zimmerdekoration mit Stoffen auszuführen. — 3. Polsterarbeiten anzufertigen (Divan, Fauteuil, Schlafsopha, Kissen, Sprungfedermatratze, lose Matratze).

II. Aufgaben in der theoretischen Prüfung:

1. Welche Vorarbeiten gehören zum Tapezieren eines Zimmers mit guten Tapeten?
2. Wie wird ein Sitzmöbel gearbeitet, womit beginnt die Polsterarbeit, wie ist die Reihenfolge derselben?
3. Welches Material empfiehlt sich zu einem guten Polster bei einem Bett, bei einem Sitzmöbel?
4. Wie stellt sich die quantitative Verwendung des Polstermaterials zu einander (Roßhaare, Faser, Werg), welches sind die nothwendigsten Maße von Bezugstoffen und Posamenten bei Möbeln?

22. Vorschläge für die nähere Regelung der Prüfung im Töpfer-Handwerk.

I. Aufgaben in der praktischen Prüfung:

1. Herstellung der Ecke eines Obersimses oder Frieses an einem Ofen. — 2. Formen einer Ofenkachel. — 3. Setzen eines kleinen Ofens. — 4. Herstellung eines Topfes.

II. Aufgaben in der theoretischen Prüfung:

1. Mit welchen Roh- und Hülfsstoffen hat der Töpfer zu thun? Wie beschafft er sich dieselben, wie bereitet er dieselben zu? Was ist insbesondere bei der Bearbeitung des Arbeitsthons zu beachten?
2. Wie muß brauchbarer Arbeitsthon beschaffen sein, welche Fehler kommen bei demselben vor, wie sind diese zu erkennen und von welchem Einfluß sind sie auf die Güte der Waare?
3. Mit welchen Werkzeugen geht der Töpfer um?
4. Was ist bei dem Formen der Waaren, insbesondere bei der Herstellung der Ofenkacheln zu beachten? Wie vollzieht sich das Brennen derselben?
5. Wie muß ein guter Ofen (Zimmerofen, Herd) beschaffen sein und welche Gesichtspunkte sind für seine Einrichtung maßgebend?
6. Welche Abmessungen muß ein Ofen haben nach gegebenen Maßen der Gesimsausladung?
7. Wieviel Kacheln sind erforderlich für einen Ofen, für einen Kochherd bei gegebener Größe?
8. Wie werden die Ofenzüge angelegt, wie werden die Roste eingelegt?
9. Welche Bestimmung der Baupolizeiordnung sind bei der Anlage von Oefen zu beachten?

23. Vorschläge für die nähere Regelung der Prüfung im Uhrmacher-Handwerk.

I. Aufgaben in der praktischen Prüfung:

1. Reinigung und Nachsehen einer einfachen Uhr. — 2. Anfertigung neuer Theile einer gewöhnlichen Uhr. — 3. Reparatur zerbrochener Theile, Einsetzung neuer Theile in eine schadhafte Uhr. — 4. Anfertigung einfacherer Hülfswerkzeuge.

II. Aufgaben in der theoretischen Prüfung:

1. Welches sind die Haupttheile einer Uhr?
2. Welchen Zweck hat das Räderwerk und welche Punkte sind bei der Ausführung eines solchen besonders zu beachten?
3. Berechnungen, Räderwerke betreffend.
4. Welchen Zweck hat die Hemmung?
5. Welches sind die gebräuchlichsten Hemmungen in Pendeluhren?

6. Welchen Vortheil bietet der Grahamgang gegenüber dem gewöhnlichen Hakengang?
7. Welche Punkte sind bei der Ausführung dieser Hemmungen besonders zu beachten?
8. Welche Hemmungen kommen hauptsächlich bei Taschenuhren in Anwendung?
9. Was ist über Cylinderhemmung zu sagen?
10. Was ist über die Ankerhemmung zu sagen, und welches sind ihre Vortheile der Cylinderhemmung gegenüber?
11. Wie berechnet man die Schwingungszahl des Pendels und der Unruhe?
12. Die Spiralfeder, ihr Zweck, ihr Wesen und ihre Behandlung.
13. Wiederherstellung und Ersatz verlorener, zerbrochener oder schlechter Theile einer Taschenuhr, einer Wanduhr.
14. Berechnung von Pendelschwingungen, Gangdauer rc.
15. Die bewegende Kraft in der Uhr.

VII.

Die in Preußen ergangenen Erlasse über die Regelung der Meisterprüfung.

A. Erlaß, betreffend Einrichtung der Prüfungs-Kommissionen und Abfassung der Prüfungsordnungen.

Vom 9. April 1901. (M.Bl. d. H. u. G. V. S. 31.)

Nach der Verordnung vom 12. März 1900 (R.G.Bl. S. 127) treten die Bestimmungen des §. 133 der Gewerbeordnung über den Meistertitel am 1. Oktober d. J. in Kraft. Um die rechtzeitige Durchführung der Bestimmungen zu sichern, sind nunmehr die zu ihrer Ausführung erforderlichen Anordnungen zu treffen. Es handelt sich dabei um die Einrichtung der zur Abnahme der Meisterprüfung zuständigen Prüfungs-Kommissionen und um den Erlaß der Meisterprüfungsordnungen.

I. Die Errichtung der Prüfungs-Kommissionen erfolgt nach Anhörung der Handwerkskammer durch Verfügung der höheren Verwaltungsbehörde in ihrer Eigenschaft als Aufsichtsbehörde der Handwerkskammer.

1. Was die Abgrenzung der Bezirke der Prüfungs-Kommissionen anbelangt, so ist zu erstreben, daß den Prüflingen die Erreichung des Sitzes der Prüfungs-Kommission ohne unverhältnißmäßigen Zeit- und Kostenaufwand möglich ist. In den kleineren Handwerkskammerbezirken mit guten Verkehrsverbindungen wird die Errichtung einer den ganzen Bezirk umfassenden Prüfungs-Kommission ausreichen. Wo es dagegen die Ausdehnung des Kammerbezirks oder das Fehlen guter Verkehrsverbindungen erfordert, sind — mindestens für die stärker vertretenen Handwerkszweige — mehrere Prüfungs-Kommissionen an den dazu geeigneten Orten des Bezirks zu errichten.

In denjenigen Bezirken, in welchen Abtheilungen bestehen, kommen in erster Reihe diese als Bezirke für die Prüfungs-Kommissionen in Betracht.

Ferner ist zu prüfen, ob für jedes Gewerbe eine besondere Prüfungs-Kommission oder ob für alle Gewerbe eine gemeinsame Prüfungs-Kommission zu errichten ist. Hierbei ist zu beachten, daß die an der Prüfung theilnehmenden Handwerker dem Fache des Prüflings angehören müssen.

Es werden daher bei der Einrichtung einer gemeinsamen Prüfungs-Kommission für alle Gewerbe je nach dem Fache des Prüflings wechselnde Beisitzer zur Prüfung hinzuzuziehen sein. Die Errichtung einer gemeinsamen Prüfungs-Kommission für alle Gewerbszweige kommt in erster Linie für kleine sowie für räumlich abgelegene Theile größerer Handwerkskammerbezirke in Betracht. In ausgedehnteren, gewerblich entwickelten Bezirken wird es sich empfehlen, mindestens für die stärker vertretenen Handwerkszweige besondere Prüfungs-Kommissionen oder doch für Gruppen verwandter Handwerke Prüfungs-Kommissionen mit einem Vorsitzenden und je nach dem Fache des Prüflings wechselnden Beisitzern zu errichten.

2. Mit der Frage der Abgrenzung der Prüfungs-Kommissionen hängt die Entscheidung darüber zusammen, aus welchen Kreisen die Vorsitzenden zu ernennen sind. Hierbei ist zunächst zu beachten, daß das Gesetz Vorschriften über die Anforderungen, welche an die zu ernennenden Personen zu stellen sind, nicht enthält. Da die Auswahl geeigneter Persönlichkeiten zu Vorsitzenden der Prüfungs-Kommissionen für die ordnungsmäßige Abnahme der Prüfungen von großer Bedeutung ist, so werden zu Vorsitzenden Leute zu ernennen sein, welche den Geschäftsgang der Prüfungs-Kommissionen zu übersehen im Stande sind, und welche die erforderliche Objektivität besitzen, um die Verhandlungen der Prüfungs-Kommission zu leiten; dabei dürfen sie nach ihrer Lebensstellung den gewerblichen Verhältnissen nicht zu fern stehen. Ob und inwieweit auch Staats- oder Kommunalbeamte zu Vorsitzenden der Prüfungs-Kommissionen ernannt werden können, wird sich nach dem voraussichtlichen Geschäftsumfang der Kommissionen richten. In jedem Falle ist vor ihrer Ernennung eine gutachtliche Aeußerung und die Zustimmung der vorgesetzten Dienstbehörde einzuholen.

3. Auch für die Qualifikation der Beisitzer der Prüfungs-Kommissionen enthält das Gesetz keine bindenden Vorschriften; es ist

daher insbesondere nicht erforderlich, daß sie Handwerker oder Mitglieder von Innungen oder Gewerbevereinen sind. Immerhin aber wird es sich empfehlen, bei der Ernennung der Mitglieder auf diese Kreise zurückzugreifen, da sie an der Durchführung der Bestimmungen über die Meisterprüfungen in erster Linie interessirt sind. Im Hinblick darauf, daß das Gesetz eine Prüfung in der Buch- und Rechnungsführung vorsieht, wird entweder der Vorsitzende oder eins von den Mitgliedern der Prüfungs-Kommission befähigt sein müssen, in diesem Gegenstande zu prüfen. Darüber, unter welchen Voraussetzungen diese Befähigung anzunehmen ist, erwarte ich Ihre Vorschläge. Außerdem wird auf eine angemessene Heranziehung der Lehrer an gewerblichen Unterrichtsanstalten bei der Zusammensetzung der Prüfungs-Kommissionen Bedacht zu nehmen sein.

Bei der Mannigfaltigkeit der vorgeschriebenen Gegenstände der Prüfung sowie im Hinblick darauf, daß der Vorsitzende der Prüfungs-Kommission nicht immer dem Handwerkszweige des Prüflings angehört, wird daran festzuhalten sein, daß zur Beschlußfähigkeit der Prüfungs-Kommission die Anwesenheit aller fünf Mitglieder erforderlich ist. Hieraus ergiebt sich die Nothwendigkeit, für den Vorsitzenden und die Beisitzer Stellvertreter zu ernennen, die im Behinderungsfalle für sie einzutreten haben.

II. Die Prüfungsordnungen, in denen das Verfahren vor der Prüfungs-Kommission, der Gang der Prüfung und die Höhe der Prüfungsgebühren zu regeln ist, werden von der Handwerkskammer erlassen und bedürfen meiner Genehmigung. Den Entwurf einer Prüfungsordnung*) lasse ich Ihnen in den Anlagen zugehen.

B. Erlaß, betreffend Einrichtung der Prüfungs-Kommissionen.

Vom 5. September 1901. (M.Bl. d. H. u. G. V. S. 213.)

Die auf den Runderlaß vom 9. April d. J. (M.Bl. S. 31) eingereichten Vorschläge für die Abgrenzung der Bezirke für die Meisterprüfungs-Kommissionen weichen, wie dies zu erwarten war, nicht unerheblich von einander ab. Ich habe indeß den Eindruck gewonnen, daß durchgehends auf die örtlichen Verhältnisse des Handwerks, die Gestaltung des Handwerkskammerbezirks und seine Verkehrsverbindungen

*) Der Entwurf ist nicht abgedruckt.

eine angemessene Rücksicht genommen worden ist. Sollte sich später ergeben, daß die Zahl der Prüfungs-Kommissionen oder die Abgrenzung ihrer Bezirke dem Bedürfnisse nicht entspricht, so können jederzeit nach Anhörung der Handwerkskammer Aenderungen vorgenommen werden.

Nicht empfehlenswerth ist der Vorschlag der Handwerkskammer in Dortmund, einen „Central-Prüfungsausschuß mit örtlichen Abzweigungen" einzurichten. Es liegt auf der Hand, daß das Schwergewicht der Prüfungen nicht in dem begleitenden Schriftverkehr, sondern in der Durchführung des praktischen wie des theoretischen Theils der Prüfung liegt. In diesem Punkte aber verfehlt die von der Handwerkskammer in Dortmund vorgeschlagene Einrichtung das verfolgte Ziel, da die Prüfungen nicht unter Leitung des Vorsitzenden des „Central-Prüfungsausschusses", sondern unter der seiner Stellvertreter abgehalten werden sollen. Es wird sich daher empfehlen, daß an den geeigneten Orten selbständige Prüfungs-Kommissionen mit eigenen Vorsitzenden und nach dem Gewerbe des Prüflings wechselnden Beisitzern errichtet werden. Dem an sich berechtigten Interesse der Handwerkskammer, eine gewisse Aufsicht über die Thätigkeit der Prüfungs-Kommissionen üben zu können und einen Ueberblick über die Gestaltung des gesammten Prüfungswesens zu erhalten, wird durch Aufnahme einer entsprechenden Bestimmung in die Prüfungsordnungen Rechnung getragen werden können.

Auch die Vorschläge für die Besetzung der Prüfungs-Kommissionen haben mir im Allgemeinen zu Bedenken keinen Anlaß geboten.

Ich halte es übrigens für bedenklich, von dem Grundsatze, daß die Beisitzer dem Handwerk des Prüflings angehören sollen, in irgendwie erheblichem Umfange abzuweichen. Wenn bei einzelnen Handwerken Mangel an Meistern ist, die sich zu Mitgliedern der Prüfungs-Kommissionen eignen, so wird doch darauf zu halten sein, daß mindestens die Mehrheit der Prüfungs-Kommission dem Handwerk des Prüflings angehört und daß äußersten Falls Meister aus verwandten Handwerkszweigen zugezogen werden.

Hierbei ersuche ich, im Interesse der sachgemäßen Durchführung der Prüfungen Bedacht darauf zu nehmen, daß für die Meisterprüfungs-Kommissionen der Bauhandwerker und der Schornsteinfeger durchweg ein Baubeamter, für die der Bandagisten ein Arzt und für die der Hufschmiede ein Thierarzt zum Vorsitzenden bestellt wird.

Nach Bildung der Meisterprüfungs-Kommissionen für die Schornsteinfeger werden die bisherigen Kommissionen für die Prüfung der

Bezirksschornsteinfeger aufzuheben und in den betreffenden Verordnungen die auf die Prüfung bezüglichen Vorschriften durch eine Bestimmung des Inhalts zu ersetzen sein, daß die Befähigung zur Anstellung als Bezirksschornsteinfegermeister durch Ablegung der Meisterprüfung vor einer auf Grund des §. 133 der Gewerbeordnung eingesetzten Prüfungs-Kommission nachzuweisen ist.

Ueber das Verhältniß der auf Grund des Gesetzes vom 18. Juni 1884 abgelegten Hufschmiedeprüfungen zu den nach §. 133 der Gewerbeordnung abzulegenden Schmiedemeisterprüfungen bleibt die Bestimmung vorbehalten.

Von der Errichtung von Meisterprüfungs-Kommissionen für Gewerbszweige, deren Zugehörigkeit zum Handwerk zweifelhaft ist, wie die der Blumenbinder, Photographen und Zahnkünstler, wird bis auf besondere Anweisung von mir abzusehen sein.

Da die nach §. 133 Absatz 6 auszustellenden Prüfungszeugnisse (Meisterbriefe) für die Betheiligten wichtige Urkunden sind, so wird es sich empfehlen, den Prüfungs-Kommissionen zu ihrer Vollziehung ein Siegel zur Verfügung zu stellen. Ich will es den Handwerkskammern überlassen, falls sie dies für erforderlich halten, für die Prüfungs-Kommissionen Siegel zu beschaffen, welche die Worte „Meisterprüfungs-Kommission für das .... Handwerk zu ...." und etwa auch die herkömmlichen Wahrzeichen (Werkzeuge und dergl.) des betreffenden Handwerks enthalten.

C. Erlaß, betr. Muster zu den Prüfungsordnungen.

Vom 16. September 1901. (M.Bl. d. H. u. G. V. S. 222.)

Anbei übersende ich Ihnen die auf Grund der mir eingereichten Vorschläge umgearbeiteten Muster zu den Meisterprüfungsordnungen mit dem Ersuchen, dahin zu wirken, daß an ihrer Hand von der Handwerkskammer möglichst bald über die zu erlassenden Prüfungsordnungen Beschluß gefaßt wird.

Mit Rücksicht auf die verschiedenartige Gestaltung, die der praktische Theil der Prüfung für eine Reihe von Handwerken erhalten muß, ist es erforderlich gewesen, vier verschiedene Muster aufzustellen, nämlich

1. ein Muster (A.) mit Meisterstück; dies wird den Meisterprüfungen in der Mehrzahl der Handwerke, u. a. im Böttcher-, Brunnenbauer-, Buchbinder-, Bürstenmacher-, Dachdecker-, Feilenhauer-,

Graveur-, Gürtler-, Handschuhmacher-, Hutmacher-, Juwelier-, Gold- und Silberschmiede-, Klempner-, Lackirer-, Maler-, Sattler-, Schlosser-, Schneider-, Schuhmacher-, Steinsetzer-, Stellmacher-, Tapezirer-, Tischler-, Vergolder- und Uhrmacher-Handwerk zu Grunde zu legen sein;

2. ein Muster (B.) mit Meisterstück und Arbeitsprobe; dies wird vornehmlich für das Barbier-, Friseur- und Perrückenmacher-, das Drechsler- und das Konditorhandwerk in Betracht kommen;
3. ein Muster (C.) mit Arbeitsprobe allein; dies wird für die Bäcker, Buchdrucker, Fleischer, Müller, Schornsteinfeger und Schmiede zu empfehlen sein.

Eine etwas abweichende Gestaltung empfiehlt sich

4. für das Muster (D.) für die Bauhandwerker (Maurer, Zimmerer, Steinmetze).

Außerdem sind in den weiteren Anlagen für die verbreitetsten Handwerke Vorschläge für die Formulirung der Anforderungen in der Prüfung angeschlossen.

Die mitgetheilten Muster sollen nicht nur den Handwerkskammern die Aufstellung der Prüfungsordnungen erleichtern, sondern zugleich dazu dienen, das wünschenswerthe Maß von Einheitlichkeit in den Anforderungen herbeizuführen, ohne daß deshalb eine angemessene Rücksicht auf die besondere örtliche Entwickelung einzelner Handwerke außer Acht gelassen zu werden braucht.

Bei etwaigen Abweichungen von den mitgetheilten Mustern und bei Aufstellung der Prüfungsordnungen für die darin nicht besonders berücksichtigten Handwerke ist indeß zu beachten, daß eine zu sehr ins Einzelne gehende Bezeichnung der Prüfungsgegenstände und -Anforderungen vermieden werden muß. Wenn als das zu liefernde Meisterstück eine oder wenige bestimmt bezeichnete Aufgaben in der Prüfungsordnung genannt werden oder wenn die in der theoretischen Prüfung zu stellenden Fragen im Einzelnen bezeichnet werden (z. B. „welchen Durchmesser muß eine gußeiserne Säule haben, die auf eine Länge von 4 m mit 50 000 kg belastet werden soll?“), so ist zu besorgen, daß die Prüfungen stets denselben vorher bestimmten Verlauf nehmen und dadurch zu einer nahezu bedeutungslosen Förmlichkeit herabsinken. In der Regel wird es deshalb nicht erforderlich sein, über das anzufertigende Meisterstück Genaueres vorzuschreiben, als die §§. 5 bis 8 des Musters A. und B. besagen. Der §. 10 wird in der Weise zu vervollständigen sein, daß nicht die zu stellenden Fragen einzeln aufgeführt, sondern die Gebiete bezeichnet werden, aus denen die Fragen zu nehmen sind.

Im Einzelnen ist noch Folgendes zu bemerken:

Zu §. 1 Absatz 1. Unbedenklich ist es, wenn entsprechend dem Wunsche mehrerer Handwerkskammern vorgeschrieben wird:

> „Das Gesuch .... ist an den Vorstand der Handwerkskammer zu richten, der es an die zuständige Prüfungs-Kommission weitergiebt."

Ebenso kann im Absatz 5 bestimmt werden, daß über die Beschwerde nicht die Prüfungs-Kommission, sondern der Vorstand der Handwerkskammer entscheidet.

Zu §. 3 Absatz 1. Es sind im Allgemeinen keine höheren Prüfungsgebühren als 20 Mk., allenfalls 30 Mk. vorzuschreiben.

Zu §. 11. Ich bin mit dem von mehreren Seiten gemachten Vorschlage einverstanden, einen der Buchführung kundigen Handwerksmeister in die Prüfungs-Kommission zu berufen und ihm die Prüfung in der Buch- und Rechnungsführung zu übertragen, mache aber darauf aufmerksam, daß nicht jeder, der seine Bücher ordnungsmäßig führt, ohne Weiteres im Stande ist, in der Buchführung zu prüfen. Es wird sich deshalb meistens empfehlen, auch wo nicht ein Lehrer an einer gewerblichen Unterrichtsanstalt zum Mitglied der Prüfungs-Kommission berufen wird, einen solchen einige Male zu den Prüfungen zuzuziehen und ihm zeitweilig die Abnahme der Prüfung in der Buch- und Rechnungsführung zu übertragen. Selbstverständlich hat der betreffende Lehrer in solchen Fällen kein Stimmrecht.

Zu §. 20. Es ist wünschenswerth, daß der Vorstand der Handwerkskammer durch Mitglieder oder Beauftragte häufiger die Prüfungen besuchen läßt und die nach §. 13 aufzunehmenden schriftlichen Verhandlungen daraufhin prüft, ob die Prüfungsvorschriften sachgemäß und einheitlich gehandhabt werden. Insbesondere wird der Vorstand seine Aufmerksamkeit auch darauf zu richten haben, daß die Auswahl der Meisterstücke und Arbeitsproben zweckmäßig erfolgt, und daß bei den Handwerken, die von den Fortschritten der Technik und vom Wechsel der Mode abhängig sind, die Anforderungen des praktischen Lebens in angemessener Weise bei der Aufgabenstellung zur Geltung kommen.

Muster A mit Meisterstück (ohne Arbeitsprobe).

Meisterprüfungsordnung

für das . . . Handwerk im Bezirk der Handwerkskammer zu ....

Anmeldung und Zulassung zur Prüfung.

§. 1. Das Gesuch um Zulassung zur Prüfung ist schriftlich an die zuständige Prüfungs-Kommission zu richten.

Zuständig ist die Prüfungs-Kommission, in deren Bezirk der Prüfling entweder das betreffende Gewerbe selbständig betreibt oder seit mindestens drei Monaten als Geselle in Arbeit steht.

Dem Gesuche sind beizufügen:

1. ein kurzer eigenhändig geschriebener Lebenslauf des Prüflings,
2. eine Geburtsurkunde,
3. das Prüfungszeugniß über die Gesellenprüfung oder ein anderweiter Nachweis, daß der Prüfling in seinem Gewerbe die Befugniß zur Anleitung von Lehrlingen erworben hat,
4. der Nachweis, daß der Prüfling mindestens drei Jahre lang als Geselle in dem Handwerk, in dem er die Prüfung ablegen will, thätig gewesen ist,
5. die Zeugnisse der gewerblichen Unterrichtsanstalten, die der Prüfling etwa besucht hat,
6. ein polizeiliches Führungszeugniß.

Auf Grund der Anmeldung entscheidet der Vorsitzende der Prüfungs-Kommission, ob der Prüfling zuzulassen ist oder nicht.

Gegen die Entscheidung ist die Beschwerde bei der Prüfungs-Kommission binnen einer Woche zulässig. Diese entscheidet auch über Ausnahmen von Absatz 3 Ziffer 4.

§. 2. Die Prüfungstermine werden von dem Vorsitzenden der Prüfungs-Kommission anberaumt. Auf Beschluß der Prüfungs-Kommission oder Anordnung des Vorstandes der Handwerkskammer sind regelmäßig wiederkehrende Termine für die Prüfungen festzusetzen.

Der Vorsitzende hat die Mitglieder der Prüfungs-Kommission und die zur Prüfung Zugelassenen zum Prüfungstermin zu laden und zugleich über das Meisterstück sowie über den Ort und die Zeit seiner Anfertigung und Einlieferung Bestimmung zu treffen (vergl. §§. 6—8).

Nahe Verwandte und der derzeitige Arbeitgeber oder Geschäftstheilhaber eines Prüflings sind von der Mitwirkung bei der Prüfung ausgeschlossen.

Die Prüfungs-Kommission ist bei Anwesenheit des Vorsitzenden und der vier Beisitzer beschlußfähig.

Zu einem Prüfungstage sollen nicht mehr als . Prüflinge geladen werden.

Prüfungsgebühren.

§. 3. Jeder Prüfling hat vor dem Prüfungstermin eine Prüfungsgebühr von ...... Mark an die Kasse der Handwerkskammer einzuzahlen.

Ueber Anträge auf Erlaß oder Stundung der Gebühr entscheidet der Vorstand der Handwerkskammer.

Ist die Prüfung nicht bestanden, so hat der Geprüfte keinen Anspruch auf Rückerstattung der Prüfungsgebühren.

Prüfungsverfahren.

§. 4. Die Prüfung soll eine praktische und eine theoretische sein.

Meisterstück.

§. 5. Die praktische Prüfung besteht in der Anfertigung eines Meisterstücks nebst den dazu erforderlichen Zeichnungen (Werkzeichnungen sowie zeichnerischen Darstellungen) und der Kostenberechnung.

§. 6. Die Bestimmung des Meisterstücks erfolgt durch die Prüfungs-Kommission unter Berücksichtigung des besonderen Ausbildungsganges des Prüflings. Es ist so zu wählen, daß mit seiner Herstellung keine mit dem Charakter der Prüfung unvereinbare Anforderung, sowie kein erheblicher Zeit- und Kostenaufwand verbunden und daß der angefertigte Gegenstand praktisch verwendbar ist. Durch das Meisterstück soll der Prüfling darthun, daß er die Befähigung zur selbständigen Ausführung der gewöhnlichen Arbeiten seines Gewerbes, insbesondere des von ihm betriebenen Gewerbszweiges besitzt. Vorschläge in Betreff des Meisterstücks und der Werkstätte, in welcher es anzufertigen ist, können vom Prüfling bei der Anmeldung zur Prüfung ausgesprochen werden.

§. 7. Der Vorsitzende der Prüfungskommission bestimmt, in welcher Werkstatt das Meisterstück herzustellen ist.

Mit der Ueberwachung des Prüflings während der Anfertigung des Meisterstücks hat der Vorsitzende der Prüfungs-Kommission einzelne ihrer Mitglieder, oder wenn kein Mitglied am Orte der Anfertigung wohnt, andere geeignete selbständige Handwerker des gleichen Gewerbszweigs zu beauftragen. Diese haben dem Prüfling eine Bescheinigung darüber auszustellen, ob er das Meisterstück selbständig und ohne fremde Hülfe angefertigt hat.

§. 8. Der Prüfling hat das Meisterstück nebst den dazu gehörigen Zeichnungen und der Kostenberechnung sowie die Bescheinigung der mit seiner Ueberwachung betrauten Handwerker rechtzeitig an dem vom Vorsitzenden der Prüfungs-Kommission bestimmten Ort abzuliefern. Geht das Meisterstück nicht rechtzeitig ein, so gilt das Zulassungsgesuch als zurückgezogen. Für die Anfertigung des Meisterstücks kann eine angemessene Nachfrist bewilligt werden.

Gleichzeitig hat der Prüfling die Versicherung schriftlich abzugeben und demnächst durch Handschlag zu bekräftigen, daß er das Meisterstück, die Zeichnungen und die Kostenberechnung selbständig und ohne fremde Hülfe gemacht hat. Ist solche geleistet worden, so hat er anzugeben, worin sie bestanden hat.

Theoretische Prüfung.

§. 9. Die theoretische Prüfung hat sich zu erstrecken auf:

1. die Fachkenntnisse,
2. die Buch- und Rechnungsführung,
3. die gesetzlichen Vorschriften, betr. das Gewerbewesen.

§. 10. Durch die Prüfung in den Fachkenntnissen soll insbesondere der Nachweis erbracht werden, daß der Prüfling über die hauptsächlichsten Bezugsquellen der wichtigsten und gebräuchlichsten Rohstoffe, über ihre Bearbeitung und ihre Preise, über die wichtigsten Werkzeuge, Werkzeugmaschinen und Motoren, sowie deren Handhabung und über die wichtigsten Arbeitsverrichtungen und den mit ihnen verbundenen Zeit- und Kostenaufwand genügend unterrichtet ist.

Sie beginnt in der Regel mit einer Besprechung des Meisterstücks, der dazu gehörigen Zeichnungen und der Kostenberechnungen und soll sich ferner namentlich auf folgende Gegenstände erstrecken:

§. 11. Die Prüfung in der Buch- und Rechnungsführung erfolgt zum Theil schriftlich, zum Theil mündlich. Die Prüfung hat sich auf die Kenntniß der einfachen Buch- und Rechnungsführung und der allgemeinen Grundsätze des Wechselrechts zu erstrecken.

§. 12. Die Prüfung in den gesetzlichen Vorschriften, betr. das Gewerbewesen, ist mündlich. Durch sie soll vornehmlich die Kenntniß der wichtigsten Bestimmungen der Gewerbe-Ordnung, der Arbeiter-Versicherungsgesetze und des Genossenschaftsrechts dargethan werden.

Ergebniß der Prüfung.

§. 13. Nach Beendigung der Prüfung, über deren Verlauf eine von sämmtlichen Mitgliedern der Prüfungs-Kommission zu unterschreibende Verhandlung aufzunehmen ist, beschließt die Prüfungs-Kommission mit Stimmenmehrheit, ob die Prüfung genügend, gut oder mit Auszeichnung bestanden oder ob sie nicht bestanden ist. Bei Stimmengleichheit entscheidet der Vorsitzende.

Ist die Prüfung nicht bestanden, so hat die Prüfungs-Kommission einen Zeitraum zu bestimmen, vor deren Ablauf sie nicht wiederholt werden darf. War das Meisterstück für genügend befunden, so kann der Prüfling von der Anfertigung eines neuen Meisterstücks entbunden werden.

Das Ergebniß der Prüfung ist den Geprüften am Schlusse des Prüfungstermins durch den Vorsitzenden bekannt zu geben.

§. 14. Ist die Prüfung bestanden, so hat die Prüfungs-Kommission darüber ein Zeugniß (Meisterbrief) auszustellen. Ist die Prüfung nicht bestanden, so hat die Prüfungs-Kommission dies dem Prüfling schriftlich mitzutheilen unter Angabe des Zeitraums, vor dessen Ablauf die Prüfung nicht wiederholt werden darf. Falls der Prüfling von der nochmaligen Anfertigung eines Meisterstücks entbunden ist, so wird dies in der Mittheilung vermerkt.

Das Prüfungszeugniß ist kosten- und stempelfrei.

§. 15. Mehr als zweimal darf die Prüfung nicht wiederholt werden.

Auf die Wiederholung der Prüfung findet die Vorschrift des §. 1 Absatz 2 keine Anwendung.

§. 16. Das Bestehen der Meisterprüfung nach den vorstehenden Bestimmungen berechtigt zur Führung des Meistertitels in Verbindung mit der Bezeichnung eines Handwerks, sofern der Geprüfte in diesem Handwerk die Befugniß zur Anleitung von Lehrlingen erworben hat.

Geschäftsführung.

§. 17. Die laufenden Geschäfte der Prüfungs-Kommission erledigt der Vorsitzende.

Das Prüfungszeugniß (Meisterbrief) ist von dem Vorsitzenden und einem Mitgliede der Prüfungs-Kommission zu vollziehen.

Für alle übrigen Ausfertigungen genügt die Unterschrift des Vorsitzenden.

§. 18. Die Mitglieder der Prüfungs-Kommission erhalten, abgesehen von dem Ersatz der ihnen durch die Reise erwachsenen nothwendigen baaren Auslagen, bei Prüfungen am Wohnort . . . ℳ für den Tag, bei Prüfungen außerhalb des Wohnorts .. ℳ für den Tag aus der Kasse der Handwerkskammer.

Den Mitgliedern der Prüfungs-Kommission kann durch Beschluß der Handwerkskammer mit Genehmigung der höheren Verwaltungsbehörde für die Wahrnehmung der Prüfungen an ihrem Wohnort statt der besonderen Vergütungen eine jährliche Entschädigung zugebilligt werden.

§. 19. Das Prüfungszeugniß (der Meisterbrief) kann von der Prüfungs-Kommission für ungültig erklärt werden, wenn festgestellt wird, daß der Prüfling bei der Meldung zur Prüfung oder bei deren Ablegung eine auf Täuschung berechnete Handlung begangen oder eine bei Anfertigung des Meisterstücks benutzte Hülfe arglistig verschwiegen hat.

§. 20. Die schriftlichen Verhandlungen über den Verlauf der Prüfungen sind dem Vorstande der Handwerkskammer einzureichen. Auch ist dieser befugt, Beauftragte zur Beiwohnung an den Prüfungen zu entsenden.

Zusätze zu Muster A.

1. Böttcherhandwerk.

Zu §. 10 Absatz 2: Kenntniß der gebräuchlichen Arten von Faßhölzern, ihrer Eigenschaften für die Verwendung und Verarbeitung und ihrer Behandlung,

Berechnung des Inhalts eines runden oder ovalen Fasses oder eines Bauchgefäßes bei gegebener Höhe und gegebenen Durchmessern der Grundflächen, des zu seiner Anfertigung erforderlichen Holzquantums und der Herstellungskosten,

Fragen über die Anfertigung von Modellen zu Fässern der verschiedenen Formen,

Kenntniß der gebräuchlichen Maschinen und ihrer Bedienung.

2. Brunnenbauerhandwerk.

Zu §. 5 (als Absatz 2): Als Meisterstück kommt vorzugsweise in Betracht die Anfertigung eines ortsüblichen Brunnens nebst Pumpe nach näherer Anweisung der Prüfungs-Kommission.

Zu §. 10 Absatz 2: Flächen- und Körperberechnung in Anwendung auf das Gewerbe,

Berechnung der Wassermenge, welche eine Kolbenpumpe von gegebener Größe fördert,

Berechnung der zur Inbetriebsetzung einer Pumpe nöthigen Kraft,

Veranschlagung und Zeichnung eines Brunnenkessels von wenigstens 10 Meter Tiefe bis zum Grundwasserstand nebst Verlegung von gegebener Länge,

Angabe des Verfahrens bei der auszuführenden Arbeit und der nöthigen Berechnungen,

Kenntniß der im Bezirk der Prüfungs-Kommission geltenden Baupolizeiordnung und der Unfallverhütungsvorschriften.

3. Buchbinderhandwerk.

Zu §. 10 Absatz 2: Kenntniß der zur Verarbeitung kommenden Materialien, ihrer Herstellung und ihrer Aufbewahrung,

Kenntniß der Nebenbranchen der Buchbinderei und ihrer Arbeiten,

Kenntniß der für das Handwerk in Betracht kommenden Grundzüge der Farben- und Stillehre,

Beschreibung der Werkstatteinrichtung, der gebräuchlichen Werkzeuge, Maschinen und Motore,

Kenntniß der Anwendung und Bedienung der Maschinen und Motore und ihrer Schutzvorrichtungen,

Anfertigung einer Skizze für eine Arbeit aus dem Spezialfache des Prüflings und Kostenberechnung dieser Arbeit.

4. Bürstenmacherhandwerk.

Zu §. 10 Absatz 2: Kenntniß der im Bürstenmacherhandwerk zur Verwendung kommenden Materialien und ihrer Behandlung,

Kenntniß des gebräuchlichsten Handwerkszeugs, der Maschinen 2c.

Berechnung der Herstellungskosten verschiedener Gegenstände,

Kenntniß der für das Bürstenmacherhandwerk in Frage kommenden Verordnungen und Polizeivorschriften.

5. Dachdeckerhandwerk.

Zu §. 10 Absatz 2: Kenntniß der Gewinnung und Herstellung, der Beschaffenheit, Verwendbarkeit und Verarbeitung sämmtlicher im Dachdeckerhandwerk gebräuchlichen Materialien, sowie Kenntniß der Bezugsquellen,

Kenntniß der verschiedenen Dacharten, ihrer Deckung und der Dachfenster,

Berechnung der Herstellungskosten eines Daches nach vorgelegter Zeichnung,

Kenntniß der in Frage kommenden Polizei-Verordnungen und Unfallverhütungsvorschriften.

6. Feilenhauerhandwerk.

Zu §. 10 Absatz 2: Kenntniß der Härtemittel und ihrer Zusammensetzung,

Kenntniß der Erkennungsmerkmale des Stahls,

Kenntniß des Werkzeugs und seiner Herstellung,

Kenntniß des Schmiedens der Feilen,

Kenntniß der Mischung der Feilenunterlage,

Berechnung der Herstellungskosten von Feilen.

7. Graveurhandwerk.

Zu §. 10 Absatz 2: Kenntniß des zur Verwendung gelangenden Materials, namentlich hinsichtlich der Beschaffenheit und Bearbeitung,

Kenntniß des Handwerkszeugs und seiner Herstellung,

Kenntniß der gebräuchlichen Stilarten,

Anfertigung einer Zeichnung eines Gegenstandes in vorgeschriebener Stilart und Berechnung der Herstellungskosten des Gegenstandes,

Kenntniß der im Betriebe gebräuchlichen Maschinen.

8. Gürtlerhandwerk.

Zu §. 10 Absatz 2: Kenntniß der zur Verarbeitung gelangenden unedlen Metalle, ihrer Legirungen und ihres Werthes,

Kenntniß der zur Verwendung gelangenden Hülfsstoffe, z. B. zum Gelbbrennen, Beizen u. s. w.,

Kenntniß der im Gürtlerhandwerk vorkommenden Maschinen und Werkzeuge,

Anfertigung der Skizze eines Gegenstandes und Berechnung der Herstellungskosten,

Kenntniß der Unfallverhütungsvorschriften.

9. Handschuhmacherhandwerk.

Zu §. 10 Absatz 2: Kenntniß der üblichen zur Verarbeitung kommenden Ledersorten und ihrer Behandlung,

Kenntniß der sonst zur Verwendung kommenden Rohmaterialien und ihrer Behandlung,

Berechnung der Herstellungskosten von Gegenständen.

10. Hutmacherhandwerk.

Zu §. 10 Absatz 2: Kenntniß der Rohstoffe, ihrer Bezugsquellen und Preise,

Kenntniß der gebräuchlichen Maschinen,

Berechnung der Herstellungskosten verschiedener Arten von Hüten.

11. Juwelier-, Gold- und Silberschmiedehandwerk.

Zu §. 10 Absatz 2: Kenntniß der zur Verarbeitung gelangenden Metalle,

Kenntniß der Legirung und ihrer Preisberechnung,

Kenntniß des Schmelzens und Behandlung der Metalle,

Kenntniß der zur Verarbeitung gelangenden Edel- und Halbedelsteine und der Perlen,

Kenntniß der Nachahmungen und ihrer Unterscheidung von echten Steinen und Perlen,

Kenntniß der gebräuchlichen Stilarten,

Behandlung der galvanischen Bäder, das Färben der Metalle, das Schleifen und Poliren,

Entwurf einer Skizze für einen Gegenstand und Berechnung der Herstellungskosten,

Kenntniß der im Betriebe üblichen Maschinen und Werkzeuge.

12. Klempnerhandwerk.

Zu §. 10 Absatz 2: Ursprung und Legirung der in der Klempnerei gebräuchlichen Metalle, Kenntniß ihrer Eigenschaften in Bezug auf ihre Verarbeitung,

Kenntniß der in der Klempnerei sonst zur Verwendung gelangenden Materialien,

Kenntniß der gebräuchlichen Dachdeckungsarbeiten und ihrer Herstellung in den verschiedenen Metallen,

Kenntniß der Konstruktion der verschiedenen Arten von Dachrinnen und Abfallröhren,

Berechnung der Herstellungskosten eines Gegenstandes nach vorgelegter Zeichnung,

Fragen über Installationsanlagen,

Kenntniß der Polizeiverordnungen in Bezug auf Rüstungen und der Unfallverhütungsvorschriften.

13. Lackirerhandwerk.

Zu §. 10 Absatz 2: Kenntniß der im Lackirerhandwerk gebräuchlichen Farben und Lacke, ihrer Eigenschaften, Verwendung und Verarbeitung,

Kenntniß der Grundregeln über das harmonische Zueinanderpassen der Farben (Farbenkreis),

Kostenberechnung nach vorgelegter Zeichnung.

14. Malerhandwerk.

Zu §. 6 (als Absatz 2): Der Prüfling hat eine farbige Skizze zu liefern, welche er entweder unter Kontrole ganz zu übertragen (Meisterstück), oder aus welcher er einen Theil in Gegenwart der Prüfungs-Kommission praktisch auszuführen hat (Arbeitsprobe).

Zu §. 10 Absatz 2: Kenntniß der Zusammensetzung, der Verwendung und der Haltbarkeit der verschiedenen Farben, sowie ihrer Bindemittel,

Kenntniß der Lacke, Oele und der sonst im Malerhandwerk zur Verwendung kommenden Materialien hinsichtlich ihrer Eigenschaften, Verwendung und Verarbeitung,

Beurtheilung und Aufbewahrung der sämmtlichen Materialien,

Kenntniß der Regeln der Lehre von Licht- und Schattendarstellung plastischer Ornamente,

Kenntniß der Grundregeln über das harmonische Zueinanderpassen der Farben (Farbenkreis),

Berechnung des Inhalts von Flächen und Körperoberflächen,

Kostenberechnung einer Arbeit nach vorgelegter Zeichnung,

Kenntniß der Unfallverhütungs- und der Polizeivorschriften bezüglich der Zusammensetzung und des Gebrauches von Gerüsten und Leitern.

15. Sattlerhandwerk.

Zu §. 10 Absatz 2: Kenntniß der in der Sattlerei gebräuchlichen Ledersorten und sonstigen Stoffe, ihrer Verwendung und Bearbeitung,

Berechnung der Herstellungskosten eines Gegenstandes.

16. Schlosserhandwerk.

Zu §. 10 Absatz 2: Die verschiedenen Eisen- und Stahlsorten, die darin vorkommenden Fremdkörper, die Einwirkung des Sauerstoffs, das Löthen und die zu verwendenden Löthmaterialien,

Statische Berechnung von Trägern und Säulen,
Erklärung einer vorgelegten Zeichnung,
Kostenberechnung für verschiedene Arbeiten.

17. Schneiderhandwerk.

Zu §. 6 (als Absatz 2): Als Meisterstück kommt vorzugsweise in Betracht

a) für Herrenschneider:

Die vollständige Anfertigung eines aus Rock, Hose und Weste bestehenden dunkeln Tuchanzuges oder einer aus Waffen- oder Ueberrock und Hose bestehenden Uniform für eine von der Prüfungs-Kommission bezeichnete Person vom Maßnehmen bis zur Anprobe.

b) für Damenschneider:

Die vollständige Anfertigung eines aus Rock und Taille bestehenden Damenkleides für eine von der Prüfungs-Kommission bezeichnete Person vom Maßnehmen bis zur Anprobe des Rockes und der mit Fischbein ausgearbeiteten Taille.

Zu §. 10 Absatz 2: Die Erkennungszeichen der hauptsächlichsten Tucharten wie Kammgarn, Tuch, Buckskin, Cheviot u. s. w., der Futterstoffe und sonstigen Zuthaten (Sammet, Seide u. s. w.), ihrer Güte und Farbenechtheit,

Die Unterscheidungszeichen für wollene und baumwollene Tucharten,

Maßnehmen und Uebertragung des erhaltenen Maßes auf das zuzuschneidende Tuch,

Berechnung der proportionalen Verhältnisse des menschlichen Körpers und des zu einem Anzuge erforderlichen Stoffes,

Die Grundsätze für die Beurtheilung des guten Sitzes eines Kleidungsstückes.

18. Schuh- und Schäftemacherhandwerk.

Zu §. 6 (als Absatz 2): Als Meisterstück kommt vorzugsweise in Betracht die Anfertigung eines Paars Herren- oder Damenstiefel, für Schäftemacher von Obertheilen und Schaft nach Maaß, nebst den dazu erforderlichen Zeichnungen, Modellen und der Kostenberechnung.

Zu §. 10 Absatz 2: Die Arten des Leders und die sonstigen Roh- und Hülfsstoffe, die Kennzeichen ihrer guten Beschaffenheit,

Die Verwendung der verschiedenen Ledersorten,

Kenntniß des menschlichen Fußes und seines Baues,

Maaßnehmen und Uebertragen des Fußmaaßes auf Modell und Leisten für normale und unnormale Füße (einschließlich des Abgipsens),

Regeln für den Schnitt von Pantoffeln, Schuhen und Stiefeln der gebräuchlichsten Formen,

Herstellung von Schuhwerk für besondere Zwecke, wie Fußtouren, Sport, Feldgebrauch.

19. Steinsetzerhandwerk.

Zu §. 6 (als Absatz 2): Als Meisterstück kommt vorzugsweise in Betracht: Die Leitung eines Straßenbaues für den Zeitraum einer Woche.

Zu §. 10 Absatz 2: Kenntniß der Bettungsverhältnisse bei Regulirung der verschiedenen Straßenpflasterungen am Wohnorte des Prüflings und in dessen Umgebung bis zu 15 km,

Kenntniß der ebendaselbst zur Verwendung kommenden Steingattungen, ihrer Klassenbezeichnung, sowie ihrer Qualität,

Kenntniß des Längs- und Quergefälles zur Erreichung einer genügenden Straßenabwässerung bei verschiedener Bearbeitung der zur Verwendung kommenden Pflastersteine,

Kenntniß der bezüglichen Polizeiverordnungen und Unfallverhütungsvorschriften.

20. Stellmacherhandwerk.

Zu §. 6 (als Absatz 2): Als Meisterstück kommt vorzugsweise die Anfertigung eines Wagens (Luxus-, Geschäfts-, Ackerwagens, je nach dem Spezialfache des Prüflings) in Betracht.

Zu §. 10 Absatz 2: Kenntniß der im Stellmacherhandwerk gebräuchlichen Holzarten, ihres Werthes und Preises, ihrer Verwendung und Bearbeitung,

Kenntniß der Fällung und Konservirung des Holzes,

Kenntniß der sonst zur Verwendung gelangenden Materialien,

Kenntniß der gebräuchlichen Maschinen,

Berechnung der Herstellungskosten und der Tragfähigkeit eines Wagens oder Schlittens nach gegebener Zeichnung,

Kenntniß der bezüglichen Polizeiverordnungen und Unfallverhütungsvorschriften.

21. Tapezirerhandwerk.

Zu §. 10 Absatz 2: a) Für Möbeltapezirer:

Kenntniß der Polstermaterialien und ihrer Surrogate; Kenntniß ihrer Herkunft, Gewinnung und Qualität,

Kenntniß der Stoffe und Posamenten,

Kenntniß der Gestelle, ihrer Holzarten und der gebräuchlichen Stile,

Berechnung der Herstellungskosten eines Polstermöbels nach gegebener Zeichnung.

b) Für Dekorateure:

Kenntniß der Stoffe und Posamenten zu Dekorationen, ihres Werthes und ihrer Verwendung,

Dekorationsarbeiten in geometrischer oder freihändiger Art,

Herstellung einer Zeichnung und eines Schnittes.

c) Für Zimmertapezirer:

Kenntniß der gebräuchlichen Tapeten und Klebemittel, ihrer Verwendung und Verarbeitung,

Berechnung der Herstellungskosten des Tapezirens von Zimmern nach gegebenen Maßen oder Zeichnung.

d) Für alle Zweige gemeinsam:

Kenntniß der Werkstatteinrichtung,

Kenntniß der in Betracht kommenden Polizeiverordnungen und Unfallverhütungsvorschriften.

22. Tischlerhandwerk.

Zu §. 10 Absatz 2: Kenntniß der gebräuchlichsten Holzarten, ihrer Behandlung und Verwendung, einschließlich des Polirens und Fournirens,

Kenntniß der Arbeitswerkzeuge und -Materialien (Politurmittel u.s.w.),

Kenntniß der Holzverbindungen, der Beschlagarten und des Einsetzens der Bautischlerarbeiten,

einige Kenntniß der gebräuchlichen Stilarten,

Erklären einer vorgelegten Zeichnung,

Preisberechnung einzelner Arbeiten,

die Einrichtung einer Tischlerei und die dazu erforderlichen Betriebsmittel.

23. Uhrmacherhandwerk.

Zu §. 10 Absatz 2: Kenntniß der Herstellung der einzelnen Theile einer Uhr und der dabei in Anwendung kommenden Maschinen und Fraisen,

Kenntniß der verschiedenen Arten von komplizirten Uhren,

Berechnung der Pendellänge bei gegebener Größe der Uhr,

Kenntniß der verschiedenen Arten von Kompensationspendeln und deren Wirkung,

Was ist bei Regulirung einer Uhr an Unruhe und Spiralfeder besonders zu beachten?

Kenntniß und Zeichnung der gebräuchlichen Hemmungen.

Berechnung der Reparaturkosten einer Uhr (eventuell der Herstellungskosten einer Uhr).

24. Vergolderhandwerk.

Zu §. 6 (als Absatz 2): Als Meisterstück kommt vorzugsweise in Betracht:

a) Für Rahmenvergolder:

Anfertigung eines ornamentirten Spiegel- oder Bilderrahmens nach eigener Zeichnung.

b) Für Leistenvergolder:

Anfertigung einer Leiste oder eines Gardinenbrettes.

Zu §. 10 Absatz 2: Kenntniß der im Vergolderhandwerk gebräuchlichen Materialien, ihrer Zusammensetzung, ihrer Verwendung und Verarbeitung,

Kenntniß der verschiedenen Eigenschaften der Materialien und deren Einfluß auf die Vergoldung,

Anfertigung eines Kostenanschlages nach einer vorgelegten Zeichnung.

Muster B mit Meisterstück und Arbeitsprobe.

Meisterprüfungsordnung

für das .... Handwerk im Bezirk der Handwerkskammer zu ....

§§. 1 bis 4 wie Muster A.

Praktische Prüfung.

§. 5. Die praktische Prüfung besteht in der Anfertigung eines Meisterstücks, nebst den dazu erforderlichen Zeichnungen (Werkzeichnungen sowie zeichnerischen Darstellungen) und der Kostenberechnung und in der Ausführung einer Arbeitsprobe.

§. 6. Die Bestimmung des Meisterstücks erfolgt durch die Prüfungs-Kommission unter Berücksichtigung des besonderen Ausbildungsganges des Prüflings. Es ist so zu wählen, daß mit seiner Herstellung keine mit dem Charakter der Prüfung unvereinbare Anforderung, sowie kein erheblicher Zeit- und Kostenaufwand verbunden und daß der angefertigte Gegenstand praktisch verwendbar ist. Durch das Meisterstück soll der Prüfling darthun, daß er die Befähigung zur selbständigen Ausführung der gewöhnlichen Arbeiten seines Gewerbes, insbesondere des von ihm betriebenen Gewerbszweiges besitzt. Vorschläge in Betreff des Meisterstücks und der Werkstätte, in welcher es anzufertigen ist, können vom Prüfling bei der Anmeldung zur Prüfung ausgesprochen werden.

Auf die Arbeitsprobe finden diese Vorschriften entsprechende Anwendung.

§. 7. Der Vorsitzende der Prüfungs-Kommission bestimmt, in welcher Werkstatt das Meisterstück und die Arbeitsprobe herzustellen ist.

Mit der Ueberwachung des Prüflings während der Anfertigung des Meisterstücks hat der Vorsitzende der Prüfungs-Kommission einzelne ihrer Mitglieder, oder wenn kein Mitglied am Orte der Anfertigung wohnt, andere geeignete selbständige Handwerker des gleichen Gewerbszweigs zu beauftragen. Diese haben dem Prüfling eine Bescheinigung darüber auszustellen, ob er das Meisterstück selbständig und ohne fremde Hülfe angefertigt hat.

Die Arbeitsprobe ist vor der Prüfungs-Kommission auszuführen. Ist dies nicht thunlich, so finden die Vorschriften im Absatz 2 Anwendung.

§. 8. Der Prüfling hat das Meisterstück nebst den dazu gehörigen Zeichnungen und der Kostenberechnung sowie die Bescheinigung der mit seiner Ueberwachung betrauten Handwerker rechtzeitig an dem vom Vorsitzenden der Prüfungs-Kommission bestimmten Ort abzuliefern. Geht das Meisterstück nicht rechtzeitig ein, so gilt das Zulassungsgesuch als zurückgezogen. Für die Anfertigung des Meisterstücks kann eine angemessene Nachfrist bewilligt werden.

Gleichzeitig hat der Prüfling die Versicherung schriftlich abzugeben und demnächst durch Handschlag zu bekräftigen, daß er das Meisterstück, die Zeichnungen und die Kostenberechnung selbständig und ohne fremde Hülfe gemacht hat. Ist solche geleistet worden, so hat er anzugeben, worin sie bestanden hat.

Wird die Arbeitsprobe ausnahmsweise nicht vor der Prüfungs-Kommission ausgeführt, so ist die hergestellte Arbeit bei der theoretischen Prüfung vorzulegen.

§§. 9 bis 20 wie Muster A.

Zusätze zu Muster B.

1. Barbier=, Friseur= und Perrückenmacherhandwerk.

Zu §. 5 (als Absatz 2): Als Meisterstück soll eine Herren= oder Damenperrücke angefertigt werden, aus welcher Knüpf= und Tressenarbeit ersichtlich ist. Die Arbeitsprobe besteht in Barbieren, Haarschneiden, nasser und gebrannter Frisur.

Zu §. 10 Absatz 2: Die Qualität der zu verarbeitenden Haare, das Präpariren der Haare, Berechnung der Materialien und deren Qualität,

Waarenkunde,

die Hygiene im Barbier= und Friseurgeschäft, insbesondere die Kenntniß der übertragbaren Krankheiten.

2. Drechslerhandwerk.

Zu §. 10 Absatz 2: Kenntniß der gebräuchlichen Hölzer und sonstigen Rohmaterialien (Horn, Elfenbein u. s. w.), ihrer Preise, ihrer Verwendung und Bearbeitung,

Kenntniß der sonstigen zur Verwendung kommenden Materialien (Schellack, Lack, Beizen, Oele u. s. w.) sowie ihrer Zusammensetzung und Verarbeitung,

Kenntniß der gebräuchlichen Werkzeuge und ihrer Behandlung, sowie der gebräuchlichen Maschinen und Motoren,

Berechnung der Herstellungskosten eines Gegenstandes nach vorgelegter Zeichnung,

Kenntniß der Polizei= und Unfallverhütungsvorschriften, soweit sie auf den Betrieb des Drechslerhandwerks Bezug haben.

3. Konditorhandwerk.

Zu §. 5 (als Absatz 2): Als Meisterstück kommt vorzugsweise in Betracht:

a) für Backgeschäfte: Anfertigung eines Baumkuchens oder einer Torte mit Auffatz oder eines Gâteau mêlé.

b) für sogenannte Fabrikationsgeschäfte: Anfertigung von Chokoladen=, Confituren= und Marzipan=Waaren.

Als Arbeitsprobe:

Für Backgeschäfte: Anfertigung eines Creams oder einer Speise.

Für Fabrikationsgeschäfte ist die Aufgabe von der Prüfungs=Kommission von Fall zu Fall zu bestimmen.

Zu §. 10 Absatz 2: Kenntniß der Beschaffenheit, Behandlung und Aufbewahrung der Rohmaterialien,

Kenntniß der gebräuchlichen Farben und der Farbenzusammenstellungen,

Kenntniß des Nahrungsmittelgesetzes,

Kostenberechnung einer Arbeit und Kalkulation der Geschäftsunkosten; außerdem

a) Nur für Backgeschäfte:

Kenntniß der verschiedenen Fruchtarten zum Einmachen und des Einmachens der Früchte,

Kenntniß und Zusammensetzung der verschiedenen Eisarten zu Gefrorenem,

Kenntniß der gebräuchlichsten Backofen-Systeme und deren Brauchbarkeit.

b) Nur für Fabrikationsgeschäfte:

Kenntniß der gebräuchlichen Maschinen,

Kenntniß der Unfallverhütungsvorschriften bei Anwendung von Maschinen.

Muster C mit Arbeitsprobe (ohne Meisterstück).

Meisterprüfungsordnung

für das .... Handwerk im Bezirk der Handwerkskammer zu ....

Anmeldung und Zulassung zur Prüfung.

§. 1 wie Muster A.

§. 2. Die Prüfungstermine werden von dem Vorsitzenden der Prüfungs-Kommission anberaumt. Auf Beschluß der Prüfungs-Kommission oder Anordnung des Vorstandes der Handwerkskammer sind regelmäßig wiederkehrende Termine für die Prüfungen festzusetzen.

Der Vorsitzende hat die Mitglieder der Prüfungs-Kommission und die zur Prüfung Zugelassenen zum Prüfungstermin zu laden und zugleich über die Arbeitsprobe sowie über den Ort und die Zeit ihrer Ausführung Bestimmung zu treffen (vergl. §§. 6—8). Nahe Verwandte und der derzeitige Arbeitgeber oder Geschäftstheilhaber eines Prüflings sind von der Mitwirkung bei der Prüfung ausgeschlossen.

Die Prüfungs-Kommission ist bei Anwesenheit des Vorsitzenden und der vier Beisitzer beschlußfähig.

Zu einem Prüfungstage sollen nicht mehr als .... Prüflinge geladen werden.

§§. 3, 4 wie Muster A.

Arbeitsprobe.

§. 5. Die praktische Prüfung erfolgt durch Ausführung einer Arbeitsprobe, welche in . besteheṇ soll.

§. 6. Die Bestimmung der Arbeitsprobe erfolgt durch die Prüfungs-Kommission unter Berücksichtigung des besonderen Ausbildungsganges des Prüflings. Sie ist so zu wählen, daß mit ihrer Ausführung keine mit dem Charakter der Prüfung unvereinbare Anforderung, sowie kein erheblicher Zeit- und Kostenaufwand verbunden ist und daß sie praktisch verwendbar ist. Durch die Arbeitsprobe soll der Prüfling darthun, daß er die Befähigung zur selbständigen Ausführung der gewöhnlichen Arbeiten seines Gewerbes, insbesondere des von ihm betriebenen Gewerbszweiges besitzt. Vorschläge in Betreff der Arbeitsprobe und der Werkstätte, in welcher sie anzufertigen ist, können vom Prüfling bei der Anmeldung zur Prüfung ausgesprochen werden.

§. 7. Der Vorsitzende der Prüfungs-Kommission bestimmt, in welcher Werkstatt die Arbeitsprobe auszuführen ist.

Die Arbeitsprobe ist vor der Prüfungskommission auszuführen. Ist dies nicht thunlich, so hat der Vorsitzende der Prüfungs-Kommission einzelne ihrer Mitglieder, oder wenn kein Mitglied am Orte der Ausführung wohnt, andere geeignete selbständige Handwerker des gleichen Gewerbszweigs mit der Ueberwachung des Prüflings während der Ausführung der Arbeitsprobe zu beauftragen. Diese haben dem Prüfling eine Bescheinigung darüber auszustellen, ob er die Arbeitsprobe selbstständig und ohne fremde Hülfe angefertigt hat, und ihr Urtheil über Brauchbarkeit und Güte der geleisteten Arbeit beizufügen.

§. 8. Die Ausführung der Arbeitsprobe hat der theoretischen Prüfung voranzugehen. Bei Abnahme der letzteren sind der Prüfungs-Kommission die Erzeugnisse der Arbeitsprobe vorzulegen.

§§. 9 bis 20 wie Muster A.

Zusätze zu Muster C.

1. Bäckerhandwerk.

Zu §. 5: Hinter „Arbeitsprobe“: welche in der Herstellung ortsüblichen Gebäcks bestehen soll.

Zu §. 10 Absatz 2: Die für das Bäckerhandwerk wichtigen Getreidearten und ihre Vermahlung,

die Aufbewahrung, Zusammensetzung und Ergiebigkeit der Hefe, die Verwendung von Salz, Zucker, Milch, Fettwaaren und sonstigen Zuthaten,

die Konstruktion und Leistungsfähigkeit der Backöfen,

der Heizwerth der verschiedenen Brennmaterialien,

die praktische Einrichtung von Bäckerei-Werkstätten,

die Herstellungskosten der verschiedenen Backwaaren unter Berücksichtigung der Geschäftsunkosten.

2. Buchdruckerhandwerk.

Zu §. 10 Absatz 2: Kenntniß und Zusammensetzung der Farben.

Einrichtung von Buchdruckereien mit Angabe der dazu erforderlichen Maschinen, Schriften, Utensilien, Betriebskraft u. s. w.,

die das Buchdruckgewerbe betreffenden gesetzlichen und polizeilichen Vorschriften, als:

Preßgesetz,

Bundesrathsvorschriften über die Einrichtung von Buchdruckereien.

3. Fleischerhandwerk.

Zu §. 5: Hinter „Arbeitsprobe": welche in der Regel im Schlachten und Zerlegen eines Schlachtthiers und dessen Herrichtung für den Verkauf bestehen soll.

Zu §. 10 Absatz 2: Berechnung von Lebendgewicht gegen Schlachtgewicht (minimal und maximal) unter dem üblichen Prozentabzug für Tara,

äußere Anzeichen zur Beurtheilung eines Schlachtthieres, Angabe der sichtbaren Krankheitserscheinungen bei lebenden und geschlachteten Thieren,

Werth der einzelnen Theile des Schlachtthieres,

Benennung der inneren Theile der Schlachtthiere,

Verwerthung des äußeren Abfalles (Blut, Haut, Talg 2c.),

die gesetzlich erlaubten Konservirungsmittel,

das Verfahren bei Herstellung von Dauerwaare, Pökelwaare und bei der Wurstfabrikation.

4. Müllerhandwerk.

Zu §. 10 Absatz 2: Kenntniß der Mahlfrucht (Getreidearten) und ihrer verschiedenen Bewerthung für den Vermahlungs-Prozeß,

Herkunft und verschiedene Verwendbarkeit der Mahlfrüchte für das Backen,

die Regeln für die Aufbewahrung des Getreides und Mehles,

Kenntniß der verschiedenen Mahlmethoden,

Kenntniß der im Getreide vorkommenden Unkräuter und Beisatze,

Kenntniß der für die Müllerei erforderlichen Maschinen und Werkzeuge (z. B. Mahlgänge, Walzenstuhlungen, Reinigungsmaschinen, Cylinder und Sichtmaschinen, Aspiration, Mühlsteine, Hauen- und Schärfwerkzeuge und deren Handhabung),

Kenntniß der verschiedenen Arten der Triebkräfte und Motoren: Wasserräder, Turbinen, Windflügel, Dampfmaschinen u. s. w.,

Berechnung des Uebersetzungsverhältnisses von Riemenscheiben und Zahnrädern,

Berechnung der Betriebsunkosten und des Ausbeuteverhältnisses,

Kenntniß der Unfallverhütungsvorschriften für das Müllergewerbe und der einschlägigen im Bezirke der Prüfungs-Kommission geltenden Polizeiverordnungen.

5. Schmiedehandwerk.

Zu §. 10 Absatz 2: Kenntniß der verschiedenen Sorten von Eisen und Stahl, ihrer Eigenschaften und ihrer Verarbeitung,

Kenntniß der Schmiedekohle und ihrer Beschaffenheit,

Kenntniß der sonst im Schmiedehandwerk vorkommenden Materialien,

Berechnung der Tragfähigkeit von Achsen und Federn,

Berechnung der Länge der Mittelachsen bei gegebenem Sturz der Räder,

Kenntniß der gebräuchlichen Spurbreiten und ihrer Messung,

wie ist eine Achse mit konischen Schenkeln zu richten, wenn sie gut Schmiere halten soll?

Anfertigung des Kostenanschlages für einen von der Kommission aus dem Spezialfache des Prüflings anzugebenden Gegenstand,

Anfertigung einer Zeichnung nebst Berechnung der Herstellungskosten eines Gegenstandes,

Kenntniß der in Frage kommenden Polizei-Verordnungen und Unfallverhütungsvorschriften.

6. Schornsteinfegerhandwerk.

Im §. 1 Absatz 2 ist statt „seit mindestens drei Monaten" zu setzen: „seit mindestens einem Jahre".

Absatz 3 Ziffer 4 daselbst muß lauten:

„der Nachweis, daß der Prüfling mindestens fünf Jahre lang und von diesen mindestens ein Jahr lang im Bezirk der Prüfungs-Kommission als Schornsteinfegergeselle thätig gewesen ist".

Im §. 5 ist hinter „Arbeitsprobe" einzufügen:
„welche im Reinigen mehrerer unbesteigbarer Schornsteine und im kunstgerechten Besteigen einiger besteigbarer Schornsteine bestehen soll".

Zu §. 10 Absatz 2:

a) die Kenntniß der Feuerungsanlagen, der Konstruktion der Schornsteine, der verschiedenen Arten von Rußverunreinigungen derselben, der Reinigungsfristen bei den verschiedenen Brennmaterialien, der Werkzeuge und Geräthschaften, der Arten der Reinigung, der Ermittelung feuergefährlicher Stellen, und auf die Fähigkeit, vorhandene Feuerungsanlagen durch eine Handzeichnung anschaulich darzustellen;

b) die Kenntniß der von der Berufsgenossenschaft oder von den zuständigen Behörden erlassenen Unfallverhütungsvorschriften, sowie der einschlägigen bau- und feuerpolizeilichen Vorschriften des Verwaltungsbezirks, für den der Prüfling die Befähigung zur Anstellung als Bezirksschornsteinfeger zu erwerben wünscht.

Ein Theil der Fragen ist von dem Prüfling an den Schornsteinen eines Gebäudes erläuternd zu beantworten.

§. 11. Die Prüfung in der Buch- und Rechnungsführung erfolgt zum Theil schriftlich, zum Theil mündlich. Die Prüfung hat sich auf die Kenntniß der einfachen Buch- und Rechnungsführung und außerdem auch auf die für den Gewerbebetrieb nothwendigen Kenntnisse im Lesen, Schreiben und den bürgerlichen Rechnungsarten zu erstrecken.

Muster D für Bauhandwerker.

Meisterprüfungsordnung.

für das Maurerhandwerk im Bezirk der Handwerkskammer zu ....

Anmeldung und Zulassung zur Prüfung.

§. 1 wie Muster A.

§. 2. Die Prüfungstermine werden von dem Vorsitzenden der Prüfungs-Kommission anberaumt. Auf Beschluß der Prüfungs-Kommission oder Anordnung des Vorstandes der Handwerkskammer sind regelmäßig wiederkehrende Termine für die Prüfungen festzusetzen.

Der Vorsitzende hat die Mitglieder der Prüfungs-Kommission und die zur Prüfung Zugelassenen zum Prüfungstermin zu laden. Nahe

Verwandte und der derzeitige Arbeitgeber oder Geschäftstheilhaber eines Prüflings sind von der Mitwirkung bei der Prüfung ausgeschlossen.

Die Prüfungs-Kommission ist bei Anwesenheit des Vorsitzenden und der vier Beisitzer beschlußfähig.

Zu einem Prüfungstage sollen nicht mehr als sechs Prüflinge geladen werden.

§§. 3, 4 wie Muster A.

Prüfungsarbeit.

§. 5. Die Prüfungsarbeit besteht in der Anfertigung eines kleinen Entwurfs mit Erläuterungsbericht und Kostenüberschlag. Der Entwurf ist im Maßstab 1 : 100 darzustellen und durch einige Maurer-Konstruktionen im Maßstab 1 : 10 sowie durch Massenberechnung und Kostenanschlag für einen Theil zu ergänzen.

§. 6. Die Aufgabe ist unter Berücksichtigung des Handwerks des Prüflings so zu wählen, daß die völlige Lösung bei mittlerer Leistungsfähigkeit des Prüflings in sechs Arbeitstagen bei achtstündiger täglicher Arbeitszeit fertig zu stellen ist.

Die Bearbeitung erfolgt unter Aufsicht eines Mitgliedes der Prüfungs-Kommission in einem von dem Vorsitzenden der Prüfungs-Kommission bestimmten Lokal.

Am ersten Tage ist eine Skizze anzufertigen und abzuliefern, von der im Allgemeinen später nicht abgewichen werden darf.

Mündliche Prüfung.

§. 7. Die mündliche Prüfung hat sich zu erstrecken auf:

1. die Fachkenntnisse (vgl. §. 8),
2. die Kenntniß der einfachen Buch- und Rechnungsführung und der allgemeinen Grundsätze des Wechselrechts,
3. die gesetzlichen Vorschriften, betreffend das Gewerbewesen, insbesondere die wichtigsten Bestimmungen der Gewerbeordnung, der Arbeiterversicherungsgesetze und des Genossenschaftsrechts, sowie die einschlägigen baupolizeilichen und Unfallverhütungsvorschriften.

§. 8. Die Prüfung in den Fachkenntnissen soll in der Regel mit einer Besprechung der Prüfungsarbeit (§. 5) beginnen und sich ferner namentlich auf folgende Gegenstände erstrecken:

1. Flächen- und Körperberechnungen (Anwendung auf Beispiele aus der Baupraxis),
2. Statik und Festigkeitslehre (Anwendung auf einfache, im Hochbau vorkommende Konstruktionen in Holz, Stein und Eisen),

3. Baukonstruktionslehre:
 a) Grundbau: Untersuchung des Baugrundes, Spundwände, Fangedämme, Brunnen, Senkkästen Sandschüttung u. s. w.,
 b) Steinkonstruktionen: Steinverbände, Bögen, Gewölbe, Fußböden, Treppen, Gesimse. Putzarbeiten,
 c) Holzkonstruktionen: Balkenlagen, Fachwerk, Fußböden, Treppen, einfache Dächer einschließlich Rinnen und Eindeckung, Rüstungen, Hebezeuge,
 d) Eisenkonstruktionen: Träger, Stützen, Treppen, einfache Dächer,
 e) Arbeiten des inneren Ausbaues: Tischler-, Schlosser-, Töpfer-, Maler-Arbeiten u. s. w.,
4. Materialienkunde,
5. Baukunde: Elemente des Entwerfens, Grundrißanordnung und Einrichtung einfacher städtischer und ländlicher Gebäude, Umbauten, Ent- und Bewässerungs-, Heizungs- und Feuerungsanlagen,
6. Bauleitung,
7. Veranschlagen und Abrechnungsarbeiten.

§. 9. Prüflinge, welche die Abgangsprüfung an einer staatlichen oder vom Staate anerkannten Baugewerkschule bestanden haben, sind vom der Anfertigung der Prüfungsarbeit und der mündlichen Prüfung in den im §. 8 unter Ziffer 1—3 bezeichneten Gegenständen befreit.

§§. 10 bis 17 wie §§. 13 bis 20 im Muster A.

Nachträge zu Muster D.

1. In der Meisterprüfungs-Ordnung für das Zimmerhandwerk lautet §. 5:

> Die Prüfungsarbeit besteht in der Anfertigung eines kleinen Entwurfs mit Erläuterungsbericht und Kostenüberschlag. Der Entwurf ist im Maßstabe 1 : 100 darzustellen und durch einige Zimmerkonstruktionen im Maßstabe 1 : 10 sowie durch Holzberechnung und Kostenanschlag für einen Theil zu ergänzen.

ferner §. 8 nach „erstrecken“:
1. Flächen- und Körperberechnungen (Anwendung auf Beispiele aus der Baupraxis),
2. Statik und Festigkeitslehre (Anwendung auf einfache im Hochbau vorkommende Konstruktionen in Holz, Stein und Eisen),

3. Baukonstruktionslehre:
   a) Grundbau: Spundwände, Fangedämme und Senkkästen,
   b) Steinkonstruktionen: Steinverbände, Bögen, Gewölbe,
   c) Holzkonstruktionen: Balkenlagen, Fachwerk, Fußböden, Treppen, Decken, Täfelungen, Dachkonstruktionen jeder Art, Rinnen und Eindeckung, Rüstungen, Hebezeuge,
   d) Eisenkonstruktion: Träger, Stützen, einfache Dächer,
   e) Arbeiten des inneren Ausbaus: Tischler-, Schlosser-, Töpfer-, Maler-Arbeiten u. s. w.,
4. Materialienkunde,
5. Baukunde: Elemente des Entwerfens, Grundrißanordnung und Einrichtung einfacher städtischer und ländlicher Gebäude, Umbauten,
6. Bauleitung,
7. Veranschlagen und Abrechnungsarbeiten.

2. In der Meisterprüfung für das Steinmetzhandwerk lautet §. 5:

Die Prüfungsarbeit besteht in der Anfertigung eines kleinen Entwurfs, gegebenen Falls einer Fassade, mit Erläuterungsbericht und Kostenüberschlag. Der Entwurf ist im Maßstab 1 : 20 darzustellen und durch einige Details in natürlicher Größe sowie durch ein Modell eines Details zu ergänzen;

ferner §. 8 nach „erstrecken":
1. Flächen- und Körperberechnungen (Anwendung auf Beispiele aus der Baupraxis),
2. Statik und Festigkeitslehre (Anwendung auf einfache im Hochbau vorkommende Konstruktionen in Holz, Stein und Eisen),
3. Baukonstruktionslehre:
   a) Steinkonstruktionen: Steinverbände, Bögen, Gewölbe, Fußböden, Treppen, Gesimse,
   b) einfache Holzkonstruktionen, insbesondere Gerüste einschl. Hebezeuge,
   c) Eisenkonstruktionen: Träger, Stützen,
   d) Arbeiten des inneren Ausbaus: Tischler-, Schlosser-, Maler-Arbeiten,
4. Materialienkunde, — 5. Steinschnitt, — 6. Bauleitung, — 7. Veranschlagen und Abrechnungsarbeiten.

Sachregister.

(Die Zahlen verweisen auf die Seiten.)

Druck von Herrosé & Ziemsen.

FSC
www.fsc.org
MIX
Papier | Fördert
gute Waldnutzung
FSC® C083411

Kolibri 360 GmbH
Ferdinand-Jühlke-Straße 7
99095 Erfurt, Deutschland
produktsicherheit@kolibri360.de